FREDERIQUE CONSTANT
GENEVE

D1665719

4
INHALT

BREITLING

1884

6
INHALT

ADVANCED — BY — TECH NOLOGY —

VREDESTEIN
TYRES

„Ein Leben ohne Oldtimer ist möglich – aber mit ihnen ist es doch etwas schöner."

Christian Schamburek, Herausgeber und Autor

Im 17. Jahr des OLDTIMER GUIDE steht wieder ein großes DANKESCHÖN an alle bisherigen und neuen Kooperationspartner, die im OLDTIMER GUIDE jedes Jahr eine Plattform für ihre Botschaften finden. Ich muss immer wieder betonen, dass ohne diese langjährigen und neuen Partnerschaften der OLDTIMER GUIDE nicht existieren würde, um allen Enthusiasten des „alten Blechs" ein Kompass durch die Szene zu sein. Gerade die letzten Jahre stellten an das ganze OLDTIMER GUIDE Team, wie an uns alle, große Herausforderungen.

Mein besonderer Dank gilt an dieser Stelle Germanos Athanasiadis von medianet, mit dem ich das Projekt startete, Rita Povolny, die mich in der Recherche und Aktualisierung unterstützt, Lilo Werbach, die nun schon seit vielen Jahren die kreative grafische Umsetzung verantwortet, Thomas Parger, der verlagsintern das Projekt koordiniert und mir im Verkauf zur Seite steht, sowie dem gesamten medianet Team.

Danke an alle Clubs, Museen, Funktionäre, Enthusiasten, Fans, Veranstalter, Interessensvertretungen und viele andere, die in unermüdlicher Arbeit dafür eintreten, dass klassische Fahrzeuge als rollendes Kulturgut auf Österreichs Straßen zu sehen sind und erhalten bleiben.

Der OLDTIMER GUIDE leistet in diesem Sinne einen kleinen Beitrag, indem er als Buch, aber auch digitales Medium mit einer reichweitenstarken Community-Website (rund 220.000 Besucher), Newsletter und einer ungemein aktiven Facebook-Seite, die mittlerweile über 15.400 Abonnenten aufweist, und mit Postings, Stories, Filmen und Fotos viele Oldie-Freunde erreicht, sowie knapp 1.000 Followern auf LinkedIn.

Angelo Poletto zeigt in der Bildebene einen Querschnitt seines Schaffens mit Auge und Gefühl für den richtigen Augenblick in der Fotografie.

Die Oldtimer-Saison hat gerade begonnen und wir freuen uns auf die kommenden Tage, Veranstaltungen, Rallyes und Ausfahrten.

Alle Adressen, Veranstaltungen, Tipps und Themen werden nach subjektiven Kriterien ausgewählt und beschrieben.

Für Anregungen, Lob, Kritik und Tipps bin ich jederzeit dankbar:
c.schamburek@oldtimer-guide.at
www.oldtimer-guide.at

EINE LEIDENSCHAFT, DIE VERBINDET.

DER CLASSIC-TARIF FÜR WAHRE WERTE.

Foto: AdobeStock

Moderner Versicherungsschutz für Klassische Fahrzeuge:

- Einzigartiger Online-Tarifrechner mit Direktabschluss-Möglichkeit
- Bester Service und individuelle Beratung durch VAV Classic-Experten
- Ausgezeichneten Deckungen
- TOP Prämien

Unser Classic Service Center hilft Ihnen gerne weiter.
classic@vav.at | 01.716 07-244
www.vav.at/classic

JAHRESPRÄMIENBEISPIELE	Haftpflicht	Teilkasko	Vollkasko
BMW 840 Ci Baujahr 1996 Fahrzeugwert EUR 40.000,00	EUR 240,00	EUR 316,21	EUR 905,21
Ferrari Testarossa Baujahr 1985 Fahrzeugwert EUR 167.000,00	EUR 137,70	EUR 490,38	EUR 1.394,21
Norton Dominator de Luxe Baujahr 1958 Fahrzeugwert EUR 8.000,000	EUR 81,00	EUR 50,00	EUR 115,20

VAV /// VERSICHERUNGEN

VON EXPERTEN VERSICHERT

IM GESPRÄCH MIT DI HANS-PETER WEINZETTL

TÜV Austria ist ein internationales Unternehmen mit weltweit rund 3.000 Beschäftigten und mehr als 300 Millionen Euro Umsatz. TÜV Austria steht für technische Sicherheit in Industrie, Energie, Infrastruktur, Transport, Life, Health, Umwelt, Zertifizierung und Aus- & Weiterbildung. TÜV Austria ist hierzulande Marktführer in der Werkstoffprüfung. **OLDTIMER GUIDE** bat den TÜV Austria Regionalverantwortlichen für Österreich, DI (FH) Hans-Peter Weinzettl, zum Gespräch über neue Methoden wie Computertomographie und Oldtimer. Er beschäftigt sich schon sein ganzes Leben lang mit dem Thema Materialtechnik, dem inneren Wesen und der Zusammensetzung unterschiedlicher Materialien und ist leidenschaftlicher Oldtimerenthusiast und Fachbeirat im ÖMVV.

OLDTIMER GUIDE: *Was sind die aktuellen Entwicklungen im Rahmen der Materialprüfung?*

DI Hans-Peter Weinzettl: Unser neuer Computertomograph wurde im letzten Jahr installiert und ist in Betrieb. Mit jedem Stück lernen wir dazu. Man kann einen Bauteil mit Radiographie durchstrahlen und verschieden aufbereiten. Einerseits in 2D, aber das Besondere ist, dass die untersuchten Teile auch in 3D dargestellt werden können. Damit erziele ich Auflösungen und eine Untersuchungstiefe, die bis dato nicht möglich waren, um Detaileinblicke in die Materialstruktur zu schaffen. Auch für das Thema „Reverse Engineering", das heißt, die Reproduktion von schadhaften Bauteilen, wurde hier eine ideale Basis geschaffen. Die Datenbasis kann direkt an eine Fertigung oder 3D Druck gesandt werden. Ein weiterer Vorteil ist, dass mit dieser Technologie geprüfte oder re-engineerte Bauteile auch bei der heiklen Frage einer Zulassung in der Praxis auf der sicheren Seite liegen, was speziell bei Gewährleistungsthemen wichtig ist. Für die Untersuchung von Elektronikbauteilen ist dieses Verfahren ebenso interessant. Fragen, ob die Verbindungen und die Kabelkontaktstellen in Ordnung sind, können beantwortet werden, ohne etwas zu demontieren.

OLDTIMER GUIDE: *Gab es ein besonderes Teil, das untersucht wurde?*

HPW: Besonders komplex war die Untersuchung eines Zylinderkopf-Nachgusses eines Fahrzeugs aus dem Jahr 1905. Die physikalischen Eigenschaften waren eine Herausforderung, da das Bauteil entsprechende Materialstärken aufwies und unser Ziel ist ja, eine gleichmäßige Durchstrahlung zu erreichen, um valide belastbare Aussagen zu Fehlern oder der Maßhaltigkeit in Relation zum Original treffen zu können. Der Zylinderkopf muss in der Praxis den Belastungen im Betrieb standhalten. Mit der Möglichkeit, Bauteile Schicht für Schicht quasi durchschneiden zu können, ergeben sich fantastische Möglichkeiten der Darstellungsform. Man sieht durch das Teil hindurch. Spannend war auch die Untersuchung eines Zündmagneten. Ohne Zerstörung können wir praktisch jeden einzelnen Draht der Wicklung untersuchen, darstellen und prüfen.

OLDTIMER GUIDE: *Wie teuer ist denn das?*

HPW: Die Kosten sind proportional zur Durchstrahlungsdauer. Kleine einfache Bauteile beginnen bei rund 100 Euro.

OLDTIMER GUIDE: *Das CT-Verfahren wird aber nicht nur für Oldtimer verwendet?*

HPW: Wir können diese Technologie in vielen Bereichen anwenden. Oldtimer sind ein wichtiges, aber eher kleineres Segment, hier nutzen wir die Gesamtsynergie. Hauptanwendungsbereiche sind etwa Schadensuntersuchungen, Nullserien-Vergleiche, Soll-Ist-Vergleiche, Elektrotechnik bis hin zum 3D-Teil für Flugzeuge. Im Wesentlichen können wir jedes Material, das durchstrahlbar ist, untersuchen.

OLDTIMER GUIDE: *Begleiten Sie Oldtimer-Besitzer auch im Rahmen einer Restaurierung bis zur Zulassung?*

HPW: Ja! Als TÜV Austria bieten wir das gesamte Spektrum an Überprüfungsverfahren im Zuge der Zulassung, Einzelgenehmigung, §57a Prüfungen sowie Gutachtenerstellung an und haben hier in Wien alles zu einem Kompetenzzentrum zusammengeführt. Wir sind österreichischer Marktführer in der zerstörungsfreien Werkstoffprüfung und sind dort im Einsatz, wo Bauteile auf Herz und Nieren überprüft werden müssen.

Danke für das Gespräch.

Zeitlos. Sicher. Oldtimer.
Alles aus einer Hand.
TÜV AUSTRIA Group
tuvaustria.com/oldtimer
DI Hans-Peter Weinzettl –
Automobil- und Motorrad-
Liebhaber.

Zeitlos. Sicher. Oldtimer.
Alles aus einer Hand.

- ☑ **Leistungs- & Betriebsgeräuschmessungen**
- ☑ **Erstellung von Gutachten zur Typisierung**
- ☑ **Datenblatterstellung**
- ☑ **§57a**
- ☑ **Überprüfung von Bauteilen auf Rissfreiheit (z.B Motorblöcke, Rahmen)**
- ☑ **Zustandsbeurteilungen nicht zugängiger Bereiche tragender Teile**
- ☑ **Ermittlung von Restwandstärken, Korrosionsverlauf (Fahrgestell)**
- ☑ **Schadensuntersuchungen an z.B durch Wärme (Brand) verformten tragenden Achsteilen**
- ☑ **Materialbestimmung**

tuvaustria.com/oldtimer

TÜV AUSTRIA Group | TÜV AUSTRIA-Platz 1 | 2345 Brunn/Gebirge | Tel: +43 (0)504 54-0 | info@tuvaustria.com

TED!

ANGELO POLETTO – FOTOGRAF AUS LEIDENSCHAFT

ANGELO POLETTO – FOTOGRAF AUS LEIDENSCHAFT

Angelo Poletto ist der Fotokünstler, der im Oldtimer Guide 2023 für die Fotoebene verantwortlich zeichnet. Er wurde 1975 in der Schweiz geboren, verbrachte dort seine Kindheit. Als seine Eltern in Pension gingen, zog es die Familie nach Italien. Angelo war damals 16 Jahre alt. Die Zeit des Studierens kam und er entschied sich für ein Studium Grafik & Fotografie, obwohl es hier familiär keinerlei Vorbelastung gab. Die Basis für seinen heutigen Lebensweg war gelegt.

Doch bis dahin sollte noch einige Zeit ins Land ziehen. Nach Beendigung des Studiums, war Angelo dann zwei Jahre als Grafiker tätig, aber immer mit einem Auge in die Fotografie verliebt. Ein Unfall zwang ihn, seinen beruflichen Schwerpunkt zu verschieben. Er ging nach Österreich, arbeitete für ein italienisches Naturstein-Unternehmen als Übersetzer und übernahm in Folge dann auch Aufgaben auf Baustellen bis hin zum Bauleiter.

Er lernte viel in dieser Zeit und zog in Folge ein eigenes Unternehmen im Naturstein-Handel hoch. Parallel öffneten sich damals die ersten Türen in den Motorsport. Er organisierte für einen italienischen Ducati-Club die „Ducati Speed Week" mit und begann die ersten hobbymäßigen Rennsportfotos zu schießen. Es zeigte sich, dass er ein besonderes Auge für die Fotografie besaß.

ANGELO POLETTO – FOTOGRAF AUS LEIDENSCHAFT

„Fotografie ist eine Art zu fühlen, zu berühren und zu lieben! Dies führte Schritt für Schritt von einem Event zum anderen", sagt er heute lächelnd. Jede freie Minute hat er dafür verwendet neue „Foto-Techniken" zu erlernen, zu testen und anzuwenden. Seine Brötchen verdiente er aber viele Jahre in einer Logistikfirma. Dieser Branche führte ihn nach Oberösterreich, wo er heute mit seiner Familie lebt.

Neben seiner Berufstätigkeit öffne- viele Zeitfenster, um seiner Liebe, pilgerte von Veranstaltung zu Ver- kaufte auf eigene Rechnung Tribü- das perfekte Foto zu schießen.

> **FOTOGRAFIE
> IST EINE ART ZU FÜHLEN,
> ZU BERÜHREN UND
> ZU LIEBEN!**

ten sich aber nach und nach wieder der Fotografie, nachzugehen. Er anstaltung, Rallyes, Oldtimertreffen, nenplätze bei Formel 1 Rennen, um

Über Facebook veröffentlichte Ange- Sprungbrett", meint er und die Quali- verborgen. Er bekam 2018 die Mög- Barcelona erstmals offiziell dabei zu sein. Sein Weg im Motorsport in der Königsklasse hatte begonnen. Als akkreditierter Fotograf war er bei Serien wie Formel 1, DTM, Rallyes und andere Serien im Einsatz.

lo seine Arbeit. „Facebook war mein tät seiner Fotos blieb so nicht lange lichkeit beim Formel 1 Grandprix in

ANGELO POLETTO – FOTOGRAF AUS LEIDENSCHAFT

ANGELO POLETTO – FOTOGRAF AUS LEIDENSCHAFT

„Ursprünglich nur als Hobby gedacht, war mein Ansinnen, den Mix zwischen Leidenschaft und bestmöglicher Positionierung zu meiner Art der Fotografie zu vereinen. Herz und Verstand sind das wahre Objektiv der Kamera", sagt Angelo zu den verschlungenen Wegen, die ihn zum Berufsfotografen führten.

2021 öffnete ein Anruf von Rallyelegende Sigi Schwarz erneut die nächsten Tore in die Motorsportwelt. Zufällig schoss Angelo auf einer Rallye ein ganz besonderes Foto, dass den Weg über Facebook zu Sigi Schwarz fand. Der Beginn einer Freundschaft und der Einstieg in ein ganz besonderes Netzwerk feinster Güte in Sigis „Gasthaus zur Kaiserin Elisabeth" in Steyrling in Oberösterreich waren die Folge.

> **SCHAUE UND ÜBERLEGE, BEVOR DU DEN VERSCHLUSS ÖFFNEST.**

Heute ist das Gasthaus Angelos „zweites Büro". Als regelmäßiger Gast ist er bei den regelmäßigen Treffen der „Benzinbruderschaft" dabei, genau jene Benzinbrüder internationaler Motorsportgrößen, die die besondere Atmosphäre rund um Sigi und sein Gasthaus weit über die Grenzen Oberösterreichs definieren. Ob Benzinbrüder, Industrielle, Musiker oder Schauspieler, die sich gerne bei Sigi treffen. Für alle ist Angelo bis heute als Fotograf mit Begeisterung & Leidenschaft im Einsatz.

„Der Gedanke zur Selbständigkeit als Profifotograf rückt immer näher", sinniert er über die nahe Zukunft. Aber egal in welche Richtung sich die Zukunft entwickelt Angelo wird immer ein Kerl mit Bodenhaftung bleiben, trotz seiner einmaligen Kontakte zu den Motorsportgrößen unserer Zeit. Professionalität steht bei seiner Arbeit immer im Vordergrund. Wenn die Zeit reif ist, beginnt dann das Große Reisen, „meine Familie steht hinter mir, ohne dieser Gewissheit, könnten ich den Weg in die Selbständig-

keit nicht gehen", sagt Angelo Poletto mit Zuversicht und Optimismus.

„Sobald sich die Fotografie mit dei-eine Sucht. Schaue und überlege, öffnest."

nem Blutkreis vereint, ist es wie bevor du den Verschluss
Angelo Poletto

Angelo Poletto
office@motosportpics.at
+43 676 7467159
Facebook: https://www.facebook.com/Angelo-Poletto-motorsportpicsat-101048854944107/

Seit 1888 steht Glasurit, eine Marke der BASF, für professionelle Lösungen und erstklassige Qualität bei der Reparaturlackierung von Pkw und Nutzfahrzeugen. Schon 2007 hat Glasurit mit „Classic Car Colors" ein speziell für die Lackierung von Young- und Oldtimern abgestimmtes Programm eingeführt. Das weltweit größte Farbtonarchiv mit über 260.000 Farbtönen und über 650.000 Mischformeln und die historische Lackkompetenz sind die Grundlage. Im Mittelpunkt steht der Werterhalt der Fahrzeuge. In Zusammenarbeit mit Herstellern, Markenclubs und Experten recherchiert Glasurit die authentischen Farbtöne, reproduziert sie mit aktueller Lacktechnologie und baut die Farbtondatenbank auf diese Weise kontinuierlich aus. Speziell entwickelte Lackierverfahren sorgen für maximal möglichen Erhalt der gealterten Lackoberflächen und die unsichtbare Anpassung hinsichtlich des Farbtons, Verlauf, Glanz und Alterungsspuren. Seit 2016 ist Glasurit globaler Partner der FIVA, des Weltverbandes der Oldtimerclubs. Das zeugt von der Glasurit wichtigen Nähe zu den Wünschen und Fragen der Fahrzeugbesitzer. Historische Fahrzeuge sind ein Kulturgut, deren Erhalt und Pflege durch kompetente Fachbetriebe gesichert werden muss.

OLDTIMER GUIDE: *Herr Book, welche Rolle spielen Umweltthemen bei der Lackierung von Oldtimern?*

JÜRGEN BOOK: Ein Oldtimer ist an sich schon ein Symbol der Nachhaltigkeit. Allerdings sind die meisten Autos nicht für eine Nutzung über 30 Jahre oder mehr konstruiert worden und bedürfen daher einer angepassten Pflege und Instandhaltung. Dazu gehört auch die Erhaltung bzw. Ertüchtigung der Lackschicht. Und bei alter Substanz muss eben auch mal erneuert, repariert oder komplett rekonstruiert werden. Wie alle Teile und Gewerke am Auto unterliegt auch die Lackentwicklung einer Evolution. Lacke sind aus bis zu 50 verschiedenen Komponenten rezeptierte komplexe Produkte. Alle verwendeten Rohstoffe sind aufeinander abgestimmt und sorgen letztlich für die gewünschten Eigenschaften.

OLDTIMER GUIDE: *Um welche Evolutionen geht es dabei?*

JB: Zur Evolution von Lacken gehört nicht nur der Wechsel verschiedener Lacktechnologien, wie z.B. von Nitrozelluloselack zu Kunstharzlack und zu 2K Lacken. Vielmehr auch um den Ersatz von Lackrohstoffen in bestehenden Rezepturen. Die Entscheidung darüber, was ersetzt werden muss, trifft nicht allein der

Lackhersteller, sondern auch der Hersteller der Rohstoffe. Austauschen von Rohstoffen macht einen großen Teil der Lacklabor-Tätigkeiten aus. In vielen Fällen ist ein 1:1-Austausch möglich, manchmal eine mengenmäßige Differenz und oft ist sogar eine komplette Neurezeptur notwendig, da die alternativen Stoffe nicht über identische Eigenschaften verfügen.

OLDTIMER GUIDE: *Was ist REACH und welchen Einfluss hat das auf unsere Fahrzeuge?*

JB: REACH steht für „Registration, Evaluation, Authorisation and Restriction of Chemicals" (Registrierung, Bewertung, Zulassung und Beschränkung chemischer Stoffe). Jeder verwendete Rohstoff durchläuft diesen Prozess. Die REACH-Verordnung trat am 1. Juni 2007 EU-weit in Kraft. Es ist damit zu rechnen das weitere Substanzen verboten oder auch Anteile reduziert werden. Die an Dynamik stark gewinnende Diskussion zum Klima- und Umweltschutz tut ihr übriges, auch weiterhin für den Austausch betroffener Stoffe zu sorgen. Die REACH-Verordnung ist eine Verordnung der Europäischen Union, die erlassen wurde, um den Schutz der menschlichen Gesundheit und der Umwelt vor den Risiken, die durch Chemikalien entstehen können, zu verbessern und zugleich die Wettbewerbsfähigkeit der chemischen Industrie der EU zu erhöhen.

OLDTIMER GUIDE: *Ist bei den vielen Verboten dann ein Oldtimer noch mit Originallack zu lackieren?*

JB: Der „Originallack" ist der Erstlack, der in den Automobilwerken verwendet wurde. Ab der Einführung von Kunstharz-Einbrennlacken (130-160 °C) wurde er nicht als Reparaturlack angeboten. Beruhigung für alle Oldtimerbesitzer: Für die Lackreparatur in Lackierereien gab und gibt es seitens der Hersteller freigegebene Reparatur-Lackiersysteme. Eine unsichtbare und originalgetreue Reparatur/Rekonstruktion einer gealterten Lackierung mit aktuellen Mitteln ist natürlich möglich, denn ausschlaggebend ist auch der Lackaufbau, das Lackierverfahren und die Kenntnisse des Anwenders.

Zur Person:
Jürgen Book, Glasurit,
u.a. Co-Autor des Lackkapitels
im FIVA-Handbuch zur
„Charta von Turin",
www.glasurit.com

DEN ORIGINALGETREUEN FARBTON FÜR OLDTIMER ZU FINDEN, IST NICHT IMMER EINFACH.

Viele historische Lacktöne sind am Markt nicht mehr erhältlich. Abhilfe schafft hier das weltweit größte Farbtonarchiv der Classic Car Colors von Glasurit. Über 200.000 historische Farbtonmuster sind in der Datenbank hinterlegt, die stets erweitert und angepasst wird. Die richtige Farbtonfindung wird durch das COLOR-PROFI System ermöglicht. So kann für jeden Oldtimer auch der passende Lack bereitgestellt werden. Als Lackexperte hat Glasurit 130 Jahre Erfahrung, die bis zu den Anfängen des Automobils in das Jahr 1888, in dem Berta Benz die weltweit erste Überlandfahrt mit einem Auto mit Verbrennungsmotor unternahm, zurückreicht.

Glasurit steht in allen Fragen rund um historische Lacke und Lackierungen mit Rat und Tat zur Seite. Mit dem Glasurit Classic Car Colors-Service wird professionelle Unterstützung geboten: Hier findet man Tipps, um Oldtimer mit besten Ergebnissen zu lackieren - www.glasurit.com/at/oldtimer-lackieren

Das Engagement und die große Expertise von Glasurit macht die Marke in vielen Ländern der Erde zu einem gefragten Partner von Oldtimer-Besitzern und -Clubs, Versicherungen und Sachverständigen, wie zum Beispiel der Fédération Internationale des Véhicules Anciens (FIVA).

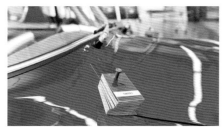

Glasurit
Classic Car Colors

BASF COATINGS SERVICES GMBH
A-5301 Eugendorf, Gewerbestrasse 25 | +43 (0) 6225 7118-0 | www.glasurit.com/at/oldtimer-lackieren

HERR UND FRAU ÖSTERREICHER LIEBEN HISTORISCHE FAHRZEUGE

ERGEBNISSE EINER
REPRÄSENTATIVEN
BEFRAGUNG

von Christian Schamburek

> **Die hohen Sympathiewerte für Oldtimer sind ungebrochen. Oldies zaubern ein Lächeln auf die Gesichter von Zuschauern und Passanten, egal ob jung oder alt.**

Schon 2017 in der ersten Studie „Oldtimer in Österreich – Einstellungen zu historischen Fahrzeugen und sozio-ökonomische Faktoren" (©Christian Schamburek, Robert Sobotka) und in der Wiederholung der Repräsentativbefragung 2020 zeigten sich hohe Sympathiewerte für historische Fahrzeuge.

Die Datenlage zum Thema „Oldtimer in Österreich" hat sich in den letzten Jahren, basierend auf der ersten Studie, wesentlich verbessert. Auch wird nun von allen in die aktuellen Themen und Diskussionen eingebundenen Zielgruppen wie Fahrzeughalter, Clubs, Verbände, Öffentlichkeit, Medien, Behörden und Politik durchgängig vom selben Datenmaterial ausgegangen. Und auch in der Interessenvertretung ist es wichtig, valide Daten und Fakten zur Verfügung zu haben.

2022 wurden nun im Zuge der Aktualisierung der Studie 440 Personen, repräsentativ für die österreichische Gesamtbevölkerung, zu verschiedenen Faktoren zum Thema Oldtimer befragt.

Praktisch alle positiv besetzten Aussagen konnten Zustimmungswerte um die 80 bis 90 Prozent erreichen. Es wurden die Prozentsätze von „trifft voll zu" und „trifft eher zu" addiert. Die statistische Schwankungsbreite bei 440 Befragten liegt bei Plus/Minus fünf Prozentpunkten.

Es zeigte sich, dass die Zustimmung 2022 auf diesem hohen Niveau stabil geblieben ist. Ein Vergleich der Entwicklung der wichtigsten Werte von 2017, 2020 und 2022 ist im „Kasten" zusammengefasst.

Das Thema Oldtimer ist in vielen Menschen nach wie vor emotional verankert. Dazu kommt noch, dass wir in den letzten Jahren eine unheimliche Dynamisierung in Richtung digitales, virtuelles Dasein erfahren haben, nicht zuletzt beschleunigt durch die pandemischen Entwicklungen. Es ist in vielen Bereichen die Sehnsucht nach dem „Echten" zu bemerken, seien dies Vinyl-Schallplatten, Röhrenlautsprecher, die Hinwendung zu manuellen Tätigkeiten oder eben Oldtimer.

Im Klassiker ist das Fahren noch spürbar, der Geruch, die Straße, die Beschleunigung, es ist nichts durch elektronische Fahrhelferlein gefiltert. Die Veränderungen im Zugang zur Mobilität, Umweltthemen, E-Mobilität oder eFuels sind heiß diskutierte Themen, an den Sympathiewerten für klassische Fahrzeuge hat dies nichts verändert. Die Menschen wollen die Geschichte der Mobilität erlebbar und erfahrbar auf den Straßen sehen.

90 Prozent der Österreicher finden Oldtimer sympathisch, 92 Prozent sind der Meinung, dass Oldtimer als Kulturgut erhaltenswürdig sind, und 85 Prozent freuen sich, wenn sie einen Oldtimer auf der Straße sehen. Das sind klare Ergebnisse. Das immer wiederkehrende Argument der Umweltbelastung kann insofern relativiert werden, als nur 0,3 Prozent aller in Österreich gefahrenen Kilometer (Beispiel Automobile) durch die Oldtimerszene erfolgen.

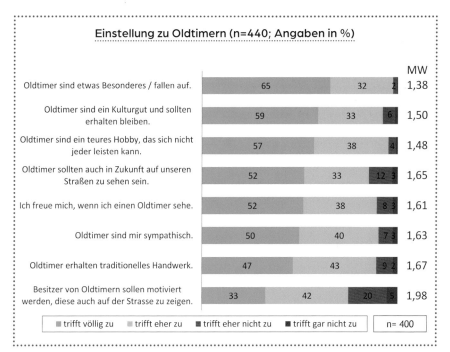

Einstellung zu Oldtimern (n=440; Angaben in %)

	trifft völlig zu	trifft eher zu	trifft eher nicht zu	trifft gar nicht zu	MW
Oldtimer sind etwas Besonderes / fallen auf.	65	32	2		1,38
Oldtimer sind ein Kulturgut und sollten erhalten bleiben.	59	33	6		1,50
Oldtimer sind ein teures Hobby, das sich nicht jeder leisten kann.	57	38	4		1,48
Oldtimer sollten auch in Zukunft auf unseren Straßen zu sehen sein.	52	33	12	3	1,65
Ich freue mich, wenn ich einen Oldtimer sehe.	52	38	8	3	1,61
Oldtimer sind mir sympathisch.	50	40	7	3	1,63
Oldtimer erhalten traditionelles Handwerk.	47	43	9	2	1,67
Besitzer von Oldtimern sollen motiviert werden, diese auch auf der Strasse zu zeigen.	33	42	20	5	1,98

n= 400

Oldtimer sind Zeitzeugen der Geschichte der Mobilität und als solche auch in Zukunft auf Österreichs Straßen zu erhalten.

Interessant ist auch, dass in den jungen Zielgruppen (18 bis 30 Jahre) die Frage „ich würde gerne einen Oldtimer besitzen", 2017 zu 37 Prozent positiv beantwortet wurde, 2020 mit 58 Prozent und 2022 mit 51 Prozent. Mit anderen Worten, mehr als die Hälfte der 18 bis 30-Jährigen würden gerne ein klassisches Fahrzeug ihr Eigen nennen – ganz nach dem Motto „Ich schraube, also bin ich".

HERR UND FRAU ÖSTERREICHER LIEBEN OLDTIMER

ERGEBNISSE EINER REPRÄSENTATIVEN BEFRAGUNG

Entwicklung	2022	2020	2017
Oldtimer sind mir sympathisch	90%	92%	91%
Oldtimer sind Kulturgut und sollten erhalten bleiben	92%	95%	94%
Ich freue mich, wenn ich einen Oldtimer sehe	90%	92%	91%
Oldtimer sollten auch in Zukunft auf unseren Straßen zu sehen sein	85%	89%	84%
Ich interessiere mich für das Thema Oldtimer/ historische Fahrzeuge	48%	61%	46%
Ich würde gerne einen Oldtimer/ ein historisches Fahrzeug besitzen	50%	56%	39%

*Prozentwerte: Addition von „trifft voll zu" und „trifft eher zu"

Wer ist nun der/die typische Oldtimerfahrer:in?

Nun eines vorneweg, der Frauenanteil ist mit rund 5 Prozent verschwindend gering. Die Gründe hierfür liegen im Dunkeln und plumpe Stereotype sollen hier nicht bemüht werden. So ist der typische Oldtimerbesitzer zwischen 41 du 60 Jahre alt, zu 95 Prozent männlich und verfügt über ein durchschnittliches Haushaltseinkommen von 3.000 bis 5.000 Euro netto pro Monat. Ein Haushalt kann durchaus aus mehreren Personen bestehen. Der geringe Frauenanteil schließt aber keineswegs eine rege Anteilnahme am Hobby des Lebenspartners aus, so sind bei Veranstaltungen meist Frauen als Begleiterinnen zu beobachten.

Insgesamt kann von rund 100.000 Besitzern von historischen Fahrzeugen ausgegangen werden.

Historische Fahrzeuge werden von ihren Besitzern selten und achtsam benutzt. So liegt die durchschnittliche Kilometerleistung bei unter 1.000 Kilometern im Jahr und Automobile werden nur rund ein bis zehn Mal pro Jahr aus der Garage geholt. Wahrlich nicht oft, und Motorräder werden noch deutlich weniger gefahren.

Das heißt aber wiederum, für die Umweltrelevanz spielen historische Fahrzeuge kaum eine Rolle, denn rechnet man die Gesamtlaufleistung aller historischer Automobile hoch und setzt sie in Relation zur Kilometerleistung aller in Österreich zugelassenen Pkw, ergibt sich ein Wert von 0,3 Prozent. Dies zeigt deutlich, dass der Mehrwert, der in der Erhaltung des

Kulturgutes Oldtimer auf Österreichs Straßen liegt, deutlich höher anzusetzen ist als allfällige Umweltbelastungen.

Nichtsdestotrotz ist im Gebrauch der historischen Fahrzeuge immer auf Umwelt und Gesellschaft zu achten. Beispielsweise sollte immer eine kleine Ölabtropfmatte mitgeführt werden, falls der Oldie gerne sein Revier markiert, oder es wäre auch ratsam, in verbautem Gebiet drehzahlarm unterwegs zu sein, um Lärm zu vermeiden.

Ergänzend wurde 2022 noch das Thema synthetische Kraftstoffe als wichtiger Baustein zukünftiger Mobilität angesprochen. Rund 80 Prozent der Oldtimerbesitzer haben von eFuels schon gehört und sehen diese als eine Alternative zu fossilen Kraftstoffen an. 94 Prozent geben an, ihren Klassiker nicht auf Batteriebetrieb umstellen zu wollen, um dadurch keine wertvolle historische Substanz zu zerstören.

0,3%
Nur 0,3% aller gefahrenen Kilometer entfallen auf historische PKW

Die bevorzugten Oldtimer-Marken sind laut Zulassungsstatistik VW, Mercedes und Opel. Bei Motorrädern dominiert mit rund 50 Prozent Anteil die Marke Puch.

Bei sonstigen Fahrzeugen, speziell in der Traktor-Community, ist Steyr-Puch der Platzhirsch. Möchte man im Bus durch die Landschaft fahren, fällt die Wahl meist auf Volkswagen oder Mercedes-Benz.

In Summe sind hierzulande 364.000 Oldtimer zugelassen, davon 152 000 Automobile, 203 000 Motorräder und rund 9 000 Lkw. Betrachten wir die Gruppe der Automobile genauer, entspricht dies einem Anteil von 2,9 Prozent aller zugelassen Pkw.

51%
aller historischen Fahrzeuge sind auch historisch typisiert.

51 Prozent der Automobile älter als 30 Jahre sind „historisch typisiert". Der §57a Plakette „historisch" kommt dabei eine große Bedeutung zu. Sie ist das „Gütesiegel", die jeden Oldtimer vom normalen Gebrauchtfahrzeug abgrenzt und als Kulturgut kennzeichnet.

Historische Fahrzeuge stellen in Österreich nicht nur einen beachtlichen Wert dar – der Bestandswert historischer Automobile und Motorräder in privaten Händen wurde mit rund 5,6 Milliarden Euro beziffert — sondern erreichen eine Wertschöpfung von 756 Millionen Euro pro Jahr.

Die damit generierten Umsätze kommen primär klein- und mittelständischen Unternehmen zugute. Handwerk und Familienunternehmen mit langjähriger Erfahrung bilden den Kern der Betriebe in der Oldtimerbranche.

756 MIO
Wirtschaftsleistung der Oldtimerszene in Österreich

5,6 MRD
Bestandswert an historischen Automobilen und Motorrädern in privater Hande

In den genannten Bestandswerten sind keine privaten Großsammlungen und museale Bestände enthalten. Laut Experten können hier nochmals rund 6 Milliarden angenommen werden. Die Unternehmen der Branche beurteilen die Entwicklungen der letzten Jahre als positiv und erwarten zu 66 Prozent „steigende" bis „stark steigende" Umsätze. Die Zukunft wird optimistischer gesehen als noch vor fünf Jahren, wenngleich drohende Gesetzesänderungen, allfällige Einschränkung in der Ausübung der Oldtimerei und Schwierigkeiten im Finden geeigneter Nachwuchskräfte als kritisch gesehen werden.

Oldtimerbesitzer gibt pro Jahr rund 1.600 Euro für Eintritte, Startgelder und Nächtigung aus.

Das „Gemeinsam-an-einem-Strang-ziehen" in der Oldtimerszene stellt die Zukunft unseres rollenden Kulturguts auf Österreichs Straßen sicher. In diesem Zusammenhang kommt der Interessenvertretung große Bedeutung zu.

93 Prozent schätzen die Verbandsarbeit im Sinne der Vertretung aller Besitzer historischer Fahrzeuge als wichtig bzw. sehr wichtig ein. Alle sind aufgerufen, in der Beurteilung der Sinnhaftigkeit von Maßnahmen, die die Erhaltung des Kulturguts Oldtimer gefährdet, maßvoll die Relationen im Auge zu behalten.

Auch Tourismusregionen und Gemeinden, die die Wirtschaftskraft der Oldtimerszene zu schätzen wissen, profitieren kräftig von Oldtimerveranstaltungen. Der durchschnittliche

66%
der Unternehmen im Oldtimersegment erwarten steigende Umsätze in den nächsten Jahren

Download der Studie:
www.khmoe.at möglich.

© Studie: Mag. Christian Schamburek / MMag. Robert Sobotka, MBA

IM GESPRÄCH MIT MAG. THOMAS STÖCKL

RBO Stöckl – Die Zukunft beginnt jetzt

Seit den Anfangstagen, als Ing. Hermann Stöckl 1991 seinen ersten Hausflohmarkt für Puch-Teile veranstaltete, hat sich vieles geändert. Mittlerweile liefert die RBO Ing. Stöckl GmbH Ersatzteile für Puch Motorräder, Roller, Mopeds und Kleinkrafträder in die ganze Welt und daraus entstanden sind andere Anforderungen an den Standort von RBO Stöckl. Mag. Thomas Stöckl, seit 2020 Geschäftsführer der RBO Stöckl GmbH, hat Ende 2022 den neuen Standort eröffnet, um langfristig den Mythos und die Leidenschaft zu erhalten und Puch mit modernen Wegen Glanz zu verleihen.

OLDTIMER GUIDE traf den Geschäftsführer Mag. Thomas Stöckl zum Gespräch über den neuen Standort und die Zukunftspläne.

OLDTIMER GUIDE: *Der neue Standort ist beeindruckend, wie ist die Idee entstanden?*
THOMAS STÖCKL: Die Idee ist aus einer Notwendigkeit entstanden. Der alte Standort war rund 20 Jahre in Betrieb und hatte von der Ausrichtung her andere Schwerpunkte, wie beispielsweise auch eine eigene Werkstatt. Der Platz war beengt und das Lager zu klein. Nun, die Zeiten und auch die Anforderungen unserer Kunden haben sich geändert. Wir haben ein zukunftsträchtiges Gesamtkonzept mit modernem Lager, offener Verkaufsfläche, Ausstellungsflächen und einem großen Museum erarbeitet.

OLDTIMER GUIDE: *Was hat sich geändert?*
THOMAS STÖCKL: RBO bietet Know-how, Leidenschaft, Puch-Kompetenz und Ersatzteile, aber wir restaurieren keine Motorräder oder Mopeds mehr. Wir haben aber Partner für Werkstattleistungen. Wir haben noch Werkstatteinrichtungen für den Eigenbedarf an Produktentwicklung sowie die Instandhaltung der Exponate, und einzelne Dienstleistungen wie Tankversiegelung, Räder einspeichen oder Reparatur von Kurbelwellen für Puch-Fahrzeuge bieten wir ebenso an. Herzstück der neuen Struktur ist der Eintrittsbereich in die Puch-Welt von RBO. Der Kunde sieht beim Eintritt den Geschäfts- und Shopbereich mit mehr Fläche, um Produkte zu präsentieren. Wir haben eine offene, helle, moderne und optisch ansprechende

Gestaltung erarbeitet. Für Puch-Merchandising gibt es auch eine Umkleidekabine. In einem fließenden Übergang gelangt man in den großzügigen Ausstellungbereich, eine Literaturstrecke, die zum Schmökern einlädt, und über eine Rampe in den ersten Stock des Museumsbereiches. Ziel ist es, durch Inszenierung interaktiver, multimedialer Erlebnisbereiche die österreichische Motorradgeschichte in den Fokus zu rücken und auch junge Zielgruppen anzusprechen. In weiterer Folge werden auch Sonderausstellungen dazu beitragen. Auf rund 1.500m² Fläche, mit einer Höhe von ca. 8 Meter, haben wir ein dreigeschoßiges Lager errichtet. Schon jetzt haben wir in der ersten Ausbaustufe die doppelte Kapazität von früher. Hier spürt man die Begeisterung für Puch und Puch-Ersatzteile. In Zukunft planen wir, auch Service und Fullfillment für andere Firmen anzubieten. Aktuell bewirtschaften wir digital rund 10.000 Artikel, haben aber für die Zukunft – mit Teilautomatisierung – aber eine Kapazität von rund 30.000 Artikel. Das Team besteht aktuell aus 27 Personen inklusive zweier Lehrlinge. Die Lehrlingsausbildung ist für uns sehr wichtig, um die Freude am Thema zu vermitteln und wir setzen auch damit ein Zeichen, dass wir junge Menschen nicht nur wollen, sondern auch ausbilden. Wir haben viel Herzblut und Investment in das neue Konzept hineingesteckt und freuen uns auf regen Besuch, um den Mythos Puch zu fördern, langfristig zu erhalten und die internationale Oldtimer-Familie mit unserem Angebot zu unterstützen.

OLDTIMER GUIDE: *Danke für das Gespräch.*

Mag. Thomas Stöckl,
Geschäftsführer RBO Ing. Stöckl GmbH

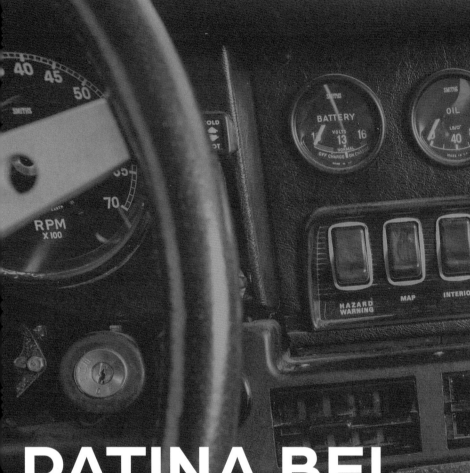

PATINA BEI OLDTIMERN

Mehr als nur Geschmackssache.

Von Dorian Rätzke

PATINA BEI OLDTIMERN

MEHR ALS NUR GESCHMACKSSACHE

Der Jaguar E-Type strahlt in „Regency Red", die dicken schwarzen Ledersitze und das reich bestückte Armaturenbrett zeigen leichte Gebrauchsspuren. Kein Rost, knapp 50 Jahre alt ist das Cabrio, 29.664 Meilen (47.739 km) hat der V 12-Motor bisher absolviert. Manuelles Getriebe, Hardtop ab Werk, AM/FM-Radio.

Erstbesitzer der Raubkatze war ein Amerikaner, Mr. Ervey aus Denville, New Jersey. 10.150 Dollar bezahlte er am 19. Juli 1974 beim Autohändler. Es ist alles dokumentiert: Die Historie des Fahrzeugs, das bei Anbieter Getyourclassic derzeit angeboten wird, kann lückenlos nachgewiesen werden. Deswegen auch der stolze Preis von 94.900 Euro, den der jetzige Besitzer dafür haben will. Marktwert laut Zustand 2: 82.000 Euro. Der kräftige Aufschlag ist der Patina geschuldet, die der Wagen besitzt.

„Schön oder nicht schön, das ist hier die Frage..." Frei nach Shakespeares Hamlet spaltet der Anblick von Patina bei Klassikern immer noch die Oldtimer-Szene. Die eine Seite liebt das Fahrzeug, wenn es perfekt restauriert ist und wie fabrikneu auf Messen und Events vorgeführt wird. Die andere Seite interpretiert Gebrauchsspuren als wichtiges Merkmal des Fahrzeugs als Zeitzeuge seiner Epoche. Motto: Ist der Originalzustand einmal verschwunden, bleibt er es auch. Da hilft auch eine perfekte Restaurierung nichts.

**Wie wichtig ist Patina momentan auf dem Markt, wohin geht der Trend?
Welche Sichtweise setzt sich durch?
Das sagen Oldtimer-Experten und Szene-Kenner.**

Oldtimer und Youngtimer mit Patina sind eindeutig auf dem Vormarsch

KR Franz R. Steinbacher, allgemein beeideter und gerichtlich zertifizierter Sachverständiger für das Kraftfahrwesen: „Die Old- und Youngtimer-Käufer der letzten Jahre interessieren sich immer stärker für Fahrzeuge mit Patina, demgemäß ist auch der Markt in einer Phase der Wandlung. Das Ziel für viele Old- und Youngtimer-Fans, aber auch Neueinsteiger in die Oldie-Szene, ist heute nicht mehr das perfekt restaurierte Fahrzeug, sondern Klassiker mit einer entsprechenden Patina. Auch deutlich erkennbare Reparatur-Spuren sind da kein wirkliches Problem, vorausgesetzt, sie wurden fachgerecht durchgeführt. Das Wesentliche ist eine einwandfreie, funktionsfähige und jederzeit einsetzbare Technik. Das Maß aller Dinge bei Youngtimern sind im Moment unfallfreie Erstbesitz-Fahrzeuge mit einer relativ niedrigen Kilometerleistung, denen man die Jahre anhand ihrer Gebrauchsspuren auch durchaus ansehen darf."

Patina oder schon Gammel?

Frank Wilke ist Chef des deutschen Bewertungsspezialisten classic-analytics. Für ihn ist das Thema Patina natürlich nicht neu: „Bereits vor knapp über 20 Jahren häuften sich die Fälle, in denen für überragend gut erhaltene, unrestaurierte Fahrzeuge der eigentlich für den Zustand 1 vorgesehene Preis gezahlt wurde. In den Folgejahren tauchten diese Autos dann vermehrt am Markt, speziell auf Auktionen, auf und erzielten dort Preise, mit denen kaum jemand gerechnet hätte. Begriffe wie „Survivor" oder „Time capsule" wurden geboren. Das interessante am Originalzustand ist, dass es ihn nur einmal gibt. Man kann jedes Auto immer wieder zur Perfektion restaurieren, aber wenn der Originalzustand zerstört oder verschwunden ist, dann bleibt er es auch.

Knackpunkt beim Thema Patina ist, dass es keine für den Automobilbereich allgemein verbindliche Definition gibt und die Einschätzung, ob noch Patina oder schon Gammel vorliegt, wesentlich subjektiver ist als die Festlegung von Zustandsnoten. Sämtliche Versuche, hier eine Vereinheitlichung zu installieren oder Definitionen aus der Kunstwelt zu übertragen, sind gescheitert, weil sie praxisfremd sind. Welcher Grad an Patina werterhöhend ist, entscheidet kein Sachverständiger und kein Marktbeobachter, sondern allein der Markt selbst.

Entscheidend ist bei Patina immer ein stimmiges Gesamtbild: Ein unrestaurierter Innenraum mit abgewetztem Leder etc. passt nicht zu einer brandneuen Lackierung, so etwas ist eher wertmindernd, weil es an eine geschminkte Leiche erinnert ..." Generell gibt es, gerade von Verkäuferseite, eine steigende Tendenz, schlechten Zustand oder Gammel als „sympathische Patina" darzustellen."

Patina anhand des Pflegezustands unterscheiden

Einen fast poetischen Bezug zum Thema Patina fand Sascha Keilwerth vom Oldtimer-Auktionshaus Getyourclassic: „Am Ende ist zwar es immer reine Geschmackssache, was einem Betrachter gefällt, aber suchen wir Menschen nicht schon immer die Faszination in tollen Geschichten? Die Geschichte. Genau darum geht es doch!"

Ein Auto, sei es das erfolgreiche Rennauto oder das „Brot und Butter Auto", erzählt seine Geschichte in Form seiner Gebrauchsspuren, Kratzer, Dellen und Macken. Ja,

PATINA BEI OLDTIMERN

MEHR ALS NUR GESCHMACKSSACHE

Macken. Ich erinnere mich da z.B. an meinen Käfer zu Studentenzeiten, bei dem der Blinker nur ging, wenn der Handschuhfachdeckel offen war. Das sind genau diese Geschichten, die uns im Gedächtnis bleiben und immer für interessanten Gesprächsstoff sorgen ... und von denen wir auch immer noch ein bissel schwärmen.

Man kann die Patina anhand des Pflegezustandes unterscheiden. Da gibt es die völlig verrosteten, aber voll funktionstüchtigen Autos, bei denen die Lackfarbe nur noch zu erahnen ist. Gerne als „Ratte" oder „rat-look" bezeichnet, aber Fahrzeuge in tollem, originalen Pflegezustand, mit hier und da einer kleinen Delle oder Kratzer.

Die Intensität der Gebrauchsspuren bestimmt dann auch den Wert des Autos. Der emotionale Wert ist nicht genau definierbar, denn das hängt ja vom Betrachter ab. Zum Wert kommt dann auch der Grad des Originalzustandes bezogen auf die Lackierung, Motor, Getriebe, dem Interieur und natürlich auch die Seltenheit sowie der Beliebtheitsgrad. Am Ende ist es natürlich immer eine Geschmacksfrage, ob der Oldtimer patiniert sein soll oder neuwertig aussehen soll. Aus meiner Erfahrung ist Authentizität jedoch am wertstabilsten.

Und wie behandeln Oldtimerversicherungen das Thema?

Bei der OCC Assekuranzkontor wird zum Beispiel genau geprüft, ob es sich wirklich um wertvolle Patina handelt. „Grundsätzlich stehen wir Patina offen gegenüber. Insbesondere die Qualität der eingereichten Fotos ist ein wichtiges Kriterium. Je besser die Fotos des Kunden-Fahrzeugs, desto besser können wir nachvollziehen, ob es sich um Patina handelt. Nur so können wir sicherstellen, dass das zu versichernde Fahrzeug tatsächlich den Wert hat, um die Versichertengemeinschaft von OCC zu schützen", sagt Bernd Uhlenbruck, Senior Product Manager bei OCC.

Patina bei Oldtimern – eben mehr als nur Geschmackssache.

André Tichy ist neuer Vertriebsleiter bei OCC Austria

Er liebt alte Flugzeuge und Autos: André Tichy ist neuer Head of Sales bei der OCC Assekuranzkontor GmbH in Wien. Er ist seit über 20 Jahren im Versicherungsgeschäft tätig. Zuletzt arbeitete er bei der Allianz und AXA Partners in verschiedenen Leitungsfunktionen in Österreich und dem benachbarten Ausland. Privat lebt er gemeinsam mit seiner Partnerin in Wien. Seine Oldtimer- Leidenschaft begann schon im Alter von 18 Jahren, als er während der Privatpilotenausbildung auf alten Cessna-Motorflugzeugen ausgebildet wurde. Den Klassikern ist er bis heute treu geblieben. Sein Traumauto kommt aus Italien: ein 74er Alfa Romeo Giulia TZ2 Carrozzata da Zagato.

Kontakt:
OCC Assekuranzkontor GmbH
Schottenring 16/2, A - 1010 Wien
Tel. +43 1 236 62 58, tichy@occ.eu

RM SOTHEBY´S – STEPHAN KNOBLOCH LEITET DAS ÖSTERREICH-BÜRO

Der Gründer von RM Sotheby´s wurde von einer Leidenschaft für exotische, antike und sammelnswerte Autos getrieben. Er startete mit einer Firma, die Autos reparierte, Motoren leistung steigerte und spezielle Custom-Made-Umbauten durchführte. In den Achtzigern begann er, Autos zu kaufen und zu verkaufen.

Heute macht RM Sotheby´s Umsätze im dreistelligen Millionenbereich und ist eines der renommiertesten Auktions- häuser weltweit. Da der deutschsprachige Raum am Umsatz der europäischen Auktionen ein sehr wichtiger Markt für RM ist, wurde nun 2022 auch in Österreich ein Büro eröffnet.

Geleitet wird das Büro von Stephan Knobloch, Car Specialist für die Region Deutschland, Österreich und Schweiz und inter- national vernetzt bis in die Arabischen Emirate und USA.

OLDTIMER GUIDE traf Stephan Knobloch zum Gespräch.

OLDTIMER GUIDE: *Wie kam die Liebe zu Automobilen?*
STEPHAN KNOBLOCH: Mein Vater ist ein Sammler und hat mich von klein auf in diese Welt mit einbezogen. Ich bin dann auch die Ferrari-Challenge gefahren und irgendwann kam dann der Gedanke zu meinem weiteren Lebensweg auf. Eines war klar, ich wollte mich mit Automobilen beschäftigen und bei Auktionen baut man ein internationales Netzwerk auf, es geht ums große Ganze, man ist global unterwegs, Kunden werden Freunde und der Fokus liegt auf Fahrzeugen. (lacht!)

OLDTIMER GUIDE: *Wie war dann der weitere Weg?*
SK: Die erste Station führte mich zu Bonhams ins Motoring- Departement, dann zum Dorotheum und schließlich zu RM Sotheby´s in London. Parallel dazu absolvierte ich mein Bachelorstudium und meinen Master. 2022 bekam ich dann die Möglichkeit, das Österreich-Büro in Wien zu eröffnen.

OLDTIMER GUIDE: *Haben sie spezielle Schwerpunkte?*
SK: In diesen Jahren konnte ich mir eine breite Expertise erarbeiten mit Schwerpunkten auf Ferrari, Formel 1 Fahr- zeuge, Mercedes und BMW sowie italienische Marken, zeitlich beginnend in den 60er-Jahren bis in die 2000er. Geographisch konzentriere ich mich auf den DACH-Raum und die an- grenzenden Länder, die Arabischen Emirate und USA. Ich berate Investoren auch in Bezug auf Wertstatus und Poten- zial von Fahrzeugen und letztendlich suche ich diese auch.

OLDTIMER GUIDE: *Welches Auto muss in Ihrer Garage stehen?*
SK: Schwierige Frage, es gibt so viele. Aber wenn ich eines nennen muss, ist es der Ferrari F40 LM.

OLDTIMER GUIDE: *Wo liegen die Hauptaufgaben der nächsten drei Jahre?*
SK: Das RM Sotheby´s Geschäft weiter zu entwickeln. Den österreichischen Markt dahingehend zu verbessern, indem ich Top-Fahrzeuge nach Österreich bringe. Österreich hat durch- aus einen Markt, dieser ist aber sehr verhalten. Langfristig möchte ich Auktionen nach Wien bringen.

OLDTIMER GUIDE: *Was sind denn die Highlights 2023?*
SK: Der Markt ist dank potenter Investoren sehr stark. Die kommenden Highlights 2023 sind sicher die Auktionen am 20. Mai, Villa Erba, am 15. September in St. Moritz – Iseli Collection, am 24./25. November in München.

OLDTIMER GUIDE: *Viel Erfolg und danke für das Gespräch.*

Stephan Knobloch,
Car Specialist für die D-A-CH Region und
international weit vernetzt

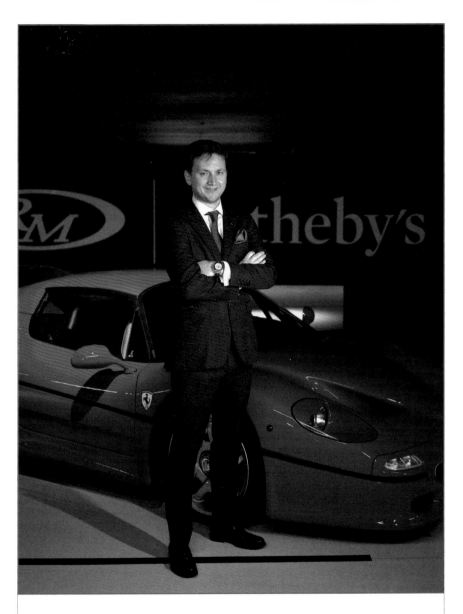

DER
MYTHOS
VESPA

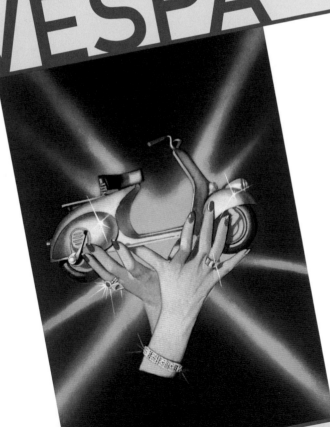

Und ewig sticht die Wespe

Vespa G.S.

paradiso per due

Von Franz Farkas

Wenn man weitgehend unvoreingenommen an ein Thema herangeht, ist das Ergebnis oft erstaunlich, wenn nicht sogar genial. So etwa, wenn sich ein Flugzeugkonstrukteur an einem motorisierten Zweirad versucht. Genau dies ist die Entstehungsgeschichte des legendären Vespa-Rollers, der mittlerweile schon 75 Lenze am Buckel hat.

Piaggio war nach dem zweiten Weltkrieg eine schon alteingesessene Firma. 1884 vom 20-jährigen Rinaldo Piaggio gegründet, fertigte man vorerst Schiffsarmaturen, später Eisenbahnwaggons, Motoren, Straßenbahnen und Lkw-Teile. Mit dem ersten Weltkrieg beschäftigte man sich mit der Luftfahrt und expandierte recht schnell.

So wurde 1921 ein Werk in Pontedera gegründet, das sich mit dem Bau von Flugzeugen auch für das Militär beschäftigte. Im zweiten Weltkrieg wurde das Werk schwer beschädigt und vor allem durfte man als Kriegsverlierer keine Flugzeuge mehr bauen.

Zu dieser Zeit war auch in Italien so ziemlich alles Mangelware, insbesondere aber preisgünstige Mobilität. Kein Wunder, dass Firmen wie etwa der Radiohersteller Ducati begannen, Hilfsmotoren für Fahrräder zu bauen. Auch im Flugzeugwerk Piaggio Air suchte man nach einem derartigen Konzept, das nicht nur gut verkäuflich, sondern auch mit den vorhandenen Ressourcen herstellbar sein sollte.

Dem Piaggio Team schwebte ein kleines handliches Gefährt vor, das auch leicht von Frauen bedient werden konnte. Es gab bereits so etwas wie Motorroller, die etwa zusammen mit den Fallschirmjägern abgeworfen wurden, um diese am Boden zu mobilisieren.

Der Ingenieur Spolti Renzo bekam den Auftrag, ein derartiges Fahrzeug zu realisieren. Der erste Prototyp war zwar schon vollverkleidet, hatte aber noch einen Kettenantrieb, der nach regelmäßiger Wartung verlangte und vor allem war er nicht gerade eine Schönheit. Die Werksangehörigen tauften ihn bald „Paperino" die italienische Bezeichnung für Donald Duck.

Ein Zweirad aus Blechpressteilen, das hatte es vorher noch nie gegeben. Diese Produktionsmethode erforderte einen komplett anderen Zugang zum Fahrzeug.

Auch Piaggio war nicht gerade begeistert und so bekam der Flugtechniker Corradino D`Ascano vom Firmeninhaber Enrico Piaggio den Auftrag, ein motorisiertes Zweirad zu entwickeln. D`Ascano hasste eigentlich Motorräder, auf ihnen wurde man seiner Ansicht nach nur schmutzig. Zudem wollte er sich eigentlich in der gerade aufstrebenden Helikoptertechnik verwirklichen.

Da er aber nur die Alternative hatte, Töpfe oder ähnlichen Hausrat oder eben ein Fahrzeug zu produzieren, entwickelte er in erstaunlich kurzer Zeit ein völlig neues Konzept. Die Devise war, sauber und bequem, fast wie in einem Auto, von A nach B zu gelangen. Daher verschwand der Motor unter einer Blechhaube, es gab keine schmierige Kette, sondern das Hinterrad war direkt mit dem Triebwerk verblockt und es gab natürlich einen freien Durchstieg, um auch der damals fast ausschließlich beröckten Damenwelt das Fahren zu ermöglichen.

Dazu kam noch eine Handschaltung und anstatt eines Hauptständers wurde das Fahrzeug einfach mittels zweier Kufen unter dem Trittbrett abgestellt, wahlweise rechts oder links geneigt. Beide Merkmale sollten die schönen und meist empfindlichen Damenschuhe verschonen. Neben der genialen Triebsatzschwinge war auch das Konzept des Blechpressrahmens ein genialer Schachzug, er ermöglichte die Verwendung der bestehenden Blechpress-Werkzeuge vom Flugzeugbau und war zudem noch extrem stabil.

Die einseitige Aufhängung der beiden (austauschbaren) Räder stammte ebenfalls aus der Flugtechnik, die Fahrwerke der Piaggio Kriegsflugzeuge standen hier Pate. Radwechsel war fortan so leicht wie beim Pkw, ein mitgeführtes Ersatzrad machte den Fahrer auf den damals noch sehr von Hufnägeln verseuchten Straßen unabhängiger. Der zweite Entwurf mit einer schlanken Taille konnte auch Piaggio vom Design her überzeugen und wurde Vespa – die „Wespe" getauft. Die geniale Einfachheit und Details sorgten nicht nur in Italien für eine rasche Verbreitung.

Oben: Nachdem der erste Entwurf aufgrund seiner Hässlichkeit verworfen wurde, fand der zweite Gnade vor den Augen von Enrico Piaggio, der es spontan „Vespa", also Wespe, taufte.

Unten: Es gehörte damals zum Zeitgeist, mit Rekordfahrten die Zuverlässigkeit und die Schnelligkeit zu demonstrieren. So entstanden auch bei Piaggio mehrere Rekordfahrzeuge auf Basis des Vespa Rollers.

Sicher hatte es schon Jahre davor ähnliche Konzepte gegeben, wie etwa das Lomos Sesselrad aus den Zwanzigern oder das knapp danach in den USA gebaute Neracar. Allerdings fehlte diesen Fahrzeugen die Konsequenz der Vespa und natürlich auch das passende Umfeld. Am 23. April 1946 meldete Piaggio & C. S.p.A ein Patent beim Zentralpatentamt für Erfindungen, Modelle und Markennamen beim Ministerium für Industrie und Handel in Florenz an, für einen „Motorradzyklus mit einem rationalen Komplex von Organen und Elementen mit Körper, kombiniert mit Kotflügeln und einer Motorhaube, die alle mechanischen Teile abdeckt."

Geniale Einfachheit

Bei der anschließenden Vorstellung auf einem Golfplatz in Rom war die Resonanz der anwesenden Journalisten und anderen Gäste eher zurückhaltend. Piaggio glaubte aber fest an das Konzept und begann 1947 mit der Produktion von gleich 2.000 Einheiten. Zwei Versionen wurden angeboten, die „Normale" und eine Luxusversion mit Optionen wie Tacho, Seitenständer und den damals so modischen Weißwandreifen. Vorerst wurde der Roller über den Lancia Vertrieb angeboten, da sich die Motorradhersteller weigerten, das Fahrzeug in ihre Verkaufsräume zu stellen.

Weltweite Begeisterung

1948 kam schon eine 125er und die Produktion wuchs ständig. In den Fünfzigern wurde das rasende Insekt auch nördlich der Alpen bekannt, in Deutschland wurde es in Lizenz und in Indien ohne Lizenz gebaut. Mitte der Fünfziger wurden schon 171.000 Vespas in Pontedera gebaut, dazu kamen schon mehrere Lizenznehmer und Nachbauten, auch aus Russland.

1963 kam mit der V 50 Special erstmals ein Moped mit der immer noch gleichen Bauweise heraus, dem die Jugend beiderlei Geschlechts sofort verfiel. Inzwischen waren die „Großen" bei 160 bzw. 180 cm³ angelangt, diese Roller konnten sich auch im allgemeinen Niedergang des Zweirades in dieser Zeit sehr gut behaupten. Als in den Siebzigern und Achtzigern der erste Zweiradboom von den USA auch nach Europa schwappte, waren die Italiener noch immer an vorderster Front.

Ein Detail der Vespa ist der Zusatztank der sportlichen SS90.

Die Vespa hatte sich zum Kultfahrzeug entwickelt, es gab und gibt heute noch unzählige Tuning- und Zubehörteile, von denen eine ganze Industrie vor allem im Mutterland Italien sehr gut lebt. Ein Grund für die Bekanntheit war auch immer das Sportengagement, in den Fünfzigern gewannen die Vespen aus Pontedera jede Menge Bewerbe, bei denen meist eine eigene Rollerklasse ausgeschrieben war.

Sowohl auf der Straße als auch im Gelände standen die Roller ihren Mann, so dominierten sie 1951 die Six Days und fuhren neun Goldmedaillen ein. Sogar an der berühmt-berüchtigten Wüstenralley Paris-Dakar nahm ein Vespa-Team teil und kam sogar durch.

Zu diesem Zweck gab es auch immer besonders sportliche Modelle, wie etwa die 90 SS mit einem als Knieschluss fungierenden Reserverad und Zusatztank oder die T5 mit einem besonders schnellen Motor. Auch diverse Rekordfahrten wurden absolviert. Dem offiziellen Rennsport hat man zwar mittlerweile werksseitig den Rücken gekehrt, aber man versucht immer wieder mit sportlich angehauchten Sondermodellen an diese Zeit zu erinnern.

Dabei ist der unverwüstliche Roller in seinem Grundkonzept immer noch geblieben wie ihn D`Ascanio 1946 gezeichnet hat. Der Blechpressrahmen und die Triebsatzschwinge, aber auch die Radaufhängungen sind ein typisches Markenzeichen, auch wenn nach einem heftigeren Sturz meist ein Spengler bemüht werden muß. Geändert haben sich selbstverständlich die Motoren. Der unverwüstliche Zweitakter mußte aus Geräusch- und Abgasgründen einem Viertakter mit Variomatik weichen, ABS ist nun selbstverständlich. Beim Hubraum ist man mittlerweile bei 300 cm³ angelangt und die Leistung stieg auf deutlich über 20 PS. Auch eine Elektro-Version ist auf dem Markt. Und der Vespenschwarm vergrößert sich fast täglich, mittlerweile wurden satte 19 Millionen Vespen produziert. Nicht mitgerechnet sind die unzähligen lizenzierten und nicht lizenzierten Nachbauten, die auf der ganzen Welt zusätzlich für eine noch weitere Verbreitung des genialen Konzepts sorgen.

Oben: Die berühmte SS 90 wurde speziell für Sportveranstaltungen geschaffen, begeisterte aber vor allem die jungen Burschen.

Unten: Nachdem das Auto gegen Ende der 50er-Jahre seinen Siegeszug antrat, versuchte man sich bei Piaggio auch mit einem vierrädrigen Gefährt. Doch die Konkurrenz war längst etabliert und so blieb man beim bewährten Roller-Konzept.

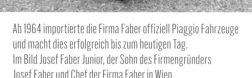

Natürlich entwickelte sich auch sehr schnell ein reges Clubleben rund um die Roller-Ikone. Die ersten Vespa-Clubs wurden bereits Ende der Vierziger-Jahre gegründet. Die lokalen Ortsclubs wurden jeweils durch Dachverbände in einzelnen Ländern zusammengebracht. In Europa entstand so der Vespa Club d'Europe, der danach in die FIV (Federation Internationale des Vespa Clubs) überging.

Die FIV wiederum hat sich Ende 2005 aufgelöst und wurde 2006 durch den Vespa World Club ersetzt. 2021 wurde der Vespa Club Europa gegründet. Die World Vespa Days sind jedes Jahr der Höhepunkt des Clublebens, 2023 finden sie in der Schweiz vom 15. bis 18. Juni statt.

In Österreich begann die Vespa-Geschichte im Jahr 1964. Hier begann die Firma mit dem Import der Roller aus Italien und sie betreibt dieses einträgliche Geschäft bis zum heutigen Tag. Regelmäßig heimst man den Titel „Erfolgreichster Importeur des Jahres", gemessen an der Population des Landes ein. Firmenchef Josef Faber, der Sohn des ersten Importeurs und Firmengründers Josef (Joschi) Faber sen., ist selbst Vespa-Fan und sein Rat wird im Werk in Pontedera sehr geschätzt.

Immer noch ist die Vespa auch nach 75 Jahren Kult, obwohl die Einstandspreise wesentlich über denen der Konkurrenz liegen. Allerdings ist auch der Wiederverkaufswert jeder Vespa erstaunlich, das bedeutet, eine Vespa zu erwerben ist mindestens so gut wie eine Aktie ...

Faber Stores:

1230 Wien, Carlbergergasse 66
+43 1 491590

1020 Wien, Praterstraße 47
+43 1 49159300

www.faber.at

Ab 1964 importierte die Firma Faber offiziell Piaggio Fahrzeuge und macht dies erfolgreich bis zum heutigen Tag.
Im Bild Josef Faber Junior, der Sohn des Firmengründers Josef Faber und Chef der Firma Faber in Wien

Schnell entwickelte sich auch ein reges Clubleben rund um den Vespa Roller.
Bis heute sind die alljährlich stattfindenden World Vespa Days der Höhepunkt
des Clublebens.

Die eFuel Alliance hat sich zum Ziel gesetzt, die Herstellung synthetischer klimaneutraler Kraft- und Brennstoffe voranzutreiben und zu intensivieren. Als Interessenvertretung wird daher aktiv gegenüber der Politik und Behörden, der (Fach-)Öffentlichkeit, der Wissenschaft und den Medien für die Vorteile und den Nutzen von eFuels geworben und proaktiv in Entscheidungsprozesse und Debatten Sachinhalte eingebracht. Für den grünen Energiewandel braucht es Technologieoffenheit in der Klimaschutzpolitik. **OLDTIMER GUIDE** traf Mag. Jürgen Roth, Vorsitzender der eFuel Alliance, zum Gespräch.

OLDTIMER GUIDE *Was sind eFuels?*

JÜRGEN ROTH: eFuels werden mithilfe von Strom aus erneuerbaren Energien, Wasser und CO_2 aus der Luft hergestellt und setzen damit im Gegensatz zu herkömmlichen Kraft- und Brennstoffen kein zusätzliches CO_2 frei, sondern sind in der Gesamtbilanz klimaneutral. Zudem können eFuels dank ihrer Kompatibilität mit heutigen Verbrennungsmotoren Fahrzeuge, Flugzeuge und Schiffe antreiben, Heizsysteme betreiben und damit klimaschonend agieren. Bestehende Transport-, Verteil- und Tankinfrastrukturen, insbesondere Tankstellen, können weitergenutzt werden.

OLDTIMER GUIDE: *Wo steht aktuell die Debatte zu synthetischen Treibstoffen?*

JR: Eine knappe Mehrheit der Abgeordneten im Europäischen Parlament hat gegen 300 Nein-Stimmen und Enthaltungen den Elektrozwang für Pkw ab 2035 beschlossen. Gleichzeitig hat die Europäische Kommission einen Rechtsakt vorgeschlagen, der auch für Lkw den elektrischen Antriebsstrang vorschreibt. Damit rast die EU vollelektrisch in die Sackgasse. Menschen wollen sich nicht von der Politik vorschreiben lassen, ob sie Auto fahren oder nicht.

OLDTIMER GUIDE: *Doch es gibt erste Stimmen der Vernunft?*

JR: Die deutsche und die italienische Regierung und nun auch Bundeskanzler Karl Nehammer stellen sich gegen den Vorweg-Verzicht auf wichtige Technologien im Kampf gegen die Erderwärmung, dass die Grenzwerte auch mit eFuels erreicht werden können müssen.

OLDTIMER GUIDE: *Die wichtigste Forderung ist Technologieoffenheit?*

JR: Keine Technologie soll ausgespart werden, wenn es darum geht, Millionen Tonnen CO2-Emissionen einzusparen. Die eFuels stehen heute dort, wo die Photovoltaik im Jahr 2002 stand, sie brauchen die gleiche Förderung wie seinerzeit der Sonnenstrom. Aktuell fahren in Österreich nach vielen Jahren der Förderung rund 2 % der Autos elektrisch.

OLDTIMER GUIDE: *Gibt es Daten zur Akzeptanz von eFuels in der Bevölkerung?*

JR: Ja, wir haben die Österreicherinnen und Österreicher befragt, es gibt – wie nicht anders zu erwarten – eine starke Präferenz für klimaneutrale eFuels. Der Großteil der Österreicher kennt die Vorteile dieser Kraftstoffe und und geht davon aus, dass ein Umstieg auf andere Antriebsarten bis 2030 nicht umsetzbar ist. Die Bereitschaft ist sehr hoch in dieser Richtung, 80 bzw. 84 % können sich eFuels als Alternative zum Elektroantrieb bzw. als Alternative zum herkömmlichen Kraftstoff vorstellen, 62% sind bereit, zusätzliche Kosten zu tragen.

OLDTIMER GUIDE: *Wie sieht die Zukunft der Mobilität aus?*

JR: Klimaschutz funktioniert nur, wenn alle mitmachen, die Wirtschaft eingeschlossen. Wir brauchen kein Entweder-oder, sondern ein breites Portfolio von Technologien und Lösungen.

OLDTIMER GUIDE: *Viel Erfolg und danke für das Gespräch.*

Mag. Jürgen Roth, Vorsitzender eFuel Alliance Österreich

AB INS MUSEUM?

Nein, ab in den Süden. Mit eFuels fährt Ihr Oldtimer noch 100 Jahre.

- ✓ Historische Fahrzeuge sind zu schön fürs Ausgedinge.
- ✓ Mit synthetischen Kraftstoffen fahren unsere Oldies elegant und klimafreundlich.
- ✓ Erschwingliche eFuels an der Zapfsäule Ihrer Tankstelle sind machbar.
- ✓ Der von der EU verordnete Elektrozwang führt in die Sackgasse und fördert AKWs.
- ✓ Technologieverbote bremsen und verteuern den Klimaschutz.
- ✓ Liebe Politik! Ermöglichen statt Verhindern ist Ihre Aufgabe.

Helfen Sie uns, Ihnen zu helfen!

Unterstützen Sie die Allianz der Willigen als Mitglied und Multiplikator.

Ihr „Zündschlüssel" für den Start: www.efuel-alliance.at und www.ekkon.at

MOTORRAD PROFESSIONISTEN

PROF ESSIO NISTEN

ACCESSOIRES / DEKO

ALTE TANKE E.U. – ARTHUR H. PISKERNIK
A-9170 Ferlach, Griessgasse 31
+43/664/1024384
office@alte-tanke.com, www.alte-tanke.com
Historische Deko Tankstellen, Verkauf & Vermietung – seit mehr als 25 Jahren beschäftigt sich Arthur Piskernik mit Oldtimern und allem, was noch so dazugehört. Daraus entstand die Idee, „Deko-Tankstellen" aus den 30er-, 50er-, 60er- und 70er-Jahren zu planen und nach zum Teil Originalskizzen zu fertigen – natürlich auch mit den dazugehörigen originalen oder nachgefertigten Accessoires. Es gibt viele unterschiedliche Möglichkeiten. Ob Tank Haus/Häuschen allein oder gleich mit den zeitgenössischen Accessoires, wie Zapfsäule, Ölkabinett, 2 Taktmischer, Luftdruckprüfer, Zündkerzenkasten usw. – ganz nach individuellem Wunsch.

DECO 50`S – D. GRAMS
A-1230 Wien, Gewerbepark Mosetiggasse
Mosetiggasse 1A / Halle Top 13
+43/1/9908162, info@deco50.at, www.deco50.at
Deco 50`s bietet die größte Auswahl an hochwertigen Metallschildern diverser Fahrzeug- und Motorradmarken, Vorratsdosen, Wanduhren, Metall-Thermometer, Emailltassen, Magnete und Schlüsselanhänger im trendigen Retro-Design. Im Schauraum gibt es noch amerikanische Diner Möbel sowie viele weitere Vintage- & Retro Dekorations Highlights zu bewundern.

KAROSSERIE BAUER – DI CHRISTIAN BAUER
A-3051 St. Christophen, Gamesreith 14
+43/664/75023046
office@karosseriebauer.eu
karosseriebauer.eu
Street Art, Design Ikonen, Meisterwerke der Handwerkskunst. Das sind nur einige der Ausdrücke, die benutzt werden, um die historischen Zapfsäulen zu beschreiben, die man bei Karosserie Bauer kaufen kann. Nur simpel „Zapfsäulen" nennt sie kaum jemand; sind es doch Schönheiten, die von einer Zeit erzählen, in der das Betanken eines Automobils noch nicht elektronisch, unpersönlich und nichtssagend war. Die angebotenen Säulen stammen aus den Jahren 1920 – 1979, sind restaurierte Originale und meist Einzelstücke.

Karosserie Bauer – DI Christian Bauer

Karosserie Bauer
Karosserieanfertigungen + Antike Zapfsäulen

OLDIESHOP BRUCKNER – MICHAELA BRUCKNER
A-5020 Salzburg, Eichetstraße 5-7
+43/664/3994419, info@oldieshop.at, www.oldieshop.at
Wer immer für das richtige Accessoire oder Outfit sorgen will, wenn man mit dem Oldie unterwegs ist, wird im Oldieshop sicher fündig. Vom Aufnäher bis zum Overall ist alles da, was als Ausstattung gewünscht wird, um bei der nächsten Ausfahrt richtig gerüstet zu sein. Ein Blick auf die Homepage lohnt sich auf alle Fälle.

PMC MTECH GMBH – PRODUKTE FÜR MOBILEN COMFORT
D-71706 Markgröningen, Maulbronner Weg 37
+49/7145/900261
info@mobilekaelte.de, mobilekaelte.de
Der stilgerechte Picknickkorb darf bei einer Ausfahrt mit dem Oldtimer eigentlich nicht fehlen. Gerade an heißen Sommertagen ist das Vergnügen jedoch getrübt, wenn der Sekt, der Wein oder

PMC GmbH – Produkte für Mobilen Comfort

das kühle Blonde warm und schal schmecken, weil ganz einfach die Kühlung fehlt. PMC hat hier unter anderem ein Produkt, das Stil mit Funktionalität sehr gut kombiniert. Road*luxe ist ein eleganter Picknickkorb, der in verschiedenen Ausstattungsvarianten von einfach bis luxuriös angeboten wird. Eines haben jedoch alle gemeinsam – ein ausgeklügeltes integriertes Kühlsystem, das zuverlässig für die richtige Temperatur sorgt.

ANHÄNGER

ALGEMA FIT-ZEL
EDER GMBH FAHRZEUG & MASCHINENBAU
+49/8067/9057-0, info@algema-fitzel.com, algema-fitzel.com
Maßgeschneiderte Alu-Autotransportanhänger für alle Anforderungen, darauf hat sich das Unternehmen spezialisiert. Die technische Kompetenz der Mitarbeiter wird zum Nutzen des Kunden immer weiterentwickelt. Die Stärken liegen in der jahrzehntelangen Erfahrung mit dem Werkstoff Aluminium, der sich durch geringes Eigengewicht, hohe Nutzlast und lange Lebensdauer als sehr wertbeständig erwiesen hat. Die Anhänger sind auch auf die jeweiligen Bedürfnisse der Kunden zugeschnitten.

Algema Fit-zel Eder Fahrzeug- und Maschinenbau

TRANSVERS E.U.
Siehe unter Rubrik Transportservice.

AUFKLEBER / DRUCK

BOMB GRAPHICS E.U. INH. MICHAEL BLEYL
A-2191 Pellendorf, Konrad-Frank-Weg 12
+43/664/3800915
office@bombgraphics.at, www.bombgraphics.at
Your Car. Your Style. Your Car. Your Performance. Wollen Sie Ihrem Fahrzeug ein besonderes Outfit gönnen, dann sind Sie in diesem jungen Unternehmen bestens aufgehoben. Bomb graphics ist Ihr Spezialist in Sachen Folie, Design und Performance. Egal ob es um Scheibenfolien, Lackschutzfolien oder auch Werbebeschriftungen geht, die Beratung bei der grafischen Gestaltung erfolgt professionell. Sollte die Folierung nicht zu lange dauern, wird der Kunde ins nahe gelegene G3 Shopping Center gebracht – natürlich kostenlos – um die Wartezeit genüsslich zu gestalten. Auf alle Fälle wird das folierte Fahrzeug – ob mit zwei oder vier Rädern – einzigartig.

GEORG EBINGER GMBH

A-1230 Wien, Eitnergasse 4
+43/1/8657981, office@ebinger.co.at, www.ebinger.co.at
Vor 80 Jahren hat die Firma Ebinger mit der Herstellung von Verkehrszeichen begonnen. Mittlerweile sind die Bereiche Druck- und Werbetechnik und Autofolierung hinzugekommen. Seit 2010 hat sich der Bereich Kfz-Folierungen für Pkw, Lkw, Mopeds, Motorräder und Busse stark entwickelt. Die Experten bei Ebinger folieren sowohl Privat- als auch Firmenfahrzeuge mit hochwertigen Car Wrapping Folien. Egal ob Carbonfolie, Chromfolie, matt, metallic, glänzend oder bedruckt mit einem individuellen Motiv – bei einer Kfz-Folierung ist alles möglich. Der Vorteil einer Autofolierung liegt nicht nur in der visuellen Veränderung des Fahrzeugs, sondern auch in der Werterhaltung des darunterliegenden Originallacks. Im Gegensatz zu einer Lackierung ist eine Kfz-Folierung auch wesentlich kostengünstiger.

Georg Ebinger GmbH

GRADINGER WERBEGESTALTUNGS GMBH

A-2345 Brunn am Gebirge, Industriestraße B 11
+43/2236/378777, office@folie-gradinger.at
Filiale Eisenstadt: A-7000 Eisenstadt, Siegfried-Marcus-Str. 7
+43/2682/61692
eisenstadt@folie-gradinger.at, folie-gradinger.at
Österreichs Marktführer im Bereich Fahrzeug- und Objektfolierungen. „Bei uns bleiben Sie kleben!", ist der Leitspruch von Gerhard Gradinger, der 1996 das Unternehmen mit drei Mitarbeitern im burgenländischen Marz startete. Mit zahlreichen erfahrenen Mitarbeitern – die durch beste Einschulung und regelmäßige Weiterbildung hoch qualifiziert sind – ist das Unternehmen jetzt die erste Adresse. Gradinger bietet mit modernsten, hochauflösenden Digitaldruckmaschinen und hochwertigen Folien alles, was der Kunde ins richtige Blickfeld rücken will.

TUTTINGER WERBETECHNIK
WERNER TUTTINGER GMBH

A-8950 Stainach, Niederhofen 19
+43/3682/22268, office@tuttinger.at
www.tuttinger.at
Werner Tuttinger hat mittlerweile 30 Jahre Erfahrung auf dem Sektor Außenwerbung, Grafik und Druck. Mit seinem Team gestaltet und produziert er kreative Lösungen für Werbeplanen, Schilder, Folien und vieles mehr. Speziell für Oldtimer, die hinsichtlich des Lackes besondere Anforderungen haben, fertigt er schon seit vielen Jahren Aufkleber und Startnummern. Hier ist viel Know-how gefragt, um gerade im Automobilbereich auch Produkte anzubieten, die von den heiklen Lackoberflächen wieder ohne Rückstände und Beschädigungen entfernt werden können. Seine langjährige Erfahrung ist Garant für beste Ergebnisse.

AUSPUFFANLAGEN

AUTO REITER GMBH

Siehe unter Rubrik Handel/An- und Verkauf.

GRÄSSL KFZ GMBH –
KFZ-TECHNIK – MEISTERBETRIEB

A-9451 Preitenegg, Preitenegg 104
+43/664/2133100
office@edelstahlauspuff.at
www.edelstahlauspuff.at
Ein großer Bereich an Fahrzeugtechnik wird von Daniel Grässl und seinem Team abgedeckt, und vor allem diverse Auspuffanlagen zählen dazu. Ob es sich um Komplettanlagen vom Motor bis zur Stoßstange, Krümmer oder Schalldämpfer dreht, der Vorteil liegt darin, dass die Firma auf Spezial-, Einzel- und Sonderanfertigungen spezialisiert ist. Ebenso sind seltene Nachbauten kein Problem – für Oldtimer oft notwendig.

MÄXXSON

A-8081 Empersdorf, Liebensdorf 314

+43/664/4805005, office@maexxson.at, www.maexxson.at

Das Motto der Firma MÄXXSON, die im Jahr 2013 gegründet wurde, lautet: „Alles rund um Auspuffanlagen". Das Angebot des Betriebes umfasst die klassische Auspuffreparatur bis hin zur

Mäxxson – Ihr Auspuffexperte

kompletten Anfertigung der Abgasanlage in Edelstahl. Die leistungsstarke Firma steht vor allem für bestmögliche persönliche und individuelle Herangehensweise und Beratung.

AUTOLITERATUR

AUSTRO CLASSIC – VEREIN FÜR MOTORGESCHICHTE

A-3400 Kierling, Lenaugasse 10

+43/2243/87476

office@austroclassic.com, www.austroclassic.net

Wolfgang M. Buchta und die Austro Classic sind ein Garant dafür, wenn man Geschichten oder Geschichte aus der Oldie-Branche

Austro Classic – Das österr. Magazin für Technik-Geschichte Verlags Ges.m.b.H.

lesen will. Interessantes aus der Branche, „Gelbe Seiten", Clubs, Museen und auch eine „Schatztruhe" mit eventuellen Schnäppchen finden interessierte Leser. Jede Menge Geschichten von Autoren aus der Szene und immer eine tolle Titelstory – das alles sollte kein Liebhaber der großen Oldtimer-Gemeinschaft verpassen.

KURATORIUM HISTORISCHE MOBILITÄT ÖSTERREICH C/O MAG. CHRISTIAN SCHAMBUREK

2345 Brunn am Gebirge, Leopold-Gattringer-Straße 55

+43/664/6201110, office@khmoe.at, www.khmoe.at

Die approbierte Liste „Historische Fahrzeuge" des Bundesministeriums für Klimaschutz, Umwelt, Energie, Mobilität, Innovation und Technologie wird seit 2018 vom Verein Kuratorium Historische Mobilität Österreich (KHMÖ) geführt. Die Liste der – laut österreichischem Gesetz – erhaltungswürdigen Fahrzeuge wird in Abstimmung mit dem BMVIT und dem historischen Beirat betreut und erstellt. Weiterhin wird – jetzt vom KHMÖ – eine Bestätigung über die Erhaltungswürdigkeit des Fahrzeuges ausgestellt, die von den Typisierungsstellen der Landesregierungen für die Einzelgenehmigung herangezogen werden kann.

ÖAMTC OLDTIMER

A-1030 Wien, Baumgasse 129

+43/1/7119910-300

oldtimer@oeamtc.at, www.oeamtc.at/thema/oldtimer

Bekannt dafür, allen Motorisierten zu helfen, gibt es auch für die Oldie-Besitzer eine eigene Abteilung, die besonders für dieses Klientel da ist. Alle Infos und Tipps zu historischen Fahrzeugen – auch rechtliche und technische Informationen. Hier ist man richtig.

OLDTIMER & TEILEMAGAZIN, MAG. ALBERT LÖCKER

A-1230 Wien, Franz-Asenbauer-Gasse 56

+43/1/8760166, otm@otm.at, www.otm.at

Das ist Österreichs größtes Kleinanzeigenmagazin für klassische Autos, Motorräder, Traktoren, Fahrräder und Ersatzteile. Wer aus seinem privaten Fundus etwas hergeben möchte, ist hier richtig. Durch eine Kleinanzeige – mit oder ohne Foto – kann das nicht mehr benötigte Teil oder Fahrzeug einem anderen Käufer viel Freude bereiten.

PUCH CLUB MAGAZIN – MW MEDIA HOUSE
A-8463 Leutschach, Amthofensiedlung 11/6
+43/676/6971019, office@club-magazin.at, club-magazin.at
Wie der Name schon sagt, dreht sich im Club-Magazin fast alles um die österreichische Welt- und Traditionsmarke PUCH. Es sind aber auch Berichte zu anderen österreichischen Fahrzeugmarken zu finden. Das Magazin begeistert immer wieder aufs Neue alle an der Marke Puch interessierten Leser. Artikel von aufwendigen Restaurationen oder Rennereignissen von anno dazumal auf Puch-Geräten – es gibt so viel Lesenswertes rund um dieses Thema.

SIMLINGER WOLFGANG, DI – MOTORCLASSIC
Siehe unter Rubrik Fotografie.

VERLAG BRÜDER HOLLINEK & CO GESMBH
A-3002 Purkersdorf, Luisenstraße 20
+43/2231/67365, office@hollinek.at, hollinek.at
Richard Hollinek jun. führt die Firma in fünfter Generation. Zusammen mit seinem Vater Richard Hollinek sen. bilden sie das Herz des Verlages. Sucht man Bücher oder Zeitschriften rund um das Thema Mobilität, dann wird man hier fündig. Der Verlag Brüder Hollinek ist vor allem für seine Fahrrad-, Motorrad- und Automobilbücher, die sich großer Beliebtheit erfreuen, bekannt.

Verlagsbuchhandlung Brüder Hollinek & Co. GesmbH

Verlagsbuchhandlung
Brüder Hollinek
Seit 1872

VERWÜSTER GMBH – MOTORBOOKS.AT
VERLAG & VERSANDBUCHHANDEL
A-8055 Graz, Triester Straße 280
+43/677/63705243, +43/677/63705244
office@motorbooks.at, www.motorbooks.at
Auf einer ausgesprochen umfangreichen Website bietet Verwüster in einer sehr übersichtlichen Gestaltung in den Rubriken Zweirad, Auto, Traktor und Lkw technische Literatur zu den unterschiedlichsten Marken und Themen an. Eine einfache Suchfunktion hilft beim Stöbern nach Autoren, Titeln oder Schlagwörtern. Auch Betriebsanleitungen, Reparaturanleitungen und Ersatzteilkataloge sind hier zu finden. Der Verlag hatte 2018 sein 30-jähriges Jubiläum.

AUTOPFLEGESPEZIALISTEN

AUTOAUFBEREITUNG REITZER E.U.
A-8563 Ligist, Steinberg 237
+43/664/4238370
bernhard.reitzer@gmail.com, www.reitzer.net
Der Profi für altes Blech ist der gelernte Kfz-Mechaniker Bernhard Reitzer, der sich auf die Aufbereitung von Oldtimern und Sportwagen spezialisiert hat. Die Aufbereitungsfirma hat sein Vater gegründet, 2010 wurde sie von Bernhard übernommen. Die Räumlichkeiten wirken wie ein Labor, denn sehr wichtig ist dem Firmeninhaber, dass alles sauber und akkurat ist. Das merkt man dann auch am fertigen Fahrzeug. Die Pflege eines klassischen Fahrzeuges ist sehr heikel, denn Lack, Stoff und Leder sind sehr sensibel und oft nicht in bestem Zustand. Zur Qualitätssicherung gehört natürlich auch die laufende Weiterentwicklung der Aufbereitungstechnik.

PAPPAS CLASSIC –
Ihr Young- und Oldtimer in den besten Händen

Wir teilen Ihre Faszination

Wenn Sie ein Liebhaber von Oldtimern und Youngtimern sind, dann sind Sie bei Pappas an der richtigen Adresse. Bei Pappas Classic stehen Kundenzufriedenheit, Qualität, Sicherheit und Originalität sowie die Standards von Mercedes-Benz an erster Stelle. Von der reinen Wartung über die Instandsetzung bis zur Teil- oder Vollrestauration sind wir Ihr kompetenter Partner.

Perfektion mit Liebe zum Detail

Unsere Serviceprofis arbeiten mit viel Liebe zum Detail, unterstützt von modernster Restaurationstechnik, an Ihrem Mercedes-Benz Klassiker oder Youngtimer. Die hohe Teileverfügbarkeit und die gute Verbindung zum Mercedes-Benz Classic Center leisten einen wesentlichen Beitrag bei der professionellen Bearbeitung der edlen Fahrzeuge.

Was wir für Ihren Klassiker tun können

- Wartung/Instandsetzung
- Teil-/Vollrestauration
- Fahrzeugbewertungen
- Oldtimer-Transport
- Verkauf Ersatzteile, Zubehör und klassische Accessoires
- 24-h-Abschlepphilfe/Ersatzfahrzeug
- und vieles mehr

PAPPAS CLASSIC - DIE OLDTIMERKOMPETENZ-MARKE DER PAPPAS GRUPPE | **5020 Salzburg,**
Innsbrucker Bundesstrasse 111 | Tel: 0800 - 727 727 | classic@pappas.at | www.pappas.at/classic
Weitere Pappas Classic-Standorte finden Sie unter www.pappas.at/standorte

AUTOPFLEGE CORNELIU

A-2514 Traiskirchen, Pfaffstättnerstraße 26
+43/676/9440333
corneliu@autopflege.or.at
www.autopflege.or.at

Der zertifizierte Betrieb setzt auf hochwertige Fahrzeugpflege mit Lackaufbereitung oder Lackschutz. Die Lackaufbereitung beinhaltet je nach Lackzustand mehrere Polierdurchgänge und der anschließende Lackschutz erhält den Glanz lange und nachhaltig. Der Lackschutz mit dem brasilianischen Carnaubawachs oder einem glasartigen Glasscoating bis hin zur extrem kratzfesten Keramikversiegelung bietet beste Ergebnisse. Auch eine professionelle Lederreinigung bzw. Pflege, Polsterintensivreinigung sowie Scheiben- und Felgenvesiegelung werden angeboten. Mit einem Wort: Rundumpflege ist gewährleistet.

AUTOSALON WURMBRAND

A-1090 Wien, Universitätsstraße/Votivpark-Garage
+43/676/6073288, +43/676/6073280,
+43/650/7480400 (Technik)
office@autosalonwurmbrand.com
www.autosalon-wurmbrand.at

Wer für sein Fahrzeug eine Spezialreinigung braucht, ist im Autosalon Wurmbrand in der Votivpark-Garage bestens aufgehoben, denn seit über 20 Jahren beschäftigt sich die Firma mit der professionellen Autoreinigung und Pflege. Von der Innenwäsche über die Motorwäsche, der Lederreinigung und der Lackpolitur – alles wird bestens erledigt. Die Brüder Michael und Thomas Wurmbrand sind auch am Sektor An- und Verkauf und Vermittlung ausgefallener Fahrzeuge tätig und kümmern sich auch um die Reparatur und Wartung von Old- und Youngtimern. Es wird eine breite Palette an Serviceleistungen angeboten.

B2000 AUTOKOSMETIK ALFRED BERGER E.U.

A-3003 Gablitz, Linzerstraße 139-141
+43/2231/61555, b2000@aon.at, www.b2000.at

B2000 Autokosmetik befasst sich mit der Herstellung und dem Vertrieb von hochwertigen Autopflegeprodukten. Der Vertrieb der Produkte erfolgt über Detailhandels-und Autozubehörfirmen, Tankstellen und Autohäuser. B2000 ist einer der Pioniere am Sektor der Fahrzeugaufbereitung und befasst sich mit der Aufbereitung von Neu- und Gebrauchtfahrzeugen für private Kunden. Einen erheblichen Anteil der Tätigkeit der B2000 Auto

Beauty Farm nimmt aber die professionelle Aufbereitung der für den Wiederverkauf bestimmten Gebrauchtfahrzeuge des Kfz-Einzelhandels ein. Für den Profibereich im Autohaus liefert B2000 alle nötigen B2000 Produkte sowie alle Geräte und Zubehöre für die sparsame und bestmögliche Verarbeitung. Es werden Schulungen für das Personal sowie Messebetreuung durchgeführt.

BEAUTY FOR YOUR BEAST!
GERRY HOLZWEBER AUTOREINIGUNG

A-1200 Wien, Handelskai 90
+43/1/2369922
info@beautyforyourbeast.at
beautyforyourbeast.at

Gerry Holzweber ist Profi, wenn es um die Pflege und Aufbereitung historischer Fahrzeuge geht. Aufgrund der langjährigen Erfahrung mit dem Lackaufbau historischer Fahrzeuge, Materialien wie Holz, Leder, Chrom u. v. a. wird die Pflege individuell auf das Alter und die Besonderheiten abgestimmt. Diese Art von Fahrzeugaufbereitung verlangt neben dem Know-how auch absolute Sorgfalt, Vorsicht, Präzision und viel Liebe zum Detail.

CAR-MEN

Siehe unter Rubrik Restaurierungsbetriebe/Werkstätten.

AUGARTEN
WIEN

Flagshipstore
Spiegelgasse 3
010 Wien

Museum/Shop/Manufaktur
Obere Augartenstraße 1
1020 Wien

www.augarten.com

aus. Die Angebotspalette reicht unter anderem von speziellen Packages für Bikes, Liebhaberfahrzeuge und Oldtimer bis zu hochqualitativen Keramikversiegelungen, die nicht nur extrem schmutz- und wasserabweisend sind, sondern dem Lack eine hohe Kratzfestigkeit und einen tiefen Glanz verleihen. Am Standort CLASSIC DEPOT wird mit Osmosewasser gereinigt. Alle Fahrzeuge werden ausschließlich mit Handwäsche gepflegt. Jeder Kunde wird individuell betreut, um entsprechende Lösungen je nach Bedarf und Wunsch umzusetzen.

Carwash4you

CARSTYLEPROFI – MICHELLE BREUER
A-2100 Korneuburg, Industriestraße 6-8
+43/699/12806556
carstyleprofi@gmail.com, www.carstyleprofi.at
Carstyleprofi ist Spezialist für alles, was zur Aufbereitung eines klassischen Automobils notwendig ist. Egal, ob der Oldie von der letzten Rallye stark verschmutzt ist, ein paar kleine Steinschläge oder Dellen kassiert hat. Steinschläge auf den Scheiben sollten rasch repariert werden, damit aus einem kleinen Problem kein großes wird. Kleine Dellen werden ohne Lackierung ausgerichtet und sind nachher praktisch unsichtbar. Auch die Lackaufbereitung stumpfer, verwitterter Lacke ist Teil des Angebots von Carstyleprofi. Außen- und Innenreinigung durch ein Spezialistenteam: Bei Carstyleprofi stehen Qualität und Kundenzufriedenheit an erster Stelle!

CARWASH4YOU
A-1120 Wien, Classic Depot, Stachegasse 18/ Objekt 4
A-1020 Wien, Trabrennstraße 3, Parkhaus D
+43/676 /842216350, +43/1/9346167
office@carwash4you.a
www.carwash4you.at
Mit der Übernahme der Fahrzeugaufbereitung im CLASSIC DEPOT eröffnet Carwash4you den zweiten Standort der modernsten Autoaufbereitung in Wien. Neben der großen Leidenschaft für Autos und der Liebe zum Detail zeichnet sich Christian Vodusek und sein Team vor allem durch einen hohen Qualitätsanspruch

CULTGARAGE TIROL – LUCA HUTER
A-6150 Steinach am Brenner, Padasterweg 3
+43/664/3940410
info@cultgarage.tirol
www.cultgarage.tirol
Professionelle Fahrzeugaufbereitung: Ob Außen- oder Innenreinigung, das geliebte Gefährt ist bei der Cultgarage Tirol bestens aufgehoben und strahlt danach wieder in vollem Glanz! Die umfangreichen Leistungsangebote bieten für alle Fahrzeuge die passenden Pakete und modernste Techniken werden dabei angewendet. Außenwäsche, Innenreinigung, Polituren, Keramikversiegelungen, Wachsversiegelungen und vieles mehr werden bei der Cultgarage Tirol angeboten. Bei Luca Huter ist Ihr Fahrzeug gut aufgehoben!

IHR AUTOPUTZMEISTER ANDREAS STROBL

A-5280 Braunau am Inn, Salzburger Straße 125
+43/7722/63720
braunau@autoputzmeister.at, www.autoputzmeister.eu
Oldtimer bedürfen einer speziellen Behandlung und das weiß das
bestens geschulte Personal, das die notwendige Erfahrung und
auch die richtigen Materialien für die Aufbereitung eines Oldtimers besitzt. Schon bei der Übernahme erkennt der „Autoputzmeister", um welche Lackart es sich handelt, denn nur so können
die besten Mittel für die fachgerechte Reinigung gewählt werden.
Auch der Innenraum erfordert qualifizierte und erfahrene Hände
– all diese Voraussetzungen erfüllen die Mitarbeiter von
Andreas Strobl.

Ihr Autoputzmeister – Andreas Strobl

LK CLASSIC – LASZLO KOVACS
Siehe unter Rubrik Restaurierungsbetriebe/Werkstätten.

OLD CAR GARAGE – RENÉ HÖLZL
Siehe unter Rubrik Restaurierungsbetriebe/Werkstätten.

OLDTIMER CENTER VIENNA O.C.V. E.U. THOMAS RAB
Siehe unter Rubrik Restaurierungsbetriebe/Werkstätten.

PSW CAR CARE GMBH

A-4020 Linz, Prinz-Eugen-Straße 23
+43/732/773588, +43/732/272777
info@car-care.at, www.psw-auto.at, www.car-care.at
Professionelle Fahrzeugreinigung und Pflege: Kundenwünsche
werden kompetent, individuell, schnell und immer zur vollsten
Zufriedenheit erfüllt. Innen- und Außenaufbereitung, Lackpfle-
ge, Oberflächenversiegelung, Lackarbeiten sowie Karosseriere-
peraturen werden mit speziellen Fachkenntnissen professionell
durchgeführt. PSW hilft auch bei Kfz-Glasschäden aller Art und
erledigt Windschutzscheibenreperaturen zuverlässig.

UPPER.CLASS.CLEAN

A-2514 Traiskirchen/Möllersdorf, Mühlgasse 12
+43/664/3769195
Büroanschrift: A-2351 Wr. Neudorf, Am Anninngerpark 2/1/13
office@uc-clean.at, www.uc-clean.at
Der persönliche Partner für professionelle Autoaufbereitung,
Autopflege und Autoreinigung, das ist upper.class.clean. Das
aufstrebende Unternehmen hat sich auf die exklusive Autoaufbereitung mit hochwertigen Top-Produkten spezialisiert. Nach

upper.class.clean

dem gezielten Einsatz von speziellen Pflege- und Reinigungs-
mitteln erstrahlen nicht nur Lack und Kunststoff in neuem Glanz.
Auch Polsterung und kostbare Lederausstattungen erscheinen
wieder top gepflegt. Ein exklusiver Hol- und Bringservice gehört
auf Wunsch ebenfalls zum Angebotspaket.

WAGNER KAROSSERIE- UND LACKIERFACHBETRIEB
Siehe unter Rubrik Karosserie/Lackierung.

AUTORADIO

BOSCH CLASSIC
Siehe unter Rubrik Ersatzteile/Zubehör.

OLDTIMER-RADIO-JOSIMOVIC ANDREAS JOSIMOVIC
A-1020 Wien, Zirkusgasse 21
+43/699/81824888, josimovic@chello.at, www.rajofot-21.at
Wenn es kratzt und rauscht und von Musik nichts mehr zu hören ist, dann ist guter Rat teuer – muss aber nicht so sein: Das Unternehmen hat sich auf den Handel und die Reparatur von Oldtimerradios und das dazugehörige Zubehör (Lautsprecher etc.) spezialisiert – und was ganz wichtig ist – Leo Josimovic war in seinem Fach sehr erfolgreich und hat seine Erfahrung an seinen Sohn Andreas weitergegeben. Alle Marken, hauptsächlich aber österreichische, deutsche und europäische Modelle, erfreuen nach der „Behandlung" durch die Firma Josimovic deren Besitzer wieder mit gutem Klang – soweit das für Radio-Oldies technisch möglich ist (kein Einbau).

AUTOSATTLER

ABM – FAHRZEUGSATTLEREI
A-4312 Ried, Niederzierking 48
+43/699/11101899, office@fahrzeugsattlerei-abm.at
www.fahrzeugsattlerei-abm.at
Fahrzeugaufbereitung der besonderen Art wird hier geboten – und das unter dem Motto: „Unmögliches erledigen wir sofort, Wunder dauern etwas länger!" Das Restaurieren im Bereich der Sattlerarbeit bei „Auto – Boot – Motorrad" wird zeitgerecht und zu fairen Preisen bewerkstelligt. Jede Herausforderung wird angenommen und auf die individuellen Wünsche der Kunden wird eingegangen.

ABM – Fahrzeugsattlerei

BILWEIS FAHRZEUGSATTLEREI
A-4400 Steyr, Wolfernstraße 17
+43/7252/72894, office@fahrzeugsattlerei-bilweis.at
www.fahrzeugsattlerei-bilweis.at
Das Motto von Harald Bilweis lautet: „Qualität aus Leidenschaft". Er liebt automobile Raritäten, und mit dieser Liebe betreibt er seit 1997 professionell sein Handwerk. Ein Gustostück an Restauration und Revitalisierung war ein 24er-Cadillac, dessen Polsterung mit Patina zu erhalten war. Er versucht, in der Fahrzeugsattlerei immer möglichst mehr Substanz zu bewahren, als zu erneuern. Neben Sonderanfertigungen werden maßgeschneiderte Verdecke gemacht, alle Reparaturen und notwendigen Revitalisierungen durchgeführt sowie verschiedenste Motorräder nach Maß gesattelt.

Bilweis Fahrzeugsattlerei

BOXMARK INDIVIDUAL
Siehe unter Rubrik Lederaufbereitung/Reparatur.

CABRIODOKTOR – PATRICK VOGLSAMER
A-4671 Neukirchen bei Lambach, Gewerbepark 8
+43/676/9711325
anfrage@cabriodoktor.at, www.cabriodoktor.at
Einiges an Erfahrung setzt eine professionelle Verdeckmontage voraus. Der Cabriodoktor beschäftigt sich seit vielen Jahren mit Cabriolets aller Marken und ist daher prädestiniert, wenn Not am Mann bzw. Verdeck ist. Sonderanfertigungen für Oldtimer und Exoten, diverse Reparaturen, auch von Windschotts, Verdeckgestänge, getönte und klare Cabrio-Heckscheiben, all das und mehr gehört zum Repertoire des Cabriodoktors. Bei Bedarf: Eine Anfrage lohnt sich.

CRYSTAL SEAT COVERS – CHRISTINA HEUER
A-4085 Waldkirchen am Wesen, Atzersdorf 2
+43/664/1506109, christina.heuer5@gmail.com
www.facebook.com/Lederundstoffarbeiten
Die Arbeiten umfassen alles rund um Leder und Textilien, die von Autositzen, Cabrioverdecken bis zur Motorradbekleidung notwendig sind, um Altes wieder wie neu aussehen zu lassen. Also Stoff- und Lederarbeiten aller Art sind das Aufgabengebiet und es werden individuelle Lösungen angeboten, die eine reibungslose und unkomplizierte Zusammenarbeit ermöglichen. Kundenzufriedenheit ist oberste Priorität.

EDELSPORT SCHOSSBÖCK –
AUTOSATTLEREI & LEDERWAREN
A-5152 Michelbeuern, Dorfbeuern 16
+43/664/1821600
edelsport@gmx.at, www.sattler-edelsport.at
Edelsport ist ein Partner mit viel Erfahrung, wenn neue Sitze und der Innenraum eines Oldtimers restauriert werden müssen. So

Edelsport Schoßböck – Autosattlerei & Lederwaren

individuell wie ein Motorrad ist auch der Sitz des Gefährts. Edelsport kümmert sich um alles, was es rund um das Motorrad und Leder gibt. Leder oder Stoff müssen nur ausgesucht werden, dann werden die Kundenwünsche perfekt umgesetzt. Aber nicht nur Restaurierungen, sondern auch Taschen, Gürtel, Lederkappen und diverse Sonderanfertigungen aus dem edlen Material Leder – Walter Schoßböck macht es möglich.

FILLA LEOPOLD AUTOSATTLEREI
A-1030 Wien, Untere Viaduktgasse 1
+43/1/7183327, +43/664/5205793
fammal@gmx.at, filla@utanet.at, www.filla.at
Ein Meisterbetrieb seit 1886 – und damit beginnt die Geschichte der Firma Filla als Geschirrsattlerei. 2003 wurde sie in der 4. Generation übernommen und ist heute spezialisiert auf Cabrio-Verdecke, Motorrad-Sitzbänke, Oldtimer-Restauration, Innenausstattung, Planen aller Art und Spezialanfertigungen. Mit mehr als 100 Jahren Erfahrung ist sie wahrscheinlich eine der ältesten Sattlereien Österreichs. Gemeinsam mit seiner Gattin führt Anton Mayr das Unternehmen und legt Wert auf Handwerk in höchster Qualität.

GÖTZ FRANZ – POLSTERWERKSTÄTTE
UND FAHRZEUGSATTLER
A-6240 Rattenberg, Bienerstraße 89
+43/676/3513428
franzgoetz.rattenberg@gmail.com, www.götz.at
Handwerkliche Fähigkeiten in Kombination mit Fachwissen ergeben dann die professionellen Arbeiten in allen Bereichen an Sattlerarbeiten für den Fahrzeugbau. Das Reparieren oder neu Beziehen von Auto- und Motorradsitzen, Cabrioverdecken, Dachhimmel, Türverkleidungen und Autoteppichen – bis hin zur Komplettausstattung von wertvollen Oldtimern – all das gehört zu den Angeboten von Franz Götz und seinem Team.

PFLEGE UND AUFBEREITUNG VON
OLDTIMERN & CLASSIC FAHRZEUGEN

Nutzen Sie unser Rundum-Service, angepasst an Ihre Wünsche und genießen Sie professionelle Leistungen für schöne, optimal gepflegte Fahrzeuge.

JETZT NEU!

in Zusammenarbeit mit unseren externen Professionisten

» Unterbodenreinigung mit Trockeneis
» Korrosionsschutz mit Mike Sanders®

» CARWASH4YOU GMBH

⌖ Trabrennstraße 3 . 1020 Wien ⌖ Stachegasse 18 . Objekt 4 . 1120 Wien

☎ +43 1 9346 167 ✉ office@carwash4you.at

CARWASH4YOU.AT

GROISS MICHAEL, AUTOSATTLEREI – PLACHEN
A-1110 Wien, Simmeringer Hauptstraße 127a
+43/1/7492394
office@auto-sattlerei.at, www.auto-sattlerei.at
Aus „Alt" oder „Kaputt" macht die Sattlerei Groiss wieder „Neu"!
Der alteingesessene Betrieb besteht seit 1918 in Simmering und
steht somit für jahrzehntelange Handwerkstradition. Wer sonst,
wenn nicht ein guter Autosattler wie Herr Groiss, könnte die liebevoll gepflegten Oldies aller Marken mit neuen oder restaurierten Cabrioverdecken, naturgetreuer Innenausstattung, Armatu-
renbrettern und Türverkleidungen zu neuem Glanz verhelfen?

Groiss Michael – Autosattlerei – Plachen

GZ-AUTOSATTLEREI GMBH, GÁBOR BALOGH
A-2512 Traiskirchen, Gewerbestraße 14
+43/664/6391901
info@gz-autodesign.eu, www.gz-autodesign.eu
Egal ob es Lenkräder, Motorradsitze, Armaturenbretter, Türverkleidungen oder komplette Sitze betrifft. Das Ziel von GZ-Autodesign ist es, auch die schwerst beschädigten Teile eines Oldtimers stilgerecht und originaltreu zu restaurieren. Solche
Reparaturen sind für den Polsterer schwierig, und nur die oft
zeitaufwendige Recherche in Fachbüchern und Fachzeitschriften
macht es möglich, den originalen Ersatzteil in Form und Qualität

zu finden. GZ-Autodesign arbeitet auch für Automessen und für
zahlreiche Fanclubs in der Oldtimerszene. Einhaltung der Termine, günstige Preise und hochqualifizierte Auftragsarbeiten sind
hier garantiert.

HARM THOMAS – FAHRZEUGSATTLEREI
A-1170 Wien, Hernalser Hauptstraße 90
+43/1/4862154, +43/676/4315108
office@autosattlerei-harm.at, www.autosattlerei-harm.at
Die Gründung dieses Meisterbetriebes erfolgte 1965 von Ferdinand Harm. 1995 wurde der Betrieb von seinem Sohn Thomas
übernommen, und von Anfang an ist die Fahrzeugsattlerei Harm
als Spezialwerkstätte der richtige Ansprechpartner für alle
Belange rund um die Autopolsterung – Stoff, Leder und Skai,
Erzeugung oder Reparatur aller Polsterungsarten und Cabrio-
dächer. Auch für die Besitzer von Motorrädern gibt es die Möglichkeit, mit einer neuen oder reparierten Sitzbank zu brillieren.

MAYER CHRISTIAN – TAPEZIERER & AUTOSATTLER
A-3142 Langmannersdorf, Barockstraße 2
+43/2784/31020
office@autosattler-mayer.com, www.autosattler-mayer.com
In der Autosattlerei Mayer werden Verdecke für Pkw, Oldtimer
oder Geländewagen angefertigt. Ebenso werden auch Subauf-
träge zur Verdeck-Montage von Autowerkstätten übernommen,
wobei das zu verwendende Material vom Kunden beigestellt
werden kann. Sitzbezüge und Seitenverkleidungen in Leder oder
Stoff, Himmel-Bespannungen, Teppiche, Kofferraumverkleidun-
gen, Überziehen diverser anderer Teile, z. B. Armaturenbrett,
Mittelkonsole, Lenkrad und Hutablage und auch Motorradsitz-
bänke zählen ebenfalls zum Leistungsspektrum von Christian
Mayer.

Mayer Christian – Tapezierer & Autosattler

www.kaerntnermessen.at

Anlässlich der
**FREIZEIT-
MESSE**

31. MÄR. – 2. APR. 2023

**PARALLEL
ZUR
FREIZEIT- UND
AUTO&BIKE-
MESSE**

ALPEN-ADRIA

CLASSIC
LEGENDS

DIE MESSE FÜR KLASSISCHE AUTOMOBILE

RCW – Raumausstattung Christoph Wagner

MEISEL HERMANN GMBH – TEXTILMANUFAKTUR

Zentrale: A-4812 Pinsdorf, Wiesenstraße 28
+43/7612/62061, office@planen-meisel.at
Filiale: A-4600 Wels, Werndlstraße 5
+43/7242/47060
wels@planen-meisel.at, www.planen-meisel.at
Schon 1888 gründete Theodor Meisel den Betrieb als Sattlerei und Wagenschmiede, der bereits in der vierten Generation geführt wird. „Wir decken alles ab", ist für diese Firma nicht nur der Werbeslogan, sondern das ganze Mitarbeiterteam rund um die Familie Meisel ist bemüht, die Kunden von der Qualitätsarbeit und den Serviceleistungen zu überzeugen. Viele Produkte aus den Bereichen Tapeziererei, Sattlerei, Planen-Erzeugung sind besonders für Oldtimer relevant und das Team berät auch bei der Auswahl der verschiedensten Materialien. Vom Lederlenkrad, dem Lederschaltknauf über das Armaturenbrett aus Leder bis zu den Sitzen – alles kann gemacht werden.

OLDTIMER CENTER VIENNA O.C.V. E.U. THOMAS RAB

Siehe unter Rubrik Restaurierungsbetriebe/Werkstätten.

RCW – RAUMAUSSTATTUNG CHRISTOPH WAGNER

A-3150 Wilhelmsburg, Untere Hauptstraße 18
+43/664/5304670
rcw-raumausstattung@aon.at, www.rcw-oldtimer.at
Der gelernte Tapezierer, RCW-Geschäftsführer Christoph Wagner, machte sich 1991 als Oldtimer-Restaurator selbstständig und die Erhaltung „alter Werte" ist ihm ein besonderes Anliegen. Vom Cabrioverdeck über Himmel- und Seitenverkleidungen, Sitze und Teppiche – es werden so weit wie möglich Originalmaterialien verwendet. Mit viel Liebe zum Detail werden individuelle Wünsche umgesetzt und für jedes anstehende Problem wird eine Lösung gefunden.

ROMULUS AUTOSATTLEREI

A-6408 Pettnau, Tiroler Straße 92
+43/699/11028274
rac@autosattler-romulus.at, www.autosattler-romulus.at
Seit dem Jahr 2000 widmet sich Romulus Cretiu, der seine Meisterprüfung mit Auszeichnung bestand, mit Freude und Leidenschaft der Autosattlerei. Mit viel Know-how, Sorgfalt und enormer Begeisterung wird das Innenleben eines Oldtimers auf Hochglanz gebracht. Die Gestaltung der Fahrgastzelle des Fahrzeugs wird mit originalen Materialien und nach den originalen Plänen aufgebaut. Dazu gehören die Sitze, Teppiche, Seitenverkleidungen und bei Bedarf das Lederlenkrad und der Steuerknüppel – und für Cabrios das Verdeck. Auch Jacke oder Kappe – passend zum Fahrzeug – stehen am Programm.

Romulus Autosattlerei

SCHWEINBERGER GMBH
Siehe unter Rubrik Restaurierungsbetriebe/Werkstätten.

SEDIVY WERNER – AUTOSATTLER & TAPEZIERER
A-5722 Niedernsill, Mittersiller Strasse 12
+43/650/9403304
office@derautosattler.at, www.derautosattler.at
Mit Bedacht werden Stoffe ausgewählt, die dem Original entsprechen oder es werden Schäden im Innenraum des Oldies
repariert, um den Wert des Fahrzeugs zu bewahren. Ob es das
Lenkrad, Armaturenbrett, die Himmelbespannung, die Teppiche
oder das komplette Cabrioverdeck (Neubezug oder Reparatur)
betrifft, alles wird mit viel Liebe zum Detail und dem Kennen und
Können des alten Handwerks restauriert, damit der Oldtimer zum
richtigen Schmuckstück wird.

Sedivy Werner – Autosattler & Tapezierer

WAKOLBINGER AUTOSATTLER
A-4173 St. Veit im Mühlkreis, Rammerstorf 19
+43/664/73807406, office@sattlerei-wakolbinger.at
www.sattlerei-wakolbinger.at
Manfred Wakolbinger bietet als Sattlermeister Komplettlösun-
gen für Oldtimer an, die eine Überarbeitung des Innenlebens
brauchen. Mit Leidenschaft und Präzision werden die vielen
Details berücksichtigt, die für die Originalität eines Oldies not-

Wakolbinger Autosattler

wendig sind. Welche Materialien wurden im Original verwendet
und wie war die Verarbeitung? All das muss für die optimale
Bearbeitung berücksichtigt werden und Manfred Wakolbinger ist
für jeden Einsatz und jede Herausforderung perfekt gerüstet.

WECHTITSCH MICHAEL –
AUTOSATTLEREI & POLSTEREI
A-8020 Graz, Dreihackengasse 41
+43/316/711938, info@wechtitsch.at, www.wechtitsch.at
Schon in der dritten Generation befasst sich der Familienbetrieb
Wechtitsch mit dem Bearbeiten und Verschönern von Fahrzeug-
innenausstattungen. Waren es früher Kutschen, sind es heute

Wechtitsch Michael – Autosattlerei & Polsterei

rare Oldtimer oder PS-Boliden, die im traditionellen Handwerk
bearbeitet werden. Nur die feinsten Materialien – ob Stoff,
Kunstleder, Alcantara, Skai und ausschließlich Qualitätsleder –
werden verarbeitet. Über 90 Jahre Erfahrung und der Einsatz
zeitgemäßer Techniken garantieren eine originalgetreue Restaurierung eines Oldtimers.

WINKLMAYR GMBH
A-4600 Wels, Kaiser-Josef-Platz 16a
+43/7242/47127, office@winklmayr.at, www.lederinfo.at
„Qualität geht vor Quantität", ist das Motto von Senator Georg
Winklmayr. Bereits in der vierten Generation führt er die Werk-
stätte mit angeschlossenem Fachgeschäft für Lederwaren. Er

ist sicher nicht der Mann, mit dem man über den Preis verhandeln sollte. Er weiß, dass Qualität ihren Preis hat. Er beschäftigt sich hauptsächlich mit exquisiten Sonderanfertigungen. Wenn nun ein Oldie-Fan mit seinem einzigartigen Fahrzeug zu ihm kommt, wird der Auftrag im Detail besprochen und dann geht's ans Werk. Es kommen nur erlesene Rohstoffe zum Einsatz und es wird nach alten Techniken handgefertigt.

BEKLEIDUNG

GRANDPRIX ORIGINALS
Schauraum/Lager Classic Depot Wien
A-1120 Wien, Stachegasse 18/2 OG
+43/664/6201110
office@grandprix-originals.at, www.grandprix-originals.at
Grandprix Originals ist eine seit rund zwei Jahrzehnten einzigartige Marke, die europaweit den Drive- & Lifestyle des Grand Prix Rennsports und seiner herausragenden Helden wie Steve McQueen, den Flair der bekanntesten Rennstrecken wie Le Mans oder Marken wie GULF reflektieren und mit qualitativer, modischer Kleidung ins Heute transportieren. Wo schnelle Rennwagen, historische Oldtimer, Enthusiasten und guter Geschmack sich treffen, dort ist Grandprix Originals zuhause. Die Kollektionen sind Teil des Mythos und tragen den Flair dieser Passion in die Welt. Jedes Teil der Grandprix-Originals Kollektionen ist ein echtes Liebhaberstück. Im Online-Shop finden man eine Auswahl verschiedenster Artikel rund um das Thema Drive und Lifestyle. Terminvereinbarungen im Schauraum sind ebenso möglich.

OLDIESHOP BRUCKNER — MICHAELA BRUCKNER
A-5020 Salzburg, Eichetstraße 5-7
+43/664/3994419, info@oldieshop.at, www.oldieshop.at
Drive and Style — im Oldieshop von Michi Bruckner gibt es alles, was das Oldtimerherz begehrt: Accessoires, Bekleidung und Geschenke. Damenmode der 40er- und 50er-Jahre, Mode für Männer im klassischen Retrostyle und vieles mehr an Produkten für die nächste Oldtimer-Ausfahrt, um funktionell und stilgerecht ausgestattet zu sein. Seit 2013 gibt es den Oldieshop Bruckner, und egal ob man online oder direkt in Salzburg einkauft, es macht immer wieder Spaß zu stöbern.

SCHUHMANUFAKTUR HACKNER E.K.
D-91161 Hilpoltstein, Zwingerstraße 5
+49/9174/9766951, info@schuhmanufaktur-hackner.de
www.schuhmanufaktur-hackner.de
„These boots are made for driving ..." Wer das Flair edler Automobile zu schätzen weiß, den Geruch von Benzin, Leder, Öl und Holz liebt, der weiß auch qualitatives Handwerk zu würdigen. In der Geschichte des Karosseriebaus standen Einzigartigkeit und Perfektion meist in vorderster Reihe. In dieser Tradition fertigt die Schuhmanufaktur Hackner einen Fahrerschuh in handwerklicher Erzeugung, der individuell nach Maß, knapp, funktionell und sportlich geschnitten ist. Das geringe Gewicht des Schuhs macht sich auf langen Oldtimerrallyes oder Rennen angenehm bemerkbar. Genauso wichtig wie der richtige Reifen für den Grip auf dem Asphalt ist auch der richtige Schuh für den Tritt aufs Gaspedal.

BREMSEN

BOSCH CLASSIC
Siehe unter Rubrik Ersatzteile/Zubehör.

BOSCH CLASSIC SERVICE ZITTA
Siehe unter Rubrik Elektrikspezialisten.

CMT HANDELS GMBH
A-2201 Hagenbrunn, Kupferschmiedgasse 26
+43/660/7368190, cmt@vienna.at
www.bremsbacke.at
Reparieren statt wegwerfen ist die Devise, denn die Bremsbacken von Oldtimern – ob Autos, Motorräder oder Traktoren – können wieder aufgearbeitet werden. Selbst eingerissene oder gebrochene Backen werden geschweißt und beklebt. Da es oft keine Ersatzteile mehr gibt, hängt das Überleben eines Oldtimers oft von der Reparaturmöglichkeit ab. Das jahrelange Know-how von CMT in Sachen Reparatur und Aufarbeitung von Bremsbacken, starren Kupplungen, Bremsbändern, Konuskupplungen, Planstücken u. v. m. macht CMT zur ersten Wahl bei der Instandsetzung von Verschleißteilen. Die Sicherheit hat dabei, ohne Kompromisse, oberste Priorität!

DWORZAK KURT, ING. GMBH
Siehe unter Rubrik Ersatzteile/Zubehör.

SPRINGER REIBBELÄGE
A-5221 Lochen, Gunzing 8, +43/660/4069029
cls@reibbelaege.at, springer-reibbeläge.at
Erfahrung seit über 30 Jahren hat die Firma Springer zum Spezialisten und Problemlöser für die Regenerierung von Reibbelägen bei Bremsen und Kupplungen aller Art gemacht. Hier wird in der hauseigenen Werkstatt der verschlissene Reibbelag abgelöst, der Belagträger gereinigt und mit einem speziell entwickelten Verfahren der neue Reibbelag verklebt. Jeder Oldtimerbesitzer mit „schlechten Bremsen" an seinem Vehikel ist gut beraten, bei Springer einen Besuch zu planen.

CABRIOVERDECKE

Siehe Autosattler.

Siehe Metallveredelung.

BEHAM TECHN. HANDELS GMBH
A-4910 Ried, Bahnhofstraße 67a
+43/7752/87931-0
24h-Service +43/664/2227364
info@beham.com, www.beham.com
Seit der Gründung 1948 von Beham in Ried wird keine „ruhige Kugel" geschoben, und im Laufe der bewegten Firmengeschichte entwickelte sich Beham zu einem bedeutenden Handelsunternehmen. Man ist bemüht, aus guten Kunden zufriedene und aus zufriedenen begeisterte Kunden zu machen. Rund um die Welt und rund um die Uhr. Prompte, zuverlässige und bewährte Lösungen zu bieten, bestimmt den Unternehmensgeist. In den Bereichen Antriebstechnik, Dichtungstechnik, Wälzlagertechnik und

Beham Techn. Handels GmbH

Lineartechnik machen internationales Know-how, weltweiter Erfahrungsaustausch und Lösungskompetenz für erstklassige Produkte die Firma Beham zum federführenden Unternehmen. Die technische Beratung für jede Region ist auf der Homepage ersichtlich.

KOLLER KURT KUGELLAGER
Siehe unter Rubrik Kugellager.

KUBAI DI GMBH
Entwicklung und Erzeugung technischer Gummiprodukte
A-4780 Schärding, Linzer Straße 70
+43/7712/2058, office@kubai.at, www.kubai.at
Von DI Alexander Kubai – dem ehemaligen Direktor der Firma Semperit in Traiskirchen – wurde die Firma 1946 gegründet und

er begann 1949 mit der Herstellung von technischen Gummiartikeln. Ab 1967 war Sohn Max federführend tätig und dessen Sohn – DI Alexander Kubai – übernahm 1991 das Familienunternehmen. Alles an Gummiwaren, Sonderanfertigungen nach Zeichnung oder Muster, Gummidichtungen, Vollgummi, Einzelstücke (Stückware) sind möglich. Die Reparatur beschädigter oder abgenützter Gummiartikel und Gummibeschichtungen (bei Rädern, Walzen, Kutschenrädern) zählt ebenso zum Repertoire der Mitarbeiter.

MWM – MALIK GMBH
A-2120 Wolkersdorf, Berta von Suttner-Straße 10
+43/2245/83040, GF: Harald Pecanka
pecanka@malik.at, www.malik.at
Der Maßstab für ein perfektes Resultat ist die Qualität. Das ist die Devise auf dem Gebiet von Dichtungen, Stanzteilen aus Metall, Biegeteilen u. s. w. Alle Dichtungen, wie etwa Gummi-Metall-Dichtungen, gebördelte Dichtungen oder Klinger Dichtungen sowie alle Biegeteile werden in bester Qualität gefertigt. Die neueste Produktionstechnik erlaubt es zum Beispiel, beim Stanzen verschiedenster Stanzbiegeteile und Stanzteile aus Metall höchste Präzision zu erreichen. Von der Zylinderkopfdichtung bis zum Kupferring – es gibt fast nichts auf diesen Gebieten, das nicht hergestellt werden kann. Auf der Homepage findet man ein Informationsregister für eine marken- bzw. typenbezogene Übersicht der verfügbaren Oldtimer- und Sonderdichtungen – sehr hilfreich beim Suchen und Finden.

MWM – Malik GmbH

MECHANISCHE WERKSTÄTTE
MWM
MALIK GmbH
malik.at
DICHTUNGSERZEUGUNG

PERSICANER & CO. GMBH

A-1100 Wien, Leebgasse 64

+43/1/6040171, office@persicaner.at, www.persicaner.at

Persicaner wurde 1875 gegründet. Das österreichische Unternehmen befindet sich seit 1960 im Familienbesitz. Persicaner bietet eine riesige Menge an unterschiedlichsten Dichtungen, Gummimatten, Schläuchen, Keilriemen, O-Ringen, Moosgummi und vieles andere mehr. Wenn man Zutritt ins Lager bekommt, kann man auch das eine oder andere seltene Stück finden. Schläuche und Dichtungen können auch in Einzelstücken sonderangefertigt werden. Die Bedienung ist kompetent und wickelt alles flott und genau ab. Bei Bestellung wird man zuverlässig über die Lieferung des Teils benachrichtigt.

Persicaner & Co. GesmbH

WOLF DICHTUNGEN GMBH

A-1220 Wien, Hirschstettner Straße 19-21/H2

+43/1/2826348-0, GF: Martin Wolf

office@wolfdichtungen.at, www.wolfdichtungen.at

Welcher Oldtimerbesitzer kennt nicht diese Problematik – die „Alte" ist nicht mehr dicht! Mit zunehmendem Alter kommt das öfter vor und eine frische, neuwertige Dichtung findet man nicht so einfach. Aber keine Sorge, wird die „Alte" zu Martin Wolf geschickt, kommt spätestens nach einer Woche eine „Neue". Und das gilt nicht nur für Zylinderkopfdichtungen, sondern für sämtliche Flachdichtungen von Oldtimern und Veteranenfahrzeugen. Wolf Dichtungen ist eindeutig ein empfohlener Fachbetrieb für historische Fahrzeuge!

ELEKTRIKSPEZIALISTEN

BOSCH CLASSIC

Siehe unter Rubrik Ersatzteile/Zubehör.

BOSCH CLASSIC SERVICE – ZITTA ROBERT

A-4020 Linz, Hollabererstraße 5

+43/732/650000, meisterbetrieb@kfz-zitta.at, kfz-zitta.at

Dem exklusiven Classic-Netzwerk von Bosch Automotive Tradition gehört auch der Betrieb von Robert Zitta an. Die Firma hat langjährige Erfahrung als Bosch-Partner und das Credo lautet: qualifiziert, kompetent und zuverlässig für Ihren „Oldie" da zu sein. Zu den Dienstleistungen gehören alle Instandsetzungsreparaturen – ob mechanisch oder elektrisch und mithilfe des Classic Service Netzwerkes können nicht mehr erhältliche Ersatzteile besorgt werden. Bosch Service ist auch Spezialist für Bosch Einspritzanlagen wie D, KE, L, Mono-Jetronic sowie Motronic und Monomotronic. In der Spenglerei werden Young- oder Oldtimer aussen und auch innen auf Vordermann gebracht. Es werden auch Reparaturen an Motoren oder Getrieben durchgeführt und ein Transportservice angeboten.

BOSCH SERVICE KORNPROBST GESMBH & CO. KG

Siehe unter Rubrik Ersatzteile/Zubehör.

BOSCH SERVICE RIEDL

Ing. Richard Riedl-Andrae GesmbH & Co KG
A-3300 Amstetten, Lewingstraße 5
+43/7472/62740
office@riedl-bosch-service.at, www.riedl-bosch-service.at
Das Unternehmen der Familie Riedl wurde 1948 gegründet und ist
der älteste aktive Bosch-Betrieb Österreichs. Durch jahrzehntelange Erfahrung und modernste Prüftechnik ist hier Ihr Young-
und Oldtimer in den besten Händen. Damit Ihr Original auch ein
Original bleibt, erhalten Sie natürlich auch original Klassik-
Ersatzteile. Als Bosch Classic Car Service besticht der Betrieb
durch die besondere Kompetenz, speziell bei Elektrik und Ein-
spritzsystemen und legt seit jeher höchsten Wert auf Qualität
und Tradition — und das für alle Marken, von Alfa bis Zastava.

Bosch Service Riedl

BRANDT AUTOELEKTRIK

A-1050 Wien, Pannaschgasse 3
+43/1/5446375, +43/676/3446375
alfred.brandt@chello.at
Im 5. Wiener Bezirk liegt die kleine, aber feine Werkstatt von
Alfred Brandt, die schon seit 1924 ein Begriff für Autoelektrik ist.
Die sorgfältige Arbeit hat sich in Oldtimerkreisen schon gut
herumgesprochen. Er ist einer von jenen, die versuchen, die Originalität zu berücksichtigen und ist daher bei den zahlreichen
Stammkunden auch für „die Hand für's Feine" bekannt. Dies

heißt aber nicht, dass nicht neue Elektrik zum Einsatz kommen
kann, jedoch zumindest optisch sollte sich ein Kabelbaum, ein
Stecker etc. in das klassische Erscheinungsbild des Wagens ein-
fügen. Das Einstellen von Gleichstromreglern oder auch Wickel-
arbeiten und Magnetisieren von Schwungrädern gehört zum
Service. In Ausnahmefällen und auf Anfrage ist Herr Alfred
Brandt auch ambulant unterwegs.

CUSTOMGARAGE – BERNHARD ZASS

A-4942 Wippenham, Geretsdorf 9
+43/7757/93050
office@custom-garage.at
www.custom-garage.at
Die Leidenschaft zum Altblech hat Bernhard Zaß schon vor mehr
als 15 Jahren gepackt und somit war die Zukunft vorprogrammiert. Sein Credo lautet: Oldtimer sind Zeitzeugen und Kulturgüter, die es zu erhalten gilt! Mit seiner langjährigen Erfahrung
werden die ihm anvertrauten Oldies mit viel Leidenschaft und

Customgarage – Inh. Bernhard Zaß

Ausdauer restauriert, repariert, gewartet oder gepflegt. Ein sehr
wichtiges Thema ist auch die Verkabelung eines Fahrzeuges, und
die persönliche Passion von Bernhard Zaß auf diesem Gebiet
bietet die Möglichkeit, eine neue Verkabelung schnell und kostengünstig anzubieten.

MEGA BRANDL
HEINRICH BRANDL & SOHN GMBH & CO. KG

A-1160 Wien, Wattgasse 14
+43/1/4861336-0
office@mega-brandl.at, www.mega-brandl.at
Die Firma Heinrich Brandl & Sohn kann auf eine lange Tradition
zurückblicken. 2021 feierte man das 120-Jahre-Jubiläum. Ein

breites Sortiment an Autokohlen für europäische, US-amerikanische und japanische Wagentypen ist vorhanden. Kohlebürsten für Starter, Lichtmaschinen, Dynamos, Lüftermotoren, Treibstoffpumpen etc. werden oft benötigt und hier wird man fündig. Für Oldtimer-Fahrzeuge werden die Kohlebürsten auch nach Muster oder Zeichnung angefertigt – ein besonderes Serviceangebot.

POTZMANN & WINKLER – INH. CHRISTIAN ZETTNER
A-1050 Wien, Schönbrunner Straße 18
+43/1/5877292
office@potzmann-winkler.at
www.potzmann-winkler.at
Potzmann & Winkler, Kfz-Betrieb seit 1926, ist Service-Spezialist und kompetenter Ansprechpartner für britische und klassische Automobile. Der Meisterbetrieb ist spezialisiert auf Starter, Lichtmaschinen, Zündanlagen ... Zusammengefasst: die Fachwerkstätte für die komplette Fahrzeugelektrik, aber auch Automechanik. Durch die fachgerechte Beratung werden individuelle

Potzmann & Winkler – Inh. Christian Zettner

Lösungen angeboten, denn es kann in der Fahrzeugelektrik viel repariert werden, wodurch das Originalteil erhalten bleibt – was bei historischen Fahrzeugen besonders wichtig ist. Ob bei Gleichstrom- oder Wechselstromlichtmaschinen, bei Startern, Lüfter- und Wischer-Motoren – überall gibt es Reparaturmöglichkeiten, die durch umfangreiche Funktionsprüfungen festgestellt und lokalisiert werden. Dann steht einer Wiederherstellung des Originalteils nichts mehr im Wege.

RAYTECH GROUP

A-2345 Brunn am Gebirge, Johan-Steinböck-Straße 12
+43/2236/90300
sales@raytech-group.com, raytech-group.com
Ein kalter Winter, eine lange Reise, eine übervolle Garage oder fehlende Ersatzteile. Es gibt zahlreiche Gründe, weshalb Fahrzeuge eine längere Zeit nicht bewegt werden, doch es soll niemals an der Batterie scheitern! Die Raytech Group in Brunn am Gebirge hat eine Hightech-Batterie entwickelt, die im Gewicht und den Abmessungen deutlich reduziert ist, aber Leistungsdaten aufweist, die beeindruckend sind: bis zu einem Jahr ohne Energieverlust, 80 % Gewichtsersparnis, 3-5-fache Lebensdauer, Diebstahlschutz und InfoApp. Die Raytech Group ist ein internationales Produktions- und Handelsunternehmen, das umfassende Lösungen für die Herstellung kompletter elektrischer Systeme – einschließlich Steckverbindern und Kabelbäumen – sowie für den Vertrieb von Verdrahtungsmaterial und elektrischen Komponenten anbietet. RayBATs können je nach Modell bis zu einem Jahr stehen, ohne dass ein Nachladen erforderlich ist. Ideal für den Einsatz in Ihrem Oldtimer, aber auch Wohnmobil, Motorboot und sogar Ihrem Motorrad. Zusätzlich ist eine RayBAT intelligent. Sollten Sie versehentlich das Licht brennen lassen oder andere Verbraucher Strom von Ihrer Batterie ziehen, wird sich die Batterie ab einem kritischen Grenzwert selbstständig deaktivieren, um einen späteren Motorstart zu ermöglichen.

RINGSEIS GEORG, ING. –
SPEZIALWERKSTÄTTE FÜR KFZ-TECHNIK

A-1030 Wien, Schwarzenbergplatz 8, +43/1/7125303
A-1030 Wien, Ungargasse 29, +43/1/7152062
ringseis@kfz-ringseis.at, www.kfz-ringseis.at
Autoelektrik vom Feinsten bietet die Firma Ringseis. In Oldtimerkreisen lange bekannt, wird hier jedes elektrische Problem von Grund auf behoben. Ein neuer Kabelbaum, selbstverständlich dem Original so ähnlich wie möglich, wird ebenso verlegt wie kleine elektrische Probleme behoben werden. Ob Lucas, Bosch oder andere Hersteller, das Fachwissen ist jedenfalls vorhanden. Kabel werden auch nicht nur einfach so verlegt, sondern meist mit Textilband in den richtigen Farben versehen, genau wie beim Original. 1981 wurde das Unternehmen zu einem Mechaniker Meisterbetrieb mit Hauptaugenmerk auf Oldtimer erweitert – die wertvollen Fahrzeuge sind somit in besten Händen.

SCHÜTZ ROLAND -
MOBILER KFZ SERVICE OLDTIMER ELEKTRIK

A-4073 Wilhering, Winkelstraße 26
+43/676/6259801, roland_schuetz@aon.at, rs-oldtimer.at
Das Credo von Roland Schütz ist: Kompetenz, Zuverlässigkeit und Zufriedenheit – und das Besondere ist natürlich, dass auch „Hausbesuche" gemacht werden. Egal, ob eine komplette Verkabelung, die Anfertigung von Kabelbäumen, eine Reparatur oder Instandsetzung – all das wird für Fahrzeuge mit zwei oder vier Rädern angeboten: Mopeds, Motorräder, Pkw, Traktoren, Anhänger, Nutzfahrzeuge etc.

ERSATZTEILE / ZUBEHÖR

AFM MERCEDES – HEINZ RIES

A-2320 Schwechat, Bruck-Hainburger Straße 26
+43/1/7076175
afm.mercedes@a1.net, www.mercedesgebrauchtteile.at
AFM – das bedeutet nichts anderes als: „Alles für Mercedes". 1980 wurde mit dem Aufbau eines Mercedes Gebrauchtersatzteillagers begonnen. Jetzt gibt es gebrauchte Ersatzteile für Mercedes von 1936 bis heute. Mittlerweile stehen in den ehemaligen Kellergewölben der Brauerei Schwechat aus dem 17. Jahrhundert immer zirka 200 restaurierungsbedürftige Oldtimer zum Ausschlachten bereit – oder auch zum Verkauf. Im Kleinteilelager – auf ca. 2000 m² – sind die Regale gefüllt mit allen Ersatzteilen, die rund um Ihren Mercedes benötigt werden.

ALLMAYER OLDTIMERHANDEL

Siehe unter Rubrik Handel/An- und Verkauf.

ALLRADWERK GMBH & CO KG

Siehe unter Rubrik Restaurierungsbetriebe/Werkstätten.

AMERICAN SPECIAL PARTS AUSTRIA – ASP
RUDOLF KERSCHBAUMER KFZ-MEISTERBETRIEB
Siehe unter Rubrik Restaurierungsbetriebe/Werkstätten.

AUDI-KLAUS – KFZ DRAXLBAUER GMBH
A-8600 Bruck an der Mur, Einödstraße 35
+43/676/7942409
office@audi-klaus.a
www.audi-klaus.at

Das sind die Spezialisten, wenn es um gebrauchte Audi-Teile geht. Hier findet man Ersatzteile von A(uspuff) bis Z(ündschloss) in Originalteil-Qualität zu erschwinglichen Preisen. Mittlerweile gibt es einen großen Bestand an hauptsächlich Audi-, aber aufgrund der Zusammengehörigkeit in der Branche auch Seat-, Skoda- und VW-Teilen. Sollte ein Ersatzteil einer dieser Marken notwendig sein, ist ein Besuch des Onlineshops sicher hilfreich.

AUTOHAUS AMBROS GMBH
Siehe unter Rubrik Restaurierungsbetriebe/Werkstätten.

AUTOQUARIAT
Oldtimer- und -teile Handelsgesellschaft m.b.H.
A-1180 Wien, Antonigasse 44-46
+43/1/3533650, verkauf@autoquariat.at, www.autoquariat.at

Mehrere Oldtimerenthusiasten gründeten 1991 die Firma Autoquariat, die inzwischen zu Österreichs größtem Ersatzteilhändler für klassische Automobile aus Österreich und Italien wurde. Zu Beginn stand die Erfahrung, wie schwierig die Ersatzteilbeschaffung bei einer Reparatur sein kann. Daher wurde es zum Ziel gemacht, die Besitzer historischer Fahrzeuge mit diesen Teilen zu versorgen. Mittlerweile ist das Lager bereits auf über 18.000

Autoquariat Oldtimer- und -teile Handelsgesellschaft m.b.H.

Artikel angewachsen und das Unternehmen ist somit eine der ersten Adressen am österreichischen Oldtimersektor. Im Angebot befinden sich Originalteile und Nachfertigungen – teils aus eigener Produktion.

B.M.C. OF AUSTRIA – BERNHARD HUMER

A-4655 Vorchdorf, Siebenbürgerstraße 27
+43/7614/71746, sales@difference.at, www.difference.at
Bei B.M.C. of Austria gibt es alle Dinge rund um Mini, Austin, Morris, Rover, MG, Triumph und noch so manchen anderen britischen Klassiker. Der Hauptteil der Dienstleistung ist der weltweite Versand von Ersatzteilen, davon 70 % in Österreich. Ein

B.M.C. of Austria – Bernhard Humer

großes Volumen an Neu- sowie Gebrauchtteilen ist stets vorhanden. Das „Steckenpferd" von Bernhard Humer ist aber auch die Reparatur und Restauration von britischen Klassikern – vor allem Minis. Seit 2003 wird stetig investiert – zum Beispiel wurde ein Leistungsprüfstand angeschafft, das Lager wird laufend aufgestockt und daran gearbeitet, dieses kleine Unternehmen für alle Kunden interessant zu gestalten.

BANGO GMBH CHROMWERK

A-1220 Wien, Stadlauer Straße 6
+43/1/2853431, info@chromwerk.at
www.chromwerk.at
Das Team von Chromwerk hat langjährige Erfahrung in der Beschaffung von Ersatz- und Zubehörteilen für US-Fahrzeuge. Es werden Teile nahezu aller namhaften Hersteller bestellt und geliefert. Nützen Sie das Fachwissen der Mitarbeiter und lassen Sie sich bei der Ersatzteilversorgung unterstützen. Da es bei der Vielfalt der verfügbaren Teile nicht möglich ist, diese in einem Shopsystem aktuell zu halten, benutzen Sie bitte das Kontaktformular auf der Website. Für rasche und korrekte Auskünfte ist es notwendig, Fahrzeugdaten und Fahrgestellnummer anzugeben.

Bango GmbH Chromwerk

BOSCH CLASSIC

+49/721/942-1660
classic@bosch.com, www.bosch-classic.com
Robert Bosch AG, Automotive Aftermarket
A-1030 Wien, Göllnergasse 15-17
+43/1/7980310, kontakt@at.bosch.com
www.bosch.at
www.boschaftermarket.com
Bei Bosch Classic dreht sich alles um Ersatzteile für historische Fahrzeuge. Sie recherchieren weltweit, fertigen bei Bedarf in Bosch-Qualität nach oder setzen Serienteile wieder instand. Die Ersatzteile von Bosch Classic sind über die Classic-Bereiche der Automobilhersteller und im freien Ersatzteilmarkt erhältlich, etwa über spezialisierte Classic-Großhändler und ausgewählte Bosch Service-Betriebe. Daneben gibt es für Österreich ein Classic-Netzwerk aus Bosch Services, die für die fachgerechte Wartung und Reparatur bestens qualifiziert sind und die Anforderungen, die klassische Automobile haben, vollkommen erfüllen. Die Standorte sind auf der Homepage ersichtlich.

BOSCH CLASSIC SERVICE ZITTA

Siehe unter Rubrik Elektrikspezialisten.

BOSCH SERVICE KORNPROBST GESMBH & CO. KG

A-5204 Straßwalchen, Salzburger Straße 29
+43/6215/60730, +43/664/2005040
office.kfz@kornprobst.at, www.kornprobst.at
Kornprobst Bosch-Service in Straßwalchen bei Salzburg gibt es seit über 40 Jahren. Es ist das einzige Unternehmen im Land Salzburg, welches langjährige Erfahrung im Bereich Kfz-Elektrik sowie in der Diesel-Technik besitzt. Prüf- und Testgeräte für den Oldtimerbereich sind vorhanden.

BOSCH SERVICE RIEDL

Siehe unter Rubrik Elektrikspezialisten.

BRITISH ONLY AUSTRIA – FAHRZEUGHANDEL GMBH

A-4643 Pettenbach, Pühret 1
+43/7586/744610
office@vintage-motorcycle.com, www.vintage-motorcycle.com
Alles rund ums englische Motorrad: Ersatzteile für alle Fahrzeuge von A wie zum Beispiel Ariel bis Z wie Zenith, von 1900 bis 1980 und jede Menge interessanter Fahrzeuge. Es ist ein kleiner, aber feiner Betrieb, der immer bemüht ist zu helfen. Mark kommt aus England, beschäftigt sich seit 1975 mit englischen Motorrädern und ist für den Verkauf und die technischen Fragen zuständig. Bei Ersatzteilwünschen wendet man sich an Christine und Mark, die dafür zuständig sind. Nachdem 99 % der Teile, die man im Online-Shop findet, auf Lager sind, kann prompt versendet werden.

CAMO – GÜNTER CTORTNIK

Siehe unter Rubrik Handel/An- und Verkauf.

CARINTI-CLASSIC-CARS

Siehe unter Rubrik Handel/An- und Verkauf.

Carinti-Classic-Cars

CHALUPA ERNST – HANDEL MIT HISTORISCHEN FAHRZEUGEN, REPARATUR & RESTAURIERUNG

Siehe unter Rubrik Handel/An- und Verkauf.

CLASSIC CARS HARTMANN – JÜRGEN HARTMANN

A-3680 Persenbeug, Kinostraße 5
+43/7412/52178, +43/664/1614412
classiccars@aon.at, classiccars.co.at
Classic Cars Hartmann bietet ein breitgefächertes Ersatzteilsortiment an. Im Online-Shop sind Teile für fast alle europäischen Fahrzeuge vorhanden. Die Spezialisierung liegt auf der Marke Alfa Romeo, beginnend mit dem Baujahr 1954. Classic Cars Hart-

Classic Cars Hartmann Kfz und Ersatzteilhandel – Jürgen Hartmann

mann ist Ihr kompetenter Partner, wenn es sich um italienische Wagen handelt – überzeugen Sie sich selbst! Sollte man sich von einem Classicer trennen müssen, unterstützt die Firma auch gerne beim Verkauf.

CLASSIC GARAGE – HELMUT PRESSLER

A-8720 Knittelfeld, Bahnstraße 28
+43/664/1663568
classic-garage@aon.at, info@classic-garage.at
www.classic-garage.at
Helmut Pressler ist Spezialist für englische Marken von Austin Healey, MG, Mini bis Jaguar, aber auch Produkte anderer Marken und Hersteller sind im Sortiment. Herr Pressler liefert praktisch

jeden Teil auf Anfrage und berät gern. Er hat einen unüberschaubaren Fundus an Teilen angesammelt und das Angebot wird laufend erweitert. In umfassenden Beratungsgesprächen wird auf die individuellen Wünsche der Kunden eingegangen.

CLASSICA AUTOMOBILE GMBH
Siehe unter Rubrik Handel/An- und Verkauf.

CLASSICS UNLIMITED
Siehe unter Rubrik Restaurierungsbetriebe/Werkstätten.

DEUSMOTO –
CUSTOMTUNING EDELSCHMIEDE

Siehe Rubrik Restaurierungsbetriebe/Werkstätten.

DWORZAK KURT, ING. GMBH
Hauptsitz: A-1150 Wien, Sechshauserstraße 79
+43/1/8120843, office_wien@dworzak.at
Filiale: A-4600 Wels, Linzerstraße 135
+43/7242/44485, office_wels@dworzak.at, www.dworzak.at
Schon 1953 gründete Ing. Kurt Dworzak, einer der ersten Absolventen des Mödlinger HTL-Zweiges „Automobilbau", das Unternehmen. Seit 1988 leitet Roland Dworzak den Familienbetrieb. Die Firma ist Spezialist für Kraftfahrzeugteile, Gelenkwellen, Kupplungen und Peugeot-Teile. Es ist der einzige Betrieb in Österreich, der Reparaturen von Kupplungen sowie Neuanfertigungen und Reparaturen an Gelenkwellen durchführt. Qualität wird hier großgeschrieben. Außerdem gibt es noch Thermostate, Keilriemen, Spannrollensätze, Lenkungsteile, Bremsenteile, Lager, Radlager, Auspuffe, Stoßdämpfer, Federkugeln, Filter, Seilzüge, Kupplungen, Motoröle, Blechteile, Frostschutz, Motorenteile und last, but not least, Zylinderköpfe.

ECURIE VIENNE AUTOMOBILE TECHNIK
JOHANNES HUBER GMBH
Siehe unter Rubrik Handel/An- und Verkauf.

FABER KFZ-VERTRIEBS GMBH –
FABER ROLLER & BIKE SHOP

Siehe unter Rubrik Handel/An- und Verkauf.

FUNKE REINHARD KFZ HANDEL
Siehe unter Rubrik Handel/An- und Verkauf.

HAFLINGER ERSATZTEILE – REINHARD HÜTTERER
A-2345 Brunn am Gebirge, Fürst Johannes-Straße 4
+43/664/3584127
office@haflinger-ersatzteile.at, www.haflinger-ersatzteile.at
Der Haflinger — ein Urgestein österreichischer Automobilgeschichte — ist zwar robust, aber trotzdem kann es vorkommen, dass ein Ersatzteil benötigt wird. Dann ist man richtig bei Reinhard Hütterer. Original-Ersatzteile, Ersatzteilkatalog, Betriebsanleitungen und Zubehör sind im Programm. Der komplette Ersatzteilkatalog steht als PDF zum Ausdrucken oder online zum Lesen bereit.

Haflinger Ersatzteile – Reinhard Hütterer

HMW ZWEIRAD AUSTRIA –
HALLEINER MOTORENWERKE GREGOR REHRL
A-2100 Stetten, Hauptstraße 5
+43/680/3223000
info@hmw-zweirad.at, www.hmw-zweirad.at
Da es weltweit noch einige HMWs im Originalzustand bzw. im unrestaurierten Zustand gibt, hat sich Gregor Rehrl 2016 mit Freunden dazu entschlossen, die Firma HMW-Zweirad zu gründen und somit allen Gleichgesinnten professionelle und leistbare

HMW Zweirad Austria – Halleiner Motorenwerke Gregor Rehrl

Unterstützung bei ihren HMW-Projekten zu bieten. Geboten werden nicht nur Informationen zu den einzelnen Modellen und technische Hilfe, sondern auch qualitativ hochwertige Original- und Nachbauteile, HMW-Poster, Bekleidung mit HMW-Motiven und Sonstiges.

HORVATH ANDRÉ – ENDURO KLASSIKER

A-2320 Rannersdorf, Brauhausstraße 47
+43/676/5745191
office@enduroklassiker.at, www.enduroklassiker.at
Nicht nur die Website für neue und gebrauchte Ersatzteile für klassische Enduro Motorräder, auch der gemütlich ausgestattete Verkaufsraum lädt zum Stöbern ein. Um all die Daten der alten Modelle zu eruieren, waren lange Recherchen notwendig – aber es hat sich gelohnt, das Sortiment kann sich sehen lassen und jeder Besitzer einer „alten" Enduro hat jetzt bei Bedarf einen Ansprechpartner. André Horvath ist es stets ein Anliegen, das Sortiment zu erweitern und die Qualität der nachgefertigten Teile hochzuhalten und weiter zu verbessern.

ANDRÉ HORVATH'S
KTM
KLASSIKER
www.enduroklassiker.com

Neue und gebrauchte Teile für klassische KTM Motorräder 1967-1992
Website: www.enduroklassiker.com
Email: office@enduroklassiker.com
Tel.: +43/676/5 74 51 91
Fax: +43/1/7 69 96 70
A-2320 Rannersdorf, Österreich
Brauhausstraße 47

HUBER KFZ-TECHNIK GMBH
Siehe unter Rubrik Restaurierungsbetriebe/Werkstätten.

JANSEN COMPETITION GMBH
Siehe unter Rubrik Tuning/Historischer Rennsport.

JENSEN CLASSICS BY UNTERBERGER
Siehe unter Rubrik Restaurierungsbetriebe/Werkstätten.

KÄFERTEILE JANKER
A-3200 Ober-Grafendorf, Ritzersdorfer Straße 13/1
+43/664/2345341
info@kaeferteile-janker.at shop.kaeferteile-janker.at
Matthias Janker ist General-Vertreter für BBT4VW in Österreich. BBT bietet mehr als 300 Produkte an, die von BBT4VW entwickelt und gefertigt werden. Der Katalog zur Ersatzteilsuche ist übersichtlich angeordnet und dementsprechend hilfreich beim Auffinden des richtigen Teils. Vom Käfer, dem Modell Karman Ghia bis zu den diversen Transporter- und Bus-Modellen findet man vom Interieur, der Karosserie, dem Fahrgestell, Motor und Elektrik bis zum Befestigungsmaterial jede Menge Teile.

KOFI'S CAR ART
Siehe unter Rubrik Restaurierungsbetriebe/Werkstätten.

KRETZ PAUL –
IHR SPEZIALIST FÜR STEYR PUCH HAFLINGER
A-4860 Lenzing, Kreuzstraße 28
+43/664/1823415
office@puch-haflinger.at
www.puch-haflinger.at
Das Kultgefährt – nur wenige Fahrzeuge haben einen derartigen Nimbus wie der Puch Haflinger. Es ist ein Fahrzeug der Spitzentechnik, auch heute noch. Er wurde von 1958 bis 1974 in einer Stückzahl von 16.672 in den verschiedensten Ausführungen in Graz gebaut. Egal, ob man etwas wissen will, ob man Ersatzteile braucht, ob man ein Fahrzeug zum Restaurieren hat – bei Paul Kretz ist man diesbezüglich bestens aufgehoben.

KRÖPFL GESMBH – MERCEDES BENZ KRÖPFL
Siehe unter Rubrik Handel/An- und Verkauf.

KULTLUFT – SPEEDSHOP INH. DANIEL KEIL
A-9601 Arnoldstein, Pöckau 189
+43/677/61719888, office@kultluft.at, www.kultluft.at
Fehlt für das luftgekühlte „Schätzchen" ein Teil – kein Problem,
bei Daniel Keils „kultluft" wird man fündig. Er ist der Ansprechpartner für Teile luftgekühlter Volkswagen, Porsche sowie
2-Räder. Egal, ob es Verschleiss-, Reparatur- oder auch Tuning-
Teile sind, hier gibt es eine kleine, aber feine Palette an Produkten, die nicht unbedingt an jeder Ecke zu kaufen sind. Neben dem
fix im SpeedShop vorhandenen Produktsortiment besorgt Daniel
Keil auch Ersatzteile, die nicht gleich vorrätig sind.

MEGA BRANDL
HEINRICH BRANDL & SOHN GMBH & CO. KG
Siehe unter Rubrik Elektrikspezialisten.

MINIGARAGE – MICHAEL SCHELLENBERGER
A-3720 Ravelsbach, Hauptstraße 41
+43/676/5264385, office@minigarage.at, www.minigarage.at
Der begeisterte Classic Mini-Fahrer Michael Schellenberg hat
schon früh die Liebe zu den kleinen Engländern entdeckt und die
Minigarage zur Versorgung der Fahrzeuge mit Mini-Teilen

Minigarage – Michael Schellenberger

gegründet. Der Hauptbereich liegt daher im Verkauf und Versand
von Ersatzteilen von englischen Fahrzeugen, besonders spezielle
Classic Mini-Teile, die – wenn nicht auf Lager – für den Kunden
gesucht werden. Es sind sowohl Fahrwerksteile, Reparaturble-
che, Motorteile und Verschleißteile auf Lager. Außer dem Ersatz-
teilbereich gibt es auch Hilfe bei Fragen zu Motor, Restaurierung,
Fahrwerk u. s. w.

OK-CLASSIC GMBH
Siehe unter Rubrik Handel/An- und Verkauf.

OLDTIMER CENTER VIENNA O.C.V. E.U. THOMAS RAB
Siehe unter Rubrik Restaurierungsbetriebe/Werkstätten.

OLDTIMERGARAGE REINBACHER –
ARNO REINBACHER
Siehe unter Rubrik Restaurierungsbetriebe/Werkstätten.

OTB LANDTECHNIK HANDEL – INH. STEFAN EGGER
A-8756 St. Georgen ob Judenburg, Pichlhofen 83
+43/664/1807343
info@oldtimer-traktoren-boerse.at, www.ersatzteilwelt.at
In der OTB-Ersatzteilwelt findet man Oldtimer-Traktor Ersatzteile der Marken Steyr, Massey Ferguson, Lindner und Fendt –
und das zu Top-Preisen! Der umfangreiche Online-Shop bietet
viele Angebote, lädt zum Stöbern ein und lässt das Herz jeden
Oldtimer-Traktor Liebhabers höherschlagen. Ersatzteile rund um
Hydraulik, Motor, Elektrik, Bremsen und Getriebe, Lenkung und
vielem mehr sind zu finden. Auch zahlreiches Zubehör sowie
Bedienungsanleitungen und Handbücher sind erhältlich.

PAPPAS CLASSIC – PAPPAS HOLDING GMBH

A-5020 Salzburg, Innsbrucker Bundesstraße 111
+43/800/727727, info@pappas.at, www.pappas.at/classic
Bei Pappas Classic stehen die Standards von Mercedes-Benz, wie Kundenzufriedenheit, Qualität, Sicherheit und Originalität an erster Stelle. Von der Wartung über die Instandsetzung bis zur Teil- oder Vollrestauration ist Pappas Classic der kompetente Partner. Einen wesentlichen Beitrag zur professionellen Bearbeitung der edlen Fahrzeuge leistet die hohe Teileverfügbarkeit und die gute Verbindung zum Mercedes-Benz Classic Center. Die Lackierung in damaligen Farbtönen, die authentische Motorinstandsetzung mit Originalteilen sowie der originalgetreue Nachbau nicht mehr erhältlicher Teile wird von den Serviceprofis mit viel Leidenschaft und Liebe zum Detail gemacht. Die Kompetenzzentren der Pappas Classic sind auf der Homepage ersichtlich.

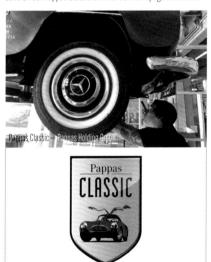
Pappas Classic – Pappas Holding GmbH

PAUL PARTS E.U. – FELIX P. WESCHITZ

A-1220 Wien, Lehenstraße 48
+43/1/8901811, office@paulparts.at
www.paulparts.at
Paul Parts ist ein kleines Einzelunternehmen, gegründet von Felix P. Weschitz, der sein Hobby zum Beruf gemacht hat. Er kümmert sich um die Versorgungslage für Kleinteile und Verbrauchsmaterial für (englische) Fahrzeuge. Aus eigener Erfahrung weiß er, dass es immer genau an diesen Kleinteilen fehlt und man diese nicht im Baumarkt um die Ecke bekommt. Seien es nun diverse Clips für die Türverkleidung oder Clips für die Befestigung von Kapillar-Leitungen oder elektrische Verbindungselemente. In seinem Online-Shop ist vieles zu finden.

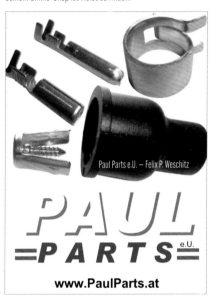
Paul Parts e.U. – Felix P. Weschitz

PPS PERFORMANCE PARTS HANDELS GMBH

A-5152 Michaelbeuern, Wagnergraben 3
+43/6274/8283
office@pps.co.at
www.pps-shop.at
Seit 1989 Spezialist für Ersatzteile für luftgekühlte Volkswagen-Klassiker – Käfer, VW-Bus „Bulli", T2 und T3. Es sind ständig über 2.000 verschiedene Artikel im Lager Michaelbeuern „on stock", und durch eine optimale Zusammenarbeit mit der Fa. Hoffmann Speedster ist es möglich, einen Großteil des Programms innerhalb weniger Tage auszuliefern. Obwohl die Produktpalette ständig ausgeweitet wird, kommt es leider vor, dass manche Teile nicht mehr lieferbar sind. Hier versucht PPS mit einem großen Gebrauchtteilelager zu punkten. Mittlerweile hat sich die Nutzung von www.pps-shop.at als Geheimtipp in der luftgekühlten Szene herumgesprochen, und das Zeitalter der neuen Medien hat somit auch vor den „Klassikern der Automobilszene" nicht haltgemacht.

PROKSCHI GMBH

A-2751 Wr. Neustadt-Heideansiedlung, Blätterstraße 7
+43/699/17650500, office@prokschi.at, prokschi.at
Alles, was Sie für Ihren Puch, Steyr Fiat oder Haflinger brauchen.
Ob es Ersatzteile sind, ob es ein Fahrzeug als Teileträger ist oder
auch Komplettfahrzeuge – hier finden Sie alles. Die Ersatzteile
sind von bester Qualität, alle Nachfertigungen basieren auf
höchstem Niveau und sind meist besser als das Original. Mit
dieser Firmenstrategie werden die Kunden langfristig zufrieden-
gestellt.

einem Fahrzeug zum anderen zu wechseln, ist die 8,5 Millimeter
flache und 440 Gramm schwere Halterung eine echte Errungen-
schaft. Das Wechseln geht aufgrund des hochwertigen paten-
tierten Systems einfach und schnell. Hochwertige Materialien,
wie Kunststoff und Nirosta garantieren einen langjährigen
Einsatz. Eindeutig fast ein „Muss" für Besitzer von Wechsel-
kennzeichen.

RAYTECH GROUP

Siehe unter Rubrik Elektrikspezialisten.

PROSTIS AUTOBOUTIQUE – DANIELA PROSTAK

A-5730 Mittersill, Zeller Straße 83
+43/6562/50850, +43/664/2315881
info@prosti.at, info@wechselkennzeichen.at
www.prosti.at, www.wechselkennzeichen.at
Autozubehör und Ersatzteile in Erstausrüster-Qualität und Kfz-
Werkstatt für alle Marken: Seit der Firmengründung 1987 gelten
Autos und das Zubehör als Herausforderung, was sich in der
Kreativität widerspiegelt, wenn Praktisches für das Auto erfun-
den wird. Wie zum Beispiel: „Pro Click Car" – das ist die extra-
flache Wechselkennzeichen-Halterung. Nachdem es für viele
Oldtimer-Besitzer dazugehört, das amtliche Kennzeichen von

RBO – ING. STÖCKL GMBH

A-2100 Stetten, Sandstraße 11
+43/2262/72513
office@rbo.at, puch-ersatzteile.at, www.rbo.at
RBO bietet Know-How, Leidenschaft, Puch Kompetenz und
Ersatzteile am neuen Standort in Stetten. Für Restaurierungen
und Reparaturen hat RBO Partner für Werkstattleistungen.

Dienstleistungen wie Tankversiegelung, Räder einspeichen und Reparatur von Kurbelwellen für Puch-Fahrzeuge gehören zum Portfolio von RBO. Es wird vor allem Wert auf kompetente und freundliche Beratung durch die Mitarbeiter gelegt. Diese sind bemüht, auf die individuellen Bedürfnisse des Kunden einzugehen und angemessene Lösungen zu liefern.

RBO – Ing. Stöckl GmbH

ROLLERKABINETT – PHILIPP SKRBENSKY
A-1180 Wien, Kreuzgasse 53
+43/681/10846044, +43/699/12424241
info@rollerkabinett.com, www.rollerkabinett.com
Mit Rat und Tat zur Seite steht das „Rollerkabinett", wenn es um Ersatzteile, Instandsetzung oder auch Typisierungsfragen geht. Auch komplette Fahrzeuge – meist Restaurationsobjekte – werden immer wieder angeboten. Seit Jahren beschäftigte sich das Team mit historischen Fahrzeugen, was 2006 zur Idee der Gründung des Rollerkabinetts führte.

SCHÖNEGGER FLORIAN –
ERSATZTEILE FÜR STEYR PUCH PINZGAUER
A-5630 Bad Hofgastein, Breitenberg 53
+43/664/1422369, pinzgauer.gastein@gmail.com
pinzgauer-ersatzteile.webnode.at

Für die Traditions-Fahrzeuge Pinzgauer gibt es Neuteile, kleine oder große Einzelstücke, wie Getriebe, Motor, Achsen und natürlich auch alle Flüssigkeiten. Aber auch für Haflinger, diverse Steyr-Typen und Puch G sind Teile verfügbar. Und sollte man einen Ersatzteil benötigen, E-Mail schreiben und schon kümmert man sich darum und innerhalb von einigen Tagen erhält man die Nachricht über Preis und Lieferzeit.

SCHUSTERS TÖCHTER KG – OLD BENZ PARTS
A-4901 Ottnang am Hausruck, Gewerbestraße 8
+43/664/2012528, +43/7676/20600
office@automobile-schuster.at, www.automobile-schuster.at
Schusters Töchter KG ist ein Familienbetrieb und der Spezialist für Mercedes-Benz Ersatzteile und Gebrauchtfahrzeuge. Es werden diverse Ersatzteile von Oldtimern bis Neufahrzeuge angeboten. Gerne steht man mit langjähriger Erfahrung mit Rat und Tat zur Verfügung und bietet den Kunden bestmöglichen Service.

SPEISER RAINER – KFZ SPEISER
Siehe unter Rubrik Restaurierungsbetriebe/Werkstätte.

SPIDERSPORT – STEFAN DANGL
A-2102 Bisamberg, Amtsgasse 10
+43/2262/20352, info@spidersport.at, www.spidersport.at
Spidersport ist spezialisiert auf den Ersatzteilhandel für klassische italienische Fahrzeuge der Marken Alfa Romeo, Fiat und Lancia, denn Freude am Fahren und das Gefühl, etwas Besonderes zu besitzen, vermitteln diese Klassiker ihren Besitzern. Damit diese Freude anhält, gibt es im Bedarfsfall Spidersport, wo die notwendigen Ersatzteile zu bekommen sind. Für alle Automarken wird unter anderem der „Auto-Pyjama" – mit oder ohne Emblem – Cabrioverdecke, Starter und Lichtmaschinen im Austausch sowie Reparaturanleitungen und Bücher mit technischen Details angeboten.

Spidersport Stefan Dangl

STOFFI'S GARAGE E.U. – DEIN ROLLERSPEZIALIST

A-4911 Tumeltsham, Maria-Aicher-Straße 31
+43/7752/88707
office@stoffis.com, shop@stoffis.com, www.stoffis.com
Es gibt nichts, was es bei Stoffi's Garage nicht gibt – jede Menge an Ersatzteilen, jede Menge an gebrauchten und neuen Rollern, sogar an Ersatzteilträgern können Teile „runtergeschraubt" werden. Auch ein Leistungsprüfstand steht zur Verfügung. Hier kommen Roller-Enthusiasten ins Jubeln. 1993 wurde Stoffi's Garage von Christoph „Stoffi" Maier gegründet und von Jahr zu Jahr erfolgreich erweitert. Jetzt gibt es mit knapp 1.200 m² ein ausgedehntes Lager und eine moderne Ausstellungsfläche und damit genügend Platz für einen unbeschwerten Einkauf am Rollersektor. Nicht zu vergessen sind auch Stoffi's Garage-Kataloge und ein sehr erfolgreicher Online-Shop. Für Vespa-Fragen eindeutig der Spezialist.

TEC ICONNECT GMBH

A-3324 Euratsfeld, Hochkogelstraße 27
+43/664/8467810, office@teico.eu, www.teico.eu
Die Kennzeichenhalterung der besonderen Art! TEICO bietet nicht nur erstklassige Optik und einen sicheren Halt durch eine starke Magnetverbindung, sondern ist auch rahmenlos und dadurch frei von Werbeaufdrucken, das Kennzeichen wird auf sein Minimum reduziert. Das Produkt „PKW 1-zeilig" kann leicht gerundet werden (Krümmung bis max. 3 cm), um es an gebogene Stoßstangen anzupassen. Das System TEICO gibt es in allen länderspezifischen Größen für Österreich, Deutschland und die Schweiz, für 1-zeilige (Langformat), 2-zeilige (Hochformat) und Motorradkennzeichen. TEICO ist auch für die Kennzeichengrößen „Ö-historisch" 46 x 12 cm und 25 x 20 cm erhältlich. TEICO ist geprüft und patentiert!

TEC iConnect GmbH – Rudolf Teurezbacher

THE HEALEY FACTORY – OLDTIMER HANDELS GMBH
Siehe unter Rubrik Restaurierungsbetriebe/Werkstätten.

The Healey Factory

US-ALTMANN CARS & BIKES
Siehe unter Rubrik Handel/An- und Verkauf.

VOLKSWAGEN CLASSIC PARTS
www.volkswagen-classic-parts.com/de_at
Service Partner: siehe Homepage.
Originalität ist das Wichtigste bei der Erhaltung oder Restaurierung eines Oldtimers. Sucht man einen Ersatzteil für seinen Käfer, Corrado, Santana, Derby, Caddy, Bus ... für alle „alten" Volkswagen-Typen kann man beim nächstgelegenen VW-Ser-

vice-Partner die Teile bestellen und anschließend abholen. Von A wie Abdeckblech bis Z wie Zylinderkopf – über 600.000 verschiedene Positionen sind verfügbar, auch Reparaturleitfäden. Manche Teile, die besonders gefragt sind, wie Stoßfänger, Zündschlüssel, Blinkerleuchten etc. werden noch in Originalqualität nach Originalvorgaben produziert, manchmal sogar auf den originalen Anlagen.

VORTEX HANDELS-GMBH

A-2460 Bruck an der Leitha, Eco-Plus-Park 3. Straße 1F
+43/2162/63000, vortex@teile.at, www.teile.at
Vortex – die schnellste, kostengünstigste und zuverlässigste Quelle mit hohem Qualitätsstandard für Ersatzteile und Zubehör für alle Fahrzeugtypen aus der Land Rover-Gruppe. Mit einem Angebot von mehr als 275.000 Artikeln ist das Unternehmen der größte unabhängige Lieferant in Österreich und führt eines der umfangreichsten Lager in Europa. Es sind über 9.000 Verschleißteile stets lagernd – die Firma Vortex ist Garant für prompte Belieferung, die Ware wird bereits am nächsten Werktag zugestellt. Gegründet 1995, hat Vortex ein langjähriges Know-how, und die Erfahrung der Produzenten bürgt für Qualität.

WEHRHAN-TPS SICHERHEITSTECHNIK GMBH

A-1220 Wien, Hochwaldweg 3
A-3013 Tullnerbach, Forsthausstraße 12a
+43/1/5054500
office@wehrhan-tps.at, wehrhan-tps.at/home
Der „Wehrhan" ist einer der ältesten Wiener Betriebe und in der Autobranche sehr bekannt, denn gerade bei einem Oldtimer kann es vorkommen, dass man für das Fahrzeug nur einen Schlüssel besitzt oder beim Ankauf nur einen bekommt. Dann ist seit ewigen Zeiten die Firma Wehrhan der Ansprechpartner, der Abhilfe schafft – schon um etwa 1923 wurden hier Schlüssel gefertigt. Hier wird der Ersatzschlüssel gegossen oder angefertigt – und eventuell auch mit dem markenspezifischen Emblem versehen.

WEITEC-TUNING

Siehe unter Rubrik Tuning/Historischer Rennsport.

WENZEL ANDREAS – HANDEL UND HANDELSAGENT
Teilebeschaffung für VW & Audi Oldtimer & Youngtimer
A-8504 Preding, Gruberweg 7
+43/699/11778164
office@wenzel.co.at, www.wenzel.co.at
Der Kfz-Techniker Andreas Wenzel hat durch seine jahrzehntelange durchgehende Berufserfahrung an VW und Audi Fahrzeugen das Problem von nicht mehr gelisteten Ersatzteilen erkannt
und sich auf die Suche dieser Teile spezialisiert. Von Teilen, die
weder bei Audi Tradition noch bei VW Classic Parts aufscheinen,
sind derzeit ca. 60.000 original VW und Audi Neuteile in der Such-
maschine zu finden.

WIESER GMBH – PUCH WIESER
A-3304 St. Georgen/Ybbsfeld, Leutzmannsdorf
Dorfstraße 11, +43/7473/6113
office@puch-wieser.at, www.puch-wieser.at
Nachdem 1998 der Ein-Mann-Betrieb gegründet wurde, hat sich
der Familienbetrieb enorm erweitert und kann heute auf ein
umfangreiches Ersatzteillager stolz sein. „Vom Sammler für den
Sammler", ist das Motto. Das gesamte Produktsortiment kann
entweder direkt im Geschäft gekauft werden oder man nimmt
den Ersatzteilversand ins In- und Ausland in Anspruch. Den
aktuellen Teilekatalog gibt es kostenlos, er ist telefonisch oder
online bestellbar. Auf über 300 Seiten findet man rund 10.000
Artikel für Fahrzeuge der Marken Puch, KTM, HMW und Lohner.
Interessante Zweiräder stehen ebenfalls immer bereit zum Verkauf – ein Blick in die Motorradbörse der Homepage lohnt sich.
Im hauseigenen Museum sind mehr als 70 Motorräder zu
besichtigen.

ZWEIRADTEILE.AT –
WOLFGANG VOTRUBA
A-3250 Wieselburg, Weinzierlgasse 1
+43/680/2048693
office@zweiradteile.at, www.zweiradteile.at
Alles, was dein Bike braucht! Hier im Online-Shop wird man fündig
– Puch, KTM, Hercules, Kreidler, Zündapp … Ersatzteile,
Schmiermittel, Literatur, Aufkleber – es gibt fast nichts, das es
nicht gibt für die Zweirad-Gilde. Auch diverse gebrauchte Ersatzteile gibt es im Repertoire – eventuell genau das Stück, das
schon so lange gesucht wird. Ein Besuch der Homepage lohnt
sich!

EVENTS / VERMIETUNG

ALLMAYER OLDTIMERHANDEL
Siehe unter Rubrik Handel/An- und Verkauf.

Allmayer Oldtimer-Handel

ALTE TANKE E.U. – ARTHUR H. PISKERNIK
Siehe unter Rubrik Accessoires/Deko.

AUTOMOTIVE EXPERIENCE GMBH
ALEXANDER GRIMME
A-2353 Guntramsdorf, Mühlgasse 1
+43/2236/389643, info@automotive-experience.com
www.automotive-experience.com
Alexander Grimme ist kein Unbekannter in der österreichischen
Oldtimerszene. Viele Jahre leitete er Unternehmen, die sich auf
die Vermietung klassischer Fahrzeuge, die Organisation von Firmenevents und Oldtimerrallyes auf höchstem qualitativen
Niveau für nationale und internationale Top-Kunden spezialisiert
haben. In seinem neuen Start-up hat er dieses Thema auf ein
nächstes Level gehoben. Der Fokus liegt beim sharing von Klassikern, Spaßfahrzeugen, Cabrios und auch Elektrofahrzeugen. Es

werden auf der Homepage Fahrzeuge von Privaten, aber auch gewerblichen Kunden vertrieben. Speziell für Private wird auch das komplette Versicherungspaket mitgeliefert. Das heißt, wird ein Fahrzeug gemietet, das privat eingestellt wurde, bekommt der Mieter ein komplettes Kaskopaket dazu. Der Vermieter ist damit versicherungstechnisch „sorgenfrei". Es wird aber nicht nur das Vermietservice der Fahrzeuge angeboten, sondern auch die schönsten Touren Europas mit den Reise-Partnern präsentiert. Egal ob Einzel- oder Gruppenreisen, all inclusive Reiseservice oder Firmenincentive, automotive experience ist die richtige Anlaufstelle. Das Motto ist „Share green" – es werden die automotiven Ressourcen vor Ort genutzt, um Automotive-Erlebnisse in ganz Europa anzubieten.

BROMBERGER BROMOTION MOTOR MYTHOS – RUDOLF BROMBERGER

A-1190 Wien, Barawitzkagasse 22
+43/1/7137814
motor-mythos@bromberger.at, viennaclassicdays.com
Neben der Organisation von Oldtimerrallyes kann man bei Motor Mythos auch Firmen-Events rund um das Thema Oldtimer buchen. Es stehen Rundum-Servicepakete je nach Absprache zur Verfügung: individuell maßgeschneidert und an den Vorgaben

Bromberger BROmotion Motor Mythos – Rudolf Bromberger

orientiert, egal wo und wann, für einen Tag oder eine Woche. Full-Service und perfekte Abwicklung sind das Motto. Bedarfsweise stehen für die Gäste klassische Oldtimer, Cabrios, Sportwagen und Traumautos zur Verfügung. Für jeden Kunden und Partner gibt es auf Wunsch einen ganz speziellen Event – Individualität ist oberstes Gebot.

CARINTI-CLASSIC-CARS

Siehe unter Rubrik Handel/An- und Verkauf.

Carinti-Classic-Cars Maik Müller

CCC AUTOMOBIL GMBH

Siehe unter Rubrik Handel/An- und Verkauf.

CLASSICA AUTOMOBILE GMBH

Siehe unter Rubrik Handel/An- und Verkauf.

Classica Automobile GmbH

DRIVE YOUR DREAM GMBH

Vermietung von Cabrios & mehr
A-3052 Innermanzing, Sengerfadenstraße 35
+43/664/2558411
office@driveyourdream.at, driveyourdream.at
Zu erschwinglichen Tarifen kann man sich den Traum vom Fahren mit fantastischen Cabrios und Oldtimern erfüllen. Drive your Dream bietet die Möglichkeit, eventuell bisher unbekannte Fahrerlebnisse nachzuholen. Oldtimer können ein kostspieliges Hobby

Drive your Dream GmbH

sein durch die Anschaffung, Versicherung, Steuer, Wartung ... Bei Drive your Dream bezahlt man die Tage, die man mit dem Oldie verbringen will, und man hat noch dazu den Vorteil, Fahrspaß in den unterschiedlichsten Varianten möglich zu machen. Das Angebot reicht derzeit vom „lustigen" Citroën 2CV bis zum mondänen Mercedes 380 SL. Das Familienunternehmen ist stets bemüht, alle Wünsche zu erfüllen und bietet ein Rundum-Wohlfühl-Service!

> **DER OLDTIMER GUIDE AUCH AUF**
> **WWW.OLDTIMER-GUIDE.AT**

ERTL'S MODERN CLASSICS
Siehe unter Rubrik Handel/An- und Verkauf.

FALKENBERG OLDTIMERVERMIETUNG – VERLEIH VON HISTORISCHEN NUTZFAHRZEUGEN DI CHRISTIAN FRENSLICH
A-3541 Senftenberg, Falkenberg 1
+43/664/5423342, buero@falkenberg.eu, www.falkenberg.eu
Die historischen Lieferwagen sind wahre Einzelstücke, sehen echt originell aus und sind für Werbezwecke zu mieten. Die Fahrzeuge bieten Werbeflächen an den Seiten und haben dadurch die Möglichkeit, Produkte zu präsentieren, z. B. auf Messen, Produktpräsentationen, Verteilaktionen etc. Es gibt vorbereitete Magnettaschen und kundenseitig sind lediglich die jeweiligen Plakate bzw. Produkte bereitzustellen. Die historischen Fahrzeuge werden am gewünschten Standort übergeben und aufgrund ihrer Seltenheit von Besuchern gerne fotografiert, wodurch gleichzeitig die Werbebotschaft aufgenommen wird.

Falkenberg Oldtimervermietung

HCW VERKEHRSBETRIEBE GMBH – OLDTIMER BUSVERMIETUNG
A-8992 Altaussee, Puchen 321
+43/664/2427413
oldtimerbus@aon.at, www.oldtimer-busvermietung.at
Zum Marktführer im Bereich der Vermietung historischer Omnibusse hat sich das Unternehmen seit der Gründung 2012 entwickelt, worüber sich Dr. Herbert Werner, Gründer und Geschäftsführer der HCW Verkehrsbetriebe GmbH, besonders freut. Mit einer Gesamtkapazität von über 400 Personen können auch Großveranstaltungen abgewickelt werden. Die Planung für einen perfekten Ausflug wird angeboten – zu vielen möglichen Anlässen. Man kann sich verzaubern lassen mit einer Reise in vergangene Zeiten und sich fortbewegen wie anno dazumal.

HERTZ CLASSICS / RIENHOFF GMBH
A-1110 Wien, Simmeringer Hauptstraße 2
Showroom: A-2352 Gumpoldskirchen, Novomaticstraße 42
+43/1/7954266
j.rienhoff@hertz.at, classiccars@hertz.at
hertz-classics.at
Seit fast 40 Jahren ist die Rienhoff GmbH als Franchisenehmer von Hertz in Österreich und auch in Slowenien tätig. Hertz Classics vermietet exklusiv die schönsten klassischen Cabrios der 50er- und 60er-Jahre. Schwerpunkt der Geschäftstätigkeit ist die Abwicklung von Incentives. Neben der Vermietung der Oldtimer werden auf Wunsch Routen und Roadbooks erarbeitet und professionelle Zeitnehmung zur Verfügung gestellt. Das Leistungsspektrum reicht bis zur Organisation von Events quer durch Europa – von Eintages- bis Wochentouren. Ein bewährtes, oldtimeraffines und rallyeerprobtes Team ist für die Organisation, Betreuung des Tagesablaufes und Service der Fahrzeuge im Einsatz. Die Fahrzeuge stehen auch jederzeit Einzelkunden für Ausfahrten, Hochzeiten oder für persönliche Anlässe zur Verfügung. Alle Fahrzeuge entsprechen der Oldtimerklassifizierung Note 2. Jederzeit können die Klassiker in der brandneuen Oldtimerhalle in Gumpoldskirchen besichtigt werden, die auch für diverse Events gebucht werden kann. Jutta Rienhoff ist seit Ende 2019 für die Leitung verantwortlich und steht als Ansprechpartnerin zur Verfügung. Sie verfügt über langjährige Erfahrung in der Autovermietung und ist darüber hinaus mit besten Kontakten in der österreichischen und internationalen Classic-Car Szene vernetzt.

Morgan on Tour GesmbH

MORGAN ON TOUR GESMBH
Siehe unter Rubrik Handel/An- und Verkauf.

OLDIE-SCHEUNE-DORNBIRN
BURKHARD FUSSENEGGER-VON DER THANNEN
A-6850 Dornbirn, Gutenbergstraße 10
+43/664/4413531, +43/5572/23009
burkhard.fussenegger@aon.at, www.oldiescheune.at
Gegründet wurde die Oldie-Scheune 1995, und die Veranstaltungen und Ausfahrten mit klassischen Automobilen werden immer beliebter. Egal welcher Anlass – wenn man sich den Wunsch erfüllt, mit einem echten Oldtimer unterwegs zu sein, ist garantiert: Damit wird der Tag noch schöner und zu einem unvergesslichen Erlebnis.

OLDTIMER.NET AG
post@oldtimer-mieten.net, www.oldtimer-mieten.net
Emotionen und Kindheitserinnerungen werden geweckt beim Anblick eines Oldtimers, und das bringt oft den Wunsch hervor, eine dieser Raritäten zu fahren. Die Möglichkeit, einen Oldtimer zu mieten – und das in der eigenen Region – bietet diese informative Homepage. Die österreichischen Verleih-Firmen sind nach Postleitzahl geordnet und somit sehr übersichtlich für die Suche. Egal für welchen Anlass, egal ob mit Chauffeur oder Selbstfahrer, alle Möglichkeiten sind übersichtlich gelistet und alle Informationen für die Anmietung eines Oldtimers sind vorhanden.

OLDTIMERVERMIETUNG.CC
A-8541 Bad Schwanberg, Kruckenberg 3
Schauraum: A-8402 Werndorf, Mühlweg 52/54/60
+43/650/6853322, Martin Obmann
info@oldtimervermietung.cc, www.oldtimervermietung.cc
Ob Firmenveranstaltungen, Videodrehs oder sonstige Events, ein prunkvoller Oldtimer macht jede Veranstaltung zu einem außergewöhnlichen Erlebnis. Seit 2010 kann man bei Oldtimervermie-tung.cc die exklusivsten US-Cars zu wichtigen Anlässen mieten. Ein echter amerikanischer „Schlitten" bietet das optimale Bild für in Szene gesetzte Personen oder Motive. Die Oldies ziehen alle Blicke auf sich und hinterlassen schöne und aufregende Erinnerungen. Hat man sich in so ein Stück verschaut, dann ab in den Schauraum: www.oldtimerverkauf.cc

ÖOM OMNIBUSBETRIEB GMBH – DR. PETER LÖSCH
A-1010 Wien, Neuer Markt 1
+43/664/3265964, office@omnibusmuseum.at
„Vorwärts mit der Vergangenheit", ist der Leitspruch. Hier findet man einen Ansprechpartner in Fragen Busverleih für besondere Anlässe. Zur Auswahl stehen liebevoll restaurierte Oldtimer-Busse für Hochzeiten, Nostalgie- oder Pressefahrten. Im Fuhrpark

ÖOM Omnibusbetrieb GmbH – Dr. Peter Lösch

findet sich ein Steyr Perl Auhof 380 q, ein Gräf & Stift 120 „Schnauzenbus", der lange Zeit als Linienbus das Stadtbild Wiens geprägt hat. Das Highlight der mietbaren Flotte ist der Steyr 380 Cabrio Bus von 1949 mit 21 Freiluftplätzen. Für eine Gruppe guter Freunde oder für Firmenevents sind Bustouren eine perfekte Art und Weise, einen gemeinsamen Tag zu verbringen. Die Zielsetzung ist hier nicht, schnell von A nach B zu gelangen oder große Entfernungen zurückzulegen, sondern das besondere Flair, einen Hauch von Nostalgie und das historische Reisegefühl zu erleben.

RALLYE ORG. – ING. ROBERT KRICKL
Siehe unter Rubrik Rallyeschulungen.

RENT-FULL-POWER VERMIETUNG VON US-CARS –
ING. ALFRED SCHOENWETTER
A-3033 Altlengbach, Kremergasse 2 / Lengbachl 82
+43/664/4852008
office@rent-full-power.at, www.rent-full-power.at
Wer einmal in die Welt der US-Cars hineinschnuppern will, bei

Rent-Full-Power Vermietung von US-Cars – Ing. Alfred Schoenwetter

Rent-Full-Power ist man richtig. Eventuell als perfektes Geschenk oder um sich selbst einen unvergesslichen Tag oder ein Wochenende in einem außergewöhnlichen Auto zu gönnen. Ob modernes Muscle Car oder ein legendärer Klassiker, hier wird die Möglichkeit geboten, am Steuer eines perfekt restaurierten 68er-Mustangs oder eines Impalas zu sitzen und somit etwas Einzigartiges zu erleben.

RENTABULLI – VALENTIN EGGBAUER
A-8654 Fischbach, Fischbach 12
+43/676/7356879, office@rentabulli.at, www.rentabulli.at
Miete dir deinen VW-Bus-Traum! Alles hat vor Jahren mit einem Hobby und einem Jugendtraum begonnen. Valentin Eggbauer hat in den letzten 20 Jahren unzählige Bullis besessen und lebt seine Begeisterung für VW Bullis bei verschiedenen Projekten und Aktionen aus. Er ist Gründer, Eigentümer und Ansprechpartner bei RENTABULLI und möchte das Freiheitsgefühl, die Lebensfreude und den Spaß, den die Bullis mit sich bringen, mit den KundInnen teilen. Die Bullis, die zur Vermietung bereitstehen, sind in einem Top-Zustand und werden an Urlaubsreisende, für Events, Hochzeiten und andere Anlässe vermietet.

ROYAL CLASSICS –
EINE MARKE DER TRAUMLIMOS GMBH
A-4300 St. Valentin, Steyrer Straße 111
+43/664/3924932
info@royal-classics.at, www.royal-classics.at
Weiches Leder, edle Hölzer und viel glänzendes Chrom bestimmen die Materialien dieser Oldtimer Automobile. Ob im Rolls Royce Silver Shadow, Jaguar S-Type oder XJ6, im London Taxi oder ob man das Blubbern des 6,6 Big Blocks in einem Ford LTD genießen will, all diese Fahrzeuge werden für diverse Sonderfahrten vermietet. Diese Oldtimer aus den 60er- und 70er-Jahren bieten ein rnyales Erlebnis – egal zu welchem Anlass.

SOOSOO OLDTIMERVERMIETUNG –
MAG. SABINE BEHOUNEK
A-3331 Kematen/Ybbs, 10. Straße 3/2
+43/660/9999229, office@soosoo.at, www.soosoo.at
„Der passende Oldtimer für jeden Anlass" – das ist das Motto von SooSoo. Ein alter Käfer „Happy" mit 34 PS, ein Käfer Cabrio „Sunny" Baujahr 1968, T2 VW Busse – auch als Campingvariante – stehen für ganz besondere Momente und eine Reise zurück in die gute alte Zeit zur Verfügung. Ein vollgepackter Picknick-Korb, ein kultiges Auto, schönes Wetter und schon kann das ein Erlebnis der besonderen Art sein. Einen perfekten Hingucker für jeden Event bietet die Bulli-Bar – eine Bartheke in VW T2 Optik mit integriertem Kühlschrank. Ob als Bar, als Tresen, als Rednerpult für den Cocktailempfang, als Empfangspult – die Einsätze sind vielfältig.

TRAUMLIMOS GMBH
A-4300 St. Valentin, Steyrer Straße 111
+43/676/6699966, office@traumlimos.at, www.traumlimos.at
Wenn man sich den Traum von der Fahrt mit einer Limousine erfüllen will – hier ist man richtig. Die Auswahl an traumhaften Fahrzeugen ist groß und es fällt sicher schwer, die richtige Wahl zu treffen. Vom 53er Chevrolet Bel Air Convertible über Cadillac Sedan de Ville, Eldorado Convertible und noch mehr. Oder als Besonderheit – die Strechtlimo Ford Lincoln Town Car, in der bis zu 8 Personen Platz finden. Es werden auch Zusatzleistungen für jeden Anlass geboten: Roter Teppich, Blumenschmuck aus Seiden- oder frischen Blumen, Getränke und Snacks. Als Erinnerung an einen ereignisreichen Tag werden auch Fensterbeschriftungen oder persönliche Nummerntafeln angeboten.

VERKEHRSBETRIEBE GSCHWINDL
A-2201 Hagenbrunn/IZ, Hubertusgasse 2
+43/1/8104001, +43/1/810400163
office@gschwindl.at, reisebus@gschwindl.at
www.gschwindl.at
Nicht nur für Nostalgie-Fans sind die Gschwindl-Oldtimer-Classic-Touren „eine aufregende Zeitreise im Oldtimer". Mit zahlrei-

Verkehrsbetriebe Gschwindl

chen und wunderschönen Oldtimerbussen aus den 40er-, 50er-und 60er-Jahren kann man sich in eine vergangene Zeit versetzen lassen. Die liebevoll renovierten Busse können für unvergessliche Anlässe, Stadtrundfahrten, Hochzeiten … gemietet werden.

FOTOGRAFIE / FILM

ALSCHNER MICHAEL FOTOGRAF
A-1140 Wien, Robert-Fuchs-Gasse 23
+43/699/11700743, michael@alschner.com, alschner.com
Michael Alschner ist Fotograf aus Leidenschaft. Er setzt die

Michael Alschner Fotograf

schönen Dinge des Lebens gekonnt in Szene und verschmilzt das Objekt, das Umfeld und die Lichtaspekte zu einzigartigen Fotografien. Auf Basis individueller Aufträge „portraitiert" er auch automobile Glanzstücke und deren Besitzer.

BALDAUF FRANZ ATELIER & GALERIE FOTOGRAF
A-2493 Lichtenwörth-Nadelburg, Michael Hainisch Str. 17/3
+43/676/9247610, studio@fotobaldauf.at, www.fotobaldauf.at
Ein exklusives Fotostudio ist das vom Fotografen Franz Baldauf. Das „Studio Tiefgarage" bietet genug Platz, um Fahrzeuge mit zwei oder vier Rädern in Szene zu setzen und einzigartig festzuhalten. Jedes Fahrzeug wird im besten Licht abgebildet, sodass einzigartige Bilder entstehen – der Fantasie sind keine Grenzen gesetzt. In eigener Fertigung wird dann Hochwertiges in verschiedenen Größen und Materialien produziert.

BUCHEGGER PETER – OLDTIMERFILME
A-1230 Wien, Breitenfurterstraße 423 Top 6
+43/1/9232332, +43/664/3836629
peter.buchegger@carmovies.at, www.carmovies.at
Ein kreatives und einsatzfreudiges Team bietet Professionalität vom Drehbuch bis zur Vermarktung. Egal, ob es eine Oldtimerrallye, ein Fahrzeugportrait oder ob es sonstige Aktivitäten mit den Oldies sind – ein Film, eine DVD lässt den Erinnerungswert an die Veranstaltung weitaus steigen und ist jederzeit wieder abrufbar. Das Kameraequipment ermöglicht Aufzeichnungen in allen High Definition-Formaten, es gibt auf Wunsch ein autorenunterstütztes Drehbuch und branchenbewährte Regie. Eine optimale und kreative Kameraführung wird vom Produktionsteam Peter Buchegger immer gewährleistet.

KONRAD BERNHARD G. –
FINEART ROUNDSHOT AUSTRIA
A-8442 Kitzeck, Höch 27
+43/3456/27364, +43/664/1007892
office@fineart.at, fineart.at
Der österreichische Profifotograf Bernhard Konrad hat sich aufgrund seiner eigenen Affinität zu Youngtimern/Oldtimern in den letzten Jahren auf hochwertige Fahrzeugfotografien für klassische Fahrzeuge spezialisiert. Neben Fotoaufnahmen für Oldtimer-Museen, Privatsammler, Restaurationsbetriebe, Clubs, Finanzierungsinstitute und Händler betreut er auch einige Fahrzeughersteller. Neben dem Einsatz klassischer Fotoaufnahmen kommen auch Aufnahme- und Lichttechniken wie das „LIGHT-PAINTEN" zum Einsatz. Dabei wird mit einem Lichtmalsystem fotografenhandwerklich optisch „aufgetunt". Diese Bildaufnahmen sind dann sehr stimmungsvoll. Aktuell werden auch mit einem Berufspartner 360° Grad Fotos von Fahrzeugen angebo-

ten. Mit diesem modernen Aufnahmesystem wird das Fahrzeug rundum innen sowie außen aufgenommen.

OK-CLASSIC GMBH
Siehe unter Rubrik Handel/An- und Verkauf.

SCHUBERT HANS, MAG. ART – BILDENDER KÜNSTLER / WIEN
+43/664/4778011

atelier@hansschubert.com, www.hansschubert.com

Hans Schubert ist ein begnadeter Bildkünstler. Er hat ein Auge für Details, für Bildkomposition und Stimmungen, die er mit seiner Kamera einfängt. Seit Anbeginn begleitet er unter anderem die Veranstaltung Ventilspiel am Red Bull Ring und das 24-Stunden Rennen am Nordring bei Fuglau und dokumentiert fotografisch eindrucksvoll Menschen, Maschinen und Geschehen in seinem ihm eigenen Stil. Auf seiner Website gibt er einen Überblick über sein Schaffen. Er absolvierte die Akademie der bildenden Künste, bekam eine Reihe von Preisen und organisiert unterschiedlichste Ausstellungen.

SIMLINGER WOLFGANG, DI – MOTORCLASSIC FOTOGRAFIE UND BILDARCHIV
A-4470 Enns, Stadlgasse 9/17, +43/676/6889273

office@simi.at, www.simi.at, www.motorclassic.at

Seit 1995 ist Wolfgang Simlinger Pressefotograf mit intensiver Reisetätigkeit, wodurch der Aufbau eines umfangreichen Bildarchivs mit zirka 100.000 Farbdias möglich war. Dann hat ab 2000 die Digitalfotografie begonnen und somit auch der Aufbau eines digitalen Bildarchivs. Hier werden unter anderem auch die Vielfalt und Schönheit von klassischen Automobilen und Bilder

Simlinger Wolfgang, DI – Motorclassic Fotografie und Bildarchiv

von aktuellen Oldtimer-Events zum wahrlichen Bilderlebnis. Ob von der Mille Miglia oder vom Großglockner Bergpreis, der Ennstal Classic oder von einem anderen Höhepunkt der Oldtimer-Sze-

ne – es gibt fast nichts, was nicht anhand von eindrucksvollen Bildern zu finden ist. Selbstverständlich auch jede Menge Informationen über klassische Fahrzeuge: zahlreiche Fahrzeugmarken, Typen und Modelle sind beschrieben und fotografisch festgehalten.

GALVANIK

Siehe unter Rubrik Metallveredelung.

GARAGIERUNG / BEWAHRUNG

BANGERL FERTIGGARAGEN GMBH – JOHANN BANGERL E.U.
A-4707 Schlüßlberg, Bäckergasse 4

+43/7248/ 61369, office@bangerl.at, www.bangerl.at

Die richtige Garagierung eines Oldtimers oder Liebhaberfahrzeugs ist ein wesentlicher Punkt in der Werterhaltung derselben. Wer den Platz für eine eigene Garage hat, kann sich diese schlüsselfertig, „mit allem Drum und Dran", liefern lassen. Mit einem Konfigurator lässt sich die Traumgarage einfach zusammenstellen. Die Herstellung erfolgt im Werk. Die einzig verbleibende Arbeit vor Ort ist das Erstellen der Streifenfundamente, auf die die Garage nur noch abgestellt werden muss. Innerhalb eines Tages ist die Garage aufgestellt und der Oldie ist sicher und gut verwahrt.

BIRKLBAUER ZWEIRAD

Siehe unter Rubrik Motorentechnik/Getriebe.

CCC AUTOMOBIL GMBH
Siehe unter Rubrik Handel/An- und Verkauf.

CLASSIC DEPOT WIEN – CLEMENS STIEGHOLZER
A-1120 Wien, Stachegasse 18
+43/699/10119156, checkin@classic-depot-wien.at
www.classic-depot.de/oldtimer-garage-wien
Wertvolles, Geliebtes und Zeugen der Zeitgeschichte brauchen einen passenden Ort, an dem Besitzer, Sammler und Enthusiasten für ihre automobilen Schätze ein passendes Zuhause finden. Ebenfalls ein Ort, an dem man die Leidenschaft an den eigenen Automobilen und deren Technik genießen kann. Das alles bietet seit Herbst 2020 das Classic Depot Wien. Angeboten werden 100 Dauereinstellplätze mit höchstem Sicherheitsstandard, belüftet, klimatisiert und 24 Stunden Annahmerezeption. Auf den vier Ebenen befinden sich außer den Stellplätzen noch Werkstattflächen, Büros und Gastronomie.

Classic Depot Wien – Clemens Stiegholzer

CLASSIC DEPOT

Räume automobiler Leidenschaft

CLASSICS UNLIMITED
Siehe unter Rubrik Restaurierungsbetriebe/Werkstätten.

FAMILIE FEHRS OLDTIMER MUSEUM
A-2700 Wiener Neustadt, Stadionstraße 36a
+43/2622/85033, www.fehrsclassiccars.at
Wer den perfekten Einstellplatz für seinen Oldtimer sucht, ist hier genau richtig. In einer eigenen Etage im Oldtimermuseum, die für Besucher nicht zugänglich ist, werden ideale Voraussetzungen geboten: geheizte Räumlichkeiten, Alarmanlage und Videoüberwachung, Stromanschluss an jedem Stellplatz und eine hohe Toreinfahrt. Die Einstellplätze sind daher auch für Boote, Wohnwägen und Wohnmobile geeignet.

GEBRAUCHTBIKES AT GMBH
A-1110 Wien, Sofie-Lazarfeld-Straße 17
+43/1/6881978, info@gebrauchtbikes.at, www.gebrauchtbikes.at
Die Gebrauchtbikes.at GmbH bietet die professionelle Überwinterung eines Motorrades, und das mit einem „All-Inklusive-Paket", welches die Fahrzeugkonservierung, die technische Überprüfung und auch die regelmäßige Ladung der Fahrzeugbatterie inkludiert. Auch der Frühjahrscheck vor der ersten Ausfahrt nach den Wintermonaten wird angeboten. Eindeutig – hier ist das Bike gut aufgehoben!

HUBER KFZ-TECHNIK GESMBH
Siehe unter Rubrik Restaurierungsbetriebe/Werkstätten.

JENSEN CLASSICS BY UNTERBERGER
Siehe unter Rubrik Restaurierungsbetriebe/Werkstätten.

KONRADSHEIM GEORG, DR.
Siehe unter Rubrik Handel/An- und Verkauf.

MORGAN ON TOUR GESMBH
Siehe unter Rubrik Handel/An- und Verkauf.

OK-CLASSIC GMBH
Siehe unter Rubrik Handel/An- und Verkauf.

OLDTIMERHOME.COM
A-3052 Innermanzing, Gewerbepark Süd 6
+43/664/3001900, office@oldtimerhome.com
office@lueftung.at, www.oldtimerhome.com
Oldtimer sicher und in Topqualität garagieren ist optimal im komfortablen „Oldtimerhome". Die Halle ist klimatisiert, videoüberwacht und bietet variable und getrennte Einheiten in ver-

Oldtimerhome.com

PREMIUM CARS & SERVICE

„It´s not just a car – it´s a piece of history!"

★ **Oldtimer-Handel**
★ **Oldtimer-Fachwerkstätte**
★ **Mietgaragen**
★ **Ersatzteile**

Unser Oldtimer-Handelsunternehmen mit angeschlossener Fachwerkstätte in St. Andrä-Wördern (ca. 30 Fahrminuten von Wien) ist auf den An- und Verkauf, die Wartung, Reparatur und Restauration historischer Kraftfahrzeuge aus der Vorkriegsepoche bis in die frühen 1980-er Jahre spezialisiert.

In unserem Schauraum präsentieren wir laufend rund 20 bis 30 historische Fahrzeuge.

Weiters vermieten wir an unserem Firmenstandort 7x24h zugängliche Einstellplätze.

Die Teilnahme an Oldtimer-Rallyes zählt zu unseren großen Passionen. Gerne teilen wir unsere Erfahrungen mit unseren Kunden und machen auch ihre Old- und Youngtimer „rallye-fit".

„Der Oldtimer" steht bei uns stets im Mittelpunkt. Qualitativ hochwertige und originalgetreue Ausführung aller Arbeiten zur Sicherung des Werterhaltes und zur Wertsteigerung sind für uns selbstverständlich.

www.ok-classic.at
ok-classic@outlook.com
Tel: +43 (0) 2242-32078
Eduard-Klinger-Straße 18
A-3423 St. Andrä-Wördern

schiedenen Größen und Ausführungen. Für alle, die ihren klassischen Liebling immer im Blick haben möchten, besteht auch die Möglichkeit, sich in die Überwachung in Highspeed-Level einzuklinken. Alle Liebhaber, die selbst gerne schrauben, finden in jedem Einstellabteil auch eine Werkbank. Im allgemein nutzbaren Bereich steht eine Hebebühne und für die stilvolle Pflege ein Reinigungsplatz zur Verfügung. Die Garagen sind 24 Stunden, 7 Tage die Woche zugängig. Das Gesamtpaket bietet die werterhaltende und sichere Unterbringung für klassische Automobile – ganz in der Nähe von Wien.

WERK MÖLLERSDORF – KALLINGER PROJEKTE
A-2514 Traiskirchen-Möllersdorf, Mühlgasse 12 /
Walther-von-der-Vogelweide-Straße
+43/1/3619850-0, office@kallingerprojekte.at
www.kallingerprojekte.at/projekte
Das Werk Möllersdorf ist ein Angebot für Autoliebhaber! Nur 15 Minuten von der Stadtgrenze Wiens, in den ehemaligen Werkshallen der Metallwerke Möllersdorf in Traiskirchen, liegt das Zentrum für Liebhaber edler Fahrzeuge. In der hellen, geräumigen Halle bieten beheizte, verschließbare Einzel-, Doppel- und Superboxen das richtige Ambiente für den wertvollen Oldtimer. Ohne mühsames Rangieren starten Sie ins Wochenendvergnügen, sobald Sie Ihr Alltagsauto auf reservierten Parkplätzen abgestellt und das codierte, automatische Hallentor geöffnet haben. Sicherheit und Privatsphäre werden als spezieller Lebensraum für Ihr edles Fahrzeug geboten.

HANDEL / AN- UND VERKAUF

AB AUTOMOBILE SERVICE GMBH
A-1110 Wien, Simmeringer Hauptstraße 1
+43/1/79559
office@autohaus-benda.at, www.autohaus-benda.at
Kommerzialrat Walter Benda hat sein Unternehmen bereits 1974 gegründet und immer weiter ausgebaut. Am Oldtimersektor gibt

es keine Spezialisierung auf eine bestimmte Marke, Fahrzeuge jeder Marke werden eingekauft, verkauft, geschätzt und auch repariert. Als eine sinnvolle Investition und wertstabile Anlage kann der Kauf eines Oldtimers gelten. Ansprechperson für Restaurierung und Oldtimerverkauf ist Walter Benda jun. Firmenmotto: „Auto Benda, ein Familienunternehmen, geadelt durch das Vertrauen der Kunden."

ALLMAYER OLDTIMERHANDEL
A-9853 Gmünd, Fischertratten 71
+43/676/3549590
oldtimerhandel@allmayer.com, www.allmayer.com
Auf den 650 m² Ausstellungs- und Präsentationsflächen stehen immer viele Fahrzeuge zur Auswahl. Ist das Wunschauto nicht dabei, ist das Angebot der Fahrzeugsuche optimal und die nationalen und internationalen Verbindungen bringen meistens den gewünschten Erfolg. Nicht nur der Handel mit Oldtimern, der An- und Verkauf durch Profis – auch Ersatzteile für Oldies, neu und gebraucht, kann man bei Herbert Allmayer finden. Sucht man spezielle Blech- und Chromteile für Mercedes 170, 190 SL, 220 und 300 SL, so kann hier geholfen werden und das fehlende Teil ziert bald den eigenen Wagen. Auch die Vermietung von schönen Oldies für Hochzeiten, Ausfahrten, Präsentationsfahrten – oder einfach nur zum Vergnügen – wird angeboten.

AMERICAN SPECIAL PARTS AUSTRIA – ASP
RUDOLF KERSCHBAUMER KFZ-MEISTERBETRIEB
Siehe unter Rubrik Restaurierungsbetriebe/Werkstätten.

AUTO REITER GMBH
A-8753 Fohnsdorf, Ankerweg 7
+43/3573/34035, +43/664/2049559
office@auto-reiter.at, www.auto-reiter.at
Der Oldtimerpartner mit Leidenschaft – das ist Auto Reiter. Bereits über 20 Jahre liegt der Einstieg in die Oldtimerbranche zurück, und es wurde in dieser Zeit viel Erfahrung gesammelt, um heute einen ausgezeichneten Standard und beste Qualität bieten zu können. Hier werden Oldtimer in Spitzenqualität restauriert und repariert. Des Weiteren stehen in der 1.000 m² Oldtimerhalle jederzeit Klassiker zur Besichtigung bereit. Man hat sich auf deutsche Klassiker wie Porsche und Mercedes spezialisiert, aber meistens sind auch ein paar Fahrzeuge anderer Marken im Angebot.

**Original Ersatzteile
Fachwerkstätte**

www.puch.at

AUTOHAUS AMBROS GMBH
Siehe unter Rubrik Restaurierungsbetriebe/Werkstätten.

AUTOMOBILE PÜHRINGER GMBH
A-4722 Peuerbach, Bruck 52
+43/7276/4133-0
kfz@auto-puehringer.at, www.auto-puehringer.at
Der Familienbetrieb Pühringer ist ein Unternehmen mit langjähriger Tradition, die seit 1649 beurkundet ist. Im Jahr 1958 wurde mit der Produktion der ersten Landmaschinen begonnen. Günther Pühringer baute seit den frühen Achtzigerjahren den Geschäftszweig des Autohandels auf. 1998 wird das Autohaus Pühringer mit eigener Werkstätte unter der Leitung von Günther Pühringer in Peuerbach eröffnet. Das Team von Auto Pühringer legt auf individuelle Betreuung wert und dies zeigt sich auch an der großen Zahl an zufriedenen Stammkunden. Der Fokus liegt auf dem markenunabhängigen Handel vieler Marken und in jeder Preisklasse. Das Leistungsportfolio umfasst aber ebenso Lackier- und Karosseriearbeiten, Service- und Reparaturarbeiten.

Automobile Pühringer GmbH

IHR SPEZIALIST FÜR OLDTIMER

AUTO PÜHRINGER

WWW.AUTO-PUEHRINGER.AT

AUTOSALON STICH – CLASSIC AND SPORTS CAR
A-1120 Wien, Stachegasse 18
+43/664/1609119
office@autosalonstich.at, www.autosalonstich.at
Termin nur nach telefonischer Vereinbarung. Der Betrieb von

Autosalon Stich – Classic and Sports Car

Andreas Stich besteht seit 1996 und befasst sich für seine Kunden mit dem Ein- und Verkauf sowie der Suche von Oldtimern, Sportwagen und Exoten. Alle Marken sind ihm vertraut, jedoch gehören vorrangig die schönen, rassigen Automobile aus Italien zu seinen Spezialitäten. Herr Stich hat für die Fragen seiner Kunden immer ein offenes Ohr und ist jederzeit für einen Informationsaustausch zu haben.

AUTOSALON WURMBRAND
Siehe unter Rubrik Autopflegespezialisten.

BIKE HOUSE – HABERL MOTORRADHANDELS GMBH

Siehe unter Rubrik Restaurierungsbetriebe/Werkstätten.

BIRKLBAUER ZWEIRAD

Siehe unter Rubrik Motorentechnik/Getriebe.

BRITISH ONLY AUSTRIA – FAHRZEUGHANDEL GMBH
Siehe unter Rubrik Ersatzteile/Zubehör.

CAMO – GÜNTER CTORTNIK
A-2325 Himberg, Industriestraße 20-22
+43/2235/84233, camo@camo.co.at, www.camo.co.at
Seit 1992 ist das Unternehmen CAMO der führende Anbieter auf

Camo – Günter Ctortnik

dem Sektor Militärfahrzeuge. Fahrzeuge aus Armeebestand, vom leichten Geländefahrzeug bis zu allen Gewichtsklassen, Lastkraftwagen, Anhänger und auch Spezialfahrzeuge – z. B. der Feuerwehr – gibt es im Angebot. Ersatzteile, Zubehör, Literatur, Bekleidung und auch Modellfahrzeuge sind verfügbar. Historische Militärfahrzeuge aller Kategorien, im nicht restaurierten Zustand bis toprestauriert, werden laufend angeboten.

CAR COLLECTION GMBH
A-4311 Schwertberg, Poneggenstraße 1
Niederlassung:
A-4407 Dietachdorf bei Steyr, Winklingerstraße 14-16
+43/7262 /61147, +43 676 6043315
office@carcollection.at, www.carcollection.at
Im Juli 2021 fusionierte die Car Collection GmbH mit dem Hödlmayr Classic Car Center und übernahm die operativen Geschäftsaktivitäten. Es sind ständig hochwertige Fahrzeuge in den Ausstellungshallen präsent. Der Schwerpunkt liegt bei Sportfahrzeugen aus den 50er-, 60er- und 70er-Jahren - aber auch bei ausgefallenen Raritäten. Das Spektrum reicht von Porsche, Mercedes, Ford Mustang und Corvette hin zu Fahrzeugen mit südländischem Charme wie Lamborghini, Ferrari und Maserati aber auch bei der britischen Eleganz von Jaguar, Aston Martin und Austin Healey. Die Full-Service-Werkstatt für Oldtimer, Sport- und Oldtimer inklusive Sonderleistungen bietet eine umfangreiches Leistungsangebot wie die vollständige Palette aller relevanten Dienstleistungen, einfache Wartung bis zur vollständigen Restaurierung, einschließlich Karosseriewerkstatt, Sattlerei und Lackiererei, Motorüberholungen, Fahrzeugvorbereitung und umfangreiches Sammlungsmanagement.

CAR LOFT FAHRZEUGHANDEL GMBH
ROBERT SCHATTEINER
A-5323 Ebenau, Am Schwarzenberg 3
+43/662/854070, +43/664/3076070
office@carloft.at, www.carloft.at
Den Traum, die Leidenschaft „Oldtimer" zum Beruf zu machen, hat sich Robert Schatteiner mit Car Loft erfüllt. Es ist ihm ein Anliegen, die Begeisterung für Automobile und deren Geschichte mit Gleichgesinnten zu teilen. Aus diesem Grund versteht sich

Car Loft Fahrzeughandel GmbH Robert Schatteiner

Car Loft nicht nur als Händler, sondern auch als Partner für „Einsteiger" in dieses Metier und berät in allen das geliebte historische Fahrzeug betreffenden Belangen. Die Beratung erfolgt zu Wartung und Pflege, Versicherung, Kosten und auch die Erhaltung des gekauften Juwels. Man ist bei Robert Schatteiner in besten Händen.

CAR-MEN
Siehe unter Rubrik Restaurierungsbetriebe/Werkstätten.

CARINTI-CLASSIC-CARS, MAIK MÜLLER
A-9551 Bodensdorf am Ossiacher See, Bundesstraße 27
+43/676/6981211, office@cc-cars.at, www.cc-cars.at
Ob zwei oder vier Räder, alle Oldtimer-Liebhaber können bei Maik Müller fündig werden. Immer wieder gibt es Fahrzeuge, die das Herz des zukünftigen Besitzers höherschlagen lassen. Es werden

Carinti-Classic-Cars Maik Müller

aber nicht nur Fahrzeuge zum Verkauf angeboten, sondern auch Restaurierungen werden fach- und sachgerecht durchgeführt. Gebrauchte Ersatzteile, Reifen und Felgen — anfragen, vielleicht ist das dringend gebrauchte Teil vorhanden. Auch die Vermietung von Oldtimern gehört zum Angebot.

CCC AUTOMOBIL GMBH
A-1030 Wien, Rennweg 64
+43/1/2360001, office@ccc-auto.at, www.ccc-auto.at
Hat man Interesse an einem Old- oder Youngtimer Coupé oder Cabrio, dann sollte man unbedingt am Rennweg bei CCC Automobil vorbeischauen. Hier ist man richtig, wenn „Mann/Frau" dieser Fahrzeugkategorie den Vorzug gibt, und im zirka 400 m² großen Schauraum wird man sicher fündig. Für jeden Besitzer eines Fahrzeuges ist es auch wichtig, dass die Möglichkeit der Garagierung im Haus besteht. Die Oldtimer Stellplätze sind durch die breite Abfahrt in den Garagenbereich komfortabel erreichbar und der Zugang in den extra abgesicherten Bereich ist nur mit Fernbedienung bzw. PIN möglich. Die wertvollen Fahrzeuge stehen trocken und sicher auf breiten Stellplätzen mit genügend Licht.

CHALUPA ERNST – HANDEL MIT HISTORISCHEN FAHRZEUGEN, REPARATUR & RESTAURIERUNG
A-2513 Möllersdorf, Mühlgasse 10-12
+43/2252/508700, +43/699/10220278
office@chalupa.co.at, www.chalupa.co.at
Willkommen bei Fast & Vintage! Die Restaurierung, der Handel und die Reparatur von historischen Fahrzeugen ist seit mehr als 30 Jahren der Schwerpunkt dieses Unternehmens. Durch die weltweiten Kontakte werden oft seltene Ersatzteile gefunden

Chalupa Ernst

oder auch auf Wunsch komplette Fahrzeuge. Durch das bestens geschulte Personal ist die fachgerechte Betreuung der anvertrauten Oldtimer garantiert, denn alte Technik braucht Spezialisten. Es gibt keine computergestützten Reparaturanleitungen, damalige Einstellungen müssen ermittelt werden, damit Motoren, Vergaser und Kompressoren wieder funktionieren wie anno dazumal. Die umfassenden Kenntnisse der Fahrzeugtechnik, der alten und neuen Technologien bieten den Kunden die Sicherheit, dass der Wert der Fahrzeuge bewahrt wird.

CLASSIC CARS HARTMANN
Siehe unter Rubrik Ersatzteile/Zubehör.

CLASSICA AUTOMOBILE GMBH
A-5020 Salzburg, Wasserfeldstraße 15-17
+43/662/2310310, +43/699/12310321
office@classica.cc, www.classica-automobile.at
Oldtimerkauf ist Vertrauenssache! Weder Käufer noch Verkäufer wissen, was sich unter dem schön glänzenden Lack versteckt. Mike Höll und sein Team haben sich Qualität auf die Fahnen geschrieben. Alle angebotenen Old- und Youngtimer werden in

Classica Automobile GmbH

der eigenen Werkstätte genau gecheckt, bevor sie angeboten werden. Der Käufer soll so viel wie möglich über den Wagen erfahren. „Ehrlichkeit ist uns besonders wichtig", sagt Mag. Michael Höll, Geschäftsführer und Eigentümer von Classica. Das Herz von Classica ist die Werkstatt, wo die Fahrzeuge von einem Spezialisten-Team restauriert, repariert, gehegt und gepflegt werden. Des Weiteren organisiert und unterstützt Mike Höll mit seiner Classica Oldtimer-Events wie zum Beispiel den Eis-Marathon oder die Classica-Trophy – Veranstaltungen, die sich in der Oldtimer-Szene bereits etabliert haben.

STÄNDIG CA. 250 NEU UND GEBRAUCHTWAGEN AUF LAGER

UNSER SERVICE:
Ein Ansprechpartner für alles was Ihr Fahrzeug betrifft

- Junge Sterne Partner Mercedes - Benz
- Finanzierungen (Leasing u. Kredit)
- Versicherung (Neu und Gebrauchtfahrzeuge)
- Service, Reparaturen, § 57 a für PKW   und Transporter
- Spenglerei, Lackiererei alles im Haus
- Versicherungsschadensabwicklung
- Fahrzeugpflege/- aufbereitung

**IHR SPEZIALIST FÜR OLDTIMER -
CA. 70 STÜCK AUF LAGER**
An- und Verkauf von Oldtimern - Werkstattservice -
Restauration - Wertgutachten - Versicherung

Mercedes-Benz

**Mercedes Benz
230 SL Pagode**

Bj. Juli-64, 150 PS, 2306
Hubraum, Innenausstattung:
Leder/braun, Sonstiges:
Österreichisches Fahrzeug,
Automatikgetriebe

Jaguar XK 120 OTS

Bj. Dez.-52, 152 PS, 3442
Hubraum, Innenausstattung:
Leder/rot, Sonstiges: TOP-Zu-
stand, 4-Gang Schaltgetriebe

Porsche 356 A 1600

Bj. Juli-58, 60 PS, 1582
Hubraum, Innenausstattung:
Leder/schwarz, Sonstiges:
TOP-Zustand, 4-Gang
Schaltgetriebe

Ford Model T

Bj. Jän.-13, 20 PS, 2890
Hubraum, Innenausstattung:
Leder/schwarz, Sonstiges:
ehemaliges Museumsfahrzeug

MERCEDES BENZ - KRÖPFL GMBH
A-8230 Hartberg, Raimund-Obendraufstrasse 18 | +43 (0) 3332 63500

CLASSICS RELOADED HANDELS GMBH

A-3100 St. Pölten, Mathilde Beyerknecht-Straße 1
+43/2742/86595
office@classics-reloaded.at, www.classics-reloaded.at
Im speziellen Autohaus „Classics Reloaded" glänzt und blitzt es nur so durch die große Ausstellungshalle – und das kommt von den bestens restaurierten, gepflegten Oldtimern, die das Gebäude zum Strahlen bringen. Sicher die erste Adresse für US-Importschlitten, die auf dem europäischen Markt kaum erhältlich sind. „Wir restaurieren Ihren Rohdiamanten", ist das Motto des Teams, und keinesfalls werden Kompromisse bei der Qualität gemacht, aber die Arbeitszeit im akzeptablen Rahmen gehalten.

Classics Reloaded Handels GmbH Hans Peter Zwetti

CLASSICS UNLIMITED

Siehe unter Rubrik Restaurierungsbetriebe/Werkstätten.

DEUSMOTO –
CUSTOMTUNING EDELSCHMIEDE

Siehe Rubrik Restaurierungsbetriebe/Werkstätten.

ECURIE VIENNE AUTOMOBILE TECHNIK
JOHANNES HUBER GMBH

A-1230 Wien, Kolpingstraße 20
+43/1/6160456, +43/676/84193414
j.huber@ecurie-vienne.at, info@ecurie-vienne.at
www.ecurie-vienne.at
Die Namensgründung der Ecurie Vienne reicht bis ins Jahr 1959 zurück, die Geschichte ist vielfältig und war und ist aus der österreichischen Motorsportszene nicht mehr wegzudenken. Diese Vielfältigkeit zeigt sich vor allem in der jetzigen breiten Aufstellung der Leistungen:
• Restaurierung und Betreuung von Old- und Youngtimern
• Rallye- und Rennwagen (Aufbau und Betreuung im Renneinsatz)
• Verkauf und Handel verschiedener Automarken und Typen – Schwerpunkt Porsche
• Verkauf von Ersatzteilen neu und gebraucht – speziell für ältere Porsche
• Fachgerechte Wartung, Betreuung und Service
Das alles bietet dieses Unternehmen, und die Anliegen der Kunden werden nach Empfehlung der geschulten Mitarbeiter durchgeführt. Normale Servicearbeiten, kleinere Umbauten und Umgestaltungen, aber auch extravagante und aufwendige Fahrzeugprojekte bis hin zu kompletten Restaurationen werden nach Ihren Wünschen verwirklicht.

Ecurie Vienne Automobile Technik Johannes Huber GmbH

ERTL'S MODERN CLASSICS – INH. WOLFGANG ERTL
A-1230 Wien, Triester Straße 259
+43/1/6677374
ertl@modernclassics.at, www.modernclassics.at
Laufend ist eine große Auswahl an echten Gustostückerln vergangener Tage und auch von heute ausgestellt. Alle Fahrzeuge können ausgeliehen werden. Alles, was Räder hat, wird in der

Ertl's Modern Classics – Inh. Wolfgang Ertl

Werkstätte restauriert, repariert und lackiert. Reparaturen und Servicearbeiten werden für alle Fahrzeugmarken angeboten, wobei den Kunden auch ein Abschlepp- und Reifendienst zur Verfügung steht.

FABER KFZ-VERTRIEBS GMBH –
FABER ROLLER & BIKE SHOP

A-1230 Wien, Carlbergergasse 66a
A-1020 Wien, Praterstraße 47
+43/1/49159-0, info@faber-kfz.at, www.faber.at
Faber bedeutet gleichzeitig „Faszination Zweirad." 1948 von Josef Faber senior gegründet, wurde aus dem kleinen Zweiradgeschäft mit Werkstatt eine feste Größe der österreichischen Zweiradbranche. Der Roller & Bike Shop, mit zwei Standorten in Wien, ist die Anlaufstelle Nummer 1 für alle Fans des italienischen Rollerflairs in Wien, „Dolce Vita"-Gefühl inklusive. Neben den aktuellen neuen Modellen gibt es ein umfangreiches Angebot an Gebrauchtfahrzeugen. Im Shop steht ein trendiges, aktuelles Sortiment an Funktionsbekleidung, Helmen und sonstigen nützlichen Dingen für den Roller-Enthusiasten bereit. In der angeschlossenen Werkstatt sind Profis zugange, um alle Service- und Reparaturarbeiten durchzuführen.

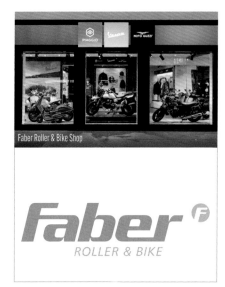
Faber Roller & Bike Shop

FRANTZ CLASSIC CARS GMBH
Siehe unter Rubrik Restaurierungsbetriebe/Werkstätten.

Frantz Classic Cars GmbH

FUNKE REINHARD KFZ HANDEL
A-3561 Zöbing, Kogelbergweg 3
+43/2734/2213, +43/676/4356911, +43/676/4356311
funke@contact.at, www.funke.at.tt
Hauptsächlich der Marke Porsche hat man sich mit dem Ziel verschrieben, jedem Kunden den Traum vom Traumauto zu verwirklichen. Die langjährige Erfahrung in der Beschaffung von Oldtimern, im Inland und auch bis in die USA, sichert dem Kunden die richtige Qualität. Laufend werden Oldtimer nach Europa geholt, und dabei spart der Kunde Zeit, Geld und Nerven, denn vom Transport über Zollformalitäten bis zur Typisierung wird alles von Funke erledigt. Werden dann Ersatzteile für das Fahrzeug benötigt – neu oder gebraucht – auch dann ist Reinhard Funke der richtige Ansprechpartner.

GARAGENSCHNÜFFLER – DIETER STEINPRUCKNER
A-2512 Tribuswinkel, Sängerhofgasse 4
+43/664/3302551
info@garagenschnueffler.at
www.garagenschnueffler.at

Die Spürnase für Raritäten und Sammlerobjekte – die hat Dieter Steinpruckner, der seit über 20 Jahren als Sammler und Händler tätig ist. Besonders Fahrzeuge, die in den 70er- und 80er-Jahren entwickelt und gebaut wurden, faszinieren, wobei natürlich auch ältere und jüngere Fahrzeuge im Fokus liegen. Dabei spielt es keine Rolle, ob Fahrzeuge restauriert sind oder lange Zeit in einer Scheune hinter sich haben und vielleicht nur noch als Teilespender taugen – alles ist für den „Garagenschnüffler" interessant. Daher ist Dieter Steinpruckner Ansprechpartner, wenn es um den Verkauf von Oldtimern oder Youngtimer geht. Egal ob 2- oder 4-Rad, ob Teileträger – von Vorkrieg bis in die 90er-Jahre – auch Dekorationsobjekte, Schilder, Ersatzteile und Automobilia.

Die Garagenschnüffler – Dieter Steinpruckner

GLASER AUTOMOBILE GMBH – MICHAEL BULLA
Geschäftsführung: Dr. Walther Staininger
A-2371 Hinterbrühl, Hauptstraße 122
+43/664/1830813, +43/664/3839111
m.bulla@glaser-automobile.at, www.glaser-automobile.at

Seit 50 Jahren ist der Name Bulla bekannt als kompetenter Ansprechpartner für Neuwagen und klassische Automobile mit Schwerpunkt Britische Marken wie MG, Jaguar, Austin Healey, Triumph ... Der Name Bulla steht seit 1964 für Kompetenz, Erfah-

rung und Vertrauen und führt bis in die Jetztzeit zu Glaser Automobile. Wer britische Klassiker sucht, wird bei Michael Bulla sicher fündig. Alles, was mit Kauf und Verkauf im Zusammenhang steht, wird prompt erledigt: finanzielle Abwicklung, unverbindliche Beratung, Wertgutachten, Oldtimer Versicherungen und Kredite, Ersatzteile, Zubehör. Termine nur nach telefonischer Vereinbarung oder per E-Mail.

Internationaler Import von Oldtimern

Kus Classic Cars steht seit 1993 für den Import und Verkauf von rostfreien klassischen Automobilen und historischen Sportwagen. Diese Fahrzeuge holen wir als österreichische Oldtimer-Händler aus den trockensten Regionen der Erde, darunter etwa Spanien oder trockene US-Bundesstaaten wie Kalifornien, Texas, Arizona, Nevada oder New Mexico.

Die von Kus Classic Cars importierten und verkauften Fahrzeuge waren während ihres gesamten Lebens weder hoher Feuchtigkeit ausgesetzt, noch sind sie jemals mit Salz in Berührung gekommen.

Im Gegensatz zu europäischen Fahrzeugen, die durch nasse Winter oder hohe Luftfeuchtigkeit Rost in den Blechteilen tragen können, sind unsere Oldtimer in ihrer Struktur und ihrem Material besonders solide sowie zu 100% rostfrei.

Kus Classic Cars

Kus Classic Cars
Showroom nur nach Terminvereinbarung: Hauptstraße 74, 2440 Gramatneusiedl / Firmensitz: Anton-Kriegergasse 164, 1230 Wien
+43 (664) 303 3000 • mail to: hdk@kusclassiccars.com • www.kusclassiccars.com

HUBER KFZ-TECHNIK GESMBH
Siehe unter Rubrik Restaurierungsbetriebe/Werkstätten.

JENSEN CLASSICS BY UNTERBERGER
Siehe unter Rubrik Restaurierungsbetriebe/Werkstätten.

Jensen Classics by Unterberger

JUNASEK AUTOMOBILE –
MERCEDESSTERN CLASSIC CENTER
Siehe unter Rubrik Restaurierungsbetriebe/Werkstätten.

KONRADSHEIM GEORG, DR.
A-2331 Vösendorf, Ortsstraße 13
+43/664/2091101, +43/1/6992406
office@rsr.a
www.konradsheim.at
Hier dreht sich alles um die faszinierende, immer vitale Marke

Konradsheim Georg Dr.

Porsche. Seit über 30 Jahren beschäftigt sich Dr. Konradsheim mit Porsche-Fahrzeugen. Ankauf, Verkauf, Tausch – ebenso wie hochwertige Restaurationen mit erfahrenen Partnerbetrieben. Größter Wert wird auf Qualität und Originalität gelegt. Hier ist Ihr klassischer Porsche in besten Händen. Auch „porschegerechte" Garagenplätze gibt es hier zu mieten.

KRETZ PAUL –
IHR SPEZIALIST FÜR STEYR PUCH HAFLINGER
Siehe unter Rubrik Ersatzteile/Zubehör.

KRÖPFL GESMBH – MERCEDES BENZ KRÖPFL
A-8230 Hartberg, Raimund-Obendrauf-Straße 18
+43/3332/63500, +43/664/2050910
office@kroepfl.at, www.kroepfl.at
„Wer keine Vergangenheit hat, hat auch keine Zukunft!" Dieses Zitat spiegelt vieles wider, was die Firma Kröpfl auszeichnet! Seit 1994 ist Kröpfl im Bereich Oldtimer tätig, egal ob sich um den Kauf oder Verkauf, das Service, die Reparatur und Restauration handelt, alles dreht sich um das Thema Oldtimer. Die Philosophie der Firma ist es, den Oldtimer als ganz besonderes „Kulturgut" anzusehen. Das Team in der Oldtimerabteilung – unter der Leitung von Hermann Scheiblhofer – verfügt über langjährige Erfahrung und steht den Besitzern, Freunden und Liebhabern von Oldies jederzeit gern mit Rat und Tat zur Verfügung. Und sollte im Fahrzeug-Verkaufsprogramm das geeignete Fahrzeug nicht dabei sein, ist man bei der Beschaffung gerne behilflich.

Kröpfl GesmbH – Mercedes Benz Kröpfl

Mercedes-Benz
Kröpfl GmbH
8230 Hartberg

KULTGARAGE – KLASSISCHES UND KULTIGES
A-2500 Baden, Gewerbestraße 33
Günther Saleschak, +43/664/73851078, gs@kultgarage.at
Benjamin Pfeil, +43/650/7983980, bp@kultgarage.at
www.kultgarage.at
In der Kultgarage werden ständig Klassiker und Youngtimer in einem außergewöhnlichen Erhaltungszustand angeboten. Es wird

ganz besonders auf die Originalität und die klare Historie der Fahrzeuge geachtet. Nicht die günstigsten Fahrzeuge sind hier zu finden, aber mit Sicherheit sehr hochwertige, an denen man sehr lange Freude hat. Sollte das Wunschfahrzeug nicht vorhanden sein, wird weltweit nach dem passenden Fahrzeug gesucht und importiert.

KUS CLASSIC CARS

Showroom nur nach Terminvereinbarung:
A-2440 Gramatneusiedl, Hauptstraße 74
Firmensitz: A-1230 Wien, Anton-Kriegergasse 164
+43/664/3033000
hdk@kusclassiccars.com, kusclassiccars.com
Kus Classic Cars steht seit 1993 für den Import und Verkauf von rostfreien klassischen Automobilen und historischen Sportwagen. Diese Fahrzeuge werden aus den trockensten Regionen der Erde, darunter etwa Spanien oder trockene US-Bundesstaaten wie Kalifornien, Texas, Arizona, Nevada oder New Mexico geholt. Laut Kus Classic Cars waren die importierten und verkauften Fahrzeuge während ihres gesamten Lebens weder hoher Feuchtigkeit ausgesetzt, noch sind sie jemals mit Salz in Berührung gekommen. Im Gegensatz zu europäischen Fahrzeugen, die durch nasse Winter oder hohe Luftfeuchtigkeit Rost in den Blechteilen tragen können, sind diese Oldtimer in ihrer Struktur und ihrem Material besonders solide sowie zu 100 % rostfrei.

Kus Classic Cars

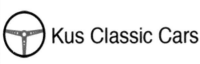

LIEBSCHER & LIEBSCHER
KLASSISCHE AUTOMOBILE OG
Siehe unter Rubrik Restaurierungsbetriebe/Werkstätten.

MAIR FRANZ AUTOSPENGLEREI
Siehe unter Rubrik Restaurierungsbetriebe/Werkstätten.

MORGAN AUSTRIA CAR COLLECTION GMBH

A-4311 Schwertberg, Poneggenstraße 1
Niederlassung:
A-4407 Dietachdorf bei Steyr, Winklingerstraße 14-16
+43/7262 /61147, +43 676 6043315
office@carcollection.at, www.carcollection.at
Seit September 2021 übernahm die Car Collection GmbH mit Sitz in Schwertberg (OÖ) den Neuwagenvertrieb und den Kundendienst für die MORGAN MOTOR COMPANY in Österreich und Zentralosteuropa. Car Collection GmbH als Generalist im Bereich zeitgenössischer, klassischer sowie historischer Sportwagen und die Markenvertretung von MORGAN bildet im Gesamtkonzept eine wichtige Brücke zwischen dem historischen Automobil und der Moderne. Die qualitativ hochwertige neueste Roadster-Generation aus dem Hause MORGAN beruht auf hochmoderner Technik mit Monocoque Chassis, die in der für Morgan typischen, traditionellen und seit den 30er-Jahren nahezu unveränderten Roadster-Line eingekleidet ist. Die Leistungspalette der Morgan Austria Car Collection GmbH reicht vom Neuwagenverkauf, Handel, Service bis zu fachspezifischer Restaurierung von Morgan Neuwagen bis zu Klassikern.

MORGAN AUSTRIA

MORGAN ON TOUR GESMBH

A-2521 Trumau, Lüßstraße 2
+43/2253/6666, office@morgan.at, www.morgan.at
Als ältester privater Automobilhersteller weltweit hat die Morgan Motor Company seit 1909 eine Vielzahl an Modellen hervorgebracht. Jeder Morgan ist ein Einzelstück, individuell mit großem handwerklichen Geschick gefertigt. „Lifestyle – Fun – Excitement", ist seit mehr als 40 Jahren der Leitspruch des Hauses. Die

Morgan on Tour GesmbH

Dienstleistungspalette reicht vom Gebrauchtwagenhandel, Reparatur, Vermietung, Sattlerei, Transportservice, Vermietung, bis zu Einstellplätzen. Es wird die Abholung organisiert, ein schönes trockenes Plätzchen gefunden und zur ersten Ausfahrt wird das Fahrzeug – durchgecheckt, gewartet und gepflegt – wieder geliefert. Jeder, der einmal einen Morgan fahren und erleben will, wird mit dem angebotenen „Rent a Morgan" Programm bestens bedient.

OK-CLASSIC GMBH

A-3423 St. Andrä-Wördern, Eduard-Klinger-Straße 18
+43/2242/32078, +43/664/5343900
ok-classic@outlook.com, www.ok-classic.com
OK-Classic ist ein Fachbetrieb im Oldtimer-Handel mit angeschlossener Fachwerkstätte in St. Andrä-Wördern (ca. 30 Fahr-

minuten von Wien). Der Fokus liegt auf dem An- und Verkauf, die Wartung, Instandsetzung, Reparatur und Restauration historischer Kraftfahrzeuge. Am Firmenstandort werden ständig rund 20 bis 30 historische Fahrzeuge garagiert und serviciert. Darunter Kundenfahrzeuge, Teile der eigenen Sammlung und zum Verkauf angebotene Klassiker. Darüber hinaus werden ganzjährig 24/7 zugängige Einstellplätze vermietet. „Der Oldtimer" steht bei OK-Classic stets im Mittelpunkt. Qualitativ hochwertige und originalgetreue Ausführung aller Arbeiten zur Sicherung des Werterhaltes und zur Wertsteigerung sind selbstverständlich. Gerne werden auch Rallye-Erfahrungen mit den Kunden geteilt und die Fahrzeuge auch „rallye-fit" gemacht. OK-Classic ist spezialisiert auf US-amerikanische und britische Klassiker aus der Vorkriegsepoche bis in die frühen 1980er-Jahre, aber auch Mercedes, BMW, Fiat und andere Europäer werden betreut. Bei der oft schwierigen Ersatzteilbeschaffung lautet das Motto: „Was nicht mehr verfügbar ist, kann meist repariert oder reproduziert werden."

OK-Classic GmbH

PREMIUM CARS & SERVICE

OLDIE POINT GMBH –
KLASSISCHE AUTOMOBILE, FRANZ JÜLY

A-2460 Bruck an der Leitha, Feldgasse 75
+43/2162/66066-44, +43/676/888450568
office@oldie-point.at, www.oldie-point.at

Aus der persönlichen und intensiven Sammelleidenschaft entwickelte sich als Konsequenz der Oldtimerhandel von Franz Jüly, dessen Begeisterung schon in der Kindheit vom ebenso interessierten Großvater geweckt wurde. Es ist ihm und den Mitarbeitern ein Anliegen, die Freude an klassischen Fahrzeugen an Enthusiasten und Freunde weiterzuvermitteln. Ein Besuch im Schauraum (um Terminvereinbarung wird ersucht) oder auf der Homepage zeigt ein Angebot an wunderschönen klassischen Automobilen – vom Roadster bis zur Limousine, vom Austin bis zum Volvo.

OLDTIMERGARAGE REINBACHER – ARNO REINBACHER
Siehe unter Rubrik Restaurierungsbetriebe/Werkstätten.

OLDTIMERVERKAUF.CC
A-8541 Bad Schwanberg, Kruckenberg 3
Schauraum: A-8402 Werndorf, Mühlweg 52/54/60
+43/650/6853322, Martin Obmann
info@oldtimerverkauf.cc, www.oldtimerverkauf.cc
Verkauf schöner US-Oldtimer – Muscle Cars, Klassiker, Hot Rodes, Raritäten, Cabrios, Neufahrzeuge. Neben einem vielfältigen Angebot werden auch Suchaufträge erledigt. Durch ein weitläufiges Netzwerk stehen auch noch weitere Oldtimer/US-Cars zum Verkauf! Oldtimerverkauf.cc arbeitet mit „Peicher Classics" zusammen. Damit wird nicht nur das bestehende Netzwerk an Oldtimerliebhabern und Sammlern um Sportwagen- und Neuwageninteressierte erweitert, sondern künftig gibt es auch die Möglichkeit an Kommissionsverkäufen schöner Klassiker direkt vor Ort.

OLDTIMERVERMIETUNG.CC
Siehe unter Rubrik Events/Vermietung.

PEICHER AUTOMOTIVE
A-8402 Werndorf bei Graz, Mühlweg 52 / 54 / 60
+43/3135/54497200
office@peicher.at, www.peicher-automotive.com

Bereits 2008 hat Anton Peicher seine Leidenschaft für US-amerikanische Fahrzeuge zu seiner Berufung gemacht. Seither bietet Peicher Automotive ein Gesamtpaket für Oldtimer-Interessenten an und jeder Liebhaber von Oldies ist beim österreichischen Traditionsbetrieb bestens aufgehoben. Von der Suche, dem Import, der eventuell notwendigen Umrüstung, der Genehmigung bis hin zum Verkauf wird alles zur vollsten Zufriedenheit des Kunden abgewickelt. Auch die After-Sales-Betreuung kommt nicht zu kurz: Wartung, Reparatur, Garagierung und auch Teil- oder Vollrestauration werden in Auftrag genommen.

ROHRMOSER CLASSIC CARS
A-5020 Salzburg, Hofkirchenstraße 4
+43/664/4664466
mail@rohrmoser.cc, www.classicdriver.com
Michael Raimund Rohrmoser
Herr Rohrmoser hat sein Hobby zum Beruf gemacht. Seit Juli 2008 handelt er mit englischen Klassikern im Preiseinstiegs- und Mittelpreissegment. Auf der Classic Expo in Salzburg im Herbst 2008 hat er sich erstmals der Öffentlichkeit präsentiert. Herr Rohrmoser ist Enthusiast und steckt voller interessanter Ideen und Projekte. Über Austin Healey Sprite, Austin A35, Austin Seven erstreckt sich seine Angebotspalette. Von überrestaurierten Autos hält er nicht viel – was zählt, ist gute Substanz und ehrliche Qualität – für Fahrer und nicht für Garagensteher.

ROLLERKABINETT – PHILIPP SKRBENSKY
Siehe unter der Rubrik Ersatzteile/Zubehör.

SPORTWAGENHAUS RALF SCHEURINGER

A-4020 Linz, Wiener Straße 47
+43/664/4345409
office@sportwagenhaus.at
www.sportwagenhaus.at
Büroadresse: A-4020 Linz, Maderspergerstraße 10
Seit über 25 Jahren beschäftigt sich Ralf Scheuringer intensiv mit Sportwagen aller Marken. Seit 2002 besteht nun das Sportwagenhaus. Im Laufe der Jahre wuchs das Markenportfolio, und nun werden Sportwagen, Oldtimer, Youngtimer und Exoten der Marken Porsche, Mercedes Benz, Maserati, Ferrari, BMW, Audi, Jaguar, Bentley und Land Rover betreut, restauriert, repariert, transportiert und gehandelt. Es hat sich über die Jahre großes Wissen und ein Netzwerk, besonders für Porsche und Mercedes Benz Fahrzeuge, angesammelt. Ersatzteile, Reparaturen und Restaurationen dieser Marken sind eine der Kernkompetenzen. Viele treue Stammkunden schätzen die Erfahrung und den hohen Qualitätsanspruch sowie die Seriosität in der Abwicklung.

STEINER & PARTNER CLASSIC CARS GMBH

Siehe Rubrik Restaurierungsbetriebe/Werkstätten.

STOFFI'S GARAGE E.U. – DEIN ROLLERSPEZIALIST

Siehe unter Rubrik Ersatzteile/Zubehör.

TRADE & SERVICE – MICHEL & SILVIA PURKHART

A-4866 Unterbach am Attersee, Am Kogl 4
+43/664/4017519
office@trade-service.co.at
trade-service.co.at
Betriebsausstattung, Werbemittel & Industriebedarf – Sie suchen Produkte und Dienstleistungen für die Old- und Youngtimer-Wartung oder Restauration? Oder suchen Sie Equipment für den historischen Motorsport? Bei Trade & Service sind Sie genau richtig! Seit 2014 ist das kleine, dynamische Unternehmen Partner des Histo Cup-Austria. Die Produkte reichen von Spezialwerkzeug über innovative Hebesysteme, Produkte für Fahrerlager & Garage, individueller Team- & Clubwear bis hin zu Dienstleistungen wie das Trockeneisstrahlen von klassischen Fahrzeugen. Mit persönlichem Engagement, Service und Handschlagqualität werden die Kunden stets bestens beraten.

US-ALTMANN CARS & BIKES

A-3130 Herzogenburg, St. Pöltner Straße 21
+43/2782/83139, Manfred Altmann
office@usaltmann.at, usaltmann.at
Cars & Bikes – ein renommiertes Unternehmen für Oldtimer aus den USA. Jede Menge Fahrzeuge und Ersatzteile sind zu besichtigen und abrufbereit. Für alle Baujahre – von neu bis Museumsstück – sind über 24.000 Teile vorhanden. Der Katalog ist zum Schmökern geeignet und jeder Besitzer eines US-Vehikels – auf zwei oder vier Rädern – wird fündig.

US-AUTOMOBILE RIEKMANN

A-3660 Klein Pöchlarn, Wachauerstraße 12
+43/7413/81661
office@goldentriangle.co, www.automobile-riekmann.at
Der Partner, wenn es um amerikanische Autos geht! Es werden laufend neue und gebrauchte amerikanische Fahrzeuge angeboten, und ein besonderes Anliegen sind amerikanische Oldtimer, Sportwagen und Liebhaberfahrzeuge von Corvette bis Mustang. Für Restaurierung, Pflege und Ausstattungen sind immer Qualitätsprodukte – auch im Onlineshop – bereit. Nutzen kann man auch die kostenlose Serviceleistung des Kommissionsverkaufs eines gepflegten Liebhaberfahrzeugs. Auch die Typisierung für Importfahrzeuge wird durchgeführt.

VEHICLE-EXPERTS APPOINTMENTHALL

Siehe unter Rubrik Restaurierungsbetriebe/Werkstätten.

WIESER GMBH – PUCH WIESER

Siehe unter Rubrik Ersatzteile/Zubehör.

ZEILNER CLASSIC CAR GMBH

A-4822 Bad Goisern, Bundesstraße 49
+43/664/5203235, gerhard@zeilner.at, zeilnerclassic.at
Sie suchen ein neues Auto? Gerhard Zeilner hilft mit seiner Erfahrung und Kompetenz, aktiven und zukünftigen Oldtimerbesitzern

Zeilner Classic Car GmbH

zu ihrem Wunschfahrzeug zu gelangen. Er hat sein Hobby Oldtimer zum Beruf gemacht und sich auf deren Handel, Reparatur und Restaurierung spezialisiert. „Alles ist möglich", ist das Motto von Zeilner. Scheinbare unlösbare Probleme im Bereich Elektrik, Vergaser, Einspritzung, Zündung … werden fachmännisch und mit entsprechender Ausrüstung gelöst.

HEBESYSTEME

AUTOLIFT GMBH
A-5161 Elixhausen, Aubergstraße 27
+43/662/4505880, office@autolift.info, www.autolift.info
Wenn schnell in der eigenen Garage kleine Arbeiten erledigt werden müssen, sind große Hebebühnen meist nicht verfügbar. Kleine, bewegliche Einheiten, die mit Zubehör unterschiedliche

Autolift GmbH

Aufgaben erfüllen können, sind hier besser. Die Firma Autolift bietet ein Sortiment an variablen, beweglichen Hebesystemen an, die vom Motorrad bis zum Kleinbus alles heben. Mit Strom oder anderen Antriebswerkzeugen, z. B. einer Bohrmaschine, ist dies perfekt für die kleine Garage vom Profi bis zum Schrauber daheim.

HOLZAUSSTATTUNG / HOLZBEARBEITUNG

BRUNNER ANDREAS, TISCHLEREI – HOLZ & TECHNIK
A-8712 Proleb, Landstraße 65
+43/664/2741841
brunner.tischlerei@aon.at, www.holzkarosserie.at
Vor rund 10 Jahren wurde der Tischlereibetrieb vom Tischlermeister Andreas Brunner gegründet und, aufgrund der Affinität seines Vaters und Onkels zu Steyr, hat auch ihn dieses Virus ergriffen. Es begann mit Reparaturarbeiten der Holzkarosserie eines Steyr Vorkriegsfahrzeuges, und schnell hat sich das Talent

in der Szene der Vorkriegsfahrzeug-Besitzer herumgesprochen. Die Nachfrage zu diesem fast ausgestorbenen Handwerk der Stellmacherei ist groß. Mittlerweile hat sich auch ein Karosseriebetrieb zur Anfertigung der Blechteile sowie eine Werkstatt zum Aufarbeiten der technischen Komponenten dazugesellt.

LEDL ANTON, TISCHLEREI INH. RAINER POSCH
A-1180 Wien, Gymnasiumstraße 11
+43/1/4796772
rainer.posch@tischlerei-ledl.at, www.tischlerei-ledl.at
Es ist ein Restaurationsbetrieb für antike Möbel, aber fährt man in die Gymnasiumstraße, sieht man restaurierte Armaturenbretter, Lenkräder und andere Holzteile, die zu historischen Kraftfahrzeugen gehören. Dann bemerkt man, dass sich der

Ledl Anton, Tischlerei Inh. Rainer Posch

Betrieb auch mit einer interessanten Nische seines Fachs beschäftigt – der Restauration jedweder Holzteile automobiler Leckerbissen. Wunderschön glänzend und poliert, präsentieren sich die Teile nach eingehender Behandlung durch die Kunst der Holzrestauration. Man kann sich bei diesem Anblick schon vorstellen, wie durch das restaurierte Armaturenbrett das dazugehörige Auto optisch verfeinert wird.

SCHEINAST ANDREAS, SV MST – IHR RESTAURATOR
A-1220 Wien, Langobardenstraße 126
+43/664/6408952, office@scheinast.at, www.scheinast.at
Seit 1986 im Dienst der historischen Substanz. Wenn der Besitzer eines der schönen historischen Automobile Probleme mit der Holzverkleidung auf Armaturenbrett oder sonstigen Teilen hat, gibt es eine ganz wichtige Adresse – die Firma Scheinast in Korneuburg. Hier hat man sich der Restaurierung, Konservierung, Erhaltung, Pflege und Beratung rund um „altes" Holz verschrieben und betreibt diese Berufssparte mit Perfektion. Auch Lederrestaurierung zählt zum wichtigen Angebot. Großes Augenmerk wird darauf gelegt, dass das Leder nach gelungener Restaurierung nicht zu „neu" erscheint. Der alte Charakter muss erhalten bleiben.

STAUDNER FLORIAN, WAGNEREI UND KUTSCHENBAU

A-1100 Wien, Oberlaaer Straße 47
+43/664/5848728, info@kutschenbau.at, www.kutschenbau.at
Alte Automobile kommen nur dann nach Oberlaa, wenn die Karosserie noch vollkommen aus Holz ist. Viele dieser alten Arbeitstechniken sind direkt von alten Meistern überliefert worden, etwa die Herstellung der Holzräder ebenso wie das Biegen des Holzes. Das vorwiegend verwendete Holz ist die Esche, sie ist elastisch und fest, genau das Richtige für die Konstruktion eines Wagens. Für die Fertigung der Räder wird wie vor Hunderten von Jahren die Nabe, das Mittelstück des Rades, aus Ulme oder Buche gemacht, die Speichen und Felgen aus Esche, nur ganz selten auch aus Buche.

INSTRUMENTE / RALLYEINSTRUMENTE

CLASSIC INSTRUMENTS HARALD A. PAAL

mail@classic-instruments.de, www.classic-instruments.de
Harald Paal ist ausgebildeter Informationstechniker-Meister, und als solcher hat er nicht nur innovative Ideen, sondern setzt diese auch um. Unter anderem setzt er weiße, ultrahelle Leuchtdioden ein, um Blinkanlagen, Rücklichter und Instrumentenbeleuchtung zu verbessern und damit auch einen wichtigen Beitrag zur Sicherheit zu leisten. Sein Spezialgebiet ist aber die Instandsetzung von Oldtimerinstrumenten. Es wird aber nicht nur die Reparatur angeboten, Harald Paal fertigt detailgetreue Nachbauten von Teilen oder ganzen Instrumenten an. Die perfekte Nachfertigung von Zifferblättern ist z. B. bei der Restauration eines Vorkriegsklassikers ein wesentlicher Faktor im Gesamtbild. Die neue Wohn- und Wirkungsstätte von Harald Paal ist Spanien. Er ist aber weiterhin mit gleicher Qualität und Ernsthaftigkeit für Sie da. Instrumente können zur Reparatur an seine spanische Postadresse geschickt werden. Alle Details dazu und sein komplettes Leistungsspektrum sind auf seiner Homepage ersichtlich.

Classic Instruments Harald A. Paal

DJURIC DRAGAN INSTRUMENTENRESTAURATION

A-1160 Wien, Degengasse 73
+43/1/4864308, +43/664/1027340
dragan.djuric@aon.at
In diesem Ein-Mann-Betrieb können alle Schwierigkeiten, die man mit einem alten Tachometer, Drehzahlmesser, Öldruckmesser, Messgeräten für Fernthermometer und allen Varianten von Uhren hat, gelöst werden. Herr Djuric nimmt sich der Geräte an und diese werden von ihm fachgerecht restauriert und instandgesetzt. Auch Tauschgeräte gibt es im Angebot und Tachowellen werden laut Muster nachgebaut.

DOLZER & LACKNER GMBH – TACHODIENST

A-4020 Linz, Fröbelstraße 22
+43/732/6511110
office@tachodienst.at, www.tachodienst.at
Speziell ausgebildetes und qualifiziertes Personal inspiziert und repariert die Instrumente. Das kompetente Fachpersonal weiß, dass die Kundenzufriedenheit nur dann gegeben ist, wenn das Instrument ohne Mängel und voll funktionstüchtig im Fahrzeug verbaut ist. In dieser Kfz-Instrumententechnik Reparaturwerkstatt wird daher nur nach aktuellen Erkenntnissen dieses Berufsstandes gearbeitet. Oldtimer sind die Leidenschaft von Dolzer & Lackner und auch bei Gesamt-Restaurierungen wird besonderer Wert auf die Originalität gelegt.

HUBER KFZ-TECHNIK GESMBH

Siehe unter Rubrik Restaurierungsbetriebe/Werkstätten.

MOSERTRONIK GMBH

A-3532 Rastenfeld 177

+43/2826/88198, info@mosertronik.com, mosertronik.com

Diese Firma im Waldviertel, die 2007 von Alexander Moser gegründet wurde, hat sich bei der Gründung auf die Reparatur von Tachos konzentriert. Das Repertoire wurde aufgrund der großen Nachfrage erweitert und heute werden alle möglichen Komponenten repariert, wie z. B. elektrische Lenkungen, Radios, Infodisplays, Steuergeräte, Bedieneinheiten. Das Tacho-, Elektronik- und Lenkungsservice bietet professionelle Leistungen an.

RALLY CONTROL KOBLER GMBH

A-5071 Wals-Siezenheim, Feilbachstraße 27

+43/662/433697, office@rallycontrol.at, www.rallycontrol.at

Nach erfolgreicher Übernahme der geschäftlichen Aktivitäten von Hrn. Mischitz unter der Marke „Rally Control" geht es mit vielen innovativen Produkten in die neue Saison. So wurde ein elektromechanischer Antrieb zum bewährten Rally-GT Wegstreckenzähler entwickelt, der optional zum mechanischen Antrieb eingesetzt werden kann. Somit ist dieser Rally-GT der einzige Wegstreckenzähler am Markt, der sowohl rein mechanisch als auch elektromechanisch betrieben werden kann. Dadurch erfüllt er alle Voraussetzungen für die „Sanduhrklasse" und kann abseits davon komfortabel mittels Tablet oder Mobiltelefon hochpräzise justiert werden. Auch neue Auslösemechaniken in 2- und 3-fach Ausführung für Heuer und Hanhart Stoppuhren sind seit Kurzem verfügbar. Darüber hinaus werden selbstverständlich Service, Reparaturen und Sonderanfertigungen weiterhin gerne übernommen. Umfassende Informationen zu allen Produkten und Leistungen stehen auf der Homepage von Rallycontrol zur Verfügung.

TACHO-SERVICE – JOVICA NANCESKI

A-8401 Kalsdorf, Kasernstraße 43

+43/3135/57222

office@tacho-service.at, www.tacho-service.at

Seit fast 40 Jahren kümmert sich der gerichtlich zertifizierte Sachverständige Jovica Nanceski um alle Belange rund um Tachografen und Fahrtenschreiber und steht mit Rat und Tat zur Seite, wenn der wichtige Teil nicht mehr funktioniert. Ersatzteilservice und Vertrieb von Zubehör gehören ebenfalls zum Angebot.

KAROSSERIE / LACKIERUNG

AUER KFZ

A-2534 Alland, Hauptstraße 172

+43/2258/20827

office@kfzauer.at, www.kfzauer.at

Im Jahr 2013 beschloss Kevin Auer, den Schritt in die Selbstständigkeit zu wagen und er führt seither ein Unternehmen, das seine Interessen widerspiegelt. Nach dem Lehrabschluss als Karosseriebautechniker – mit ausgezeichnetem Erfolg – und der Meisterprüfung hat er Erfahrung in einem großen Konzern gesammelt und ist somit für die Kunden der optimale Ansprechpartner, wenn es um die Reparatur geht. Ob Karosserie, Lack, Mechanik oder auch optimale Autoaufbereitung – all das wird geboten.

AUTO KAROSSERIE FRITZ GMBH

A-9073 Klagenfurt am Wörthersee, Rosentaler Straße 232

+43/463/282710, +43/664/2827113

office@auto-fritz.at, www.auto-fritz.at

Für alle Marken offen ist das Team der Firma Fritz. Die Reparaturen erfolgen mit Original-Ersatzteilen. Karosseriearbeiten, Lackierung, Unfallschäden und auch die komplette professionel-

Auto Karosserie Fritz GmbH

le Oldtimerrestauration mit individueller Beratung wird angeboten. Mit viel Liebe zum Detail wird der Klassiker überprüft und die perfekte Restauration wird von Anfang bis zum Ende dokumentiert, bis er in neuem Glanz erstrahlt. Tuning und Design – alles mit TÜV – gehören ebenfalls zum Angebot.

AUTO REITER GMBH
Siehe unter Rubrik Handel/An- und Verkauf.

AUTOKLINIK MÜLLER GMBH
Siehe unter Rubrik Restaurationsbetriebe/Werkstätten.

AUTOPARK WIEN – ALEX GUILLAUME ELLINGER GMBH & CO KG
A-1220 Wien, Rennbahnweg 80
+43/1/2593636, office@autopark.wien, www.autopark-wien.at
Erhalten statt ersetzen, ist die Devise der Spengler. Dafür ist die Autospenglerei immer am letzten Stand der Technik, die computergesteuerte Farbmischanlage mischt alle Farben aller Fabrikate nuancengetreu und farbtongenau. Karosserie-Instandsetzung mit den modernsten Werkzeugen bietet den Vorteil der schnellen, hochwertigen Reparatur und das Erhalten der Originalteile. Kunststoffreparaturen sowie Steinschlag-Service gehören ebenso zum Angebot von Autopark Wien.

BRUCKNER KFZ TECHNIK GMBH – OLDIEKLINIK BRUCKNER
Siehe unter Rubrik Restaurationsbetriebe/Werkstätten.

BRUNNER ANDREAS, TISCHLEREI – HOLZ & TECHNIK
Siehe unter Rubrik Holzausstattung/Holzbearbeitung.

CAR-MEN
Siehe unter Rubrik Restaurierungsbetriebe/Werkstätten.

CLASSICA AUTOMOBILE GMBH
Siehe unter Rubrik Handel/An- und Verkauf.

DIDI'S AUTO – KFZ-WERKSTÄTTE DIETRICH HUBER
Siehe unter Rubrik Restaurierungsbetriebe/Werkstätten.

EGGER JÖRG – OLDTIMERMEISTERLACKIERER
A-5300 Hallwang bei Salzburg, Gewerbestraße 8
+43/676/5226440
j.egger@oldtimermeisterlackierer.at
www.oldtimermeisterlackierer.at
Lacke und Oberflächen sind das Metier von Jörg Egger. Er arbeitet seit mehr als 35 Jahren mit älteren und jüngeren Fahrzeugen aus und in allen Bereichen, die mit Oberflächen zu tun haben. Er kombiniert genau die Materialien, die zusammenpassen. Damit der Oldtimer wieder dauerhaft zum Glänzen kommt – sei es durch Klavierlack, Nitrolack oder Thermoplast – wird zuverlässig und genau gearbeitet, denn nur das Beste ist gut genug für einen wertvollen Oldtimer.

GRÜNKRANZ WERNER
Kfz – Schlosser – Schmiedearbeiten
Siehe unter Rubrik Restaurierungsbetriebe/Werkstätten.

HISTO-TECH GMBH – GF MARKUS GRÄF
Siehe unter Rubrik Restaurierungsbetriebe/Werkstätten.

HOCHENTHANNER GMBH
A-3451 Rust im Tullnerfeld, Leopold Figl Straße 25
+43/2275/5200
office@hochenthanner.at, www.hochenthanner.at
Einer der ältesten und renommiertesten Karosseriefachbetriebe im Tullnerfeld und darüber hinaus. Die Firma Hochenthanner wurde bereits 1964 gegründet und wird heute vom Sohn der Gründerfamilie geführt. Mit den langjährigen Mitarbeitern wird die Reparatur oder Restaurierung an Fahrzeugen aller Marken zur vollsten Zufriedenheit der Kunden abgewickelt. Auch ein kostenloser Ersatzwagen während der Reparatur wird angeboten.

HUBER KFZ-TECHNIK GESMBH
Siehe unter Rubrik Restaurierungsbetriebe/Werkstätten.

HÜBNER RUDOLF GES.M.B.H. – AUTOLACKIEREREI UND SPENGLEREI
A-1230 Wien, Oberlaaer Straße 361
+43/1/6166863
office@lackiererei-huebner.at, www.lackiererei-huebner.at
Seit 50 Jahren werden von Rudolf Hübner mit seinen Fachleuten

diverse Lackier- und Blecharbeiten an Fahrzeugen durchgeführt, jetzt bereits in der zweiten Generation, und mittlerweile hat Sohn Norbert Hübner die Leitung übernommen. Für die fünf bestens geschulten Mitarbeiter spielt traditionelle Handwerksarbeit – gepaart mit praxisorientierten, zukunftsweisenden Technologien – eine wichtige Rolle.

JANDL FERDINAND, KR – KAROSSERIEFACHBETRIEB
A-3321 Ardagger, Bach 27
+43/7479/7433
office@karosserie-jandl.at, karosserie-jandl.at
Bereits 1973 gründete Ferdinand Jandl, gelernter Karosseriebaumeister, mit vorerst einmal drei Mitarbeitern den Karosseriefachbetrieb Jandl. Dank der hervorragenden Arbeiten des gesamten Teams konnte im Laufe der Zeit die Werkstatt ver-

Jandl Ferdinand, KR – Karosseriefachbetrieb

größert und nach den modernsten Richtlinien ausgestattet werden. Um „das gute Alte" nicht verschwinden zu lassen, wurde für den Firmenchef seine Liebe zu Oldtimern und deren Erhaltung das Hobby zum Nebenerwerb. Heute ist das ein Zweig der Werkstätte, bei der seine jahrelange Erfahrung und sein Spezialwissen zum Einsatz kommen.

JENSEN CLASSICS BY UNTERBERGER
Siehe unter Rubrik Restaurierungsbetriebe/Werkstätten.

Jensen Classics by Unterberger

KAROSSERIE BAUER – DI CHRISTIAN BAUER
A-3051 St. Christophen, Gamesreith 14
+43/664/75023046
office@karosseriebauer.eu, karosseriebauer.eu
Nicht mehr erhältliche Blechteile – egal ob Kotflügel, Motorradtank oder eine komplette Karosserie – hier findet man eine Lösung. Lange Erfahrung im Umgang mit Aluminiumkarosserien empfiehlt diesen Betrieb, und alle Arbeiten werden nach alter Handwerkstradition ausgeführt. Alle Materialien – Aluminium, Stahl oder Messing – werden so verarbeitet, wie es der Entstehungsepoche des Fahrzeugs entspricht. Interessant ist auch das umfangreiche Angebot an historischen, restaurierten Zapfsäulen von BP bis Shell.

Karosserie Bauer – DI Christian Bauer

Karosserie Bauer
Karosserieanfertigungen + Antike Zapfsäulen

KUBIK MANFRED E.U. – AUTOSPENGLEREI UND LACKIEREREI
A-1170 Wien, Hormayrgasse 35
+43/1/4854600, office@autoreparatur-kubik.at
www.autoreparatur-kubik.at
Der Firmenslogan: „In unseren Händen ist Ihr Alter (Wagen) genauso gut aufgehoben wie Ihr Junges (Auto)." Manchmal gehören Beruf und Hobby zusammen – so sieht es Manfred Kubik, Jahrgang 1959, der in früheren Jahren sehr erfolgreicher Rallye-Cross-Fahrer war (Staatsmeister 1986, 1989 und 1991). Seine große Leidenschaft ist die Liebe zu den Oldtimern. Obwohl sein

LEIDENSCHAFT - PERFEKTION - QUALITÄT

Die Leidenschaft für Fahrzeuge begann für Laszlo Kovacs schon früh. Sein Hobby wurde zum Beruf und der Traum ein professionelles und exklusives Unternehmen zu gründen verwirklicht. Es wird hohe Perfektion durch jahrelange Erfahrung, Gefühl und Hingabe zum Handwerk geboten. So wird zum Beispiel einfache Automobilpflege zu einer Form von Kunst. Bei LK CLASSIC wird Qualität großgeschrieben. Besonders beim Umgang mit Oldtimern ist Fingerspitzengefühl, Professionalität und Geduld gefragt.

All das bietet Laszlo Kovacs seinen Kunden bei jedem Fahrzeug an. Seine Leistungspalette ist sehr umfangreich und bietet unter anderem Fahrzeugpflege, Transport, Teil- und Vollrestauration, technische Revision und Instandsetzung, Spengler,- Sattler- und Lackierarbeiten und vieles mehr. Das Ziel des Unternehmens lautet: Single Point of Contact - alle Kunden werden von A bis Z unterstützt, alles aus einer Hand. Das Team lässt sogar den ältesten Oldtimer im neuen Glanz erstrahlen und wie neu aussehen.

Unser Leistungen:
- Transportieren von Autos und Motorrädern
- Abhol- und Zustellservice - europaweit möglich
- Transportiert wird in einem LKW mit geschlossenem Aufbau oder Anhänger. So werden die Fahrzeuge vor Regen, Schnee, Schmutz aber auch neugierigen Blicken geschützt
- unser Anhänger hat ein Kippplateau für Fahrzeuge mit wenig Bodenfreiheit
- Selbstverständlich sind alle Fahrzeuge während des Transport versichert

LK CLASSIC - LASZLO KOVACS, A-2202 Enzersfeld im Weinviertel, Manhartsbrunner Straße 32
+43/664/2761669, office@lk-classic.at, www.lk-classic.at

Betrieb nicht zu „den Großen" zählt, ist er auf sehr modernem Niveau eingerichtet, und es stehen immer einige Schmuckstücke in der Werkstatt, die von Grund auf restauriert werden oder wo nur kleine Schäden unsichtbar gemacht werden. Auch wenn es darum geht, den Farbton exakt zu treffen, genießt die Firma Manfred Kubik einen guten Namen, der Farbton wird elektronisch vermessen und danach die Rezeptur erstellt.

MAIR FRANZ AUTOSPENGLEREI
Siehe unter Rubrik Restaurierungsbetriebe/Werkstätten.

MATT KAROSSERIE-SCHMIEDE
A-6830 Rankweil, Churerstraße 18
+43/699/18149157, office@matt.or.at, www.matt.or.at
In der Karosserie-Schmiede Matt werden vorwiegend Fahrzeuge aus der Vorkriegszeit wieder zum Leben erweckt. Die jahrzehntelange Erfahrung, die äußerste Sorgfalt, das Verständnis für die zeitgenössische Entwicklung im Karosseriebau und die Liebe zum kleinsten Detail zeichnen die Arbeit von Peter Matt aus. Neben modernen Werkzeugen verwendet er auch alte Werkzeuge und Maschinen — noch aus den 30er- und 40er-Jahren — mit denen in Spezialbereichen ein authentischer und perfekter Nachbau von Karosserie-Teilen möglich ist.

OBERLEITNER GMBH
Siehe unter Rubrik Restaurierungsbetriebe/Werkstätten.

OLDTIMER CENTER VIENNA O.C.V. E.U. THOMAS RAB
Siehe unter Rubrik Restaurierungsbetriebe/Werkstätten.

OLDTIMER JUNG
Siehe unter Rubrik Restaurierungsbetriebe/Werkstätten.

PREUSSLER KFZ-FACHBETRIEB
Siehe unter Rubrik Restaurierungsbetriebe/Werkstätten.

PSW-CAR CARE GMBH
Siehe unter Rubrik Autopflegespezialisten.

RAUSCHER JOHANNES – KAROSSERIE UND LACK
A-1210 Wien, Scheydgasse 35
+43/1/2705673, +43/699/12266248, kfz.rauscher@aon.at
Johannes Rauscher ist Spezialist in Sachen Karosserie und Lackiererei. Er hat schon viele Klassiker in neuem Glanz erstrahlen lassen. Er arbeitet kompromisslos, Qualität geht ihm in jedem Fall vor Quantität oder „huschpfusch". Er findet auch klare Worte, wenn er gewisse Arbeiten als sinnlos erachtet oder Aufwand

Rauscher Johannes – Karosserie und Lack

und Kosten in keiner Relation stehen. Austin Healey ist ihm speziell ans Herz gewachsen, und es gibt wohl kaum eine Schraube bei Big Healeys, die Johannes Rauscher noch nicht in der Hand hatte. Alle Arbeiten werden mit Akribie und Sorgfalt durchgeführt. Das Ergebnis ist eine perfekte Lackoberfläche, in der sich der glückliche Besitzer beim Abholen seines Oldies spiegeln kann.

SCHWEINBERGER GMBH
Siehe unter Rubrik Restaurierungsbetriebe/Werkstätten.

SZ-CLASSIC GMBH –
KFZ-REPARATUR UND OLDTIMERRESTAURATION
Siehe unter Rubrik Restaurierungsbetriebe/Werkstätten.

UNITED STIEGHOLZER GMBH KFZ/4WD-TECHNIK
Siehe unter Rubrik Restaurierungsbetriebe/Werkstätten.

WAGNER KAROSSERIE- UND LACKIERFACHBETRIEB
A-5400 Hallein, Gamperstraße Süd 5
+43/6245/83260, wagner@autowagner.at, autowagner.at
Seit 1987 garantiert Martin Wagner mit seinem Team ehrliches und kompetentes Handwerk. Wenn eine Rostlaube nach Restaurierung schreit, dann ist man hier richtig. Da werden Oldtimer

nicht nur restauriert, sondern revitalisiert und die Besitzer erfreuen sich dann noch lange an ihren Prunkstücken. So ist vor allem auch durch eine professionelle Hohlraumkonservierung von Autowagner das Fahrzeug für viele Jahre vor Rost geschützt – vor Regen, Schmutz, Kondenswasser und Streusalz. Auch in Sachen Fahrzeugaufbereitung ist man bei Autowagner in besten Händen und es ist wie eine Verjüngungskur für das Auto.

KUGELLAGER

BEHAM TECHN. HANDELS GMBH
Siehe unter Rubrik Dichtungen.

BRAMMER ÖSTERREICH INDUSTRIE SERVICE GMBH
A-2331 Vösendorf, Marktstraße 5
+43/1/3698753-0, wien@brammer.biz, at.brammer.biz
Brammer ist Europas führender Partner für Wartungs-, Reparatur- und Instandhaltungsprodukte. Gerade Kugellager, auch in Zolldimension, sind oft unter Oldie-Besitzern gesuchte Teile. Das Sortiment zieht sich aber über Lagertechnik, Riemen und Scheiben, Dichtungen, Antriebstechnik, Ketten und Zahnräder bis hin zu Werkzeugen. Für Notfälle gibt es die 24h-Serviceline: 0800/242580.

KOLLER KURT KUGELLAGER
A-2700 Wiener Neustadt,
Prof.-Dr.-Stephan-Koren-Straße 6a
+43/2622/24641-0, neustadt@koller.co.at
A-2355 Wiener Neudorf, IZ-NÖ-Süd, Straße 1, Objekt 56
+43/2236/62208-0, neudorf@koller.co.at, www.koller.co.at
24 Stunden Notdienst: +43/664/1063422
Die Grundlagen der täglichen Arbeit dieses Unternehmens sind: Kompetenz, Flexibilität und nicht zuletzt Zuverlässigkeit. Die Firmengründung erfolgte 1974 durch Kurt Koller und somit wurde 2019 das 45-jährige Jubiläum gefeiert. Die ständige Expansion und Erweiterung der Produktpalette ließ das Unternehmen kontinuierlich wachsen. Wälzlager, Linearlager, Gleitlager, Dichtungen, Hydraulik, Schmierstoffe, Klebeprodukte, Montagewerkzeuge, Antriebstechnik, Normteile, Faltenbälge, Transportträder – und jetzt auch Filter – all das gehört zur umfangreichen Produktpalette der Firma Koller. Auch wichtig: Das bestens geschulte Fachpersonal wählt schnell das passende Produkt für jeden Kunden.

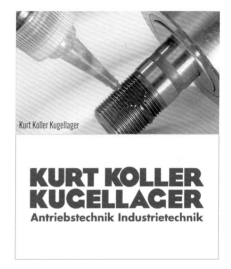

Kurt Koller Kugellager

KURT KOLLER KUGELLAGER
Antriebstechnik Industrietechnik

KUPPLUNG

BEHAM TECHN. HANDELS GMBH
Siehe unter Rubrik Dichtungen.

CMT HANDELS GMBH
Siehe unter Rubrik Bremsen.

DWORZAK KURT, ING. GMBH
Siehe unter Rubrik Ersatzteile/Zubehör.

SPRINGER REIBBELÄGE
Siehe unter Rubrik Bremsen.

KURBELWELLEN

Siehe unter Rubrik Motorentechnik/Getriebe.

KÜHLER

AUTOKÜHLER MAYR GMBH
A-4053 Haid, Industriestraße 17
+43/7229/79997
kuehlermayr@gmail.com, www.autokuehler-mayr.at
Seit 1988 wird das Unternehmen mit Kompetenz und Tradition

geführt und ist für Oldtimer-Besitzer, deren Problem die Kühlung des geliebten Fahrzeuges ist, der Ansprechpartner in Oberösterreich. Ob Neukühler, die Reparatur eines alten Kühlers oder auch Sonderanfertigungen – bei Autokühler Mayr wird geholfen.

AUTOKÜHLERSERVICE WILLINGER ANDREAS
A-1100 Wien, Leebgasse 62
+43/1/604132339, +43/699/115932
office@kuehler-willinger.at, www.kuehler-willinger.at
Eine kleine, aber feine Werkstatt – seit 1966 ein Familienbetrieb in der dritten Generation – repariert und restauriert professio-

Autokühlerservice Willinger Andreas

nell Kühler aller Art. Das Lager umfasst ca. 150 Neukühler, von denen jeder einzelne eine Original-Qualität hat. Es gibt Hochleistungskühlernetze, die das leidige Problem der Überhitzung beheben und damit die Frequenz des ängstlichen Blicks auf die Wassertemperatur des Oldtimers deutlich senken. Auch Kühler von Vorkriegsfahrzeugen werden hier fachgerecht wieder instand gebracht.

K-CENTER GMBH
A-8053 Graz, Kärntnerstraße 100
+43/316/273993, office@k-center.at, k-center.at
Die Produktpalette dieses Betriebs umfasst Wasser-, Luft- und Ölkühler für sämtliche Marken – von Alfa Romeo bis Volkswagen. Die Lieferfähigkeit liegt bei zirka 90 Prozent. Kühler können am Tauschweg geliefert oder auch repariert werden. Ebenso sind Spezialanfertigungen in Kupfer, Messing oder komplett in Aluminium möglich.

LANGER HANS KÜHLER-SCHNELLDIENST
A-1150 Wien, Dingelstedtgasse 10
+43/1/8927168
Bei Hans Langer im 15. Wiener Gemeindebezirk gibt es alles rund um die Autokühlung – und das für alle Fahrzeugmarken – Repa-

raturen, Restaurierung und auch Neuanfertigung aller Kühler. Auch Aluminiumkühler werden von Meisterhand gelötet. Ebenso wird die Erneuerung von Kühlernetzen, Reinigung und Reparatur von Oldtimerkühlern, Ölkühlern und Treibstofftanks durchgeführt. Weiters ist Hans Langer ein Spezialist für Fein-Alu-Schweißung.

LACKIERER

Siehe unter Rubrik Karosserie/Lackierung.

LEDERAUFBEREITUNG / REPARATUR

AUTOPFLEGE CORNELIU
Siehe unter Rubrik Autopflegespezialisten.

BOXMARK INDIVIDUAL
SI-2360 Radlje ob Dravi, Obrtniska ulica 11
+386/2/7991600
individual@boxmark.com, www.boxmark-individual.com
Boxmark Individual ist einer der führenden Lederhersteller und -verarbeiter. Durchaus interessant ist, dass viele der Top-Automarken auf Boxmark Individual setzen. Die Sondermodelle von Bugatti werden beispielsweise mit hochwertigsten Materialien beliefert. Was für Bugatti gut ist, sollte auch für uns Oldtimer-Liebhaber okay sein. Boxmark Individual ist Ansprechpartner für

Boxmark Individual

alle Leistungen nach Maß rund um das Produkt Leder. Von neuen Ledersitzen für Old- oder Youngtimer über die Erneuerung jeglicher Sitzmöbel bis hin zur Belederung sämtlicher Interieurteile. Für die Verarbeitung werden ausschließlich hochwertige Materialien verwendet.

CAR-MEN
Siehe unter Rubrik Restaurierungsbetriebe/Werkstätten.

CRYSTAL SEAT COVERS
Siehe unter Rubrik Autosattler.

EDELSPORT SCHOSSBÖCK –
AUTOSATTLEREI & LEDERWAREN
Siehe unter Rubrik Autosattler.

LEDERMANUFAKTUR POSENANSKI GMBH
A-1020 Wien, Sebastian-Kneipp-Gasse 6
+43/1/9585010, +43/699/19257694
office@ledermanufaktur.com, www.ledermanufaktur.com
„Wir schaffen und erhalten Werte", ist das Motto von Thomas Posenanski, der keine Wünsche offen lässt. Maßanfertigungen von Lederteilen in Automobilen nach Muster oder Zeichnung, Lederpflege, Um- und Nachfärben von Lederflächen, Restauration von Lederoberflächen mit Kratzern, Rissen, Brandlöchern, Ausbleichungen – all das ist kein Problem für diesen Betrieb. Durchgesessene Sitze werden instandgesetzt, Federkerne werden erneuert.

REHRL WERNER – LEDER REPARATUR SALZBURG
A-5632 Dorfgastein, Webergasse 4 –Büro
A-5300 Hallwang, Oberesch 15 – Werkstatt
+43/660/4330132, lederreparatur.salzburg@gmail.com
www.lederreparatur-salzburg.at
Egal ob das Lederverdeck eines Steyr Taxi abgenutzt ist, die Sitze eines Rolls Royce gerissen sind oder eine kaputte Seitenverkleidung beim geliebten Oldie auftritt, es gibt nichts aus Leder, was bei Werner Rehrl und seinem Team nicht wieder strahlt und glänzt, als ob nie etwas gewesen wäre. Die Schäden werden repariert, das Leder neu aufbereitet oder neu eingefärbt. Hat man ein Problem mit Leder – hier wird professionell geholfen.

SCHEINAST ANDREAS, SV MST – IHR RESTAURATOR
Siehe unter Rubrik Holzausstattung/Holzbearbeitung.

LUFTENTFEUCHTER

WD-AUSTRIA ENTFEUCHTER.AT.GMBH
Zentrale: A-3550 Langenlois, Mittelberg 4
Abhollager/Reparatur: A-3552 Lengenfeld, Gewerbepark 10
+43/2734/7009, info@wdaustria.com, wdaustria.com
Fahrzeuge aus Kalifornien gelten unter Kennern als relativ rostfrei – entscheidend ist die dort herrschende niedrige relative Luftfeuchtigkeit. Um bei uns „kalifornische Verhältnisse" zu erreichen, ist es notwendig, die relative Luftfeuchtigkeit zu reduzieren. Besonders bei unseren wechselhaften Wetterbedingungen gewinnt dieses Thema bei der Erhaltung von Fahrzeugen immer mehr an Bedeutung. Die Entfeuchtung der Luft verhindert die Ansammlung von Feuchtigkeit und somit die Korrosion an Metallteilen, das Verrotten von Holz, Leder und anderen Materialien. Für Gerätebesichtigung und Beratung wird um eine Terminvereinbarung ersucht.

METALLBAU / SONDERANFERTIGUNGEN

BECKER & CO GES.M.B.H.
A-2340 Mödling, Südtiroler Gasse 50
+43/2236/23224, info@beckerguss.at, www.beckerguss.at
Ersatzteil nicht gefunden oder viel zu teuer? Nachguss ist oft eine echte Alternative und günstiger, als man denkt! Das 100-jährige Traditionsunternehmen aus Mödling unterstützt Sie gerne bei der Lösung Ihres individuellen Problems. Egal ob fehlende Kühlerfigur oder kaputter Öldeckel: Firmenchef Ing. Ernst Hrabalek weiß immer Rat und legt großen Wert darauf, dass Sie Ihren Ersatzteil schnell und einbaufertig geliefert bekommen. Becker Guss gießt Alu-, Messing- und Bronzelegierungen, und für die zweiten 100 Jahre rüstet das Unternehmen auf. Mithilfe von 3D-Scan und 3D-Druck können Modelle für den Abguss gefertigt werden. Alles aus einer Hand, und oft in nur 48 Stunden – das ist einzigartig in ganz Europa!

ELEVATE PARTS –
VC ENGINEERING & CONSULTING KG

A-8200 Gleisdorf, Business Park 4/4
+43/3112/38911, office@vc-ec.at, www.elevate.parts
Christian Vidic, Gerhard Feßl und Johann Maierhofer haben sich zur Aufgabe gemacht, die Ersatzteilversorgung für Old-, Youngtimer und historische Motorsportfahrzeuge zu sichern, denn diese Fahrzeuge stellen ein wichtiges Kulturgut dar, das es wert ist, erhalten zu werden. Oftmals sind bestimmte Teile gar nicht mehr verfügbar oder nur sehr schwer zu beschaffen. Elevate Parts erfasst solche Bauteile in einer Datenbank (u.a. als 3D-Modell), um sie auf Kundenwunsch neu aufzulegen und sie in bester Qualität, über kompetente Fertigungspartner nachfertigen zulassen. Dabei ist es ein wichtiges Anliegen, dass sich die Beschaffenheit der Bauteile stimmig ins Gesamtbild der jeweiligen Fahrzeuge einfügt, um deren Originalität zu bewahren. Modernste digitale Technologie in Sachen Reverse-Engineering, 3D-Messtechnik und Konstruktion kommt bei Neuauflagen, Reproduktion oder Optimierung jener Teile, die es am Markt nicht mehr zu kaufen gibt, zum Einsatz. Egal ob Motor-, Getriebe-, Fahrwerks- oder Antriebsteil, Zier- oder Anbauteil, passend für das Exterieur und Interieur des Klassikers, Elevate Parts hat eine Lösung – marken- und materialunabhängig.

METALLKUNSTGUSS MARGREITER

A-6250 Kundl, Schieferollstraße 2
+43/5338/7302, office@metallkunstguss-margreiter.at
www.metallkunstguss-margreiter.at
Der 1967 gegründete Familienbetrieb Margreiter hat sich im Laufe der letzten Jahrzehnte zu einer spezialisierten Bronze- und Aluminiumgießerei entwickelt, die vor allem auf individuelle Einzelanfertigungen für Oldtimer spezialisiert ist. Verschiedenste Ersatzteile für Oldtimer, die nicht mehr auf herkömmlichem Weg zu erhalten sind, können von Günther Margreiter, der den Betrieb 2001 von seinem Vater übernahm, und seinem Team in optimaler Qualität nachgegossen werden.

NOWOTNY WOLFGANG –
SONDERMASCHINENBAU GMBH

A-1100 Wien, Favoritner Gewerbering 5
+43/1/6021507, office@nowotny.co.at, nowotny.co.at
Sonderlösungen und Anfertigung von Ersatzteilen für Oldtimer sind die Spezialität der Firma Nowotny, die im Jahr 1983 gegrün-

Nowotny Wolfgang – Sondermaschinenbau GmbH

det wurde. Namhafte Firmen aus der Oldtimerbranche greifen seit Jahren auf das Know-how von Oldtimerfan Wolfgang Nowotny und seinen Mitarbeitern zurück, wenn z. B. keine Originalersatzteile mehr erhältlich, Reparaturen oder Änderungen aber notwendig sind. Handwerkliches Geschick, gepaart mit modernster CNC-Technik, garantiert höchste Qualität und Lieferfähigkeit. Gefertigt wird nach Zeichnungen, Skizzen oder Musterteilen (auch wenn diese beschädigt sind!).

RADSCHITZKY & CO GMBH –
HIGHTEC MOTION PARTS

A-1230 Wien, Gorskistraße 10
+43/1/6164800, office@radschitzky.at, www.radschitzky.at
Bei Radschitzky, dem österreichischen Spezialisten für individuelle Lösungen in der Antriebstechnik, werden Getriebeteile, Zahnräder und Antriebstechnik mit hoher Präzision gefertigt. Kein Auftrag ist zu klein und keine Aufgabe zu groß – und das mit dem einzigartigen Sofortdienst! Nach genauen, im Computer konstruierten Vorgaben werden mittels CNC-Bearbeitung auch Sonderanfertigungen durchgeführt. Dies kann dann sinnvoll sein, wenn bestimmte Ersatzteile nicht mehr erhältlich sind und hohe Genauigkeit notwendig ist.

SCHIERL ERWIN – MECHANIK & SCHLOSSEREI

A-2482 Münchendorf, Betriebsstraße II/19
+43/2259/29600, +43/664/5056133
office@schierl-tech.at, www.schierl-tech.at
„Einfach & schnell", ist die Devise von Erwin Schierl und seinem Team, womit er sich nach 25 Jahren Berufserfahrung einen Namen gemacht hat. Egal, mit welchem Problem oder Sonderwunsch im Bereich Metallbau Sie zu Herrn Schierl kommen: Sobald er eine Lösung gefunden hat, setzt er sie in Topqualität

Schierl Erwin – Mechanik & Schlosserei

um. Er ist ein Handwerker, bei dem gilt: „Ein Mann, ein Wort." Er schweißt sämtliche Werkstoffe wie z. B. Aluminium, Edelstahl und Kunststoffe. Egal, ob Scheinwerferhalterungen, Umlenkmechanik für Handbremsen, Achsabdeckungen oder Sonstiges – zuverlässig und schnell bekommt man sein Teil.

SCHLOSSEREI THOMAS SCHEIBER

A-7332 Kobersdorf, Schloßgasse 3
+43/2618/8237, +43/664/1444282, +43/676/7255945
schlosserei-scheiber@aon.at, www.schlosserei-scheiber.at
Wenn die Reparatur von Blattfedern ansteht, ist Schlosserei Thomas Scheiber der richtige Ansprechpartner. Blattfedern sind aus speziellem, zähhartem Stahl, was beim Reparieren, Sprengen und Verstärken unbedingt einen Profi benötigt. Thomas Scheiber repariert alle Blattfedernarten, ob Parabelfedern, ganze Blattfedernpakete oder einzelne Blätter für 38-Tonner, Pickup oder Anhänger, alles ist möglich.

ZOERKLER GEARS GMBH & CO. KG –
THE SPIRIT OF PRECISION

A-7093 Jois, Friedrich-Zoerkler-Straße 1
+43/2160/20400, office@zoerkler.at, www.zoerkler.at
Der Familienbetrieb wurde 1898 als mechanische Werkstätte gegründet und wurde 2017 Gesamtsieger des Innovationspreises Burgenland. Das Unternehmen hat sich kontinuierlich von einem Handwerksbetrieb zu einem Maschinenbauunternehmen mit modernsten Maschinen und hoch qualifizierten Mitarbeitern entwickelt. Zoerkler spezialisiert sich auf die rasche Anfertigung und Instandsetzung von Maschinenteilen gemäß Zeichnung oder laut beigestelltem Muster oder Bruchmuster. Die Produkte können aus den verschiedensten Materialien mit jeder gewünschten Oberflächenveredelung oder Wärmebehandlung gefertigt werden. Zoerkler – the spirit of precision!

> **DER OLDTIMER GUIDE AUCH AUF**
> **WWW.OLDTIMER-GUIDE.AT**

METALLVEREDELUNG

GRIFFNER METALLVEREDELUNG GMBH

A-9112 Griffen, Alte Hauptstraße 33
+43/4233/2167-0, office@gmv.at
Werk Lebring: A-8403 Lebring-St. Margarethen, Philipsstraße 41
+43/3182/20500-420, info@gmv.at, www.gmv.at
Die hohen Anforderungen, die an die Beschichtung von Karosserieteilen gestellt sind, werden bei der Firma Griffner Metallveredelung voll und ganz erfüllt. Bei komplexen Bauteilen, wie zum Beispiel bei Karosserie-Außenhautteilen, ist KTL (Kataphoresische Tauchlackierung) die optimale Beschichtungsmethode. Der KTL-Lack kann in Hohlräume eindringen und so das Werkstück auch innen vor Korrosion schützen. Anschließend kann das Werkstück zusätzlich in jedem Farbton pulverbeschichtet werden und erhält dadurch einen zusätzlichen UV-Schutz und eine optische Aufwertung.

HARTCHROM HASLINGER
OBERFLÄCHENTECHNIK GES.M.B.H.

A-4020 Linz, Pummererstraße 21-25
+43/732/778365-0, office@hartchrom.at, www.hartchrom.at
Als Spezialist im Bereich der Hartverchromung und Vernickelung sorgt man für den optimalen Verschleiß- und Korrosionsschutz.

Hartchrom Haslinger Oberflächentechnik Ges.m.b.H.

Dadurch wird die Abnutzung der Werkstücke verringert und die Lebensdauer verlängert. Auf dem Gebiet der Oldtimerrestaurierung können mithilfe verschiedener Techniken alte Teile wiederbelebt oder verschlissene Teile (z. B. Lagersitze, Passungen ...) repariert werden. Korrosionsanfällige Teile werden von Hartchrom Haslinger absolut konturengetreu durch Chemisch-Nickel-Schichten geschützt.

KUDRNA CHROMDESIGN GES.M.B.H.
ANTON UND GÜNTER KUDRNA

A-1150 Wien, Braunhirschengasse 46-48
+43/1/9822418, kudrna@aon.at, www.chromdesign.at
Seit 1925 setzt die mittlerweile 3. Generation ihre Erfahrung ein, um die Oberflächentechnik in allen möglichen Bereichen zur vollsten Zufriedenheit der Kunden zu erfüllen. Die Metallveredelung von Auto- oder Motorradeinzelteilen wird mithilfe der verschiedensten Verfahrenstechniken durchgeführt. Ob durch die

Kudrna Chromdesign Ges.m.b.H. — Anton und Günter Kudrna

unsanfte Berührung eines Randsteins entstandene Schäden an Felgen oder Oxidationen an Metallteilen, Kudrna Chromdesign lässt das Fahrzeug wieder in neuem Glanz erstrahlen.

LAHNER KG – OBERFLÄCHENTECHNIK
Siehe unter Rubrik Oberflächentechnik.

LENHARD GMBH – GALVANOTECHNIK

A-4952 Weng im Innkreis, Sagmühlstraße 18
+43/7723/5091-0, galvanotechnik@lenhard.at, lenhard.at
Der Familienbetrieb wurde 1970 von Ingenieur Rudolf Lenhard gegründet und wird heute bereits in zweiter Generation von den Töchtern geführt. Rund 50 bestens ausgebildete Mitarbeiter kümmern sich um die Werkstücke der Kunden. Seit 1996 ist der Betrieb ISO zertifiziert und durch die ständige Weiterentwicklung von Technologie und Verfahren ist man ein zuverlässiger Partner in Sachen Oberflächentechnik.

MM MANUFAKTUR FÜR METALLVEREDELUNG GMBH

A-1030 Wien, Oberzellergasse 10
+43/1/7124007, office@mfm.works, www.mfm.works
Die Manufaktur für Metallveredelung hat sich mit ihren hoch qualifizierten Mitarbeitern zur Aufgabe gestellt, die Kunden bestmöglich zu betreuen. Die technischen Anlagen werden immer auf dem neuesten Stand gehalten, und folgende Arbeiten sind ihre Profession: hochglanzverchromen, technisch verchromen, mattverchromen (mit oder ohne sandstrahlen), vernickeln, mattvernickeln (mit oder ohne sandstrahlen), verkupfern, vergolden, versilbern, verzinnen, entlacken, alle Schleifarbeiten, Ausricht- und Lötarbeiten von beschädigten Teilen und aluverdichten.

MM Manufaktur für Metallveredelung GmbH

WITTKA GALVANISIERUNG GES.M.B.H.

A-1030 Wien, Litfaßstraße 11
+43/1/7988288, office@wittka.at, www.wittka.at
Seit 1929 in Familienbesitz, wird das Unternehmen bereits in der vierten Generation geführt. Hauptgeschäftsbereich ist die Spezialisierung auf Oberflächentechnik und die Veredelung metallischer Oberflächen. Das zu bearbeitende Werkstück wird professionell vorbehandelt, geschliffen und für jedes Produkt wird das passende Verfahren angeboten. Verzinnen, verkupfern, versilbern, patinieren – Messing, Chrom, Nickel – all diese Möglichkeiten werden angewandt.

MOTORENTECHNIK / GETRIEBE

AUTO REITER GMBH

Siehe unter Rubrik Handel/An- und Verkauf.

AUTOMOTIVE COMPOSITE KOPPE GMBH – ING. REINHARD KOPPE

A-8541 Schwanberg, Limberg 67a
+43/3467/8824
office@koppe.at, www.koppe.at
Nicht alle Menschen sind gleich. Für den einen ist ein 100-PS-Ford ein schnelles Auto, für den anderen ein alltägliches Verkehrsmittel. Für sehr viele jedoch ist der „fahrbare Untersatz" zum Inbegriff für Spaß, Hobby oder sportliche Aktivitäten geworden. Diesen Individualisten bietet Koppe hervorragende Produkte und erstklassige Betreuung. Koppes Stärke ist die jahrzehntelange Erfahrung und das umfassende Verständnis für das Kerngebiet Motorenbau und Tuning. Durch das dementsprechende Equipment bei der technischen Ausstattung, wie eigener Prüfstand und Windtunnel, ist man auf dem allerletzten Stand. In Schwanberg reihen sich auf 500 Quadratmetern kostbare Oldtimer neben Rallye-Autos und auch im Aufbau befindliche Prototypen – von 60 bis 600 PS.

DER OLDTIMER GUIDE AUF FACEBOOK [f] CLICK & LIKE

BENTZA ANDREAS, ING. – ZYLINDERSCHLEIFER

A-3100 St. Pölten, Mariazeller Straße 214
+43/2742/881783, andreas.bentza@aon.at
Der Betrieb in St. Pölten besteht seit 1992 und hat sich auf Motoreninstandsetzung und Zylinderschleiferei aller Art spezialisiert. Ein Zylinderkopf, der ein Service braucht, Zylinder bohren und honen, Kurbelwelle schleifen und wuchten – all das wird zur vollsten Zufriedenheit des Kunden erledigt. Der Kunde ist hier König: Man arbeitet auf höchstem technischen Niveau und ist auch von der zeitlichen Seite her absolut zuverlässig.

BIRKLBAUER ZWEIRAD

A-4560, Kirchdorf/Krems, Steiermärker Straße 15
+43/7582/62411, office@birklbauer.at, www.birklbauer.at

Das Unternehmen besteht seit 1968 und ist ein kleiner Betrieb mit Schwerpunkt Handel und Restauration von historischen Zweirädern. Zwanzig Jahre Sammlerleidenschaft und die berufliche Laufbahn in der Kfz-Branche zeichnen den Firmenchef aus. Jedes Oldtimer Motorrad oder Moped hat seine persönliche Geschichte, die mit viel Liebe zum Detail erhalten wird. Die Leistungen reichen über den An- und Verkauf, die Beratung und Vermittlung sowie Teil- und Vollrestaurierungen – mit den bestmöglichen Lösungen für den Kunden. Auch Motorinstandsetzungen oder auch ein komplettes Service des zweirädrigen Oldies wird angeboten.

BOSCH CLASSIC SERVICE ZITTA

Siehe unter Rubrik Elektrikspezialisten.

DIDI'S AUTO – KFZ-WERKSTÄTTE DIETRICH HUBER

Siehe unter Rubrik Restaurierungsbetriebe/Werkstätten.

EICHINGER MOTOREN GMBH

A-3532 Rastenfeld, Rastenfeld 179
+43/2826/88180, eichinger@motoren.at
www.motoren.at
Kompetentes und top ausgebildetes Fachpersonal kümmert sich um den Motor, der schlapp gemacht hat oder nicht mehr zuverlässig läuft. Bei Eichinger Motoren bringt man den Motor sicher wieder zum Laufen, und sollte sich die Reparatur nicht mehr rentieren, gibt es Neu- oder Tauschmotoren im Angebot. Der Erfolg in der mehr als zwanzigjährigen Tätigkeit des Unternehmens zeigt, dass das notwendige Fingerspitzengefühl und die Spezialisierung vorhanden sind. Gerade beim Motor eines Oldtimers ist das vorrangig.

FISCHER HELMUT – KFZ-TECHNIK
A-3200 Obergrafendorf, Baumgarten 59
+43/676/6399485
helmut@kfztechnik-fischer.at
www.kfztechnik-fischer.at
Vom 24,5 PS Motor bis zum Tuning für den Rennsport reicht die Palette. Fahrzeugtechnik rund um luftgekühlte Volkswagen ist das Anliegen der Firma KFZ-Technik von Helmut Fischer. Ob man eine Teil- oder Komplettüberholung von Motor-Komponenten im Original oder auch ein sanftes Tuning für sein Fahrzeug ins Auge gefasst hat, hier ist man richtig.

KFZ-Technik Fischer Helmut

KFZ Technik
Fischer Helmut
0676 / 63 99 485
Reparaturen luftgekühlter Volkswagen
Service und Wartungsarbeiten
Motor- und Getriebereparaturen
Baumgarten 59   helmut@kfztechnik-fischer.at
3200 Obergrafendorf   www.kfztechnik-fischer.at

FOJTIK AUTOWERFT / KFZ-TECHNIK FOJTIK
Siehe unter Rubrik Restaurierungsbetriebe/Werkstätten.

GMT ASCHAUER GMBH –
GLEITLAGER MOTOREN TECHNOLOGIE
A-4663 Laakirchen, Rahstorf 12
+43/7613/20200
office@termin-genau.at, www.termin-genau.at/oldtimer
„Nach dem GMT-Oldtimermotorservice fühlt sich der Motor wieder wie neu!" Ob Reparatur, Rekonstruktion oder Konstruktion von Oldtimermotoren und Motorteilen, all das bringt den Oldtimermotor wieder auf Touren, und die Serviceleistungen reichen von der Schadensanalyse bis zur Endkontrolle. Somit ist die Firma GMT von Oliver Aschauer eindeutig der Partner für den Oldtimermotor, der dringend einer „Heilung" bedarf.

HOFMANN-SCHRANTZ GMBH –
MOTORENINSTANDSETZUNG
A-2320 Schwechat, Brauhausstraße 35
+43/1/7070608
anfrage@motoreninstandsetzung-hofmann-schrantz.at
www.motoreninstandsetzung-hofmann-schrantz.at
Die Motoreninstandsetzung Hofmann-Schrantz GmbH ist der Nachfolgebetrieb der Josef Hofmann GmbH. Das Team steht auch weiterhin mit Professionalität und sehr viel Erfahrung bei der Motoreninstandsetzung zur Verfügung. Das Unternehmen ist ein Spezialist für Oldtimer Reparaturen und kann auf eine langjährige Erfahrung zurückgreifen. Reparaturen und Restaurierungen an jedem Verbrennungsmotor (Benzin, Diesel, Gas), vom Oldtimer Motor bis zum aktuellen Motor werden angeboten. Für Pkw, Lkw, Baumaschinen und landwirtschaftliche Maschinen werden Sie kompetent betreut. Vom einfachen Abpressen des Zylinderkopfes bis zur kompletten Generalüberholung eines Motors wird alles bei Hofmann-Schrantz angeboten.

HUBER KFZ-TECHNIK GESMBH
Siehe unter Rubrik Restaurierungsbetriebe/Werkstätten.

KLINGER OG KFZ- UND MOTORRADTECHNIK
A-8401 Kalsdorf bei Graz, Ortsried 13
+43/3135/56060
office@klinger-racing.at, www.klinger-racing.at
Jahrelange Berufserfahrung auf dem Gebiet der Motorentwicklung (AVL) und die Liebe zur Technik haben Peter Klinger zum Spezialisten in Sachen Rekonstruktion und Wiederbelebung alter Motoren werden lassen. In der bereits über 25 Jahre bestehenden Spezialwerkstätte für Old- und Youngtimer werden aufgrund der Symbiose von Wissen und Netzwerken Lösungen für (fast) alle

technischen Probleme und Herausforderungen gefunden. Aufgrund der Möglichkeit des Aufbaues der Motoren am hauseigenen Stationärprüfstand können zahlreiche Einstellungen punktgenau vorgenommen und Fehlerquellen im Vorhinein ausgeschlossen werden, was im Ergebnis zu sauber laufenden Fahrzeugen führt. Auch für Getriebe, Bremsanlage, Vergaser, Fahrwerkstechnik oder die Anfertigung einer individuellen Niro-Auspuffanlage gibt es Know-how vor Ort. Auf Wunsch wird auch auf moderne Einspritzanlagen umgerüstet.

Chevrolet 8,9l V8 Can Am Motor am Prüfstand

KLINGER OG
KFZ- UND MOTORRADTECHNIK

LANGBAUER GMBH & CO KG
MOTOREN – INDUSTRIE – HANDEL

A-8073 Feldkirchen bei Graz, Kalsdorferstraße 26
+43/316/711595
office@langbauer-motoren.at, www.langbauer-motoren.at
Die Gründung erfolgte 1962 durch Franz Langbauer und begann als reine Zylinderschleiferei für Verbrennungsmotoren. In den 70er-Jahren erfolgte die Entwicklung zum kompetenten Motoreninstandsetzungs-Betrieb, der heute noch von Gert Langbauer geleitet wird. Vom Zerlegen des Motors, der mechanischen Bearbeitung bis zum Probelauf werden sämtliche Arbeiten professionell durchgeführt. Es gibt keine Motorenart ab Baujahr 1910, die von Langbauer Motoren nicht überholt werden kann – vom Moped bis zur Diesellok.

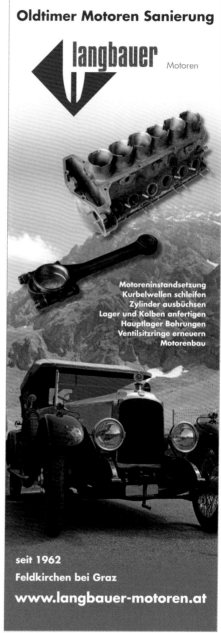

MOTOR CENTER AUSTRIA GMBH
A-4600 Wels, Europastraße 5
+43/7242/47161-0, office@mca.at, www.mca.at
Seit mehr als 60 Jahren werden alle Wartungs- und Instandsetzungsarbeiten rund um den Motor durchgeführt. Jedes Motorteil wird sorgfältig geprüft, um die Entscheidung über die notwendi-

MOT Motor Center Wien GmbH

ge Reparatur, eine Teilinstandsetzung oder Generalüberholung zu treffen. Ob Zylinderkopf, Motorblock oder Kurbeltrieb, alle Reparaturen sind möglich – vom Motorrad bis zum Schiffsdiesel. Das geschulte Fachpersonal und die betriebliche Ausrüstung an Spezialmaschinen und Sonderwerkzeugen gewährleisten die Wiederherstellung der ursprünglichen Qualitätsmerkmale.

MOTOREN-TECHNIK GRITSCH
A-6020 Innsbruck, Kaufmannstraße 42
+43/664/3425870
motorentechnik@aon.at
www.motorentechnik-gritsch.at
Wo andere nicht mehr weiterwissen, fängt es bei Robert Gritsch und seinem Team erst richtig an. Die Werkstatt überzeugt durch Fachkompetenz und noch dazu mit absoluter Preistransparenz. Das Herz der Belegschaft schlägt leidenschaftlich für den Verbrennungsmotor, und sobald ein Motorproblem auftritt, ist es das größte Ziel, dieses zu beheben. Das Credo lautet: Wir sind keine „Mechaniker", sondern „Motoreninstandsetzer" – und das mit Liebe zum Beruf!

OK-CLASSIC GMBH
Siehe unter Rubrik Handel/An- und Verkauf.

PROTOTECH – DI MARCUS LIPP
Siehe Rubrik Tuning/Historischer Rennsport.

S-TEC SERVICE TECHNOLOGIES GMBH & CO OG
Siehe unter Rubrik Restaurierungsbetriebe/Werkstätten.

SCHLOFFER BRUNO
A-8020 Graz, Feuerbachgasse 21a (Hofgebäude)
+43/316/716378
Bruno Schloffer bietet in seiner feinmechanischen Werkstätte neben Zylinderschleifen, Instandsetzung von nadel- und rollengelagerten Kurbelwellen auch komplette Motorinstandsetzungen für Zweiräder an. Egal ob Vorkriegs- oder Nachkriegsfahrzeuge, was hereinkommt, verlässt frisch überholt seine Werkstatt. Eine besondere Vorliebe hat er für die Marken BMW und Puch.

SCHUBERT FAHRZEUGTECHNIK OG
Siehe unter Rubrik Restaurierungsbetriebe/Werkstätten.

SCHWEINBERGER GMBH
Siehe unter Rubrik Restaurierungsbetriebe/Werkstätten.

TRAXL KONRAD ANTRIEBSTECHNIK GMBH
A-6511 Zams, Finais 2
+43/5442/67860, office@ktz.co.at, www.ktz.co.at
Seit 1991 produziert das dynamische Unternehmen von Konrad Traxl in Zams Zahnräder, Kegelräder, Schneckenräder und Getriebe. Das flexible Unternehmen hat ein breites Sortiment an Bearbeitungsprozessen, wodurch es möglich ist, dem Kunden eine vielfältige Auswahl anzubieten und man kann auch auf individuelle Wünsche eingehen. Die Produktionsfläche ist nach

Traxl Konrad Antriebstechnik GmbH

rationellen und fertigungstechnischen Gesichtspunkten gegliedert und es wurde in Maschinen und neue Technologien in der Verzahnungstechnik investiert. Somit wird weiterhin für den Kunden jederzeit schnell und zuverlässig die beste Qualität geboten.

ZOERKLER GEARS GMBH U. CO. KG
Siehe unter Rubrik Metallbau/Sonderanfertigungen.

OBERFLÄCHENTECHNIK

C&C STRAHLTECHNIK OG
A-8472 Obervogau, Handelszentrum 13
+43/664/5963815
office@cc-strahltechnik.at, www.cc-strahltechnik.at
Die schonende Reinigung, Entlackung und Entrostung vieler
Materialien bei Oldtimern, Motoren, Aluminiumkarosserien,
Messing und auch Nichteisenmetalle – damit befasst sich das
Team von C&C Strahltechnik. Wenn die Entrostung des Fahrzeug-

C&C Strahltechnik OG

Unterbodens notwendig ist, wird dieser dann auch gleich neu
beschichtet. Das Strahlmittel wird an das jeweilige Werkstück
angepasst, um das optimale Ergebnis zu erzielen. Qualität steht
an erster Stelle und hochwertige Arbeit und sorgfältiger Umgang
mit dem Werkstück wird garantiert.

COAT-EX GMBH – ENTSCHICHTUNGSTECHNIK
A-4400 Steyr, Ennserstraße 37
+43/7252/51030, +43/664/4485778
office@coat-ex.at, www.coat-ex.at
Der Spezialist für Sandstrahlen, Trockeneisstrahlen und Hoch-
druckreinigung mit Spezialgranulaten: Bestens geeignet für die
Reinigung von stark verschmutzten Motorräumen, Getriebege-
häusen und Oberflächen, die von Öl, Teer oder anderen schwer
löslichen Verschmutzungen bedeckt sind, ist die Technologie von
COAT-EX. Erfolgreich eingesetzt wird diese Technologie ebenfalls
zur Lackentfernung auf Karosserieteilen und auch zur Aufbei-
tung im Oldtimer-Bereich. Stahlfelgen sind zum Beispiel nach der
Bearbeitung wieder fast wie neu.

COAT-EX GmbH – Entschichtungstechnik

COOLMÄX – INH. MARKUS KOLLMANN
Siehe unter Rubrik Strahletechnik.

DENNL STRAHLTECHNIK
Büro: A-1010 Wien, Seitenstettengasse 5/37
Lager/Teileübergabe: A-2514 Traiskirchen
Wienersdorferstraße 20-24
+43/667/7994594
office@strahltechnikdennl.at, www.strahltechnikdennl.at
Ein kompetenter Familienbetrieb, der für Zuverlässigkeit und
Qualität zu fairen Preisen steht und beim Thema Oldtimersanie-
rung und Unterbodensanierung den passenden Ansprechpartner
darstellt. Strahltechnik Dennl bietet den Kunden ausführliche
Beratungsgespräche an, keine Herausforderung ist zu klein oder
zu groß. Ob staubfreies Granulatstrahlen, Wasserhochdruck-
strahlen, Trockeneisstrahlen oder Sodastrahlen, fachlich kompetente Experten stehen zur Seite und erstellen gerne passende
Angebote.

FIRNKRANZ JOSEF

A-3704 Klein Wetzdorf, Heldenbergstraße 10
+43/2956/2154
office@firnkranz.com, www.firnkranz.com
Flammverzinken hat ein sehr breites Einsatzgebiet, da die Stücke nicht so heiß werden wie beim Feuerverzinken, und da kein Verzug auftritt, können auch Blechteile und Autokarosserien verzinkt werden. Auch Teile, die nicht komplett zerlegt werden können, sind für dieses Verfahren bestens geeignet. Das Sandstrahlen von Oldtimerkarosserien, Teilen oder auch Alufelgen gehört ebenfalls hier in die Kompetenz. „Wir haben uns im Laufe der letzten Jahre immer mehr auf das Sandstrahlen von Oldtimer Karosserien spezialisiert. Dies ist, je nach Anforderung, mit den verschiedensten Strahlmitteln möglich." Das Sandstrahlen von Oldtimer Karosserien und heiklen Blechteilen wird immer vom Chef persönlich erledigt.

Ihr Partner, wenn es um Entrostung und Korrosionsschutz geht.

Foto: Firnkranz

Oberflächentechnik
Flammverzinken
Sandstrahlen

FIRNKRANZ

FUCHS TRANSPORTE GESMBH

A-9500 Villach, Ferdinand-Wedenig-Straße 4-6
+43/4252/26780, +43/676/83267801
fuchstrans@net4you.at
www.fuchstrans.at/de/sandstrahlen
Von der Gartentür bis zum Ferrari – Rost wird wirksam entfernt! „Aus Alt mach Neu", lautet die Devise, und die Firma Fuchs Transporte unter Wilhelm Fuchs setzt seit mehr als 15 Jahren auf die wirksame Sandstrahltechnik. Die Sandstrahlanlage ist auf dem

neuesten technischen Stand, das erfahrene Team verfügt über das notwendige Know-how und die fachliche Kompetenz, um für jede Oberfläche das richtige Verfahren anzuwenden.

GRIFFNER METALLVEREDELUNG GMBH

Siehe unter Rubrik Metallveredelung.

LAHNER KG – OBERFLÄCHENTECHNIK

A-2345 Brunn am Gebirge, Industriestraße A 4
+43/2236/323450, Andreas Lahner
office@lahner.at, www.lahner.at

Lahner KG – Oberflächentechnik

Das gesamte Team rund um Galvaniseurmeister Kommerzialrat Andreas Lahner ist spezialisiert, Teile von Motorrädern, Autos oder sonstigen Fahrzeugen im Restaurierungsbereich – und überall, wo schöne Optik gefragt ist – wieder in vollem Chromglanz erstrahlen zu lassen. Abgenützte oder beschädigte Stücke werden durch Glanzverchromung wieder instandgesetzt. Sollte Not am ehemals glänzenden Stück sein, verhilft ein Gespräch mit einem der Spezialisten sicher zur optimalen Lösung, um dem Restaurierungsstück zu neuem Glanz zu verhelfen.

LENHARD GMBH – GALVANOTECHNIK

Siehe unter Rubrik Metallveredelung.

LOGIBLAST – GÜNTER BACI

A-2630 Ternitz, Schoellergasse 5
+43/664/73100159, g.baci@logiblast.at, www.logiblast.at
Das Unternehmensleitbild von Günter Baci lautet: „Es ist ohne Einschränkung alles Nötige zu unternehmen, dass die Erwartungen unserer Kunden erfüllt werden." Welche Sandstrahlgeräte am besten für die Restauration von Oltimer- und Motorradteilen geeignet wären, lassen ihn nicht ruhen, bis er die ersten Prototypen entwickelte und seit 2011 wird mit einem kleinen – aber dafür umso feineren Team – die SMART-Sandstrahlgeräte-Serie produziert. Das ist die technische Lösung, die ein vollwertiges Sandstrahlen in der typischen Heimwerkerumgebung ermöglicht.

„HEALEY-FACTORY" - PERFEKTION UND QUALITÄT SEIT 1987

Von Heinz Moser als „The Healey Factory" in Gmunden gegründet, beschäftigt sich unsere einzigartige Manufaktur im Herzen des Salzkammergutes mit der hochwertigen Restauration aller Austin Healey und Jaguar XK und E-Type Modelle.

Von Kunden und Freunde liebevoll „Moser-Healey" genannt, haben sich die „Austin Healeys restored by Moser" in der europäischen Oldtimerszene jenen legendären Ruf geschaffen, welcher nur mit Kontinuität bei Qualität und Perfektion erreichbar ist.

Seit 2011 führt Claudia Moser mit ihrem Mann Moser-Koller und langjährigen Mitarbeitern das Werk im Sinne des Vaters mit derselben, wohl vererbten Akribie weiter.

Das Leistungsangebot von Moser-Healey:
- Vollständige Restauration Austin Healey
- Vollständige Restauration von Jaguar XK (120 / 140 / 150) und E-Type (Serie 1 - 3)
- Großes Lager an restaurierungswürdigen Austin Healeys
- Übernahme geeigneter Restaurationsobjekte
- Sämtliche, vom Hersteller empfohlene Service- und Wartungsarbeiten für alle Austin Healeys (4- und 6-Zylinder), Jaguar XK (120/140/150) und E-Type (Serie 1-3)
- Mechanische und elektrische Instandsetzungsarbeiten
- Ersatzteilbeschaffung für alle genannten Typen und Modelle
- Schmierdienste und Ölwechsel mit speziellen Oldtimerölen
- Einstellarbeiten an Vergasern, Zündung, Verteiler
- § 57 Überprüfungen
- Spezielles „Jahres - Servicepaket"
- Abhol- und Bring-Service im wettergeschützten und geschlossenen Transporter

AUSTIN HEALEY RESTORED BY MOSER
4810 Gmunden, Spitalstraße 9 | +43 (0) 7612 / 72490 | office@moser-healey.at | www.moser-healey.at

MÜLLNER SANDSTRAHLTECHNIK
2M – Walter und Michael Müllner GmbH nfg KG
A-1100 Wien, Pernerstorfergasse 92
+43/1/6025821-15, muellner.com
sandstrahltechnik@muellner.com, 2m@muellner.com
Seit 1931 gibt es die Sandstrahltechnik – in der bereits dritten Generation – und egal welches Teil behandelt werden soll, es wird durch professionelle Hand wieder zum Glanzstück. Man kann es nach kurzer Einschulung und Beratung über den optimalen Einsatz auch selbst versuchen. Ob aus Kostengründen oder weil es einfach Spaß macht – selbst Sandstrahlen beim Spezialisten – und man ist um eine Erfahrung reicher.

OZB GESELLSCHAFT FÜR OBERFLÄCHENTECHNIK MBH
A-2345 Brunn am Gebirge, Industriestraße A Nr. 5
+43/2236/379890, office@ozb.at, www.ozb.at
Eine Beschichtung kann sehr variantenreich sein. Es können unter anderem Stahl, Aluminium, Kupfer, Messing, Edelstahl, aber auch Kunststoffteile und sogar Gummi mit einer Beschichtung versehen werden, die mit der richtigen Oberflächenbehandlung dann z. B. antihaftend, gleitend, abriebbeständig, schlagfest, korrosionsbeständig oder einfach nur schön sind. Die Auswahl der Beschichtung wird gezielt für das Produkt getroffen, um die Eigenschaften maßgeblich zu verbessern. Zum bisherigen Spektrum der Oberflächenbehandlung wird nun auch das Trockeneisstrahlen angeboten. Damit lassen sich auch kleinste Oberflächenstrukturen effizient bearbeiten.

RENGSHAUSEN RUDOLF – METALLSPRITZTECHNIK GMBH & CO KG
A-1030 Wien, Erdbergstraße 212
+43/1/7989393-0
info@rengshausen.co.at, www.rengshausen.co.at

Bereits seit 1916 wird im Familienbetrieb Rengshausen in Wien das von Max Ulrich Schoop entwickelte Metallspritzen angewandt. Um eine optimale Oberfläche für das Aufspritzen von Metallen zu erzielen, wird die Fahrzeugkarosserie – aber auch andere Teile, wie Stoßstange, Felgen, Fahrwerksteile, Tank – mit viel Fingerspitzengefühl entrostet, entlackt und gestrahlt. Auf diese metallblanke, aufgeraute Oberfläche können zum Beispiel Zink oder Aluminium als Korrosionsschutz, Kupfer zum Ausgleich unebener Flächen als Vorbereitung für Verchromungen, aber auch jedes andere in Drahtform erhältliche Metall bei geringer Hitzeeinwirkung – ohne Verzug – aufgespritzt werden.

RRS – RIEDER REINIGUNG SERVICE
A-4972 Utzenaich, Albertsedt 13
+43/7752/22606, +43/664/5419080
office@rieder-reinigung.at, rieder-reinigung.com
Bei Oldtimern auf vier und auch zwei Rädern ist das Trockeneisstrahlen die optimale Bearbeitungsform, wenn es darum geht, den Unterbodenschutz oder auch – wenn notwendig – den Lack zu entfernen. Bei einer perfekten Oldtimer-Restauration ist die Entfernung des Unterbodenschutzes mit Trockeneis zuverlässig, zeitsparend und bereitet die Oberfläche perfekt für die weitere Aufbereitung des Fahrzeuges vor. Auch für die Lackentfernung ist das Trockeneisstrahlen der moderne, zeit- und materialfreundlichste Weg.

SCHÄRF KG – TROCKENEIS & STRAHLTECHNIK
Siehe unter Rubrik Strahltechnik.

SCHÖNGRUNDNER JOHANN – SANDSTRAHLARBEITEN
A-8250 Vorau, Schachen 147
+43/664/2085933
hans8250@aon.at, www.sandstrahlen-oldtimer.at
Die Firma Schöngrundner hat sich auf jede Art von Sandstrahlen

Rengshausen Rudolf – Metallspritztechnik GmbH & Co KG

Schöngrundner Johann – Sandstrahlarbeiten

spezialisiert und egal ob Metall, Stein, Holz oder andere Materialien – hier ist man richtig. Egal ob Unterboden, Alufelgen oder andere Karosserieteile, die unbedingt einer Reinigung bedürfen, werden so behandelt, dass sie nicht mehr wiederzuerkennen sind. Die Oldtimer-Galerie auf der Homepage zeigt die blitzblanken Teile nach der Behandlung.

STRASSMAYR BESCHICHTUNGSTECHNIK GMBH
A-4523 Neuzeug, Betriebstraße 2
+43/664/88467922
beschichten@strassmayr.net, www.strassmayr.net
Bei allen Problemstellungen rund um die Oldtimer Restauration lautet die Devise: Geht nicht – gibt's nicht! Die Pulverbeschichtung ist ein fortschrittliches und umweltschonendes Verfahren und optimal geeignet für Oldtimer. Die langjährige Erfahrung und das umfassende Know-how in Sachen Beschichten und Lackieren werden vom Familienbetrieb mit Geschäftsführer Nicolas Straßmayr für die vollste Zufriedenheit der Kunden eingesetzt.

TEK LOHNSTRAHLSERVICE
A-2700 Wr. Neustadt, Wiener Straße – Werkstraße 107/Top 1
+43/2622/20700
office@tek-lohnstrahlservice.at, www.tek-lohnstrahlservice.at
Das Unternehmen TEK-Lohnstrahlservice, unter der Leitung von Ing. Lukas Foltin, sorgt dafür, dass auf nahezu jedem Material eine perfekte Oberfläche wiederhergestellt wird. Gerade die Oberflächenbehandlung bei Oldtimern ist eine Herausforderung, die Fingerspitzengefühl erfordert. Daher geht TEK-Sandstrahlservice als Fachbetrieb besonders sorgsam und hohem Know-how daran, die Fahrzeuge von Lack, Kitt, Rost und Schmutz zu befreien, ohne dabei Schäden am Blech zu verursachen. Wird eine Stelle als zu heikel erachtet, wird nicht gestrahlt und mit dem Kunden Rücksprache gehalten, um Schäden zu vermeiden. Durch

jahrelange branchenübergreifende Erfahrung versteht TEK-Lohnstrahlservice nicht nur die Oberflächenbehandlung, sondern auch den Rest des Bearbeitungsprozesses, wie Bauteilvorbereitung, Ver- und Entpackung und kratzerfreie Handhabung. Auf Flexibilität, Termintreue und kundenorientiertes Arbeiten wird besonders Wert gelegt.

TEK Lohnstrahlservice

TIEFENBACHER GMBH – RECYCLING DURCH ENTLACKEN
A-4482 Ennsdorf, Wirtschaftspark Straße 3/6
+43/7223/84962, office@tibagmbh.at, www.tibagmbh.at
Die Kernkompetenz der Firma Tiefenbacher ist das Entfernen des Lacks von Metalloberflächen. Eine Vielzahl an Verfahren stellt sicher, dass der Lack ohne Beschädigung des Untergrunds entfernt wird. Auch diverse Möglichkeiten an Strahlarbeiten werden angeboten sowie Kleinteile aus Eisen, Eisengussteile, Edelstahloberflächen, verzinkte Oberflächen und, auch ganz wichtig, der Unterbodenschutz eines Oldtimers, das Entölen, Entfetten, die Reinigung von Holzoberflächen und die Reinigung von Bauteilen aus dem Elektrobereich mittels CO_2-Strahlen.

PFLEGEMITTEL

CAROPTIC ACADEMY & CARETOOL SHOP – HELMUT SCHAUPP
A-8055 Graz, Puchstraße 216/B2
+43/660/5222432, office@caroptic.at, www.caretool.at

Bei caretool findet man eine sorgfältig ausgesuchte Palette an „glänzenden" Pflegeprodukten, die in langjähriger Praxis von Helmut Schaupp getestet und angewendet wurden. Die Qualität der Produkte und der Dienstleistungen wird von Profis und Fahrzeug-Enthusiasten seit Jahren geschätzt. Wichtig ist auch, dass die Produkte Mensch, Umwelt und dem behandelten Gegenstand guttun, und unter diesen Kriterien werden die Pflegemittel ausgesucht und verwendet.

SWISSVAX ÖSTERREICH
A-1010 Wien, Wildpretmarkt 2-4
+43/1/5336888, sales@swissvax.at, www.swissvax.at
Perfekte, tiefspiegelnde Oberflächen. Die jahrelange Erfahrung zeigt, dass Swissvax-Produkte sicher zu den Top-Pflegeserien für hochwertige Fahrzeuge gehören. Es gibt Spezialprodukte für die verschiedensten Notwendigkeiten der Konservierung, des Schutzes und der Pflege. Besonders im Wachssektor bietet Swissvax an die verschiedensten Lack-Epochen, Farben und an einzelne Marken angepasste Wachse an. Es ist ein sinnliches Erlebnis, seinem Oldie mit der bloßen Hand das Wachs „einzumassieren". Die Produkte sind nicht billig, aber Qualität hat ihren Preis, was sich durch die lange Haltbarkeit auf dem Lack von mindestens einem Jahr sicher rechnet.

RALLYESCHULUNGEN

MISCHKA OLDTIMER RALLYE-SCHULUNG – GERHARD MISCHKA
A-1110 Wien, Reischekgasse 7
+43/699/11283684
mischka@oldtimerschulung.at, www.oldtimerschulung.at
Es genügt Ihnen nicht, Ihr chromblitzendes Juwel nur für sonntägliche Familienausflüge zu nutzen? Sie sind schon erfolgreicher Teilnehmer an Oldtimerrallyes und suchen eine Trainings-möglichkeit? Sie haben schon an Oldtimerrallyes teilgenommen, doch das Ergebnis war enttäuschend? Sie würden gerne an Oldtimerrallyes teilnehmen, wissen aber nicht, wie das geht? Bei Gerhard Mischka hat man den Vorteil eines individuellen Trainings, auch durch die auf 8 Teams begrenzten Kleingruppen. Das gewährleistet einen sehr hohen Merkfaktor und ermöglicht auch die Beseitigung individueller Unklarheiten, daher: mehr Wissen … mehr Spaß … mehr Rallye! (Termine siehe Homepage).

RALLYE ORG – ING. ROBERT KRICKL
A-2345 Brunn am Gebirge, Alexander Groß-Gasse 42
+43/676/6004582, office@rallyeorg.at, www.rallyeorg.at
Fahren mit Freude! Die Oldtimer Rallye Akademie bietet für jeden etwas: Egal, ob man Neuling ist oder bereits Erfahrung hat und sich fit für die Rallye-Saison machen will. Ein Team aus mehrfachen Staatsmeistern und Cupsiegern vermittelt alles Wissenswerte über das Oldtimer-Rallye-Fahren und verrät zahlreiche praktische Tipps. Zeitmessungen, Roadbook-Lesen, Veranstaltungsabläufe, Technisches … man erfährt alles, um erfolgreich bei einer Oldtimer-Rallye teilnehmen zu können! Auch praktische Übungen kommen nicht zu kurz: Bei einer kleinen Trainingsrallye,

Rallye Org – Ing. Robert Krickl

Schlauch- und Lichtschrankenübungen kann man so lange üben, bis man sattelfest ist. Neben den fixen Terminen (siehe Homepage) können auch individuelle Schulungen in ganz Österreich vereinbart werden. Neben der eigenen Organisation diverser Oldtimerveranstaltungen und Rallyes hilft RALLYE ORG auch bei der Planung Ihres Oldtimerevents – Roadbookerstellung, Streckenfindung, Zeitnehmung … alles inklusive. Das erfahrene Team von RALLYE ORG unterstützt Sie gerne bei der Durchführung Ihrer Veranstaltung!

REIFEN UND FELGEN

APOLLO TYRES (AUSTRIA) GESMBH

A-1230 Wien, Seybelgasse 10-12
+43/1/86933250, customer.at@apollotyres.com
www.vredestein.at/classic-tyres
Eine seit Langem bekannte Reifenmarke, die selbstverständlich auch am Oldtimersektor präsent ist. Zum Beispiel macht man mit dem Sprint Classic die klassische Ausstrahlung des Oldtimers komplett, denn er wurde speziell für Enthusiasten entwickelt. Der Grip Classic ist ein Spezialreifen für Oldtimer mit Allradantrieb, und mit dem Transport Classic bietet Vredestein einen einzigartigen Reifen für die ebenfalls einzigartigen Kleintransporter wie den Peugeot J7 oder den Citroën HY. Somit deckt die bestehende Vredestein Classic-Line alle Oldtimer-Ansprüche am Reifensektor ab.

Apollo Tyres (Austria) GesmbH

CARINTI-CLASSIC-CARS

Siehe unter Rubrik Handel /An- und Verkauf.

KOTTNIG'S FELGENKLINIK – WILHELM KOTTNIG E.U.

A-2384 Breitenfurt, Hauptstraße 101
+43/2239/60123, wdk@kottnig.at, www.felgenklinik.at
Die Erfolge von Kottnig's Felgenklinik überzeugen und begeistern selbst die härtesten Kritiker. Felgen, die durch Schläge und Deformierungen beschädigt sind, erhalten in der für Felgenreparaturen zugelassenen Felgenklinik wieder die richtigen Rundungen und neuen Glanz. Schon 1965 machte sich der Betrieb mit Verformungstechnik vertraut und wurde zu einem Hightech-Unternehmen mit ausschließlich hoch qualifizierten Mitarbeitern, denn 100 Prozent Sicherheit ist das oberste Gebot. Ein weiterer Meilenstein in der Felgenreparatur ist die neueste Lasertechnik. Diese Reparaturmethode wird ebenfalls angeboten, wodurch Kottnig's Felgenklinik bei der Reparatur von Leichtmetallfelgen auf dem aktuellen Stand der Technik ist und somit allen Kunden hundertprozentige Sicherheit und Qualität bieten kann.

MOSER OLDTIMERREIFEN – NORBERT MOSER

A-4650 Lambach, Fischlhamerstraße 6
+43/664/1319079
moser@oldtimerreifen.at, www.oldtimerreifen.com
Norbert Moser bietet seinen Kunden mittlerweile 40 Jahre Kfz-Berufserfahrung sowie 30 Jahre Oldtimerreifen und Radspannerei. Im Sortiment gibt es praktisch alles, was auf einen Klassiker punkto Reifen montiert gehört. Den Reifen kann eigentlich nicht genug Aufmerksamkeit geschenkt werden, sind sie doch für jeden Autofahrer, egal ob Old- oder Youngtimer, der einzige Kontaktpunkt zur Straße. Eine weitere Spezialität ist die individuelle Anfertigung von Speichenrädern. Genau nach dem Original unter Einbeziehung allfälliger vorhandener Teile werden diese neu aufgebaut oder fehlende Teile nachgefertigt.

RESTAURIERUNGSBETRIEBE / WERKSTÄTTEN

AB AUTOMOBILE SERVICE GMBH
Siehe unter Rubrik Handel/An- und Verkauf.

ALLRADWERK GMBH & CO KG
A-5324 Faistenau, Bramsaustraße 14
Ulrich Schmidinger, +43/676/5118838
office@allradwerk.at
www.allradwerk.at
Das Allradwerk in Faistenau ist Offroad Spezialist für PUCH und Mercedes G sowie Pinzgauer. Werkstätten-Zweigstellen gibt es auch in Rudersdorf, Söding St. Johann und Großgmain. Der Fokus liegt auf Generalüberholungen von Motor, Getriebe und Achsen, Wartungs-, Service- und Reparaturarbeiten sowie Renovierungen, Umbauten und Aufbauten. Das Allradwerk Team ist kunden- und qualitätsorientiert und garantiert damit ein Maximum an Kundenzufriedenheit.

Allradwerk GmbH & Co KG

AMERICAN SPECIAL PARTS AUSTRIA – ASP
RUDOLF KERSCHBAUMER KFZ-MEISTERBETRIEB
A-4600 Wels, Dragonerstraße 22
+43/7242/47650, +43/664/9278636
rudy@asp-austria.at, www.asp-austria.at
Ein Oldtimer ist ein Stück Kunst, das nebenbei auch noch fahrbar ist! Fachgerecht werden Umbauten, die zur Typisierung gehören sowie historische Gutachten, Einzelgenehmigungen sowie Wertgutachten durchgeführt. Dabei spielt die Marke keine Rolle, ob Alfa, Mercedes oder AMC, jeder Oldtimer wird fit gemacht. Auch einige Verkaufsfahrzeuge stehen zur Verfügung bzw. wird man gerne bei der Suche nach dem Wunschfahrzeug unterstützt.

AUER KFZ
Siehe unter Rubrik Karosserie/Lackierung.

AUTO KAROSSERIE FRITZ GMBH
Siehe unter Rubrik Karosserie/Lackierung.

AUTO REITER GMBH
Siehe unter Rubrik Handel/An- und Verkauf.

AUTOFREY CLASSIC
A-5020 Salzburg, Alpenstraße 85
Hannes Macheiner, +43/662/623581238
hannes.macheiner@autofrey.at
www.autofrey.at/classic
info.salzburg@autofrey.at
Bei AutoFrey Classic ist der Klassiker in den besten Händen. Die Mitarbeiter sind leidenschaftliche Young- und Oldtimerfans und ausgewiesene Experten auf den Gebieten Restaurierung, Reparatur oder Service. Pflege, Wartung und Reparatur werden sorgfältig und sorgsam ausführt. Immer mit dem Blick auf die Originalität und Passgenauigkeit. Einzigartige Automobile verdienen

AutoFrey Classic

auch einen einzigartigen Service, ist das Motto. Die jahrzehntelange Erfahrung von AutoFrey Classic, die Begeisterung für schöne Automobile, die Kompetenz der Mitarbeiter und die umfangreiche Werkstattausstattung machen AutoFrey Classic zur ersten Anlaufstelle für alle BMW-Klassiker.

AUTOHAUS AMBROS GMBH

A-4320 Allerheiligen, Oberlebing 45
+43/7262/57286, +43/660/5502343
office@autohaus-ambros.at
A-4363 Pabneukirchen, Neudorf 36
+43/7265/20999, +43/664/1802485
pabneukirchen@autohaus-ambros.at
A-3350 Stadt Haag, St. Valentiner-Straße 16
+43/7434/45480, office@ambros-haag.at
www.autohaus-ambros.at
Das Herz des Teams aus dem Autohaus Ambros schlägt für Alfa Romeo und Fiat – viva Italia! Das Autohaus Ambros bietet eine breite Palette an Angeboten und Dienstleistungen, vom Reparaturservice, Karosserie, Fahrzeughandel, Spezialfahrzeuge, §57a Überprüfungen, Abschleppservice u.v.m., sowohl für moderne Fahrzeuge als auch für Oldtimer. Ein Besuch im hauseigenen italienischen Oldtimermuseum in Pabneukirchen zeigt im Zeitraffer den Vorsprung in Technik und Design der italienischen Marken und begeistert jeden Besucher.

inkl. Oldtimermuseum
+43/664/1802485
office@autohaus-ambros.at

AUTOKLINIK MÜLLER GMBH

A-2282 Großhofen Nr. 32
+43/2248/2517, +43/664/88188009
autoklinik.grosshofen@aon.at, www.fa-autoklinik.at
Seit rund 30 Jahren befasst sich das Team der Autoklinik Müller erfolgreich mit Arbeiten an Oldtimern. Diese Fahrzeuge sind in der Autoklinik in guten Händen – ob es Unfallreparaturen, Rostschadenbehebungen, eine eventuelle Ersatzteilbeschaffung oder auch eine komplette Restaurierung ist. Unbedingt sollte man dem Museum einen Besuch abstatten, der eine eventuelle Wartezeit verkürzt.

AUTOMOBIL RAUM ZEIT SALZBURG

A-5020 Salzburg, Elisabethstraße 36
+43/662/453777, contact@arzs.at, www.arzs.at
Auto & Kultur bietet Automobil Raum Zeit. Der Salzburger Händler ist offizieller Bentley Vertragspartner. Die Firma betreibt seit über 30 Jahren einen Reparaturbetrieb mit spezialisierten Mitarbeitern, die sich gern und vorbildlich um Kunden mit Fahrzeugtypen englischer Marken bemühen. Komplette Restaurierungen sowie kleine und große Reparaturen werden durchgeführt: Motor, Getriebe, Karosserie, Lackierung und auch Leder oder Holz.

AUTOMOBILE PÜHRINGER GMBH

Siehe unter Rubrik Handel/An- und Verkauf.

AUTOMOTIVE COMPOSITE KOPPE GMBH

Siehe unter Rubrik Motorentechnik/Getriebe.

AUTOSALON WURMBRAND

Siehe unter Rubrik Autopflegespezialisten.

AWM – AUTO WIEN MITTE

A-1020 Wien, Engerthstraße 200
+43/1/8906262
office@awm-kfz-werkstatt.at, www.awm-kfz-werkstatt.at
In der modern ausgestatteten Oldtimer-Werkstatt im 2. Wiener Bezirk werden Oldtimer wieder fahrbereit gemacht. Langjährige Erfahrung und geschulte Mitarbeiter machen Ihren Oldtimer fit für die Saison, beseitigen Schäden oder führen Voll- und Teilrestaurierungen durch. Es wird ein sehr weites Leistungsspektrum geboten. Die auf klassische Fahrzeuge spezialisierten Mechaniker arbeiten sorgsam und lassen Oldtimer und Youngtimer in vollem Glanz erstrahlen. Die AWM-Kfz-Werkstatt ist schnell und günstig für Sie da!

B.M.C. OF AUSTRIA – BERNHARD HUMER

Siehe unter Rubrik Ersatzteile/Zubehör.

BARBACH MIMI –
M. BARBACH CLASSIC & MOTOR MANUFACTUR GMBH

A-2542 Kottingbrunn, Etrichstraße 28-30
+43/2252/700616, +43/664/3022911
office@barbach.at, barbach.at
Führungswechsel in der 4. Generation – Mimi Barbach leitet nun

Barbach Mimi – M. Barbach Classic Manufactur GmbH

die Werkstatt: Servicearbeiten, Instandhaltung, Wartung und auch Teil- und Komplettrestaurierungen werden angeboten – hier ist der Porsche in besten Händen. In der Karosserie- und auch der Motorenabteilung werden nur originale Porscheteile verwendet. Aufgrund der jahrelangen Tätigkeit hat sich eine Menge an Erinnerungen angesammelt, die im Obergeschoß in einem kleinen Museum zu besichtigen sind – sehr interessant.

BIKE HOUSE – HABERL
MOTORRADHANDELS GMBH

A-1230 Wien, Triester Straße 259
+43/1/6987244, office@bike-house.at, www.bike-house.at
Hier sind Zweirad-Enthusiasten richtig gut aufgehoben, wenn das gute, alte Vehikel einmal nicht so schnurrt, wie es soll. Ob für

Bike House – Haberl Motorradhandels GmbH

Old- oder Youngtimer, die Mitarbeiter von Bike House sind Ansprechpartner in allen Belangen. Servicearbeiten, Reparaturen oder eventuell notwendige Umbauten, alles wird zur vollsten Zufriedenheit durchgeführt.

BIRKLBAUER ZWEIRAD

Siehe unter Rubrik Motorentechnik/Getriebe.

BRUCKNER KFZ TECHNIK GMBH –
OLDIEKLINIK BRUCKNER

A-5020 Salzburg, Eichetstraße 5-7
+43/662/825555-0, salzburg@bruckner.at
A-5071 Wals-Siezenheim, Oberst Lepperdinger-Straße 1
+43/662/856500-0, wals@bruckner.at
www.bruckner.at, www.oldieklinik.at
Beim Full-Service-Center für Old- und Youngtimer kümmert man sich um alle Automarken und alle Baujahre. Vom Vorkriegsfahrzeug bis zum Youngtimer, Bruckners Oldieklinik ist ein Familienbetrieb in 3. Generation mit zwei Standorten in Salzburg und Wals-Siezenheim mit dem Spezialgebiet Oldtimer. Teil- und Komplettrestaurationen gehören genauso zum Angebot wie die Vorbereitung zur Typisierung. Hier arbeiten Spezialisten in den Abteilungen Lackierung, Spenglerei und Mechanik mit Herz und Know-how für Ergebnisse auf höchstem Niveau. Im Oldieshop gibt es authentische Mode und die passenden Accessoires zu Ihrem Oldie.

BRUNNER ANDREAS, TISCHLEREI – HOLZ & TECHNIK
Siehe unter Rubrik Holzausstattung/Holzbearbeitung.

CAR COLLECTION GMBH
Siehe unter Rubrik Handel/An- und Verkauf.

CAR-MEN – ING. PETER LECHNER
A-8600 Bruck an der Mur, Wiener Straße 36
+43/3862/53857, bruck@car-men.net
www.car-men.net
Macht mein Auto glücklich! CAR-MEN ist ein freies Netzwerk von Unternehmern, deren Ziel genau das ist und von Professionalisten mit langjähriger Erfahrung in der Kfz-Branche geschaffen wurde. Ob Teil- oder Gesamtrestaurierungen, ob reine Reparaturen an Blech oder Lack, all das wird professionell in der gemeinsamen Entscheidungsfindung mit dem Kunden erledigt. Auch für das Interieur aus Leder ist CAR-MEN der Retter in der Not, wenn Reparaturen oder auch nur Pflege und Auffrischung notwendig sind. Das geliebte Classic-Car ist so gesehen bei CAR-MEN rundum gut aufgehoben.

CHALUPA ERNST – HANDEL MIT HISTORISCHEN
FAHRZEUGEN, REPARATUR & RESTAURIERUNG
Siehe unter Rubrik Handel/An- und Verkauf.

Der Kontakt zur Oldtimer-Szene.

Oldtimer-Zeitschriften gibt es reichlich. Wenn aber ein Magazin seit 40 Jahren die Nr. 1 ist, muss es schon etwas Besonderes bieten: Monat für Monat tausende von Kleinanzeigen, hunderte von Terminen, Tipps und Tricks aus der Praxis für die Praxis und jede Menge faszinierender Geschichten aus der Welt der Klassiker. OLDTIMER MARKT garantiert jeden Monat den besten Kontakt zur Szene. Mit Lust, Leidenschaft – und viel Liebe zum Detail.

CLASSIC CHROME – KFZ-TECHNIK PINIEL E.U.
A-2700 Wiener Neustadt, Stadionstraße 40/Halle B/Top 7
+43/664/9107819
kfz.piniel@gmail.com, www.classic-chrome.at
Zuverlässigkeit und Pünktlichkeit steht hier an oberster Stelle! Der Meisterbetrieb besteht seit 2016 und ist auf die Restauration von Oldtimern aller Marken spezialisiert. Auch die Reparatur von Autos, Motorrädern und Mopeds, diverse Servicearbeiten, das Überholen und Einstellen von Vergasern oder der Zündung sind Teile des breiten Leistungsspektrums. Das junge und engagierte Team von Classic Chrome berät Sie gerne!

CLASSICA AUTOMOBILE GMBH
Siehe unter Rubrik Handel/An- und Verkauf.

CLASSICS RELOADED HANDELS GMBH
Siehe unter Rubrik Handel/An- und Verkauf.

Classics Reloaded Handels GmbH – Hans-Peter Zwetti

CLASSICS UNLIMITED – REINHARD GRANNER
A-2301 Groß-Enzersdorf, Grillparzergasse 10
+43/699/17127272, granner@gmx.at, www.classicsunlimited.at
Originalgetreue Restauration, die Erhaltung der originalen Patina eines Fahrzeuges oder auch Einzelanfertigungen und Umbauten nach kundenspezifischen Wünschen – all das sind Spezialitäten von Classics Unlimited. Auch der Einstieg in die Oldtimerei wird durch einige schöne Fahrzeuge geboten und bei der Suche eines Fahrzeugklassikers kann ebenfalls geholfen werden. Als richtiger Allrounder in der Oldtimerszene bietet Reinhard Granner auch Einstellplätze und Fahrzeug-Aufbereitung mit Abholservice an.

COLDPOWERCLEAN – HARALD SCHEIDL
Siehe unter Rubrik Strahltechnik.

CUSTOMGARAGE – BERNHARD ZASS
Siehe unter Rubrik Elektrikspezialisten.

DANIELS FULLSERVICE GARAGE E.U.
A-2344 Maria Enzersdorf, Josef Leeb Gasse 5
+43/681/20629107
info@daniels-garage.at, www.daniels-garage.at
Mit über 30-jähriger Erfahrung, modernster Werkstatt-Ausstattung und einer gewissenhaften und verantwortungsbewussten Arbeitsweise bietet der Hofer Familienbetrieb sämtliche Wartungs-, Reparatur- und Restaurationsarbeiten für Ihr Kraftfahrzeug: PKW, LKW N1, Motorrad oder Oldtimer.
• BREMSTECHNIK – Wartung und Reparatur aller Bremssysteme
• DIAGNOSTIK – Auslesen und Fehlerbehebung
• FAHRWERK & ACHSEN – Überprüfung und Reparatur
• KLIMATECHNIK – Wartung und Reparatur
• ÖLE und FILTER – Austausch und Entsorgung
• RIEMEN – Austausch sämtlicher Riemen.

DEUSMOTO – CUSTOMTUNING EDELSCHMIEDE

A-2353 Guntramsdorf, Triesterstraße 8
+43/670/3566009
edelschmiede@deusmoto.at, www.deusmoto.at
Ganz unter dem Motto „Geht nicht, gibt´s nicht", werden bei DeusMoto individuelle Kundenwünsche handwerklich perfekt umgesetzt. Der Schwerpunkt der Edelschrauberei liegt auf den Marken Moto Guzzi, Royal Enfield, Moto Morini, Norton und Jawa. Gerne sind aber auch alle anderen Marken willkommen. Ein umfassendes Leistungsspektrum (Fahrzeugumbauten, Reparatur- und Servicearbeiten, Restaurierungsarbeiten …) macht DeusMoto zu einer ganz besonderen Anlaufstelle für Motorrad-Enthusiasten.

DIDI'S AUTO – KFZ-WERKSTÄTTE DIETRICH HUBER
A-5550 Radstadt, Tauernstraße 38
+43/6452/20130, +43/664/3358462
info@didis-auto.at, www.didis-auto.at
Mit der langjährigen Erfahrung im Bereich der Oldtimer Restauration kümmert man sich in Didi's Auto-Werkstatt um die Klassiker auf vier Rädern. Arbeiten wie: entlacken, entrosten, KTL-Grundierung, Lackierung, Motor- und Getriebe-Instandsetzung, Anfertigung von diversen Ersatzteilen, Anfertigung von Kabelbäumen und Innenraum-Tapezierung gehören zum Leistungsspektrum und somit sind die Oldies hier in besten Händen. So werden wahre Schätze wieder straßenfit gemacht.

DER OLDTIMER GUIDE AUF
FACEBOOK [f] CLICK & LIKE

DOLZER & LACKNER GMBH
Siehe unter Rubrik Instrumente/Rallyeinstrumente.

DRÖSSLER PETER AUTOMOBILHANDWERK
A-1080 Wien, Hernalser Gürtel, Stadtbahnbogen 54-55
+43/1/4064210
werkstatt@peter-droessler.at, peter-droessler.at
Die Werkstätte Automobilhandwerk Peter Drössler befindet sich
unter den Stadtbahnbögen am Hernalser Gürtel und wurde im
Jahr 1988 gegründet. Es werden alle Fahrzeugtypen – von alt bis
neu – repariert. Die Liebe gilt aber den historischen Fahrzeugen.
Automobilhandwerk Peter Drössler steht in erster Linie für
gediegene Handarbeit. Er versteht dies als Privileg und Kunst,
einem Fahrzeug wieder Leben einzuhauchen. Eine besondere
Vorliebe hat er für die Instandsetzung von Karosserie und Blechteilen entwickelt. Aber auch die feinfühlige Aufarbeitung und
Justierung von diversen mechanischen Teilen wie Motor, Getriebe
oder Lenkung hat mittlerweile Tradition. Denn nur wer sein Handwerk wirklich liebt, weiß es auch richtig auszuüben.

ECURIE VIENNE AUTOMOBILE TECHNIK
JOHANNES HUBER GMBH
Siehe unter Rubrik Handel/An- und Verkauf.

ERTL'S MODERN CLASSICS
Siehe unter Rubrik Handel/An- und Verkauf.

Ertl's Modern Classics

FABER KFZ-VERTRIEBS GMBH –
FABER ROLLER & BIKE SHOP

Siehe unter Rubrik Handel/An- und Verkauf.

Faber Roller & Bike Shop

FAHRZEIT – WERKSTATT FÜR AUTOMOBILE UND
OLDTIMER – MARKUS HIRNSBERGER
A-6380 St. Johann/Tirol, Innsbrucker Straße 84
+43/5352/66009, info@fahrzeit.at, www.fahrzeit.at
Diese Autowerkstatt ist ein Fullservice-Betrieb für alle Autos
aller Marken und jedes Alters. Die Passion des Teams rund um
Markus Hirnsberger ist die Pflege und Restauration von Oldtimern und sie sind bemüht, für jeden Kunden die richtige Lösung
zu finden. Das Team ist sehr flexibel und ist daher auch für ausgefallene Aufgaben bereit und kann diese verwirklichen. Das
Angebot für alle historischen Fahrzeuge ist ein komplettes
Leistungsspektrum: Von Wartungsarbeiten über Instandsetzung
bis hin zur vollständigen Restauration inklusive Ersatzteilbeschaffung. Für Markus Hirnsberger samt Team sind Oldtimer
mehr als nur altes Blech. Jedes Fahrzeug hat seine ganz persönliche Geschichte, die mit aller Liebe zum Detail erhalten wird.

FISCHER'S CAR SERVICE
A-1230 Wien, Eigelgasse 2
+43/1/698525212
info@fischers-carservice.at, www.fischers-carservice.at
Das Angebot von „Harley-Papst" Fischer wurde von zwei auf vier
Räder erweitert, und hier werden historische Fahrzeuge und
Youngtimer von echten Oldtimer-Profis wieder auf Hochglanz
gebracht. Der Rennwagenspezialist von McNamara Racing,
Manfred Frantz, und der Schrauberkönig Rudi Förster leiten und
verstärken das Team, womit die beste Betreuung der Fahrzeuge
gewährleistet ist. Seit 1957, und schon seit drei Generationen,
gibt es Fischer's Harley Davidson-Wien auf der Triester Straße,
und mit der Erweiterung durch die Oldtimer-Abteilung ist er nun-
mehr auch Anlaufstelle für Oldtimer Freunde. Eventuelle Warte-
zeiten kann man sich im angrenzenden Steakhouse „Fischer's
American-Restaurant" verkürzen.

FOJTIK AUTOWERFT / KFZ-TECHNIK FOJTIK

A-2102 Bisamberg, Klein-Engersdorfer-Straße 62
+43/2262/62958
office@fojtik-motors.com, www.fojtik-motors.com
Fojtik-Motors war 28 Jahre in Wien, im April 2017 erfolgte die Übersiedlung nach Bisamberg. Nun gibt es die neue, bestens ausgestattete Autowerft von Andreas Fojtik mit den Sparten Kfz-Werkstätte, Motorenbau, Spenglerei, Karosseriebau und einer auch am letzten Stand befindlichen Lackiererei. Andreas Fojtik ist ein großer Oldtimer-Fan und hat ein großes Herz für klassische Automobile. Das bewährte bisherige Team bleibt gleich, so werden von diesem neuen Standort aus auch die Renn- und Rallye-Betreuung ausgebaut. Schon wenn man die Bilder auf der Homepage der Autowerft Fojtik betrachtet, sieht man die Leidenschaft und Professionalität, mit der hier gearbeitet wird.

FRANTZ CLASSIC CARS GMBH

A-2331 Vösendorf, Ortstraße 12
+43/1/6992364, office@kfz-frantz.at, www.kfz-frantz.at
Seit über 40 Jahren ist das Team der Frantz Classic Car GmbH ein erfahrener Spezialist für italienische und englische Oldtimer mit Schwerpunkt Maserati, Ferrari, Lamborghini sowie Rolls Royce, Jaguar und Aston Martin. Reparatur, Service und Restaurierungen zählen ebenso zu den Leistungen wie die Vorbereitung der Fahrzeuge für Rallys und Veranstaltungen.

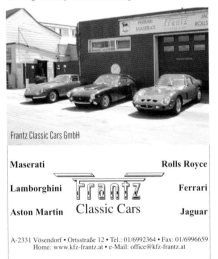

Frantz Classic Cars GmbH

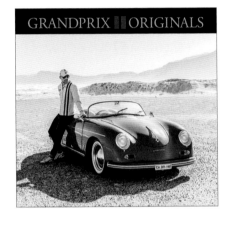

GRANDPRIX ORIGINALS

FSOR GMBH – FAHRZEUGSERVICE UND OLDTIMERRESTAURATIONEN

A-9612 Sankt Georgen, Labientschach 78/2
+43/660/8088088, office@fsor.at, www.fsor.at
FSOR bietet Oldtimer-Restauration, Reparatur und Service an. Die Kunden werden bestmöglich betreut und erhalten beste Qualität zu besten Preisen. Eine umfassende Palette an Leistungen zum Thema Oldtimer-Restauration, Komplettrestauration oder Teilrestauration für Fahrzeuge aller Marken gehört zum Angebot von FSOR. Auch stehen Fahrzeugersatzteile, Original- und Nachbauteile aller Marken zu besten Preisen zur Verfügung. Gerne wird ein individuelles Angebot erstellt!

GRÜNKRANZ WERNER

Kfz – Schlosser – Schmiedearbeiten
A-3233 Kilb, Bahnhofstraße 3, +43/2748/7355
office@w-gruenkranz.at
www.w-gruenkranz.at
1905 wurde von Anton Grünkranz eine Schmiede gegründet, in der zweiten Generation kam eine Landmaschinen-Reparaturwerkstätte dazu. Seit 1991 steht die Firma unter der Leitung von Werner Anton Grünkranz, und es gibt fast nichts, was nicht repariert werden könnte: „Geht net – gibt's net", lautet das Motto. Oldtimer jeder Marke und auch alte Gartentore brauchen manchmal eine Restauration. Schmiede- und Schlosserarbeiten werden durchgeführt und jede Menge Eisenwaren befinden sich im Lager. Ein kompetentes Team betreut die Kunden und erfreut sich nach der Arbeit beim MotoCross.

HALLE 25 – KLASSISCHE FAHRZEUGE, SERVICE UND TEILE

A-5301 Eugendorf, Dorf 25
+43/664/5410656, www.halle25.at

Klassische Fahrzeuge aus den 50er-, 60er- und 70er-Jahren sind die Leidenschaft von Ingenieur Andreas Sommerauer, der sein langjähriges Hobby zum Beruf gemacht hat. Ob Service, Reparatur, Einstellungsarbeiten, Fehlerdiagnose oder Ersatzteilbeschaffung, all das gehört zu seinem Betätigungsfeld. Mit seiner langjährigen Erfahrung kann er in allen Belangen im Oldtimerbereich weiterhelfen.

HEKLA COMPETITION GMBH – OFFROAD-TECHNIK / CLASSIC SPORT CARS

Inh. Ewald Holler, Michael Madler
A-2402 Maria Ellend, Heidestraße 29, Halle 1
+43/2232/80008, +43/699/10309494
office@hekla.at, www.hekla.at

Ewald Holler, Michael Madler und ihr Team kommen aus dem Offroad-Sport. Präzision, lösungsorientiertes Denken und kreative

Hekla Competition GmbH – Offroad Technik / Classic Sport Cars

Ansätze sind hier die Basis für den erfolgreichen Aufbau von Fahrzeugen. Seit geraumer Zeit beschäftigen sie sich auch mit klassischen Fahrzeugen. Reparatur, Restauration, Umbauten, Optimierungen und Speziallösungen sind die Schwerpunkte. Wert gelegt wird auf Qualität und Zuverlässigkeit in den abgelieferten Arbeiten. Ein spezielles Highlight der kleinen, aber feinen Werkstätte zwischen Fischamend und Hainburg sind die Arbeiten mit Kunststoffkarosserien. Damit ist sie die erste Wahl für Freunde von Oldtimern der Marken Lotus, TVR, Ginetta, Marcos, Cobra etc.

HISTO-TECH GMBH – GF MARKUS GRÄF

A-2620 Neunkirchen, Kernstockgasse 2
+43/677/61761031, office@histo-tech.at, www.histo-tech.at

Alle Dienstleistungen rund um den Oldtimer-Bereich bietet Histo-Tech. Allfällige Reparaturen oder wiederkehrende Wartungsarbeiten – natürlich mit ausgewählten Schmierstoffen speziell für Oldtimer – Instandsetzung von Motoren Achsen und Fahrwerk sowie auch Karosserie- Lackier- und Spengler-Arbeiten gehören dazu. Um- und Aufbau von historischen Rennfahrzeugen gemäß den aktuellen Richtlinien und Reglements ist ebenso zum Leistungsspektrum des Teams von Histo-Tech zu zählen. Auch für Zweiräder bietet Histo-Tech umfangreiche Dienstleistungen rund um den Oldtimer-Bereich. Allfällige Reparaturen oder wiederkehrende Wartungsarbeiten, natürlich mit ausgewählten Schmierstoffen speziell für Oldtimer, Instandsetzung und Restaurierung sind ebenso ein wichtiger Teil des Angebots wie Motoren- und Getriebetechnik, Elektrik, Vergaser- und Zündungstechnik – wie „EasyCaps" Umbau für Zündmagnete. Auch Lackierung gehört zum Leistungsspektrum – somit ist es ein Komplettangebot, das vom Team der Firma Histo-Tech geboten wird. Neu ist die §57a Überprüfung direkt im Haus.

HONEDER-KFZ

A-4360 Grein, Kaiser-Friedrich-Straße 5
+43/7268 74005, office@kfz-honeder.at, www.kfzhoneder.at

Kfz-Honeder kann mit einem breit gefächerten Leistungsspektrum dienen, sodass so gut wie jede Reparatur an Fahrzeugen aller Marken und Bauarten möglich ist – und das rasch und zu einem sehr fairen Preis. Ein besonderes Faible hat Kfz-Honeder für Oldtimer. Von Reparaturen, Karosserie-Aufbauten, Spengler- und Lackierarbeiten bis zur Oldtimerrestaurierung reicht das Leistungsspektrum. Fachkompetenz, große Flexibilität und langjährige Erfahrung zeichnet das Team aus.

**DER OLDTIMER GUIDE AUCH AUF
WWW.OLDTIMER-GUIDE.AT**

HUBER KFZ-TECHNIK GESMBH
A-2440 Moosbrunn, Dammweg 3
+43/2234/73642, werkstatt@huber-kfz.at, www.huber-kfz.at
Reparatur – Restauration – Wartung – Vorbereitung für Rallyes – Rennbetreuung – Handel: Das alles gibt es rund um die Oldtimerszene und klassische Sportwagen bei Huber Kfz-Technik. Ersatzteile in Erstausrüstungsqualität werden ebenfalls angeboten. Nachdem ein Oldtimer nicht nur liebevolle Pflege, sondern auch die richtigen Produkte braucht, bietet Huber Kfz-Technik auch die für Oldies speziellen Schmiermittel von Agip an. Des Weiteren hat der Oldiebesitzer die Möglichkeit, in sich geschlossene Boxen mit 25 m² oder 50 m² zu mieten. Dort kann man ungestört seinem Hobby nachgehen. Die Boxen haben einen eigenen Stromzähler, befinden sich direkt am Firmengelände und sind sieben Tage die Woche 24 Stunden zugänglich. Huber Kfz-Technik bietet damit praktisch ein 360° Service für Besitzer klassischer Fahrzeuge an.

JANDL FERDINAND, KR – KAROSSERIEFACHBETRIEB
Siehe unter Rubrik Karosserie/Lackierung.

Jandl Ferdinand, KR – Karosseriefachbetrieb

JENSEN CLASSICS BY UNTERBERGER
A-6330 Kufstein, Endach 30/Top 2+3
+43/5372/65223
info@jensen-classics.cc, www.jensen-classics.cc
Mitte 2021 hat der 29 Jahre alte Simon Wohlfahrtstätter die Leitung von Jensen Classics übernommen und kümmert sich gemeinsam mit seinem 5-köpfigen Team, den Meister-Kraftfahrzeugmechanikern Jaime Iglesias und Simon Graf, dem Karosseriebauer Daniel Gassenbauer und Nadine Jensen – Fahrzeuglackierung – um alle Belange rund um klassische Fahrzeuge. Helge Jensen hat nach vielen Jahrzehnten den wohlverdienten Ruhestand angetreten, steht aber als Berater nach wie vor zu Verfügung. Simon Wohlfahrtstätter ist zwar an Jahren jung, doch blickt er schon auf eine beachtliche internationale Erfahrung im Rahmen der Restaurierung klassischer Fahrzeuge zurück. Fokus liegt auf Marken wie Porsche, BMW, Jaguar, Austin Healey und anderen.

JJ'S AUTOSERVICE E.U.
A-2640 Gloggnitz, Wiener Straße 62
+43/676/4603039 , info@jjsgreatest.at, www.jjsgreatest.at
Sebastian Kreiner, Jahrgang 1986, hat schon sehr früh die Liebe zum „alten Blech" entdeckt und, nach Anfängen mit Oldies deutscher Herkunft, wurde sein Interesse an amerikanischem Altblech immer größer. Aus seinem Hobby wurde 2014 dann ein Unternehmen, das sich auf die Wartung von Young- und Oldtimern spezialisiert hat. Für Oldtimer-Besitzer, die gerne mit ihrem Fahrzeug fahren, aber nicht selbst Hand anlegen wollen, wird die Wartung und Pflege, eventueller Transport sowie auch notwendige Ersatzteilbesorgung übernommen.

JUNASEK AUTOMOBILE – MERCEDESSTERN CLASSIC CENTER
A-1230 Wien, Kunerolgasse 3
+43/664/9209240
mercedesstern@aon.at, www.mercedesstern.at

Spezialwerkstatt für Automobile der Marke Mercedes-Benz, Motorsport Fachbetrieb, Youngtimer und Oldtimer, Restaurierung — all das gehört zum Angebot von Stefan Junasek. Es gibt Step by Step Restaurierungen, die je nach Budget durchgeführt werden, oder es wird gleich eine Komplettrestaurierung vorgenommen. Dabei wird das Fahrzeug komplett zerlegt und sämtliche Karosserieteile und das Interieur in gutem Zustand versetzt. Durchgerostete Karosserieteile werden ausgeschnitten und durch neu angefertigte Bleche ersetzt. Auch Perfektionisten sind mit der maßgeschneiderten Arbeit, die hier geboten wird, zufrieden.

K-CENTER GMBH
Siehe unter Rubrik Kühler.

KARA WERKSTÄTTEN GMBH
A-3382 Roggendorf, Dorfstraße 43
+43/2754/2500, office@kara.at, www.kara.at
„Wir beginnen dort, wo die anderen aufhören", ist das Motto der Firma Kara Werkstätten GmbH. Sie ist der Spezialist für alle Restaurierungsarbeiten an Oldtimern — von Alfa Romeo bis VW und sonstiger anderer Marken von Oldies. Für die immer wieder notwendige Oldtimerwartung und auch die eventuelle Instandhaltung des geliebten Fahrzeugs ist man hier richtig. Bei Kara Werkstätten GmbH wird man gut und professionell betreut und kommt — bei Bedarf — sicher immer wieder.

KOFI'S CAR ART
A-1120 Wien, Albrechtsbergergasse 15
+43/1/8100996, office@kofis-car-art.at, www.kofis-car-art.at
Charles Kofi hat sich auf Restauration von Oldtimern und Youngtimern spezialisiert und bietet aufgrund seiner bereits langjährigen beruflichen Erfahrung seinen Kunden die qualitätsvolle und preiswerte Erfüllung des gegebenen Auftrags. Er hat das Handwerk auf vielen verschiedenen Automobil-Marken gelernt und erfüllt auch Wünsche wie Tuning und Einzelanfertigungen.

KRENN KFZ-MEISTERBETRIEB – KFZ MARTIN KRENN GMBH
A-4202 Hellmonsödt, Weignersdorf 7
+43/7211/40111, office@kfz-krenn.at, www.kfz-krenn.at
Keine Wünsche bleiben offen, wenn man sein Fahrzeug zur Restaurierung dem Familienbetrieb Krenn übergibt, und schon bald

glänzt dann der „Alte" wie neu. Das Lieblingsstück wird zerlegt, die Einzelteile katalogisiert und gelagert, der Rost wird entfernt und das Fahrzeug gegen neuen Rost geschützt. Die Lackierung wird originalgetreu aufgefrischt, damit die alte Pracht wieder zum Vorschein kommt.

KRÖPFL GESMBH – MERCEDES BENZ KRÖPFL
Siehe unter Rubrik Handel/An- und Verkauf.

KUBIK MANFRED E.U. – AUTOSPENGLEREI UND LACKIEREREI
Siehe unter Rubrik Karosserie/Lackierung.

KULTGARAGE – KLASSISCHES UND KULTIGES
Siehe unter Rubrik Handel/An- und Verkauf.

LEGAT STEFAN – MILITARY VEHICLES
A-4863 Seewalchen am Attersee, Industriegebiet 4
+43/699/17930911
office@stefan-legat.at, www.stefan-legat.at
Stefan Legat ist Spezialist für Militärfahrzeuge und zeichnet sich durch hohe Produktqualität und herausragende Dienstleistungen aus. Wartung, Instandsetzung oder Restauration - die Firma ist bemüht, nur die beste Qualität zu liefern und zu verarbeiten. Neue Ideen und Kreativität fließen in die Arbeit ein und lassen stets neue Meilensteine erreichen. Auch ein großes Lager an Ersatzteilen ist vorhanden. Seit 1996 ist das Familienunternehmen auf Militärfahrzeuge spezialisiert. Dabei stehen die Fahrzeuge und deren Technik im Mittelpunkt.

LEITNER KFZ – FRANZ LEITNER GMBH
A-8793 Trofaiach, Hauptstraße 4
+43/3847/3733, +43/664/1037020 (Abschlepp-Hotline)
office@kfzleitner.at, www.kfzleitner.at
Mit 40 Jahren Erfahrung bringt Kfz Leitner viel Wissen und Fer-

Leitner Kfz – Franz Leitner GmbH

tigkeiten mit. Auch wenn keiner mehr glaubt, dass das Fahrzeug jemals wieder fahren wird, hier schafft man es! Ing. Michael Leitner und sein Team übernehmen Teil- und Komplett-Restaurationen von historischen Kraftfahrzeugen aller Art. Genau an die Herstellervorgaben hält man sich – was Maße, Material u.s.w. betrifft –wenn Karosserieteile erneuert werden müssen, weil die Originalteile nicht mehr hergestellt werden oder auch gebraucht nicht zu bekommen sind.

LIEBSCHER & LIEBSCHER
LASSISCHE AUTOMOBILE OG
Mag. Gerald Liebscher, DI (FH)Rainer Liebscher
A-2380 Perchtoldsdorf, Brunner Gasse 15
Repwerk: A-2522 Oberwaltersdorf, Werkstraße 16
+43/699/1170089
www.repwerk.at
office@liebscherundliebscher.at, office@repwerk.at
Egal, welches Problem man mit dem Oldie hat – hier wird kompetent, schnell und preisgünstig geholfen. „Service und Reparatur für alle Marken", das ist das Credo von Rainer Liebscher, der 2011 den seit 40 Jahren bestehenden und bestens eingeführten Betrieb von Helmut J. Neverla übernommen hat und sich auch weiterhin mit der Restaurierung und Instandhaltung klassischer Fahrzeuge befasst. Als echter Partner für Kunden mit Alltagsautos – oder eben einem klassischen Fahrzeug – bietet sich das eingeführte Unternehmen bestens an und betreibt das Mechaniker-Gewerbe, besonders für Oldie-Besitzer, noch in der Tradition alter Handwerkskunst. Gerald Liebscher kümmert sich um die wirtschaftlichen und kaufmännischen Belange und ist auch zuständig für den An- und Verkauf von Fahrzeugen.

LINDNER KFZ TECHNIK
A-2544 Leobersdorf AREDPARK, Aumühlweg 15, Halle 14 G
+43/664/4193500, office@kfz-lindner.at
www.kfz-lindner.at
In diesem Familienbetrieb geht es nicht um Quantität, sondern die Qualität hat in allen Belangen rund um das Fahrzeug des Kunden Vorrang. Reparieren und restaurieren anstatt entsorgen wird hier großgeschrieben und das Credo der Firma lautet: Ein Fahrzeug ist kein Gebrauchsgegenstand, ein Auto hat eine Seele, und als „Seelenklempner" fungiert KFZ-Technik Lindner. Als zertifizierter Meisterbetrieb ist man der qualifizierte Ansprechpartner für alle Fahrzeugreparaturen.

LK CLASSIC – LASZLO KOVACS
A-2202 Enzersfeld im Weinviertel
Manhartsbrunner Straße 32
+43/664/2761669
office@lk-classic.at, www.lk-classic.at
Leidenschaft – Perfektion – Qualität: Die Leidenschaft für Fahrzeuge begann für Laszlo Kovacs schon früh. Sein Hobby wurde zum Beruf und der Traum, ein professionelles und exklusives Unternehmen zu gründen, verwirklicht. Es wird hohe Perfektion durch jahrelange Erfahrung, Gefühl und Hingabe zum Handwerk geboten. So wird zum Beispiel einfache Automobilpflege zu einer Form von Kunst. Bei LK CLASSIC wird Qualität großgeschrieben. Besonders beim Umgang mit Oldtimern ist Fingerspitzengefühl, Professionalität und Geduld gefragt. All das bietet Laszlo Kovacs seinen Kunden bei jedem Fahrzeug an. Seine Leistungspalette ist sehr umfangreich und bietet unter anderem Fahrzeugpflege, Transport, Teil- und Vollrestauration, technische Revision und Instandsetzung, Spengler,- Sattler- und Lackierarbeiten und vieles mehr. Das Ziel des Unternehmens lautet: Single Point of Contact – alle Kunden werden von A bis Z unterstützt, alles aus einer Hand. Das Team lässt sogar den ältesten Oldtimer im neuen Glanz erstrahlen und wie neu aussehen.

LK CLASSIC – Laszlo Kovacs

AUTO WIEN MITTE

OLDTIMER WERKSTATT IN WIEN

→ Oldtimer Restauration
→ Voll- und Teil-restaurierung
→ Oldtimer-Reparatur
→ Originalgetreue Lackierung
→ Fachgerechte Elektrik

→ Oldtimer-Service
→ Technische Instandsetzung
→ Oldtimer-Typisierung
→ Hauseigene Sattlerei
→ Hauseigene Blechmanufaktur
(Herstellung sämtlicher Teile aus Blech)

MOTOR, GETRIEBE UND TECHNISCHE REPARATUREN ALLER ART FÜR SÄMTLICHE MARKEN

AWM-KFZ-WERKSTATT.AT
+43 1 890 62 62

Wir hauchen Ihrem Klassiker wieder Leben ein!

MAIR FRANZ AUTOSPENGLEREI

A-6067 Absam, Rhombergstraße 18
+43/5223/52496, +43/664/2049710
info@autospenglerei-mair.com
www.autospenglerei-mair.com
Ein Familienbetrieb rund um Firmenchef Franz Mair. In Tirol bekannt für viele Jahre Professionalität und die gute Arbeit, die im Werkstattbereich rund um Oldtimerrestaurierung geleistet wird. Ein modern eingerichteter Fachbetrieb, wo Fahrzeuge aller Marken – vom Pkw, Motorrädern bis Roller – bestens betreut werden. Des Weiteren können wunderschöne Oldtimer für Ausfahrten oder zu besonderen Anlässen gemietet werden. Der modern eingerichtete Fachbetrieb hat sich unter anderem auch Dingen aus der „alten Zeit" verschrieben – nicht nur der Oldtimer in Automobilform ist hier gern gesehen, auch Jukeboxen, Automaten, 50er-Jahre-Artikel, Fernwähler für Jukeboxen, Neonschriften …

MATTZGARAGE SPEEDSHOP
Siehe unter Rubrik US-Fahrzeuge.

MINIGARAGE –
MICHAEL SCHELLENBERGER
Siehe unter Rubrik Ersatzteile/Zubehör.

MORGAN AUSTRIA CAR COLLECTION GMBH
Siehe unter Rubrik Handel/An- und Verkauf.

MORGAN ON TOUR GESMBH
Siehe unter Rubrik Handel/An- und Verkauf.

NELL CHRISTIAN RESTAURATIONEN

A-4442 Kleinraming, Königweg 2
+43/7252/45060
office@christian-nell.at
www.christian-nell.at
Fachwissen, Genauigkeit, Geduld und Liebe zum Detail sind die besten Voraussetzungen für eine gute Restauration. Als gelernter Karosseriebauer restauriert Christian Nell jetzt seit mehr als einem Jahrzehnt klassische Automobile. Es ist seinem Unternehmen sehr wichtig, dem Kunden die bestmögliche Form der Restauration darzustellen, um so gut wie möglich und so originalgetreu wie möglich zu restaurieren.

OBERLEITNER GMBH

A-4020 Linz, Gärtnerstraße 8
+43/732/662427
service@oberleitner.gmbh
www.oberleitner.gmbh
Oberleitner – ein Kfz-Fachbetrieb für alle Marken! Das Unternehmen von Ingenieur Mario Oberleitner hat sich auf professionelle Oldtimerrestaurationen zu adäquaten Preisen spezialisiert und setzt damit die Basis für die Wertbeständigkeit von historischen Fahrzeugen. Die Spezialisierung liegt bei den Marken Jeep,

Oberleitner GmbH

Dodge und Chrysler. Die individuelle Beratung der anstehenden Service- oder Reparaturarbeiten ist ein Fixpunkt. Mit dem verzweigten Netzwerk an Zulieferern und den erfahrenen Mitarbeitern sind wertvolle Fahrzeuge bei Mario Oberleitner in den besten Händen.

OK-CLASSIC GMBH
Siehe unter Rubrik Handel/An- und Verkauf.

OLD CAR GARAGE – RENÉ HÖLZL

A-5360 St. Wolfgang, Schwarzenbach 61
+43/664/3250768
office@oldcargarage.at, www.oldcargarage.at
Rock 'n' Roll und Kultautos – der Lifestyle der Old Car Garage. Old Car Garage ist der zuverlässige Partner im Salzkammergut, wenn es darum geht, einem Oldtimer die richtige Wartung und Pflege zukommen zu lassen. Für Fahrzeuge aller Klassen und Generationen ist René Hölzl der richtige Ansprechpartner in allen Belangen. Er bietet umfangreiche Servicepakete an – vom Lack, Motor, Restaurierung und Inneneinrichtung bis zu den Reifen. Die wertvollen Stücke sind hier in besten Händen!

Old Car Garage – René Hölzl

OLD SKOOL GARAGE –
KFZ-FACHWERKSTATT FINK JOHANNES

A-8082 Kirchbach, Zerlach 73
+43/664/4424047
office@oldskool-garage.at, www.oldskool-garage.at
Mit Leidenschaft und dem nötigen Know-how werden eventuelle Instandsetzungsarbeiten, Reparaturen oder Restaurierung an Oldtimern – besonders an US-Cars – durchgeführt. Durch die mehrjährige Erfahrung ist jedes Fahrzeug bei Johannes Fink in besten Händen und eindeutig gut aufgehoben. Durch langjährige Partner in den USA wird auch die Besorgung von Ersatzteilen oder auch die Abwicklung eines Kfz-Ankaufs in den USA angeboten.

OLDI-DOC WALTER REICH – AUTOHAUS REICH

A-4020 Linz, Museumstraße 22
+43/732/781198
office@autohaus-reich.at, www.autowerkstatt-linz.at
Walter Reich – der „Oldi-Doc" – erweckt Oldtimer zu neuem Leben. Von der Teil- bis zur Vollrestaurierung bietet er ein breites Spektrum an Leistungen an. Mit viel Liebe zum Detail wird das Gefährt wieder instandgesetzt: Elektrik, Motor, Sitze, Tapezierung, Blech, Lack – der Oldtimer erstrahlt wieder in neuem Glanz. Die Arbeiten werden lückenlos dokumentiert und anhand eines Fotobuches sieht man, wie das Fahrzeug vor Beginn der Restaurierung ausgesehen hat und man kann jeden Arbeitsschritt auf den Fotos nachvollziehen.

OLDTIMER CENTER VIENNA O.C.V. E.U. THOMAS RAB

A-1230 Wien, Lemböckgasse 16
+43/676/6258899
office@oldtimercentervienna.at, www.oldtimercentervienna.at
Von Oldtimer Center Vienna (OCV) durchgeführte Restaurationen werden selbstverständlich mit Fotos dokumentiert und auf einem USB-Stick dem Kunden übergeben, sodass der Werdegang genau nachverfolgt werden kann. Das Motto: „Alles aus einer Hand", bringt für den Oldie-Besitzer große Vorteile und das qualifizierte Personal sorgt optimal für die Fahrzeuge. Das Oldtimer Center Vienna ist mit seinem umfangreichen Angebot der optimale Partner für Besitzer von klassischen Fahrzeugen. Thomas Rab hat lange Erfahrung mit automobilen Gustostückerln und bietet hohe Qualität, zuverlässig und professionell.

OLDTIMER JUNG

A-9360 Friesach, Judendorf 6a
+43/4268/50128, office@oldtimer-jung.at, www.oldtimer-jung.at
Zu den besonderen Stärken dieses Unternehmens zählen die Restaurationen oder auch Reparaturen von Oldtimern und Fahrzeuge aller Marken werden zuverlässig und genau betreut. Nachdem zu Restaurierungen auch die beste Karosserie- und Lackierarbeit gehört, wird auch darauf im eigenen Betrieb großer Wert gelegt. Die automobile Leidenschaft wurde Andreas Jung bereits in die Wiege gelegt, schon früh begeisterte er sich für Technik. 2008 machte er sich als Mechaniker selbstständig. Seine Leistungen umfassen Frame-Off Restaurationen sowie den internationalen Handel mit exklusiven Automobilen wie Oldtimer, Sportwagen oder ganz spezielle Automobilwünsche.

OLDTIMER RESTAURATOR – WALTER HEIN

A-6370 Kitzbühel, St. Johanner Straße 51
+43/5356/62834
info@oldtimer-restaurator.at, autohein@kitz.net
www.oldtimer-restaurator.at
Hier werden Oldtimer wieder flott gemacht! Speziell Besitzer von Kübelwagen, VW Käfer oder VW Bus, vom T1 bis T4, Puch 500, Haflinger und Pinzgauer und „alte" Opel sind hier besonders gut aufgehoben und die Restauration von Walter Hein mit seinen Mitarbeitern macht wieder ein Prunkstück aus dem „alten" Fahrzeug. Eindeutig ein verlässlicher Partner, wenn es um die Belange von Oldtimern geht.

Oldtimergarage Reinbacher – Arno Reinbacher

www.porsche356.at
www.bestclassics.at

OLDTIMERGARAGE REINBACHER – ARNO REINBACHER

A-8020 Graz, Puchstraße 85, Halle C
+43/316/253096, +43/664/4235959
office@porsche356.at, www.porsche356.at
Klassiker stehen bei der Oldtimergarage Reinbacher im Mittelpunkt. Mit Wissen, handwerklichen Fähigkeiten und einer zähen Leidenschaft werden die automobilen Schätzchen restauriert, repariert und gepflegt. Natürlich ist Arno Reinbacher mit seinen 8 bestens ausgebildeten und erfahrenen Mitarbeitern ein Spezialist für alle luftgekühlten Porsche, da hat er über 25 Jahre Erfahrung. Aber auch andere Marken wie Jaguar, Mercedes, BMW etc. liegen ihm sehr am Herzen. Nun wird das Angebot um die Autoplattform BESTCLASSICS erweitert. Das ist ein bisschen eine andere Art, klassische Fahrzeuge zu vermitteln. Die Transparenz und der Sachverstand sollen selbstverständlich sein, die Bewertung fair und nachvollziehbar. So gibt es zu jedem Auto ein verbindliches Sachverständigengutachten dazu! Arno Reinbacher informiert über alle Stärken und Schwächen des künftigen „Lieblings", denn die Freude und Zufriedenheit der Kunden sind für ihn und sein Team das Wichtigste!

PAPPAS CLASSIC
Siehe unter Rubrik Ersatzteile/Zubehör.

PEICHER AUTOMOTIVE
Siehe unter Rubrik Handel/An- und Verkauf.

POTZMANN & WINKLER – INH. CHRISTIAN ZETTNER
Siehe unter Rubrik Elektrikspezialisten.

PREUSSLER KFZ-FACHBETRIEB

A-5550 Radstadt, Dechantswiese 7
+43/6452/6710, +43/664/2111770
info@preussler.at, www.preussler.at
Durch die jahrelange Erfahrung für Klassiker werden professionelle Teil- oder Vollrestaurationen durchgeführt. Technik, Elektrik, Karosserie oder Innenausstattung, alles zählt zum Repertoire, und dabei wird die Originalsubstanz so weit wie möglich erhalten. Teile, die nicht mehr erhältlich sind, werden angefertigt. Hingebungsvolle Handarbeit und viel Liebe zum Detail bringen das Sammlerstück wieder in einen alltagstauglichen Zustand.

PROSTIS AUTOBOUTIQUE
Siehe unter Rubrik Ersatzteile/Zubehör.

PROTOTECH – DI MARCUS LIPP
Siehe unter Rubrik Tuning/Historischer Rennsport.

RBO – ING. STÖCKL GMBH
Siehe unter Rubrik Ersatzteile/Zubehör.

RINGSEIS GEORG, ING. – SPEZIALWERKSTÄTTE FÜR KFZ-TECHNIK
Siehe unter Rubrik Elektrikspezialisten.

S-TEC SERVICE TECHNOLOGIES GMBH & CO OG
8200 Albersdorf, Frank-Stronach-Straße 3
+43/3112/9000-0, office@s-tec.at, www.s-tec.at
Für das engagierte Team von S-TEC stehen Qualitätsdenken, Fortschritt und Dynamik im Fokus. Neben der Herstellung unterschiedlichster Komponenten kümmern sie sich intensiv um die Kultmodelle Puch Pinzgauer und G-Klasse. S-TEC stellt nicht nur ein breites Fahrzeug-Ersatzteilportfolio bereit, sondern bietet auch verlässliche Vertriebs- und Servicedienstleistungen. Die Palette reicht von Werkstätteninfrastruktur und Lagerlogistik, Modifizierungen, Service und Reparatur, Unfallinstandsetzung und -lackierung, technischer Unterstützung und Service bis zu Technik- und Fahrertraining.

S-TEC Service Technologies GmbH & Co OG

SCHÄRF KG – TROCKENEIS & STRAHLTECHNIK
Siehe unter Rubrik Strahltechnik.

SCHMIDT RACING – ROLF SCHMIDT GESMBH
A-1220 Wien, Krautackergasse 26
+43/1/7746661, +43/664/3140843
rolf.schmidt@schmidt-racing.at
www.schmidt-racing.at
Rolf Schmidt und sein Bruder Paul zählen wohl zum Urgestein der österreichischen Automobil- und Rallyeszene. In der Vergangenheit haben sie weit über tausend Rennveranstaltungen absolviert, Rallyefahrzeuge gebaut, betreut und wieder instandgesetzt und Rallyegrößen wie Rudi Stohl begleitet. Seit vielen Jahren haben sie sich auch Restaurationsprojekten verschrieben und zählen in puncto Qualität und Know-how sicher zu den Besten. Motorenbau, Karosserie, Gesamtrestaurationen wie das Projekt „Lancia Stratos" von Franz Wurz, „Voisin" des weltberühmten Architekten Le Corbusier sowie eines PS Austro Daimler Flugmotors für den Nachbau einer „Hansa Brandenburg" sind einige der Projekte der beiden Routiniers. Arbeiten, unter anderem an Automobilen der Marke Ferrari, Austin Healey und Jaguar, gehören ebenso in ihr Repertoire – oberste Prämisse ist Originalität und Qualität.

Schmidt Racing – Franz Rolf Schmidt GesmbH

SCHUBERT FAHRZEUGTECHNIK OG
A-4592 Leonstein, Feldstraße 15
+43/7584/2483, office@sft.cc, www.sft.cc
Kompetenz trifft Perfektion! Eine Zeitreise in längst vergangene automobile Tage bietet Fahrzeugtechnik Schubert durch qualitativ hochwertige Restaurationen. Denn: „Schöne Erinnerungen bleiben ewig im Gedächtnis", so das Motto des Teams. Für Kunden, die ihr Fahrzeug zum Restaurieren in die Hände von Schubert geben, geht der Wunsch vom automobilen Traum in Erfüllung. Auch am Sektor Motor, Antriebstechnik und Tuning wird höchst qualifizierte Arbeit geboten.

Speiser Rainer – KFZ Speiser

SCHWEINBERGER GMBH
A-6971 Hard, Hofsteigstraße 138
+43/5574/73989, msv1@gmx.at, www.stilvolle-auto-mobile.at
Die Revitalisierung stilvoller Automobile hat sich Martin und Franz Schweinberger zur Aufgabe gemacht. Historische Fahrzeuge sind deren Leidenschaft, die sie in ihrem Meisterbetrieb ausleben können und damit vielen Oldtimer-Liebhabern zu einem komplett restaurierten Oldie verhelfen. Ob eine Komplettrestauration, Sattlerarbeiten oder auch eine Motor- und/oder Getriebeinstandsetzung notwendig ist, all das zählt zu den Leistungen dieses Oldtimerspezialisten.

SPEISER RAINER – KFZ SPEISER
A-3110 Neidling, Pultendorf 11
+43/2741/7531
werkstatt@kfz-speiser.at, www.kfz-speiser.at
Im Kfz-Meisterbetrieb Speiser gibt es alles aus einer Hand, und Rainer Speiser ist nach der Übernahme des Betriebes Volvo Classics von Gabriele und Ernst Amon auch weiterhin für die Kunden der traditionellen schwedischen Marke bereit. Schon seit 2016 zählen Oldtimer zu seinem Spezialgebiet. Das Team von Kfz-Speiser bietet ein hochwertiges Leistungs- und Serviceangebot für Fahrzeuge aller Marken. Ob man für den Oldtimer ein spezielles Ersatzteil benötigt oder eine fachmännische Reparatur, Rainer Speiser ist mit langjähriger Erfahrung, Kompetenz und Leidenschaft der richtige Ansprechpartner für Oldtimer aller Marken.

SPIDERSPORT – RESTAURATIONSBERATUNG ING. GREGOR WÜRFEL
A-2000 Stockerau, Anna-Grundschober-Gasse 14/2
+43/676/4151240
technik@spidersport.at, www.spidersport.at
Die Fahrzeuge italienischer Herkunft – Schwerpunkt Alfa Romeo – sind bei Gregor Würfel bestens aufgehoben! Schon die Foto-

Spidersport – Restaurierungsbetrieb Ing. Gregor Würfel

galerie auf der Homepage begeistert Alfa-Freunde sicher. Ob die Karosserie betroffen ist, das Leder im Innenraum oder das Cabrio-Verdeck eine Überarbeitung braucht, dies alles und noch mehr ist in guten Händen bei Spidersport, der Restaurationsberatung. Man blickt auf über 20 Jahre Erfahrung zurück. Sollte eventuell auch noch die Technik überholt werden müssen – auch das ist kein Problem.

SPORTWAGENHAUS RALF SCHEURINGER
Siehe unter Rubrik Handel/An- und Verkauf.

SPORTWAGENSERVICE MANDL
A-1120 Wien, Classic Depot, Stachegasse 18, Obj. 4 / Top 1
+43/664/30801002
andreas.mandl.langhans@gmail.com
Andreas Mandl-Langhans hat lange Jahre Erfahrung in der Reparatur und im Servicebereich für Oldtimer und Liebhaberfahrzeuge. Im Classic Depot hat er 2021 seine neue Werkstatt eröffnet. Seine Expertise erstreckt sich über eine breite Palette an klassischen Marken, schwerpunktmäßig mit Mercedes und englischen Fahrzeugen wie Jaguar, MG und andere mehr. Darüber hinaus leitet er für das WIFI Wien den Kurs „Oldtimertechnik" und hält regelmäßige Schulungen im Classic Depot ab.

STEINER & PARTNER CLASSIC CARS GMBH
A-1020 Wien, Engerthstrasse 200
+43/1/8906262, +43/664/4480400
sales@steiner-classic-cars.com
www.steiner-classic-cars.com
Showroom: A-1020 Wien
Lilienbrunnengasse 11 und Engerthstraße 200
Steiner & Partner Classic Cars ist eine von Mag. Alexander Stei-

ner mit erfahrenen Mechanikern, Spenglern, Autoelektrikern und Sattlern gegründete Firma, spezialisiert auf den Import, die Reparatur und Restauration von Mercedes-Benz, Porsche, Jaguar und Mustangs sowie diverser anderer Oldtimer. Es werden aus der ganzen Welt, sowohl auf eigene Initiative als auch auf Bestellung, Fahrzeuge importiert und Transport, Kontrolle und Zollformalitäten abgewickelt. Die Fahrzeuge werden entweder im Ist-Zustand weiterverkauft oder aufwendig im Rahmen einer Komplettrestauration restauriert. Steiner & Partner Classic Cars ist eine junge und motivierte Firma, die mit internationalen Firmen in puncto Qualität und Know-how auf Augenhöhe vergleichbar ist. Trotzdem wird auf eine vernünftige Relation beim Budgetaufwand und Kosten im Sinne des Kunden geachtet.

Steiner & Partner Classics Cars GmbH

STOFFI'S GARAGE E.U. – DEIN ROLLERSPEZIALIST

Siehe unter Rubrik Ersatzteile/Zubehör.

SZ-CLASSIC GMBH – KFZ-REPARATUR UND OLDTIMERRESTAURATION

A-3441 Judenau, Bahnhofstraße 9
+43/2274/70657, office@sz-classic.at, www.sz-classic.at
Die Liebe zu Oldtimern und die langjährige Erfahrung von Ing.
Stefan Szabo und seinem Team bringen die Qualität bei Restaurierungen auf das höchste Niveau. Eine vollständige Fotodokumentation über die jeweiligen Arbeitsschritte gehört dazu und man sieht, was man für sein Geld bekommt, bevor der Lackaufbau gemacht ist oder der Hohlraum für immer geschlossen wird – Transparenz wird bei SZ-Classic ganz großgeschrieben. Aber nicht nur Komplettrestaurationen, auch kleinere Reparaturen oder die Elektrik, die Sorgen macht, werden zur vollsten Zufriedenheit für den Oldie-Besitzer erledigt. SZ-Classic ist auch bei diversen Rallyes als Pannendienst vor Ort mit von der Partie, um die Klassiker rasch flott zu machen.

SZ-Classic GmbH Kfz-Reparatur und Oldtimerrestauration

TEMPER CLASSIC

A-3400 Klosterneuburg, Wiener Straße 42-44
+43/650/3008469
kfz@temper-classic.at, www.temper-classic.at
Eine Autowerkstatt mit persönlicher Note! Hier wird Handwerk und Automobilgeschichte gelebt. Fachliche Kompetenz und eine moderne Ausstattung ermöglichen effiziente und präzise Arbeit zu einem fairen Preis. Service und Wartung, Ersatzteilbeschaffung, Restaurationen und vieles mehr gehört zum Leistungsspektrum von Temper Classic – dem Zuhause für alle Marken. Die Werkstatt findet für alle kleinen und großen Probleme die passenden Lösungen.

THE HEALEY FACTORY – OLDTIMER HANDELS GMBH

A-4810 Gmunden, Spitalstraße 9
+43/664/3855166, +43/7612/7249011
office@moser-healey.at, www.moser-healey.at
Diese einzigartige Manufaktur im Herzen des Salzkammerguts beschäftigt sich seit 1987 mit der hochwertigen Restauration aller Austin Healey 6-Zylinder und Jaguar XK und E-Type Modelle. Die absolute Perfektion und die Liebe zu jedem Detail schaffen einen neuen Qualitätsbegriff bei der aufwendigen Restauration dieser britischen Sportwagenikonen. Claudia Moser-Koller – die Tochter des Firmengründers – führt mit langjährigen Mitarbeitern das Werk, das seit Bestehen schon viele „Austin-Healeys restored by Moser" zurück auf die Straße gebracht hat.

The Healey Factory – Oldtimer Handels GmbH

TITAN MOTORCYCLE COMPANY

A-8020 Graz, Korngasse 13
+43/660/1388969
hello@titan-motorcycles.com, titan-motorcycles.com
Titan – we build dreams! Scheunenfund? Altes Motorrad in der Garage? Ankauf eines gebrauchten Motorrades? Bei all diesen

Vorhaben ist man hier richtig, denn es wird repariert, restauriert oder auch modernisiert – je nach Bedarf. Motorräder aus allen Epochen sind das Terrain von Titan-Motorcycles. Auch für einen eventuellen Import, Fahrzeugtransport oder Typisierung ist man behilflich – und wird ein historisches Gutachten für ein Oldtimerfahrzeug benötigt, wird das bestens erledigt.

UNITED STIEGHOLZER GMBH KFZ/4WD-TECHNIK
CLEMENS STIEGHOLZER
1120 Wien, Stachegasse 18 / Objekt 1 / Top 9
+43/1/8024132
office@stiegholzer-4wd.at, www.stiegholzer-4wd.at
„Auch wenn's hart auf hart geht, die Fahrzeugumbauten der Firma Stiegholzer halten, was sie versprechen." Der Fokus des Teams der Firma Stiegholzer liegt seit 1993 auf der Spezialisierung auf Offroad-Technik speziell für Land Rover und Toyota. Das Team um Firmeninhaber Clemens Stiegholzer kennt die Anforderungen und weiß, wie wichtig Erfahrung und Marken-Know-how ist. Mit 15 Hebebühnen in der Werkstatt, Spenglerei und Lackiererei kann umfassendes individuelles Service geboten werden – vom klassischen „Pickerl" über Havarie Fullservice, Karosserie, Reparatur bis zu kompletten Um- und Aufbauten sowie behördlicher Abnahme. „Die Individuelle Gestaltung Ihres Reisefahrzeugs ist unsere Stärke." Mit der gleichen Expertise werden auch Oldtimer aller Marken mit Leidenschaft und Know-how betreut.

VATER KFZ-REPARATUR GMBH
A-1180 Wien, Staudgasse 57
+43/1/4058237, office@vater.at, www.vater.at
„Der Vater wird´s scho richt´n" ist das Firmenmotto! Seit 1972 gibt es den „Vater", der anfangs auf die Marke Volvo spezialisiert war. Seit 1988 bietet er aber auch für jede andere Marke, egal ob Auto oder Motorrad, seine Dienste an. Zu den Serviceleistungen zählen Reparaturen aller Art, die Prüfstelle §57a, ein Reifenschnelldienst mit Reifendepot, Abschleppdienst, bei Bedarf Leihwagen und vieles mehr. Das Team ist stets bemüht, die Anliegen und Wünsche der Kunden bestmöglich zu erfüllen.

VEHICLE-EXPERTS APPOINTMENTHALL
A-7111 Parndorf, Industriezentrum-Kälberweide 15
+43/664/9111356
info@vehicle-experts.com, vehicle-experts.com
Wenige Kilometer vor den Toren Wiens hat Florian Scheuer mit seinem Team einen Showroom eröffnet, wo nicht nur alle Arbeiten an luftgekühlten Porsche-Fahrzeugen in Auftrag gegeben werden können. Hier kann auch der individuelle Anspruch in Form eines Porsche Outlaws gestillt werden. Frei nach dem Motto: „Wir bauen nicht irgendein Fahrzeug. Wir bauen DEIN Fahrzeug", werden hier maßgeschneiderte Meisterwerke gebaut. Und ganz nebenbei gibt es immer 10 bis 15 Exponate in verschiedenem Zustand „zum Mitnehmen". Öffnungszeiten nach Vereinbarung.

KLASSENTREFFEN.

Die Besten ihrer Klassen treffen sich in Parndorf.

VEHICLE EXPERTS

W.K. CLASSICS – INH. WOLFGANG KELLER
A-4209 Engerwitzdorf, Teichweg 12
+43/664/2446557, wkclassics@liwest.at
www.wk-classics.at
„Geht nicht, gibt's nicht", ist das Motto von Wolfgang Keller, der in seinem Ein-Mann-Betrieb für den Besitzer eines Oldie-Schmuckstücks ein Rundum-Sorglos-Paket anbietet. Er hat sich seine Kenntnisse im Restaurationsbereich bei einem namhaften

Restaurateur angeeignet, wo er zehn Jahre an echten Exoten gearbeitet hat. Zum Beispiel: Ferrari 121LM, Bentley Speed Six, Bizzarrini 5300 GT, Maserati Birdcage ... So gesehen, eine echte Empfehlung, wenn die Restauration eines Fahrzeuges ansteht.

WAGNER KAROSSERIE- UND LACKIERFACHBETRIEB
Siehe unter Rubrik Karosserie/Lackierung.

WEGSCHEIDER KFZ
A-3100 St. Pölten, Kortenstraße 2
+43/2742/ 30777
office@kfzwegscheider.at, www.kfzwegscheider.at
Die Einzigartigkeit dieses Betriebs liegt darin, dass jeder Schritt, den das Auto bei Wegscheider durchläuft, vom Chef begleitet wird. Von der Auftragsbesprechung, Direktannahme und Reparatur bis hin zur Reinigung und Pflege kümmert sich Herr Georg Wegscheider persönlich. Durch diese Vorgehensweise können Informationslücken vermieden und eine hohe Qualität gewährleistet werden. Für Oldtimerkunden spielt die persönliche Betreuung neben Vertrauen und Wertschätzung immer eine besondere Rolle und die Freude über seltene Autos ist besonders groß, genauso wie das Gespräch mit den liebevollen Besitzern.

WERGINZ-MOTORSPORT
Siehe Rubrik Tuning/Historischer Rennsport.

ZEILNER CLASSIC CAR GMBH
Siehe unter Rubrik Handel/An- und Verkauf.

Zeilner Classic Car GmbH

ROSTSCHUTZ

KRS BERATUNGS- UND SANIERUNGS GMBH – RESTAURATIONSSHOP
A-1050 Wien, Schönbrunner Straße 47
+43/664/1203816
office@por15.at, www.restaurations-shop.at

Rostschutz ist im Kfz-Bereich ein Thema, das vor allem den Klassikern hilft, den Wert und die Haltbarkeit eines Fahrzeugs zu erhalten. POR-15 geht mit verrostetem Stahl eine chemische Verbindung ein und bildet eine steinharte, nicht poröse Schicht, die weder abbröckelt noch reißt oder abblättert. Daher: Überall, wo Rost auftritt, kann POR-15 angewendet werden – vom Chassis, Unterboden über Achsteile, Auspuff, Spiralfedern bis zum Koffer- und Innenraum. Nicht zuletzt ist auch bei der Tank-Innenbeschichtung POR-15 ein wichtiger Faktor, der zur Erhaltung eines Fahrzeugs beiträgt. Diese Beschichtung ist resistent gegenüber allen Kraftstoffen und entfernt Rost permanent.

STADLER MANFRED GES.M.B.H. MIKE SANDERS GENERALIMPORTEUR FÜR ÖSTERREICH
A-2115 Ernstbrunn, Huttererstraße 21
+43/2576/3525, +43/664/1021515, +43/650/3525650
redfred@aon.at, mikesander.at
Für Oldtimer und Neufahrzeuge gleichermaßen geeignet ist MIKE SANDERs Korrosionsschutzfett. Hohlraum- und Unterbodenschutz für blanke, verrostete und lackierte Bleche. Das Heißsprühverfahren und das Material wurden vor über 35 Jahren von Mike Sander entwickelt und Manfred Stadler ist offizieller Verarbeitungsstützpunkt. Die Liebe zu Oldtimern ist sehr ausgeprägt und die Fahrzeuge werden mit der langjährigen Erfahrung wertschätzend behandelt. Neu im Angebot ist auch Trockeneisstrahlung. Mit dem Oldiebesitzer werden die Details und Bereiche der Schutzbehandlung besprochen und für den Kunden steht auch ein Ersatzfahrzeug zur Verfügung – das bedeutet: Betreuung von Mensch und Maschine auf voller Linie.

SCHMIERMITTEL / ÖLE / FETTE

CLASSOL ÖLHANDEL – MAG. STEFAN EHRMANN
A-5102 Anthering, Gewerbestraße 8
+43/676/9142963
Direktabholung Landyman GmbH
office@classol.com, www.classol.com
Jeder Besitzer liebt seinen Oldtimer, pflegt und hegt das gute Stück. Auch bei den Betriebsstoffen sollte es das Beste sein! Classol produziert Motoröl, das in der Geschichte des Automobils in den verschiedenen Epochen jeweils Stand der technischen Entwicklung war. Die Konstrukteure mussten die Motoren nach

der Leistungsfähigkeit der vorhandenen Schmierstoffe entwickeln. Dies führt dazu, dass moderne Öle (insbesondere deren Additive) alten Motoren Probleme bereiten können. Classol hat sich dieses Problems angenommen und bietet für Oldtimer aus jeder Epoche mit drei Produktlinien das richtige Motoröl (Classol Classic 38 für Motoren BJ 1900 – 1938, Classol Classic 69 für Motoren 1935 – 1969 und Classol Youngtimer 80 für Motoren 1965 –1980). Produziert werden die Schmierstoffe mit alten Rezepten, aber in modernen Produktionsanlagen, die eine gleichbleibende Qualität liefern.

ENI AUSTRIA GMBH

A-1200 Wien, Handelskai 94-96
Millennium Tower
+43/1/24070-0, +43/800/066606 (Bestellhotline)
www.eni.com/de_AT/eni-osterreich/kontakte/kontakte.shtml
Agip Öle waren immer schon ein wichtiges Produkt, wenn es um die Schmierung und Pflege des geliebten Vehikels ging, denn nur mit dem richtigen Schmierstoff ist jeder Motor optimal geschützt und er bringt Höchstleistungen gepaart mit langer Lebensdauer. Auch wenn der „sechsbeinige Hund" jetzt einen anderen Namen trägt – nämlich Eni – sind Agip/Eni Schmierstoffe und Produkte immer noch optimal für klassische Fahrzeuge. Mehrbereichsmotoröl auf Mineralölbasis für Vor- und Nachkriegsfahrzeuge – nämlich: i-Sint classic.

JANSEN COMPETITION GMBH

Siehe unter Rubrik Tuning/Historischer Rennsport.

KAUBEK SCHMIERMITTEL – ING. ROMAN KAUBEK

A-2620 Neunkirchen, Triesterstraße 27
+43/650/3009996
office@kaubek-oil.at, www.oldtimer-schmierstoffe.at
Kaubek-Oil – das ist eine wichtige Adresse, wenn es um Öl für Oldtimer geht! Es gibt nichts am Ölsektor, das es bei Kaubek-Oil nicht gibt, er ist der einzige Lieferant, der lückenlos den Bedarf an Ölen und Treibstoffzusätzen für Oldtimer abdecken kann. Ob für Motor, Getriebe, Differenzial, Stoßdämpfer u.s.w. – alle Öle, unlegierte und legierte Einbereichsöle und HD-Einbereichsöle, Mehrbereichsöle, Schmierfette, Pasten oder auch Tankversiegelungen sind lieferbar. Sollte man beim geliebten Vehikel ein nervendes „Quietscherl" haben, auch dafür gibt es Abhilfe bei Kaubek-Oil.

KOLLER KURT KUGELLAGER

Siehe unter Rubrik Kugellager.

MAPO SCHMIERSTOFFTECHNIK GMBH

A-2325 Himberg, Industriestraße 23a
+43/2235/87272-0, mapo@mapo.at, www.mapo.at
Bei mapo-Schmierstofftechnik sind Klassiker Chefsache, daher sind Motoröle für Oldtimer, aber auch unlegierte Einbereichs-Motoröle, Bestandteil eines 140 Seiten starken Produktkataloges. Auch im Programm sind Getriebe-, Differenzial- und Automatiköle. Spezialitäten, die für Restaurierungen notwendig sind, wie Rostumwandler, Flugrostentferner und überlackierbare Karosseriklebedichtmasse, Konservierungsprodukte und Korrosionsschutzflüssigkeiten, Steinschlag- und Unterbodenschutz in mehreren Varianten sind ebenfalls erhältlich. Zusammengefasst – für Wartung, Pflege und den fachgerechten Betrieb eines Oldtimers hat mapo-Schmierstofftechnik immer das Richtige.

MOTOREX GMBH SCHMIERTECHNIK
A-5400 Hallein, Bahnhofstraße 1
+43/6245/80922, motorex.at@motorex.com, www.motorex.at
Alte Liebe rostet nicht – daher gibt es die Classic Line von Motorex. Ob Vorkriegsveteranen oder Old- und Youngtimer, für alle gibt es indviduelle Schmierstoffanforderungen. Die umfassende Classic Line von Motorex ist auf die einzelnen Epochen abgestimmt und das Vollsortiment ist in allen gängigen Gebindegrößen erhältlich. Wichtig ist zu wissen, was für die jeweiligen Motoren richtig ist – damals wie heute.

WODOIL GMBH
A-1020 Wien, Hedwiggasse 2
+43/1/2183970, verkauf@wodoil.at, wodoil.at
A-4020 Linz, Unionstraße 75
+43/732/651496
A-2111 Harmannsdorf-Rückersdorf, Bahnstraße 3
+43/2264/20105
Bei Wodoil kann alles an Schmiermitteln bezogen werden. Ob

Wodoil Ges.m.b.H.

moderne Hochleistungsöle, Getriebeöle, Hydrauliköle – bis hin zu Super-Racing-Ölen und Fetten gibt es kaum etwas, was man hier nicht bekommt. Von mineralischen Ölen bis zu vollsynthetischen Schmiermitteln reicht die Palette. Auch Bremsflüssigkeiten und Pflegemittel werden angeboten.

SCHRAUBEN / MUTTERN / NIETEN

CLAUSEN SCHRAUBEN – KARL SPATH
A-1070 Wien, Neubaugasse 71
+43/1/5268506, karlspath@gmail.com
„Schraube ist nicht gleich Schraube" – daher: Im kleinen Geschäft Clausen Schrauben – Karl Spath in der Neubaugasse im 7. Wiener Gemeindebezirk – gibt es eine Unzahl von Aufbewahrungsbehältnissen, um von der kleinen bis zur großen

Schraube, Mutter und Niete alles übersichtlich aufzubewahren. Es gibt Schrauben sowohl in den unterschiedlichsten Zollmaßen als auch in metrischen Maßen – natürlich alles, was das Schrauberherz begehrt.

PAUL PARTS E.U. – FELIX P. WESCHITZ
Siehe unter Rubrik Ersatzteile/Zubehör.

SCHWEISS- UND LÖTARBEITEN

EDUARD HEGENBART GMBH – ING. ROMAN HEGENBART
A-1150 Wien, Beckmanngasse 36
+43/1/9824571, +43/664/2039000
roman@hegenbart.info, www.hegenbart.info

Eduard Hegenbart GmbH – Ing. Roman Hegenbart

In ihrer heutigen Form besteht die Firma Eduard Hegenbart GmbH seit dem Jahr 1953. Ing. Roman Hegenbart ist Kupferschmiedemeister in der vierten Generation und hat den Abschluss als Maschinenbauingenieur und Schweißtechnologe und führt die Firma seit 1995. Bei Hegenbart steht jede Art von Schweiß- und Lötarbeiten im Vordergrund. Spezielles Know-how ist aber beim Schweißen von Aluminium notwendig – ein Werkstoff, der speziell bei hochwertigen Oldies oder Autos für den Renneinsatz gern eingesetzt wurde. Es werden aber auch Sonderanfertigungen, Reparaturen und Restaurationen durchgeführt.

STRAHLTECHNIK

BEAUTY FOR YOUR BEAST! GERRY HOLZWEBER
Siehe unter Rubrik Autopflegespezialisten.

C&C STRAHLTECHNIK OG
Siehe unter Rubrik Oberflächentechnik.

COAT-EX GMBH – ENTSCHICHTUNGSTECHNIK
Siehe unter Rubrik Oberflächentechnik.

COLDPOWERCLEAN – HARALD SCHEIDL

A-3240 Mank, Schinderweg 3/3
+43/676/7333433
office@coldpowerclean.at, www.coldpowerclean.at
In der Kfz-Werkstätte mit 300 Quadratmetern, einer 4 Tonnen Hebebühne sowie zwei Strahlplätzen für Motoren, Achsen oder Kleinteilen werden die Trockeneis-Strahlarbeiten durchgeführt. Motor- und Innenraumreinigungen werden mit dieser Methode ohne Probleme für die Elektronik gemacht und sie ist somit aus dem Oldtimerbereich nicht mehr wegzudenken. Für die besonders empfindlichen Teile wie Holz, Fahrzeugtextilien und Elektrokomponenten wurde von Coldpowerclean eine spezielle Technik entwickelt. Auch „mobil" – direkt beim Kunden – kann gereinigt werden. Außer diesem wichtigen Bereich wird auch die Reparatur und Restaurierung von Kraftfahrzeugen angeboten.

Coldpowerclean – Harald Scheidl

Scheidl-Vetiska OG

COOLMÄX – INH. MARKUS KOLLMANN

A-8591 Maria Lankowitz, Werkstraße 113
+43/676/7258168, office@coolmäx.at, www.coolmäx.at
Der Spezialist für Strahlarbeiten an Oldtimern. Sandstrahlen, Glasperlstrahlen, Trockeneisreinigung, Unterboden- und Hohlraumschutz – all diese Tätigkeiten gehören zum Angebot von COOLMÄX. Mit diesen unterschiedlichen Strahlmethoden gibt es immer den richtigen Weg für die Bearbeitung von Fahrzeugen oder Fahrzeugteilen. Mit dem Abhol- und Zustellservice von Teilen oder dem ganzen Fahrzeug wird das Angebot für den Kunden noch ergänzt.

DENNL STRAHLTECHNIK

Siehe unter Rubrik Oberflächentechnik.

ERSTRAHLT TROCKENEIS – INH. MARKUS FALKENSSTETTER

A-4950 Altheim, Vierthalerstraße 5/1
+43/676/5905801
info@erstrahlt-trockeneis.at
www.erstrahlt-trockeneis.at
Sauber, effektiv und kosteneffizient – das junge, dynamische Team aus dem oberösterreichischen Innviertel wickelt die Aufträge durch den Einsatz von modernster Technik prompt und kompetent ab und bringt jegliche Oberfläche wieder zum Erstrahlen. Alles, was bei Oldtimern – egal ob auf zwei oder vier Rädern – entlackt oder gereinigt weden muss, ist in den Händen des Teams von „erstrahlt Trockeneis" in den besten Händen.

ICEBLAST GMBH – INH. MARKUS MARCHART

A-3110 Neidling, Dietersbergstraße 5
+43/660/8419886, office@iceblast.at, www.iceblast.at
Zu den Hauptaufgabengebieten von diesem modernen und flexiblen Dienstleistungsunternehmen zählen Trockeneisstrahlen und Trockeneisreinigung – egal ob mobil vor Ort oder stationär bei Iceblast. Mit langjähriger Erfahrung und modernstem Equipment ist Iceblast ein kompetenter Partner bei der Restauration eines Old- oder Youngtimers. In ausführlichen persönlichen Beratungsgesprächen werden gemeinsam individuelle Lösungen erarbeitet, um so die Wünsche und Vorstellungen des Oldie-Besitzers optimal zu verwirklichen.

KOPP – SANDSTRAHLTECHNIK

A-3443 Elsbach, Hofgasse 2
+43/660/4556605
info@sandstrahltechnik-kopp.at
www.sandstrahltechnik-kopp.at
Die Sandstrahltechnik hat sich viele Jahre bewährt und weiterentwickelt. Sandstrahltechnik Kopp hat sich auf das Feinsandstrahlen spezialisiert und kann damit ein weites Spektrum abdecken. Diese Technik ermöglicht eine optimale Verdichtung der Oberfläche und erhöht damit den Rostwiderstand. Speziell für Oldtimer, Motorräder, Karosserieteile und vieles mehr geeignet und mit Nachhaltigkeit, Kompetenz und Wirtschaftlichkeit durch die Fa. Kopp durchgeführt.

MINUS80GRAD –
TROCKENEISSTRAHLEN, ROLAND DAVID
A-2380 Perchtoldsdorf, Waldmüllergasse 21
+43/699/13925910
office@minus80grad.at, www.minus80grad.at
Minus80Grad ist der dienstälteste Trockeneis-Strahlbetrieb im
Wiener Raum. Hunderte gereinigte Kfz und der eigene Samm-

Minus80Grad – Trockeneisstrahlen Roland David

lungsbestand machen Minus80Grad zu dem Oldtimer Fachbetrieb schlechthin. Bei Bedarf wird ein Abhol- und Lieferservice
samt Transportversicherung angeboten. Der Chef selbst garantiert damit beste Ergebnisse! Eine Besonderheit von Minus-
80Grad ist der Verleih von Trockeneis-Strahlgeräten!

OZB GESELLSCHAFT FÜR
OBERFLÄCHENTECHNIK MBH
Siehe unter Rubrik Oberflächentechnik.

POLAR ICE CLEANING – FRANZ DUNST
A-8102 Semriach, Semriacherstraße 100
+43/664/4536229
office@picdf.at, www.trockeneis-steiermark.at
Die Reinigung mit Trockeneis ist in Österreich seit Langem für
viele Firmen interessant – so auch für Kfz-Werkstätten und
Oldie-Liebhaber. Polar Ice Cleaning von Franz Dunst ist so scho-
nend und effektiv, dass das behandelte Werkstück seinen alten

Polar Ice Cleaning – Franz Dunst

Glanz komplett zurückgewinnt. Besitzer von Oldtimern greifen
aufgrund der schonenden und innovativen Reinigung der Oberflächen vermehrt auf diese Reinigungslösung zurück. So werden
die kostbaren Besitztümer besonders nachhaltig gepflegt und
erhalten.

RRS – RIEDER REINIGUNG SERVICE
Siehe unter Rubrik Oberflächentechnik.

SCHÄRF KG – TROCKENEIS & STRAHLTECHNIK
A-2351 Wr. Neudorf, Gewerbepark – Ricoweg 30/B2
Zufahrt Hackelkreuzweg
+43/664/88513050, +43/2236/660971
office@strahl-center.at, www.strahl-center.at
Für eine professionelle Oldtimerrestaurierung ist es eine absolute Notwendigkeit, äußerst schonende, aber dabei gleichzeitig
effiziente Reinigungsmethoden zu verwenden, was mit der Tro-
ckeneisstrahltechnik gewährleistet ist. Dieser Geschäftszweig
wurde somit zum fix etablierten Einsatz in der Fahrzeugaufbereitung von Oldtimern. Sicher ist, im Bereich der Trockeneisstrahl-
technik kann auf fast jede Situation mit einer passenden Lösung
reagiert werden. Durch die eigene Trockeneisproduktion ist diese
Dienstleistung besonders flexibel und auch kostengünstig für
Kunden.

STADLER MANFRED GES.M.B.H. MIKE SANDERS
GENERALIMPORTEUR FÜR ÖSTERREICH
Siehe unter Rubrik Rostschutz.

ABSCHLEPPDIENST TOMAN GMBH

A-1230 Wien, Tenschertstraße 5
+43/1/61414 (SOS-24 Stunden-Hotline)
office@toman.co.at, www.toman.co.at
Die Toman-Flotte bietet ein europaweites Transportservice an und bringt Fahrzeuge – egal, ob es sich um Neu- oder Gebrauchtfahrzeuge, Luxuskarossen oder auch Motorsportfahrzeuge handelt – sicher, prompt und rasch an ihren Bestimmungsort. Speziell für wertvolle Oldtimer und Luxusfahrzeuge gibt es die Möglichkeit, den Transport auch im geschlossenen Anhänger sicher und zuverlässig abzuwickeln. Die jahrzehntelange Erfahrung, der vielseitige Leistungsbereich und die neueste Technologie sowie erfahrenes Personal führen zu optimaler Effizienz. Vom Motorrad bis zur Abholung nach Auktionen sowie auch Messetransporte – alles ist möglich. Und wenn es einmal schnell gehen muss, dann ist über die 24-Stunden-Hotline auch ein 24-Stunden-Service erreichbar: schnell – kompetent – zuverlässig!

ALBERT TRANSPORTE

A-8200 Ludersdorf-Wilfersdorf, Flöcking 235/16
Gewerbegebiet 4
+43/660/1558571
info@norbert-albert.at, www.norbert-albert.at
Die Partner aus der grünen Steiermark sind rund um die Uhr mit den Fahrzeugtransportern unterwegs. Offen oder im geschlossenen Transporter werden Oldtimer, Sportwagen oder sonstige

Albert Transporte

Fahrzeuge an ihren Bestimmungsort gebracht. Auch Fahrzeugrückholungen in ganz Europa werden angeboten, und da diese als Einzeltransporte durchgeführt werden, ist man zeitlich sehr flexibel und das Fahrzeug wird termingerecht zum gewünschten Ziel transportiert.

BIKETRANSPORT – BTB GMBH

A-2442 Unterwaltersdorf, Gottfried Vajan-Straße 5
+43/664/3206073, office@biketransport.at, biketransport.at
Biketransport führt seit über 10 Jahren Zweiradtransporte durch. Das Team weiß, worauf es ankommt. Oft gilt es, heikle Befestigungspunkte am Fahrzeug für einen sicheren Transport zu finden. Sie sind selbst Biker und wissen daher, wie und wo man Verzurrung korrekt anbringt. Gefahren wird mit einem geschlossenen Transporter und geschlossenem Anhänger, um eine Verschmutzung der Fahrzeuge zu vermeiden. Kein Bike ist zu groß oder zu klein, zu jung oder zu alt. Speziell bei Oldtimer Bikes, die oft Einzelstücke darstellen oder von besonderer emotionaler Bedeutung für die Besitzer sind, ist ein sicherer und zuverlässiger Transport wichtig. Gefahren wird in ganz Österreich und auch ins benachbarte Ausland.

Biketransport – Christian Belak

CAR & TRANSPORT GMBH

A-5300 Hallwang, Mayrwiesstraße 7a
+43/676/4444650 (24 Stunden-Hotline), +43/662/665454
office@car-transport.at, car-transport.at
Die europaweite Überstellung von Oldtimern, Sportwagen oder anderen Luxusfahrzeugen im geschlossenen Transporter gehört zu den Leistungen von Car & Transport. Vom Händler nach Hause, zur Reparatur in die Werkstätte oder zur nächsten Oldtimerveranstaltung – hier ist der kompetente und zuverlässige Partner für den Transport.

FRIKUS TRANSPORTLOGISTIK GMBH
A-8141 Premstätten, Industriestraße 30
+43/3135/500-0, office@frikus.com, www.frikus.com
Frikus bietet geeignete Flächen für die Einlagerung von Fahrzeugen und übernimmt sämtliche Verwaltungsagenden. Frikus ist ein kompetenter Partner für Fahrzeughersteller, Händler und

Frikus Transportlogistik GmbH

Private aus ganz Europa, die professionellen Transport und die dahinterstehende Logistik schätzen. Transportfahrzeuge mit Spezialaufbauten für verschiedene Fahrzeugtypen sind selbstverständlich.

GLÄSER JÖRG TRANSPORTSERVICE FÜR KFZ
A-1180 Wien, Herbeckstraße 59a
Gewerbestandort: A-2521 Trumau, Lüßstraße 2
+43/699/15215353
transport@glaesers.biz, www.oldtimertransport.at
Jörg Gläser Transportservice hat sich auf den Transport klassischer Fahrzeuge spezialisiert. Transportiert wird in einem Lkw oder Anhänger mit geschlossenem Aufbau. So werden die Oldies vor Regen, Schnee, Schmutz und neugierigen Blicken geschützt. Durch ein Kippplateau können auch Fahrzeuge mit wenig Bodenfreiheit problemlos geladen werden. Sollte der Motor nicht laufen, ist eine Seilwinde vorhanden. Bei jedem Handgriff für den Transport von Fahrzeugen wird auf die wertvolle Fracht geachtet, da nicht nur der materielle, sondern auch der ideelle Wert wichtig ist. Selbstverständlich sind alle Fahrzeuge während des Transports und bei der Be- und Entladung versichert.

Jörg Gläser Transportservice für Kfz

TRANSPORTSERVICE
FÜR
OLDTIMER — CLASSIC CARS — PKW — MOTORRÄDER

SPEZIALIST FÜR GESCHLOSSENE FAHRZEUGTRANSPORTE.
Wir transportieren individuell, nur Ihr Fahrzeug, lokal, national, international.

JÖRG GLÄSER TRANSPORTSERVICE FÜR KFZ
A-2521 Trumau, Lüßstraße 2
Postanschrift: A-1180 Wien, Herbeckstraße 59a
+43/699/15215353
transport@glaesers.biz
www.oldtimertransport.at

GS-AUTOTRANSPORT GERHARD SCHENKERMAYER
+43/660/5204746
office@gs-t.at
www.gs-autotransport.com
GS-Autotransport mit dem Standort in Mödling bietet Lösungen für Transportthemen vom Zweirad bis zum Oldtimer. Zur Verfügung stehen sowohl geschlossene wie auch offene Anhänger. Gerhard Schenkermayer ist auch zeitlich flexibel, wenn es einmal schnell gehen soll oder an einem Feiertag ein Transport notwendig ist.

LK CLASSIC – LASZLO KOVACS
Siehe unter Rubrik Restaurierungsbetriebe/Werkstätten.

Auf eine RayBAT fahren alle ab.

So viel mehr, als bloß eine Starterbatterie!

 Standzeiten von bis zu 1 Jahr

 Absolut sicher

 Keine Chance für Diebe

 3 bis 5x längere Lebenszeit

 Leicht wie eine Feder

 Einfach smart!

Besuchen Sie uns unter raybat.at für weitere Informationen.

PAPPAS CLASSIC
Siehe unter Rubrik Ersatzteile.

THOMAS LEBITSCH –
IHR PERSÖNLICHER TRANSPORTEUR
A-5020 Salzburg, Humboldtstraße 10
+43/676/9552106
info@thomas-lebitsch.at, www.thomas-lebitsch.at
Mit mehr als 20-jähriger Erfahrung als Berufskraftfahrer im In-
und Ausland – auch mit Gefahrengut – war der Weg in die
Selbstständigkeit von Thomas Lebitsch vorprogrammiert. Aufgrund seiner Erfahrung steht für ihn die Sicherheit der kostbaren
Fracht an oberster Stelle. Alles aus einer Hand wird angeboten,
von der Disposition bis zur Be- und Entladung beim Kunden. Auf
speziellen Wunsch werden auch geschlossene Transporte inklusive Begleitung von und zu Oldtimer-Rallyes oder auch Messe-
zustellungen durchgeführt. Steht ein Transport an – Thomas
Lebitsch ist der richtige Ansprechpartner.

TRANSVERS E.U.
A-6020 Innsbruck, Egger-Lienz-Straße 22/13
+43/699/12429725, office@transvers.net, www.transvers.net
Angeboten werden offene und geschlossene Transporter für die
Klassiker – das ganze Jahr und bei jedem Wetter, in ganz Europa
und bei Bedarf auch vom oder in den Orient. Ob zur Rennstrecke,
in die Werkstatt oder zu einem Oldie-Treffen, die passende
Lösung hat Transvers stets parat. Die beste Qualität bei der Auswahl von Transportmitteln und geprüftem Equipment zur
Ladungssicherung wird garantiert. Ebenfalls im Programm ist
die Vermietung von Anhängern für den Eigentransport des Fahrzeugs.

TUNING / HISTORISCHER RENNSPORT

AUTOMOTIVE COMPOSITE KOPPE GMBH
Siehe unter Rubrik Motorentechnik/Getriebe.

CLASSICS RELOADED HANDELS GMBH
Siehe unter der Rubrik Handel/An- und Verkauf.

ECURIE VIENNE AUTOMOBILE TECHNIK
JOHANNES HUBER GMBH
Siehe unter der Rubrik Handel/An- und Verkauf.

HISTO-TECH GMBH – GF MARKUS GRÄF
Siehe unter Rubrik Restaurierungsbetriebe/Werkstätten.

HUBER KFZ-TECHNIK GESMBH
Siehe unter Rubrik Restaurierungsbetriebe/Werkstätten.

JANSEN COMPETITION GMBH
A-3244 Ruprechtshofen, Ziegelofengasse 2
+43/2756/22660
info@jansen-competition.com, jansen-competition.com
Seit 1963 ist Jansen Competition Ansprechpartner in Sachen
Motorsportausrüstung, Kfz-Spezialteile und Oldtimerzubehör.
Falko Jansen, erfolgreicher Rallyefahrer, gründete die Firma vor
mehr als 50 Jahren und sein Sohn Mag. Hasko Jansen leitet diese
professionell mit persönlichem Service und umfassender technischer Beratung. Das Sortiment erstreckt sich von Fahreraus-
rüstung, Sicherheitstechnik über Bremsen, Kupplung und Hydraulik, Fahrwerkstechnik und vieles andere mehr. Ein großes
Lager garantiert auch die rasche Lieferung aller Teile. Besonders
interessant für Oldtimerbesitzer sind die Kühlschutzmittel von
Evans – synthetische, wasserlose Kühlflüssigkeiten, die eine
zuverlässige optimale Motorkühlung gewähren ohne die Nach-
teile wie Druck, Korrosion, Überhitzen, Kalkablagerungen etc.
von wasserbasierten Kühlflüssigkeiten. Ebenso bei Jansen
erhältlich sind alle Schmiermittel-Produkte aus dem Hause Mil-
lers. Ein Blick auf die Website lohnt sich.

Jansen Competition GmbH

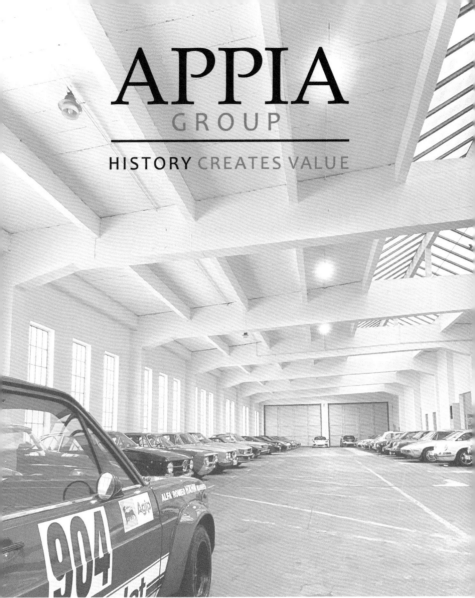

KLINGER OG KFZ- UND MOTORRADTECHNIK
Siehe unter Rubrik Motorentechnik/Getriebe.

KOFI'S CAR ART
Siehe unter der Rubrik Restaurierungsbetriebe/Werkstätten.

LEDL GES.M.B.H.
A-2523 Tattendorf, Pottendorfer Straße 73
+43/2253/81401, office@ledltuning.at, www.ledltuning.com
Ledl-Sportwagen und -Buggys sind in der Branche ein Begriff – und das seit über 45 Jahren. Günter Ledl, Jahrgang 1949, hatte schon in seiner Jugend nur eines im Sinn – Autos. Die Freizeit wurde mit Freunden der Vollgasbranche verbracht (Rindt, Prüller, Phillip, Peter, Kletzer), und schon damals wurde der Entschluss gefasst, einmal selbst ein Auto zu bauen. Im August 1973 wurde der Kunststoffbetrieb Ledl gegründet und somit der Grundstein gelegt. Noch heute ist die Firma Ledl auf Design, Produktion und Vertrieb von Polyesterteilen spezialisiert und bietet eine riesige Auswahl an externen Tuning-Teilen: Spoiler, Stoßstangen, Scheinwerferblenden ... mit hoher Passgenauigkeit und Stabilität.

OK-CLASSIC GMBH
Siehe unter Rubrik Handel/An- und Verkauf.

PROTOTECH – DI MARCUS LIPP
A-1210 Wien, Ichagasse 1
+43/664/73599048, m.lipp@prototech.at, prototech.at
Das Hauptaugenmerk bei Prototech liegt auf Konstruktion, Berechnung und Fertigung von Prototypen bzw. Teilen für Fahrzeuge. Aber die Abdeckung des Gesamtsystems „Fahrzeug" ist für das Unternehmen Grundlage des umfangreichen Angebots: Motoren- und Getriebebau, Rennfahrzeugbau, Rennbetreuung, Entwicklung und Fertigung von Fahrzeugteilen und nicht zuletzt auch Restauration. Für die perfekte Motorenabstimmung steht

Prototech – DI Marcus Lipp

ein stationärer Leistungsprüfstand zur Verfügung. „Entgegen der oftmals zitierten Ansicht, 80 % Leistung würden genügen, vertrete ich den Standpunkt, dass erst 100 % zu dem gewünschten Ziel führen", sagt Marcus Lipp.

SCHUBERT FAHRZEUGTECHNIK OG
Siehe unter Rubrik Restaurierungsbetriebe/Werkstätten.

WEITEC-TUNING – TONI WEISSENBÖCK
A-3834 Pfaffenschlag, Artolz 10
+43/664/2054750, office@weitec.at, www.weitec.at
Toni Weissenböck, der Inhaber von Weitec-Tuning, ist Insider der Histo-Cup-Szene. Er betreut einige Fahrer aus dieser historischen Rennszene punkto Optimierung der Technik wie Motor, Getriebe, Fahrwerk etc. Das Besondere an Weitec-Tuning ist die Tatsache, dass nach Überarbeitung eines Motors dieser an einem

Weitec-Tuning – Toni Weissenböck

stationären Prüfstand komplett durchgecheckt wird und alle Einstellungen überprüft werden. Die bevorzugte Marke ist Porsche, aber auch andere Marken werden gern übernommen. Bezüglich der Ersatzteile wurden neue, gebrauchte und Nachbauteile getestet und die besten und preiswertesten sind für Kunden auf Lager.

WERGINZ-MOTORSPORT – ING. HERIBERT WERGINZ
1230 Wien, Eduard Kittenbergergasse 56, Obj. 9
+43/664/3551428
werginz-motorsport@chello.at, www.werginz-motorsport.com
Die Präzision von mehr als 40 Jahren internationalem Motorsport hat das Team von Werginz-Motorsport geprägt. „Wir fangen dort zu arbeiten an, wo es für herkömmliche Gewohnheiten schon gut genug ist." Zum Einsatz kommen nur beste und erprobte Teile. Die Fahrzeuge werden nach den Kundenwünschen und Vorstel-

lungen bearbeitet und optimiert. Die Leidenschaft für Automobile, technische Weiterbildung am Puls der Zeit, im Rennsport und die ständige Umsetzung von Innovationen sowie ein eingespieltes kleines Team begeisterter „Schrauber" lassen bei Werginz-Motorsport ganze Automobile oder Renn- und Rallyefahrzeuge mit Alltagstauglichkeit sowie effiziente Hochleistungsmotoren, Getriebe, Achsen und ausgewogene präzise Fahrwerke entstehen, die, jedes für sich, einzigartig sind.

US-FAHRZEUGE

AMERICAN SPECIAL PARTS AUSTRIA – ASP RUDOLF KERSCHBAUMER KFZ-MEISTERBETRIEB
Siehe unter Rubrik Restaurierungsbetriebe/Werkstätten.

CLASSICS RELOADED HANDELS GMBH
Siehe unter Rubrik Handel/An- und Verkauf.

Classics Reloaded Handels GmbH – Hans-Peter Zwetti

MATTZGARAGE SPEEDSHOP
A-2232 Aderklaa, Gewerbestraße 1/Halle 5
+43/2247/20600, +43/650/4409935
office@mattzgarage.at, www.mattzgarage.at
MattzGarage wurde 2008 von Kfz-Meister Matthias Davidson gegründet. Das Team arbeitet mit viel Liebe zum Detail an Oldtimern und deren Technik. Sie sind Spezialisten für die Restaurierung, Instandsetzung, Wartung, Reparatur ... aller amerikanischer Fahrzeuge. „Wir machen Träume wahr" – alles aus einer Hand. US-Cars und Oldtimer werden hier wieder zu neuem Leben erweckt. Wer auf der Suche nach einem Klassiker ist, ist hier ebenfalls richtig und erhält professionelle Beratung.

OLD CAR GARAGE – RENÉ HÖLZL
Siehe unter Rubrik Restaurierungsbetriebe/Werkstätten.

OLD SKOOL GARAGE – KFZ-FACHWERKSTATT FINK JOHANNES
Siehe unter Rubrik Restaurierungsbetriebe/Werkstätten.

OLDTIMERVERKAUF.CC
Siehe unter Rubrik Handel/An- und Verkauf.

OLDTIMERVERMIETUNG.CC
Siehe unter Rubrik Events/Vermietung.

PEICHER AUTOMOTIVE
Siehe unter Rubrik Handel/An- und Verkauf.

US-ALTMANN CARS & BIKES
Siehe unter Rubrik Handel/An- und Verkauf.

US-AUTOMOBILE RIEKMANN
Siehe unter Rubrik Handel/An- und Verkauf.

VERGASER

KLINGER OG KFZ- UND MOTORRADTECHNIK
Siehe unter Rubrik Tuning/Historischer Rennsport.

VERGASERTECHNIK KNIEZANREK – ZÜNDUNGS- UND VERGASERTECHNIK
A-3484 Grafenwörth, Flurgasse 10, +43/664/9969199
office@vergasertechnik.com, www.vergasertechnik.com
Vergaser aller Herkunft werden bei Helmut Kniezanrek wieder
professionell instandgesetzt – und das seit 50 Jahren. In Rega-
len bis unter die Decke stapeln sich die unterschiedlichsten
Vergasermodelle. Herr Kniezanrek hat über die Jahre eine Vielzahl an Ersatzteilen gesammelt und hat immer die richtige
Lösung parat. Die Vergaser werden gereinigt, gestrahlt und,
wenn notwendig, mit dem originalen Ersatzteil wieder repariert.
Wenn man das gute Teil dann abholt, sieht es wieder aus wie neu.
Auch zu Fragen über den Sinn und Unsinn von diversen Tuning-
maßnahmen gibt es hier ehrliche und kompetente Ratschläge.
Vergasertechnik Kniezanrek ist für Oldiefans ganz sicher die
erste Adresse in Sachen Vergaser.

Helmut Kniezanrek Vergasertechnik – Zündungs- und Vergasertechnik

VERGASERTECHNIK Kniezanrek

Fachwerkstatt für Zündungs- und
Vergasertechnik
www.vergasertechnik.com
office@vergasertechnik.com
Czerningasse 7, 1020 Wien
+43 1 2145432

WERKSTÄTTEN

Siehe Restaurierungsbetriebe/Werkstätten.

GEDORE
WERKZEUGE FÜRS LEBEN

WERKZEUG

WESTFALIA HANDELS GMBH
A-4943 Geinberg, Moosham 31
+43/7723/4275954
info@westfalia-versand.at, www.westfalia-versand.at
Seit über 90 Jahren ist Westfalia das Spezial-Versandhaus für
Werkzeug, Elektronik, Autozubehör und vieles mehr – es gibt
fast nichts, was es hier nicht gibt. Egal, ob man hier das richtige
Werkzeug für Hobby und Freizeit oder für Profis sucht – bei
Westfalia ist man richtig. Von A wie „Ausbeul-Werkzeug" bis Z
wie „Zündkerzen-Werkzeug" gibt es jede Menge und die Liste der
Spezialwerkzeuge für Autoreparaturen ist schier endlos. Ein
wahres Paradies für Oldtimerfans und die, die es noch werden
wollen.

ZYLINDERSCHLEIFEREI

BENTZA ANDREAS, ING. – ZYLINDERSCHLEIFER
Siehe unter Rubrik Motorentechnik/Getriebe.

SCHLOFFER BRUNO
Siehe unter Rubrik Motorentechnik/Getriebe.

OLDTIMER TAGE A
29./30.4.2023

Das Wochenende der historischen Fahrzeuge in Österreich am 29./30. April 2023

www.oldtimertage.at

Das Kuratorium Historische Mobilität Österreich (ÖMVV und AMV) initiiert auch 2023 ein Wochenende, das auf den hohen Stellenwert der historischen Fahrzeuge in Österreich vermehrt aufmerksam machen soll. Alle Clubs, Museen und individuellen Besitzerinnen und Besitzer von historischen Fahrzeugen sind aufgerufen, an diesem Wochenende die historischen Fahrzeuge zu bewegen, zu zeigen und auszustellen.

Es gibt dafür verschiedene Möglichkeiten:
- Ausrichtung von Clubveranstaltungen
- Eine Teilnahme an einer der vielen Veranstaltungen in allen Landesteilen
- Eine individuelle Ausfahrt mit Ihrem Oldtimer
- Ein Besuch eines der offenen Museen
- Wecken Sie ihr Fahrzeug aus dem Winterschlaf und zeigen Sie es auf der Straße!
- Aufkleber „OLDTIMERTAGE" solange der Vorrat reicht

Tragen Sie Ihre Veranstaltung unter www.oldtimertage.at ein.
Aufkleber sind bei den Clubs und Veranstaltern erhältlich.

Es freut uns, wenn die Idee auch in Österreich gut ankommt und wir damit den Stellenwert unserer historischen Fahrzeuge vergrößern und einer breiten Öffentlichkeit näherbringen. Wir bewahren Kulturgüter und wollen das historische Erbe pflegen, bewegen und für jüngere Generationen „erfahrbar" erhalten.

www.oemvv.at   www.khmoe.at   www.austria-motor-veterans.at

VERAN STALT UNGEN

HISTO CUP

14. – 16. April, Saisonopening Pannoniaring

Alle Jahre wieder gibt es die größte historische Rennszene Zentraleuropas! Und als alljährliches Programm bewegen sich wieder die Rennfahrzeuge vergangener Jahrzehnte mit sehenswerten Driftwinkeln und rauchenden Reifen auf den Rennstrecken Österreichs und der angrenzenden Nachbarländer – zur Freude des am Motorsport interessierten Publikums – und das noch dazu mit Fahrzeugen aus längst vergangenen Tagen.

Vom schnellen Mini über BMW, Porsche, Alfa Romeo oder Corvette – viele Schmuckstücke sind vertreten und auch prominente Gaststarter werden wieder Rennfeeling schnuppern und die Fans begeistern. Motorsport vom Feinsten gibt es ab April bis Mitte Oktober – mit der Saisoneröffnung vom 14. – 16. April am Pannoniaring und dem Saisonende vom 6. – 8. Oktober in der Tschechischen Republik.

ORGANISATION

Business Consulting Marketing- und Eventmanagement GmbH
David Steffny
A-5026 Salzburg, Iganz Rieder-Kai 83
+43/660/6656440
info@histocup.com, www.histocup.com

TERMINE

14. April – 16. April Saisonopening Pannonia-Ring (H)

28. April – 30. April Gastspiel Italia Part 1, Mugello (I)
12. Mai – 14. Mai Brno Historic, Automotodrom Brno (CZ)
26. Mai – 28. Mai Histo Cup Red Bull Ring (A)
16. – 18. Juni Croatia Historic, Grobnik, Rijeka (HR)
21. – 23. Juli Gastspiel Italia Part 2, Misano (I)
11. – 13. August Sunset Race Slovakia, Slovakiaring (SK)
15. – 17. September Salzburg Historic, Salzburgring (A)
06. – 08. Oktober Histo Cup Finale, Autodrom Most (CZ)

SÜDSTEIERMARK CLASSIC
27. – 29. April, Südsteiermark/Gamlitz

Seit 2001 der Inbegriff von Klassik und Nostalgie, landschaftlicher Einmaligkeit, Gesellikeit und kulinarischem Genuss. Das alles, verbunden mit sportlichem Ehrgeiz, Exklusivität und Begeisterung macht die Südsteiermark-Classic mit Start und Ziel in Gamlitz aus. Mehr als 200 Anmeldungen können die Veranstalter Jahr für Jahr verzeichnen, aber die Topografie, verbunden mit dem Qualitätsverständnis der Veranstalter, lässt nur ein limitiertes Starterfeld zu. Die landschaftliche Einmaligkeit der Südsteiermark bildet das Ambiente für die sportliche und exklusive Oldtimerrallye, und die Veranstaltung kann als der ultimative Reiseführer durch die steirischen Weinberge bezeichnet werden. Die Tage in der steirischen Hügellandschaft werden zu einem Treffen rollenden Kulturgutes, zur Freude der Zuschauer und Begeisterung der Teams.

ORGANISATION
Südsteiermark-Classic
Motorsportveranstaltungs GmbH
A-8010 Graz, Humboldtstraße 16
+43/664/5035903
+43/664/1603125
office@suedsteiermark-classic.com
www.suedsteiermark-classic.com

UNTERKUNFT
Tourismusverband Südsteiermark
A-8530 Deutschlandsberg, Hauptplatz 40
+43/57730
office@suedsteiermark.com
www.suedsteiermark.com/de

36. KITZBÜHELER ALPENRALLYE

24. – 27. Mai, Tirol/Kitzbühel

Träume erleben, Träume erfahren: das Credo der Kitzbüheler Alpenrallye 2023! Classic Cars im Herzen der Alpen. Seit 1988 heißt es einmal jährlich in Kitzbühel: Gentlemen start your engines! Kitzbühel, die „Sporthauptstadt der Alpen", ist nicht nur im Winter ein Highlight. Fast 600 Kilometer haben die Teilnehmer zu bewältigen, denn Kitzbühel und die traumhafte Umgebung sind eines der letzten Reservate für Abenteuer auf vier Rädern. Kraft, Eleganz und ungezügelte Technik erobern die Alpenpässe und die Fahrer und Beifahrer werden die Schönheit der Berge genießen. Viele atemberaubende Rennsportmodelle der Vorkriegsjahre, elegante Coupés, Roadster und kostbare Limousinen der Fünfziger-, Sechziger- und frühen Siebzigerjahre werden für glänzende Augen bei den Zuschauern sorgen. Und natürlich werden wieder prominente Teilnehmer aus Rennsport, Film, Showbusiness und Wirtschaft bei der Alpenrallye am Start sein.

ORGANISATION
Kitzbüheler Alpenrallye GmbH
Florian Zinnagl
A-6370 Kitzbühel, Sportfeld 2
+43/5356/73160
rallye@alpenrallye.at
www.alpenrallye.at

UNTERKUNFT
Kitzbühel Tourismus
+43/5356/66660
info@kitzbuehel.com
www.kitzbuehel.com

FIVA WORLD EVENT - MOTORCYCLE RALLYE 2023
100 JAHRE - TOURIST TROPHY (T.T.) AUSTRIA

Mittwoch, 10. Mai bis Sonntag, 14. Mai 2023
2345 Brunn am Gebirge bei Wien

Tag genau zum 100-Jahr Jubiläum veranstaltet der ÖMVC (Österreichischer Motor Veteranen Club) Tourist-Trophy Gedenkrundfahrten im Rahmen des FIVA Motorcylce Events 2023. Es werden rund 100-150 Gäste aus dem In- und Ausland erwartet. Jeden Tag ist Start- und Ziel der Fahrten über die Höhenstraße und zum Semmering in Brunn am Gebirge. In den Jahren 1899 bis 1933 fand das legendäre Semmering Rennen mit großer Motorradbeteiligung statt. Der Freitag steht im Zeichen der Wiener Höhenstraße und dem umliegenden Wienerwald mit seinen einmaligen Ausblicken auf die Stadt. Im Rahmen der Fahrt dorthin werden auch einige Streckenabschnitte der T.T. aus dem Jahr 1925 befahren. Am Samstag, den 13. Mai 2023 ist das Zentrum des Events Breitenfurt mit einer Rundfahrt der legendären T.T. Strecke folgend.

Anmeldung und Information unter: www.rallyeorg.at

GAISBERGRENNEN 2023

8. – 10. Juni, Salzburg

Alle Jahre wieder findet das „Gaisbergrennen für historische Automobile" statt. In Salzburg sind Klassiker aus den weltweit wertvollsten automobilen Sammlungen zu sehen und das Flair der historischen Bergrennen ist hautnah spürbar – es geht um Gleichmäßigkeit, aber man kann ja auch gleichmäßig schnell sein. Donnerstag beginnt es mit der Fahrzeugpräsentation im Schloss Hellbrunn, anschließend geht es in die Salzburger Altstadt, am Residenzplatz, danach der Start zum Stadt-Grand Prix. Der Freitag ist den Wertungsläufen am Gaisberg gewidmet, am Samstag sagt man am Salzburgring „Bühne frei" für die rennbegeisterten Teilnehmer und Zuschauer. Diese Veranstaltung erfreut sich beim Publikum und den Teilnehmern größter Beliebtheit und wird heuer sicher wieder ein Highlight der Saison mit dem schon traditionellen Höhepunkt – der Siegerehrung im Hangar-7.

ORGANISATION
SRC Salzburg Rallye Club OG
A-5020 Salzburg, Friedensstraße 11
+43/662/216002
info@src.co.at
www.src.co.at

UNTERKUNFT
• Amadeo Hotel Schaffenrath
  +43/662/63900-0
  info@amadeohotel.at, amadeohotel.at
• Hotel Gersbergalm
  +43/662/641257
  office@gersbergalm.at, www.gersbergalm.at

HÖLLENTAL CLASSIC

30. Juni – 1. Juli, Niederösterreich/Reichenau an der Rax

Von Rallyefahrern für Rallyefahrer! Das Höllental – ein beliebtes Ausflugsziel für Wanderer, Motorradfahrer und Oldtimerfahrer, ist ein 16,5 Kilometer langes Tal zwischen Schneeberg und Rax. Am südlichen Ende des Höllentales befindet sich Reichenau an der Rax mit seinem Schloss, dem Start- und Zielort der Höllental Classic (HTC). Die Strecke der HTC führt alljährlich auf neuen Strecken, heuer durch drei Bundesländer: Niederösterreich, Steiermark und Burgenland. Diese sportlich ausgerichtete Oldtimerrallye ist auf Gleichmäßigkeit ausgerichtet und es sind einige Timingprüfungen sowie Schnittprüfungen zu absolvieren.

Bei der HTC gibt es verschiedene Möglichkeiten der Teilnahme: Gesamtwertung, Sanduhrklasse und „fun-Klasse" – so ist für jeden Geschmack etwas dabei.

ORGANISATION

Jirowsky GbR
Fritz Jirowsky, +43/660/4523534
fritz.jirowsky@e4cc.com
www.e4cc.com

UNTERKUNFT

Tourismusbüro Reichenau an der Rax
+43/2666/52865
tourismus@reichenau.at
www.reichenau.at

ENNSTAL-CLASSIC
19. – 22. Juli, Steiermark/Erlebnisregion Schladming-Dachstein

Die Ennstal-Classic 2023 geht wieder über die Bühne, und zwar heuer vom 19. bis 22. Juli. Sie bietet im Überfluss Freuden und Emotionen, die heutzutage immer seltener zu erleben sind – nämlich beim Autofahren im letzten Paradies. Seit mehr als 30 Jahren gilt die Ennstal-Classic weit über die Szene der Oldtimer-Fans hinaus als DER schillernde Sommer-Event mit dem Bestreben, das Kulturgut Automobil hochleben zu lassen.

Es gibt viele Classic-Events mit dem Blech der frühen Jahre. Was aber die Ennstal-Classic aus dem Terminkalender heraushebt, ist die Leidenschaft!

Sie löst für die Teilnehmer ein Rückfahrticket in die Jugend, sie steht für pures Autofahren auf den schönsten Alpenstraßen Österreichs mit elitären Autos in einer durch Begeisterung geprägten Atmosphäre von Gleichgesinnten.

ORGANISATION
Ennstal-Classic GmbH
A-8962 Gröbming, Kirchplatz 15
+43/3685/23270
office@ennstal-classic.at
www.ennstal-classic.at

UNTERKUNFT
Erlebnisregion Schladming-Dachstein
www.schladming-dachstein.at

AUTOFAHREN IM LETZTEN
PARADIES 2023

ÖTZTAL CLASSIC
3. – 5. August, Tirol/Ötztal

Wenn etwas jahrelang veranstaltet wird, spricht das für den Event und die Veranstalter. Das Ötztal mit seinen rund 65 Kilometern Länge ist an landschaftlicher Schönheit kaum zu überbieten. Die Strecke führt über 420 Kilometer faszinierende Bergwelt, sowohl in Tirol als auch nach Südtirol. Im Herzen geht es primär darum, die Liebhaberstücke auszuführen und mit Stolz auf dieses historische Kulturgut zu verweisen. Den sportlichen Aspekt bringen die Wertungsprüfungen. Das Ötztal hat in Sachen Motorsport eine alte Tradition. Allen voran die Bewerbe zur Bergeuropameisterschaft in den 1960er-Jahren, als die besten Fahrer der Welt die Timmelsjochstraße hinaufglühten. Bei der Ötztal Classic geht es zwar nicht um reine Geschwindigkeit, aber sportlicher Ehrgeiz sollte schon vorhanden sein, um die mit Serpentinen gespickten Bergstraßen mit möglichst wenig Strafpunkten zu bewältigen.

ORGANISATION
Oldtimer Club Ötztal, A-6441 Umhausen,
Gewerbegebiet Vorderes Ötztal 2
Gerhard Holzknecht/Rennleiter, +43/664/8214650
oldtimer.claudia@steintec.at, www.oetztal-classic.at
UNTERKUNFT
- Haus Marita/Ötz, www.hausmarita.at
- Pension Gerhard/Ötz, www.pension-gerhard.com
- Pension Stecher/Ötz, www.pension-stecher.at
- Posthotel Kassl/Ötz, www.posthotel-kassl.at
- Jägerhof/Oetz, www.der-jaegerhof.at
- Appartement Hotel Perberschlager, www.perberschlager.at
- Activehotel Waldhof/Habichen, www.waldhof.at
- Hotel Habicherhof/Habichen, www.habicherhof.at
- Active Panoramahotel Daniel/Sautens, www.hotel-daniel.com
- Hotel Bergland/Sölden, www.bergland-soelden.at
- Hotel Central/Sölden, www.central-soelden.com
- Hotel Aquadom/Längenfeld, office@aqua-dome.at

VIENNA CLASSIC DAYS

26. – 27. August, Wien

Seit fast 30 Jahren sind die Vienna Classic Days Tradition und auch zum Kultevent geworden: Jeden Sommer wird aus der Walzerstadt die Oldtimerstadt Wien! Rund 600 Menschen mit mehr als 250 faszinierenden Automobilen kommen aus ganz Österreich und vielen Ländern Europas nach Wien. Tausende begeisterte Zuschauer können automobile Faszination und Geschichte von über 100 Jahren erleben. Traditionelle Programmpunkte, wie die Fahrt durch die Innenstadt, der Abendausklang im Schloss Neugebäude und das Oldtimer Picknick im Donaupark dürfen nicht fehlen. Neue Programme und Partnerschaften sorgen stets für neue Erlebnisse und neue Eindrücke. Den Höhepunkt bildet die traditionelle große Parade über den Prachtboulevard Wiener Ringstraße. Hinkommen, schauen und staunen – das wird wieder ein „rollendes Automuseum", das man sonst nirgends so nahe erleben und genießen kann!

ORGANISATION
Motor Mythos Bromberger BROmotion
A-1190 Wien, Barawitzkagasse 22
+43/1/7137814, +43/676/87557001
motor-mythos@bromberger.at
www.viennaclassicdays.com

UNTERKUNFT
www.wien.gv.at/tourismus

P´DORF CHARITY CLASSIC 2023

8. – 9. September, Niederösterreich/Perchtoldsdorf

Die P'dorf Classic 2023 wird wieder als Zwei-Tages-Veranstaltung durchgeführt. Die TeilnehmerInnen werden voraussichtlich um 15:00 Uhr am Marktplatz von Perchtoldsdorf zu einem rund 70 km langen Prolog starten, um sich im Anschluss zu einem gemütlichen Begrüßungsabend bei einem Heurigen in Perchtoldsdorf einzufinden. Am Samstag führt die Strecke durch die schönsten Gegenden des Wienerwalds. An beiden Tagen erwarten die Teilnehmer:innen neben den sportlichen Prüfungen auch Sonderprüfungen, welche vielleicht die eine oder andere Überraschung, aber auf jeden Fall viel Spaß versprechen werden. Die Siegerehrung am Samstagabend wird im Porschezentrum Wien-Liesing im Rahmen eines Galadinners mit entsprechender Weinbegleitung stattfinden. Der Reinerlös der Veranstaltung kommt wieder wohltätigen Zwecken zugute.

ORGANISATION
Rotary Club Perchtoldsdorf
c/o Kanzlei RA Mag. Sebastian Klackl
A-2380 Perchtoldsdorf, Marktplatz 17/1/3
+43/1/8900061
office@pdorf-classic.at
www.rotaryperchtoldsdorf.at/rallye

UNTERKUNFT
• Hotel Karl Wirt
  www.karlwirt.at
• Hotel Perchtoldsdorf
  www.hotel-perchtoldsdorf.at

VENTILSPIEL

30. September, Steiermark „Red Bull Ring"

„Motorsport wie damals". Das ist das Credo dieses Tages. Diese Oldtimerveranstaltung ist ein echter Geheimtipp und ein Spaß für die ganze Familie — von acht bis achtzig. In den vier Fahrzeugklassen können Fahrer ohne Lizenz oder Wagenpass teilnehmen — Hauptsache, die Fahrzeuge entsprechen dem Reglement. In der Gruppe 1 fahren Formelfahrzeuge, die damals schon begeisterten und auch heute noch Rennfeeling versprühen. In der Gruppe 2 matchen sich die Fahrer mit ihren schnellen GTs und Rennwagen ohne Straßenzulassung, wobei auch Rennreifen erlaubt sind. In der Gruppe 3 fahren Klassiker bis Baujahr 1973 und in der vierten Gruppe Klassiker ab Baujahr 1973. Es gibt einen Trainingslauf und drei Wertungsläufe zu je 25 Minuten. Weil hier Fahrspaß im Vordergrund steht, ist diese Veranstaltung ein Muss für alle Oldie- und Rennsportfans.

ORGANISATION

Ventilspiel GmbH
A-2380 Perchtoldsdorf
Waldmüllergasse 21
Roland David, +43/699/13925910
office@ventilspiel.at
www.ventilspiel.at

UNTERKUNFT

- www.gschloessl-murtal.at
- www.hotel-steirerschloessl.at
- www.landhotel-schoenberghof.at
- www.hotel-hofwirt.at

Rallye Historiale

1. Oktober, Niederösterreich/Brunn am Gebirge

Vom Veranstaltungszentrum BRUNO in Brunn am Gebirge geht es über die schönsten Straßen des Wienerwalds und der Thermenregion bis ins Mittelburgenland. Die Gesamtlänge der Rallye beträgt zirka 220 Kilometer, mit voraussichtlich 15 bis 25 Einzelzeitmessungen. Es gibt die Wertungsgruppen Sport, Classic und Trophy, somit ist für alle TeilnehmerInnen etwas dabei. Die Rallye ist der letzte Lauf zur Staatsmeisterschaft 2023 des ÖMVV. Die Streckenführung ist abwechslungsreich und lädt zur Entschleunigung ein. Trotzdem sollte man mit Stoppuhr und Roadbook umgehen können, um die vielseitigen Prüfungen gut zu meistern. Fahren durch Land und Zeit wird zum einzigartigen Erlebnis. Das Publikum ist jedes Jahr herzlich zu der traditionellen und beliebten Fahrzeugpräsentation beim Ziel in Brunn am Gebirge eingeladen und kann dort hautnah das rollende Museum bestaunen!

ORGANISATION
Österreichischer Motor Veteranen Club/ÖMVC
Ing. Robert Krickl
+43/676/6004582
rallye-historiale@gmx.at
www.historiale.at

UNTERKUNFT
www.brunnamgebirge.at/themen
gastronomie-hotels/hotels

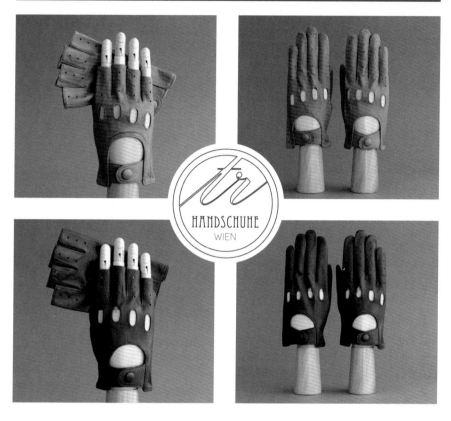

JETZT NEU: TR-Fahrhandschuhe bei GRANDPRIX ORIGINALS

Die Thomas Riemer Handschuhe werden in Wien entworfen und in einer hochspezialisierten Werkstatt in Ungarn hergestellt. Dabei kommen traditionelle Techniken, alte Maschinen und Werkzeuge sowie die Fähigkeiten von Handschuhmachern mit über 40 Jahren Erfahrung zum Einsatz. Was die Handschuhe wirklich einzigartig macht, ist die Mischung aus erstklassigen Materialien, das Streben nach perfekter Passform und die Präzision in der Herstellung. Mit TR-Fahrhandschuhe, gefertigt aus hochwertigem norwegischem Hirschleder hat man den Klassiker jederzeit fest im Griff. Alle Handschuhe werden von

Hand am Tisch geschnitten, ein Paar nach dem anderen. Die Schneider bereiten das Leder 24 Stunden vorher vor, indem sie es einweichen und dehnen. Dabei wird der Qualität, der Narbung und den Dehnungseigenschaften des Leders größte Aufmerksamkeit gewidmet. Die Fertigkeiten, das Wissen und das Fingerspitzengefühl des Schneiders sind entscheidend für die Herstellung eines Paars gut sitzender, handgefertigter Handschuhe von außergewöhnlicher Qualität.

Webshop: www.grandprix-originals.at

GRANDPRIX ▌▌ORIGINALS

Schauraum und Lager: Classic Depot, Stachegasse 18, 1120 Wien
Terminvereinbarung: +43 664 620 11 10, office@grandprix-originals.at

MÄRZ

51. INTERNATIONALE ZIELFAHRT NACH STEYR „ZUR STYRABURG"
1. März – 31. Oktober, OÖ/Jahresbewerb
Organisation: 1. Motor-Sport-Club-Steyr E.V. 1960
Alfred Michlmayr, +43/676/5533107
msc.steyr@gmail.com, www.msc-steyr.at

ARC BLAUFRÄNKISCHLAND RALLYE
3. – 4. März, Burgenland/Neckenmarkt/Ritzing
Organisation: GP Racing GmbH / MCL 68
Georg Gschwander, +43/664/4653816
office@gpracing.at, www.blaufraenkischlandrallye.at

REBENLAND RALLYE – HISTORIC RALLYE CUP DER AMF
17. – 18. März, Steiermark/Rebenland/Leutschach
Organisation: Tourismusverein Leutschach an der Weinstraße
i.renner@leutschach-weinstrasse.gv.at
www.austria-motorsport.at/events

SCHNEEROSENFAHRT
19. März, Niederösterreich/Berndorf
Organisation: KARO-Club-Österreich
Jürgen Splet, karoclub@gmx.at
www.karoclub.at

APRIL

INTENSIVTRAINING BY E4CC.COM
1. – 2. April, Niederösterreich/Wr. Neustadt
Organisation: e4cc.com, Fritz Jirowsky, +43/660/4523534,
fritz.jirowsky@e4cc.com, www.e4cc.com

SAISONERÖFFNUNG IM TRAKTORIUM
9. April, Niederösterreich/Poysdorf
Organisation: Oldtimerclub Poysdorf, Hanni Parisch
+43/664/5622674
www.oldtimerclub-poysdorf.at

TRADITIONELLE OSTERFAHRT – OSTERMONTAG
10. April, Oberösterreich/Steyr
Organisation: 1. Motor-Sport-Club-Steyr E.V. 1960
Alfred Michlmayr, +43/676/5533107
msc.steyr@gmail.com, www.msc-steyr.at

OLDTIMERTREFFEN FÜR TRAKTOREN, AUTOS UND MOTORRÄDER
10. April, Niederösterreich/Leiben
Organisation: Historische Landtechnik Österreich/HLTÖ
Martin Trausnitz, +43/664/73754606
office@hltoe.at, www.hltoe.at

HISTO CUP
14. – 16. April, Saisonopening Pannonia-Ring (H)
Organisation: Business Consulting Marketing-
und Eventmanagement GmbH
David Steffny, A-5026 Salzburg, Iganz Rieder-Kai 83
+43/660/6656440, info@histocup.com
www.histocup.com

Schneerosenfahrt

Histo Cup

OLDTIMER RALLYE-SCHULUNG – GRUNDKURS MIT TRAININGSRALLYE

14. – 16. April, Niederösterreich/Wachau
Organisation: Ing. Gerhard Mischka
+43/699/11283684, mischka@oldtimerschulung.at
www.oldtimerschulung.at

WEINBERGERHOLZ LAVANTTAL RALLYE – HISTORIC RALLYE CUP DER AMF

14. – 15. April, Kärnten/Lavanttal/Wolfsberg
Organisation: Motor Sport Club Lavanttal
office@msc-lavanttal.at, www.msc-lavanttal.at
www.austria-motorsport.at/events

NFC MUSEUMSFAHRT

15. – 16. April, Oberösterreich/Ried nach Deutschland/
Dingolfing
Organisation: NFC-Ried, Erlachner Josef
+43/664/75153175, www.nfc-ried.at

CLASSIC-SHORTTRACK

15. April, Kärnten/St. Jakob im Rosental
Organisation: 1. C.A.R. Team Ferlach
+43/680/3048151, c.a.r.team.ferlach@aon.at
www.carteamferlach.at

KMVC OLDTIMER- UND KULTURREISE, RHEIN – MOSEL

15. – 22. April, Deutschland
Organisation: KMVC, Kärntner Motor Veteranen Club
Gerhard Setschnagg, +43/664/5023429
g.setschnagg@kmvc.at, kmvc.at

LCÖ – FRÜHJAHRSAUSFAHRT

16. April, Weinviertel
Organisation: Lancia Club Österreich/LCÖ
+43/676/5507569, office@lcoe.at
www.lanciaclub-oesterreich.at

GARANTA POWER-WARM-UP

16. April, Niederösterreich/Wachau
Organisation: Oldtimer Rallye-Schulung
Gerhard Mischka, +43/699/11283684
mischka@oldtimerschulung.at
www.oldtimerschulung.at

JAGUARCLUB AUSTRIA – SAISONERÖFFNUNG, AUSFAHRT REGION SÜD

21. April, Österreich
Organisation: Jaguarclub Austria
www.jaguarclubaustria.at

CLASSIC AUSFAHRT-TREFFEN 2023

22. April, Niederösterreich/Mostviertel
Organisation: ÖAMTC ZV Amstetten
Manfred Fichtinger, +43/664/2216117
Günther Kurzmann, +43/660/6009900
office@oeamtc-zv-amstetten.at
www.oeamtc-zv-amstetten.at

OÖMVC FRÜHJAHRSAUSFAHRT

22. April, Oberösterreich
Organisation: Oberösterreichischer
Motor Veteranen Club/OÖMVC
Günter Peisl, +43/660/2686793, www.ooemvc.at

FUCHS SILKOLENE MOTORRADBERGRENNEN LANDSHAAG – ST. MARTIN

22. – 23. April, Oberösterreich/Landshaag
Organisation: MSC Rottenegg, Markus Altenstrasse
+43/664/840 77 28, info@bergrennen.at
www.bergrennen.at
Lauf zur Hist. Bergeuropameisterschaft,
Lauf zur Hist. Österreichischen Motorrad-
Bergrennsport-Staatsmeisterschaft.

PCCA AUTOSLALOM
22. April, Niederösterreich/Bruck an der Leitha
Organisation: Porsche Classic Club/PCCA Ost
www.porsche-classic-club.at

CVW-FRÜHJAHRSAUSFAHRT
23. April, Österreich
Organisation: CVW – Club der Veteranenfreunde Wien
+43/676/4754578, office@cvw.at, www.cvw.at

OLDTIMER RALLYE-SCHULUNG – GRUNDKURS
23. April, Wien
Organisation: Ing. Gerhard Mischka, +43/699/11283684
mischka@oldtimerschulung.at, www.oldtimerschulung.at

STOF FRÜHJAHRSAUSFAHRT
23. April, Steiermark/Graz
Organisation: Steirische Oldtimer Freunde/STOF
Herbert Schinnerl, +43/650/3930224
office@stof.at, www.stof.at

8. OLDTIMERTREFFEN ENZERSFELD
23. April, Niederösterreich/Weinviertel/Enzersfeld
Organisation: Dorferneuerungsverein Enzersfeld
Alexander Taudes-Hutterstrasser, +43/664/4366383
office@doern-enzersfeld.at
www.doern-enzersfeld.at

SÜDSTEIERMARK CLASSIC 2023
27. – 29. April, Südsteiermark/Gamlitz
Organisation: Südsteiermark Classic
Motorsportveranstaltungs GmbH
+43/664/5035903, +43/664/1603125
office@suedsteiermark-classic.com
www.suedsteiermark-classic.com

Südsteiermark Classic

HISTO CUP
28. – 30. April Gastspiel Italia Part 1, Mugello (I)
Organisation: Business Consulting Marketing-
und Eventmanagement GmbH
David Steffny, A-5026 Salzburg, Iganz Rieder-Kai 83
+43/660/6656440, info@histocup.com
www.histocup.com

RECHBERGRENNEN
28. – 30. April, Steiermark/Tulwitz/Fladnitz
Organisation: Rechbergrennen GmbH
info@rechbergrennen.co.at
peter.eibisberger@rechbergrennen.co.at
mario.klammer@rechbergrennen.co.at
www.rechbergrennen.co.at
www.austria-motorsport.at/events/
oester-motorsportkalender

ÖRC FRÜHJAHRSAUSFAHRT
28. – 30. April, Österreich
Organisation: Österreichischer Rover Club/ÖRC
office@roverclub.at
www.roverclub.at

KRAIGERBERG CLASSIC –
KLEINER PREIS VOM KRAIGERBERG
28. April, Kärnten/Kraig
Organisation: Luttenberger Eventmarketing
+43/664/2105589
luttenberger@micros.at, kraigerberg.at

RALLYE AKADEMIE 2023
29. April, Niederösterreich/Brunn am Gebirge
Veranstaltungszentrum BRUNO
Organisation: RallyeOrg Ing. Robert Krickl, +43/676/6004582
office@rallyeorg.at, www.rallyeorg.at

19. INTERN. OLDTIMERTREFFEN
SOTESKA – AUSFAHRT
29. April, Soteska/Slowenien
Organisation: KMVC, Kärntner Motor Veteranen Club
Gerhard Setschnagg, +43/664/5023429
g.setschnagg@kmvc.at, kmvc.at

OSCT „MAIAUSFAHRT" IM RAHMEN DER OLDTIMERTAGE 2023
29. April, Niederösterreich/Atzenbrugg
Organisation: Oldtimer und Sportwagenclub Tullnerfeld/OSCT
www.osct.at

JDOST CLUBAUSFAHRT IM RAHMEN DER OLDTIMERTAGE 2023
29. April, Salzkammergut
Organisation: JDOST, Wolfgang Schöbel
office@jdost.at, www.jdost.at

KÄFERCLUB OBERGRAFENDORF FRÜHLINGSAUSFAHRT
29. April, Niederösterreich/Mariazellerland
Organisation: Käferclub Obergrafendorf
+43/676/639948
t.braun2@gmx.at
www.vw-kaeferclub.com

FRÜHJAHRSAUSFAHRT AMTC – OLDTIMER CLUB ROTTENBACH
29. April, Oberösterreich/Rottenbach
Organisation: AMTC Oldtimerclub Rottenbach
Obmann Josef Schiller, +43/699/17210248
amtc-om@gmx.at
www.oldtimerclub-rottenbach.at

Frühjahrsausfahrt

RBO FRÜHLINGSAUSFAHRT
29. April, Niederösterreich/Stetten
Organisation: RBO – Ing. Stöckl GmbH
+43/2262/72513, office@rbo.at
www.rbo.at

OFN FRÜHJAHRSAUSFAHRT
29. April, Niederösterreich/Pottendorf
Organisation: Oldtimerfreunde Niederösterreich/OFN
Karl Eder, +43/676/3372161
eder.pottendorf@aon.at, www.ofn.at

OLDTIMER TAGE 2023
29. – 30. April, Österreich
Organisation: KHMÖ/ÖMVV/AMV
oldtimertage.at, www.khmoe.at, www.oemvv.at, www.amv.at

OVIP FRÜHJAHRSAUSFAHRT
29. April – 1. Mai, Noederösterreich
Organisation: Oldtimer Vereinigung Internationaler Pässefahrer/OVIP
Ing. Walter Kuba, mail@ovip.info, www.ovip.info

FR4ISCHLUFT
29. – 30. April, Steiermark/Riegersburg
Organisation: Renault4onTour
Geraldine de Comtes, August Thurner
+43/699/14004459
geraldine.decomtes@renault4ontour.at, www.fr4ischluft.com

VOLVO CLUB ÖSTERREICH – FRÜHJAHRSAUSFAHRT
29. April, Steiermark
Organisation: Volvo Club Österreich
Heinz Aschmann, +43/664/5400017, www.volvoclub.at

OLDTIMERTAG IN MATTSEE – MVCS UND FAHR(T)RAUM
29. April, Salzburg/Mattsee
Organisation: Motor-Veteranen-Club Salzburg/MVCS
Dipl. BW Gerhard Feichtinger MBA, +43/664/3454489
mvcs@mvcs.at, www.mvcs.at
fahr(T)raum – Die Ferdinand Porsche Erlebniswelten
+43/6217/59232, office@fahrtraum.at, www.fahrtraum.at

INTERNATIONALER SEIBERER BERGPREIS
30. April, Niederösterreich/Weißenkirchen
Organisation: Erster Österreichischer Kleinwagen Club/EÖKC
DI Martin Winkelbauer, +43/1/4095190 (Tonbanddienst)
info@seiberer.at, www.seiberer.at, www.eokc.at

MGOC SEASON OPENING – STAMMTISCH WIEN
30. April, Österreich
Organisation: MG Owners Club Austria
mgoc@mgoc.at, www.mgoc.at
DI Christoph Gudenus, +43/650/8123420

STERNFAHRT ZUM ÖMVC
30. April, Niederösterreich/Brunn am Gebirge
Organisation: ÖMVC, Ing. Robert Krickl
+43/6766004582, club@oemvc.at, www.oemvc.at

MVC-SO GRAZ FRÜHJAHRSAUSFAHRT
30. April, Steiermark/Thondorf (bei Regen 7. Mai)
Organisation: M
otor Veteranen Club Süd-Ost Graz/MVC-SO Graz
Ing. Wolfgang Zimmer, +43/660/2745988, www.mvc-graz.at

1. PINZGAUER OLDTIMERCLUB – FAHRT IN DEN OBERPINZGAU/OLDTIMERTAGE 2023
30. April, Salzburg/Pinzgau
Organisation: 1. Pinzgauer Oldtimerclub, +43/670/2001500
info@1pinzgauer-oldtimerclub.at
www.1pinzgauer-oldtimerclub.at

OLDTIMERFRÜHSHOPPEN EBENFURTH
30. April, Niederösterreich/Ebenfurth
Organisation: Mustang Club of Austria
Johann Bacik, johann.bacik@chello.at
www.mustangs.at

KIRSCHBLÜTEN CLASSIC
30. April – 1. Mai, Burgenland/Breitenbrunn am Neusiedlersee
Organisation: Oldtimer-Club Neusiedlersee/OCN
Dipl.-Ing. Philipp Fuchs, +43/664/7888899
office@oldtimer-club-neusiedlersee.at
www.oldtimer-club-neusiedlersee.at

OSCT OLD- UND YOUNGTIMERTREFF IM RAHMEN DER OLDTIMERTAGE 2023
30. April, Niederösterreich/Hollenburg
Organisation: Oldtimer und Sportwagenclub Tullnerfeld/OSCT
www.osct.at

MAI

45. KÄRNTNER LANDESOLDTIMERTREFFEN
1. Mai, Kärnten/Dullach
Organisation: KMVC, Kärntner Motor Veteranen Club
Gerhard Setschnagg, +43/664/5023429
g.setschnagg@kmvc.at, kmvc.at

OLDTIMERCLUB POYSDORF – MOTORRADAUSFAHRT
1. Mai, Niederösterreich
Organisation: Oldtimerclub Poysdorf
Erich Urban, +43/664/5206064
Manfred Parisch, +43/664/73548454
www.oldtimerclub-poysdorf.at

VW KÄFER-TREFFEN 2023
1. Mai, Niederösterreich/Eggenburg
Organisation: ARBÖ Ortsklub Eggenburg,
+43/664/5815469, arboe.eggenburg@hotmail.com,
arboe-eggenburg.webador.at

MERCEDES-BENZ SL-CLUB AUSTRIA – PR-TREFFEN SCHLOSS LAXENBURG
1. Mai, Niederösterreich/Laxenburg
Organisation: Mercedes-Benz SL-Club Austria
info@slclub.at, wien@slclub.at, www.slclub.at

NFC FRÜHJAHRSAUSFAHRT
1. Mai, Oberösterreich/Tumeltsham
Organisation: NFC-Ried, Erlachner Josef
+43/664/75153175, www.nfc-ried.at

MGOC „BENZINGESPRÄCH"
IN ADI'S OLDTIMERGARAGE – STAMMTISCH OÖ
2. Mai, Oberösterreich/Weyregg am Attersee
Organisation: MG Owners Club Austria
mgoc@mgoc.at, www.mgoc.at
Adolf Schacherleitner, +43/664/1654449

MERCEDES CABRIO-TREFFEN GLOCKNERHOF
4. – 7. Mai, Kärnten/Berg im Drautal
Organisation: Hotel Glocknerhof, Familie Seywald
+43/4712/7210, hotel@glocknerhof.at
glocknerhof.at/veranstaltungen/mercedes-cabrio-treffen

10. BODENSEE KLASSIK 2023
4. – 6. Mai, Dreiländereck
Organisation: B&M Marketing GmbH
rallyebuero.de/bodensee-klassik

LIONS CLASSIC FÜR OLDTIMER
6. Mai, Oberösterreich/Bad Hall
Organisation: Lions Club Bad Hall
praesident@lions-badhall.at, www.lions-badhall.at

PCCA MAIAUSFAHRT
6. Mai, Wien / Organisation: Porsche Classic Club/PCCA Ost
Dr. Josef Rosner, www.porsche-classic-club.at

OLDTIMER TRAKTORAUSFAHRT
6. Mai, Niederösterreich/Viehdorf
Organisation: ÖAMTC ZV Amstetten, Manfred Fichtinger
+43/664/2216117, office@oeamtc-zv-amstetten.at
www.oeamtc-zv-amstetten.at

FAHR(T)RAUM VW BULLI SUMMER TOUR
6. Mai, Salzburg/Mattsee
Organisation: fahr(T)raum – Die Ferdinand Porsche
Erlebniswelten, +43/6217/59232
office@fahrtraum.at, www.fahrtraum.at

MOTO CLASSIC 2023 – AUSSTELLUNG
KLASSISCHER MOTORRÄDER 1910-1980
6. - 7. Mai, Tirol/Jenbach
Organisation: Oldtimerclub Zillertal
admin@oldtimerclub-zillertal.at
www.oldtimerclub-zillertal.at

42. BRAUNSBERG BERGWERTUNG
7. Mai, Niederösterreich/Hainburg an der Donau
Organisation: English Sportscar Club/ESCC
Mag. Michaela Riedl, +43/664/75145207
braunsberg@escc.at, www.escc.at

1. PINZGAUER OLDTIMERCLUB –
FRÜHJAHRSAUSFAHRT
7. Mai, Salzburg/Pinzgau
Organisation: 1. Pinzgauer Oldtimerclub
+43/670/2001500, info@1pinzgauer-oldtimerclub.at
www.1pinzgauer-oldtimerclub.at

STEIERMARK-KÄRNTEN-CLASSICS
7. – 13. Mai, Steiermark/Kärnten
Organisation: Classic Car Events Touristik
Thomas Schlott, +49/2202/2934874
info@classic-car-events.de, www.classic-car-events.de
www.steiermark-kaernten-classics.de

FIVA WORLD EVENT – 100 JAHRE TOURIST TROPHY
IN ÖSTERREICH
10. – 14. Mai, Niederösterreich/Brunn am Gebirge
Organisation: Österreichischer Motor-Veteranen-Club (ÖMVC)
KR Ing. Robert Krickl, office@rallyeorg.at
Mag. Christian Schamburek
c.schamburek@oldtimer-guide.at
world.rallyeorg.at

MAI

14. FIZZERS-KARAWANKEN-CLASSIC
11. – 13. Mai, Kärnten/Pörtschach/Wörthersee
Organisation: 1. C.A.R. Team Ferlach
+43/680/3048151, c.a.r.team.ferlach@aon.at
www.carteamferlach.at

HISTO CUP
12. – 14. Mai, Histo Cup Brno Historic /
Automotodrom Brno (CZ)
Organisation: Business Consulting Marketing- und
Eventmanagement GmbH
David Steffny, A-5026 Salzburg, Iganz Rieder-Kai 83
+43/660/6656440, info@histocup.com, www.histocup.com

Histo Cup

22. INT. NUSSDORFER BERGPREIS
12. – 13. Mai, Oberösterreich/Nußdorf am Attersee
Organisation: OMG – Nußdorfer Oldtimer-und
Motorsportgemeinschaft, +43/664/7962540
office@omg-nussdorf.at, www.omg-nussdorf.at

MGOC FRÜHJAHRSAUSFAHRT – STAMMTISCH OÖ
13. – 14. Mai, Oberösterreich/Vöcklabruck
Organisation: MG Owners Club Austria
mgoc@mgoc.at, www.mgoc.at
Adolf Schacherleitner, +43/664/1654449

MVCS FRÜHJAHRSAUSFAHRT
13. Mai, Österreich
Organisation: Motor-Veteranen-Club Salzburg/MVCS
Dipl.BW Gerhard Feichtinger MBA, +43/664/3454489
mvcs@mvcs.at, www.mvcs.at

MVC-SO GRAZ MOTORRADAUSFAHRT
14. Mai, Steiermark/Thonberg
Organisation: Motor Veteranen Club Süd-Ost Graz/
MVC-SO Graz
Ing. Wolfgang Zimmer, +43/660/2745988, www.mvc-graz.at

LEO CHARITY TROPHY 2023
14. Mai, Niederösterreich/Stift Heiligenkreuz
Organisation: LEO Club Wien (Host)
Ing. Daniel Jura, +43/676/5005566
info.wien-host@leo.at, wien-host.leo.at

MSCCA FRÜHJAHRSTREFFEN 2023
18. – 21. Mai, Oberösterreich
Organisation: Morgan Sports Car Club of Austria/MSCCA
DI Wolfgang Gusmag
office@morganclub.at
www.morganclub.at

WILDER KAISER CLASSIC
18. – 21. Mai, Tirol/Ellmau am Wilden Kaiser
Organisation: Kaiser Classic GmbH
office@kaiserclassic.at
www.kaiserclassic.at

NFC SPORTWAGENAUSFAHRT
19. Mai, Oberösterreich/Ried im Innkreis
Organisation: NFC Ried, Harald Rachbauer
+43/664/2266166, www.nfc-ried.at

9. INTERNAT. IGFC ADRIA-RACE
CLASSIC UND MODERN
19. – 21. Mai, Kroatien/Automotodrom Grobnik/Rijeka
Organisation: IG Formel Classic/IGFC
Wolfgang Stropek, +43/664/2421903, info@igfc
www.igfc.at

36. ÖSTERREICHISCHE TOURIST TROPHY
FÜR HISTORISCHE MOTORRÄDER (ÖTT)
20. Mai, Niederösterreich/Breitenfurt
Organisation: Veteranen Motorrad Club Mödling/VMCM
Wilhelm Paul, +43/664/1525201
info@vmcm.at, www.vmcm.at

JDOST FRÜHJAHRSAUSFAHRT 2023
20. Mai, Salzkammergut
Organisation: JDOST, Wolfgang Schöbel
office@jdost.at, www.jdost.at

„MEET & GREET" MOTORRADTREFFEN BEIM MOTORRADMUSEUM VORCHDORF
20. Mai, Oberösterreich/Vorchdorf
Organisation: Motorradmuseum Vorchdorf
+43/664/5514082, office@motorradmuseum-vorchdorf.at
www.motorradmuseum-vorchdorf.at

KÄFERFREUNDE ST. JOHANN – CLUBAUSFAHRT FÜR OLDTIMER
20. Mai, Tirol/St. Johann
Organisation: Käferfreunde St. Johann in Tirol
info@kaeferfreunde-oldtimer.at
www.kaeferfreunde-oldtimer.at

COVC SAISONSTART 2023
20. Mai, Österreich
Organisation: COVC/Classic Oldtimer Veteranen Club Austria
office@covc.at, www.covc.at

NFC – FORD MODELL A+T-AUSFAHRT
20. Mai, Oberösterreich/Tumeltsham
Organisation: NFC Ried, Masilko Gottfried
+43/664/42041212, www.nfc-ried.at

ALLTAGSKLASSIKER UND OLDTIMERTREFFEN LEOGANG
20. Mai, Salzburg/Leogang
Organisation: 1. Pinzgauer Oldtimerclub
+43/670/2001500, info@1pinzgauer-oldtimerclub.at
www.1pinzgauer-oldtimerclub.at

7. INT. CLASSIC ENDURO MÜHLEN
20. – 21. Mai, Steiermark/Mühlen
Organisation: Enduro Senioren Austria/ESA
+43/650/2750151, Alfred Steinwidder
alfred@endurosenioren.at
www.endurosenioren.at

US-CAR AUSFAHRT
21. Mai, Niederösterreich/Viehdorf
Organisation: ÖAMTC ZV Amstetten
Manfred Fichtinger, +43/664/2216117
Günther Kurzmann, +43/660/6009900
office@oeamtc-zv-amstetten.at
www.oeamtc-zv-amstetten.at

BOC FRÜHJAHRSAUSFAHRT
21. Mai, Burgenland
Organisation: Burgenländischer Oldtimer Club/BOC
Nikolaus Horvath, +43/677/63533933, www.bgldoc.at

18. KÄFERWEIHE IN ST. JOHANN
21. Mai, Tirol/St. Johann
Organisation: Käferfreunde St. Johann in Tirol
info@kaeferfreunde-oldtimer.at
www.kaeferfreunde-oldtimer.at

ALT-OPEL-FRÜHJAHRSAUSFAHRT
21. Mai, Niederösterreich
Organisation: Alt Opel Fahrer Vereinigung Austria/AOFVA
Gerhard Stambera, +43/699/12450972
alt-opel-fahrer@gmx.at
www.alt-opel-fahrer-vereinigung.at

1. PUCH MAXI TREFFEN
21. Mai, Oberösterreich/Steyr
Organisation: 1. Motor-Sport-Club-Steyr E.V. 1960
Alfred Michlmayr, +43/676/5533107
msc.steyr@gmail.com, www.msc-steyr.at

OSCT OLD- UND YOUNGTIMERTREFF
21. Mai, Niederösterreich/Hollenburg
Organisation: Oldtimer und Sportwagenclub Tullnerfeld/OSCT
www.osct.at

MVC-SO GRAZ MAI-AUTOAUSFAHRT
21. Mai, Steiermark/Thondorf
Organisation: Motor Veteranen Club Süd-Ost Graz/
MVC-SO Graz
Ing. Wolfgang Zimmer, +43/660/2745988, www.mvc-graz.at

36. KITZBÜHELER ALPENRALLYE
24. – 27. Mai, Tirol/Kitzbühel
Organisation: Kitzbüheler Alpenrallye GmbH
Florian Zinnagl, +43/5356/73160
rallye@alpenrallye.at, alpenrallye.at

HISTO CUP
26. – 28. Mai, Histo Cup Red Bull Ring (A)
Organisation: Business Consulting Marketing- und
Eventmanagement GmbH
David Steffny, A-5026 Salzburg, Iganz Rieder-Kai 83
+43/660/6656440, info@histocup.com, www.histocup.com

XVII. VOLVO-MANIA FRIESACH
26. – 28. Mai, Kärnten/Friesach
Organisation: Volvo Club Österreich
Hannes G. Unterberger
office@volvoclub.at, +43/664/4379565

21. VW KÄFER UND BUGGY TREFFEN
26. – 28. Mai, Niederösterreich/Ottenschlag
Organisation: Motorsportclub/
MSC Reichenau-Ottenschlag-Haibach
vorstand@msc-reichenau.at, www.msc-reichenau.at

23. MURTAL CLASSIC
26. – 28. Mai, Steiermark/Knittelfeld
Organisation: Freunde Historischer Fahrzeuge/
FHF – Murtal Classic
murtalclassic@gmx.net, murtalclassic.jimdofree.com

7. VESPA DAYS PÖRTSCHACH
26. – 28. Mai, Kärnten/Pörtschach
Organisation: Tourismusverband Pörtschach
+43/4272/2354, info@poertschach.at, www.v-days.info

NFC SPORTWAGENAUSFAHRT
26. Mai, Oberösterreich/Ried im Innkreis
Organisation: NFC Ried, Harald Rachbauer
+43/664/2266166, www.nfc-ried.at

TRAKTORTREFFEN MIT TEILEMARKT
27. Mai, Oberösterreich/Adlwang
Organisation: Traktorfreunde Adlwang
Roland Bades, office@traktorfreund.at, www.traktorfreund.at

OLDTIMER- UND US-CAR PFINGSTTREFFEN
28. Mai, Oberösterreich/Altmünster am Traunsee
Organisation: Walter Neumayer, +43/650/4748665
www.benzinradl.at

HAUSLEITNER 2-RAD OLDTIMER RALLYE
28. Mai, Niederösterreich/Hausleiten
Organisation: Puch-Freunde Hausleiten
www.puch-hausleiten.at

OLDTIMERCLUB POYSDORF – FRÜHLINGSAUSFAHRT
28. Mai, Niederösterreich/Ottenschlag
Organisation: Oldtimerclub Poysdorf
Edwin Hanak +43/664/9206960
www.oldtimerclub-poysdorf.at

OLDTIMER-, US-CAR-, BIKER-
UND SPORTWAGENTREFFEN
29. Mai, Steiermark/Weinberg an der Raab
Organisation: Sportlerstammtisch Weinberg an der Raab
www.stammtisch-weinberg.at

PS-GIGANTEN SÖLLLANDL – OLDTIMERTREFFEN
29. Mai, Tirol/Söll
Organisation: PS-Giganten Sölllandl
ps-giganten@gmx.at, www.ps-giganten.at

6. INTERNATIONALES & MARKENFREIES CABRIO-TREFFEN
30. Mai – 2. Juni, Kärnten/Feld am See
Organisation: Cabrio-Freunde Seeboden am Millstättersee
Kurt Pflanzer, +43/664/73183677, k.pflanzer@gmx.at
www.cabriotreffen-seeboden.com

NÖ HISTORIC 2023
31. Mai. – 4. Juni
Niederösterreich/Schloss an der Eisenstraße
Organisation: Automobil Veteranen Club Austria/AVCA
+43/699/17117712, www.avca.at

JUNI

21. ROSE VOM WÖRTHERSEE - OLDTIMER-TREFFEN
1. – 4. Juni, Kärnten/Pörtschach am Wörthersee
Organisation: KMVC, Kärntner Motor Veteranen Club
Gerhard Setschnagg, +43/664/5023429
g.setschnagg@kmvc.at, kmvc.at
Das Internationale Oldtimertreffen „Rose vom Wörthersee" findet
nur alle zwei Jahre statt, und im Jahre 2023 feiert das Parkhotel
Pörtschach ihren 60 Geburtstag und wir starten die 21. Rose vom
Wörthersee!! Unsere Teilnehmer kamen bisher aus Italien, Deutsch-
land, Lichtenstein, Slowenien, Tschechien, Kroatien, der Schweiz,
Ungarn, Luxemburg, Finnland, Schottland, Schweden, USA und aus
allen Bundesländern Österreich. Im Jahre 2022 kamen 75 Fahrzeuge zu dieser Veranstaltung an den schönen Wörther See und
haben sich in dem ausgezeichnetem Parkhotel in Pörtschach am
Wörthersee verwöhnen lassen. Und genossen bei den diversen
Ausfahrten die herrliche Landschaft Kärntens.

21. Rose vom Wörthersee - Oldtimer-Treffen

GEMEINSAME TOUR ZUR SWISS CLASSIC WORLD
1. – 2. Juni, Deutschland/Österreich/Schweiz
Organisation: Oldtimerland Bodensee
+43/7533/803196, info@oldtimerland-bodensee.de
www.oldtimerland-bodensee.eu

JAGUARCLUB AUSTRIA – 2-TAGES-FRÜHJAHRSAUSFAHRT
2. – 4. Juni, Österreich
Organisation: Jaguarclub Austria
www.jaguarclubaustria.at

DKW CLUB ÖSTERREICH – FRÜHJAHRSAUSFAHRT
2. – 4. Juni, Wienerwald
Organisation: DKW Club Österreich
info@dkw-club.at
www.dkw-club.at

RALLYE W4 – HISTORIC RALLYE CUP DER AMF
2. – 3. Juni, Niederösterreich/Horn, Krems
Organisation: Initiative Rallye W4
www.rallyew4.at, www.austria-motorsport.at

VIENNA HÖHENSTRASSE CLASSIC 2023
3. Juni, Wien
Organisation: ÖMVC, Ing. Robert Krickl
+43/6766004582
club@oemvc.at
www.oemvc.at

CLASSIC US CAR MEETING SALZBURG
3. Juni, Salzburg/Panzerhalle
Organisation: US Car Friends Salzburg
uscarfriends.salzburg@gmail.com,
www.classicuscars-salzburg.at

VMCM FRÜHJAHRSAUSFAHRT FÜR HISTORISCHE MOTORRÄDER UND MOTORROLLER
3. Juni, Niederösterreich
Organisation: Veteranen Motorrad Club Mödling/VMCM
Wilhelm Paul, +43/664/1525201
info@vmcm.at
www.vmcm.at

LEONDINGER OLDTIMERTREFFEN
4. Juni, Oberösterreich/Leonding
Organisation: Oldtimerclub Leonding
Gerhold Zautner, +43/660/7035040
info@oldtimerclub-leonding.at
www.oldtimerclub-leonding.at

38. DAYS OF THUNDER – HARLEY DAVIDSON TREFFEN
7. – 10. Juni, Tirol/Kössen
Organisation: Kaiserwinkl Harley-Davidson Biker
info@harley-kaiserwinkl.com, www.harley-kaiserwinkl.com

GAISBERGRENNEN 2023
8. – 10. Juni, Salzburg
Organisation: SRC Salzburg Rallye Club OG
+43/662/216002, info@src.co.at, www.src.co.at

DEFEREGGEN-CLASSIC 2023
8. – 11. Juni, Tirol/Osttirol und Südtirol
Organisation: Oldtimer-Club Neusiedlersee/OCN
Dipl.-Ing. Philipp Fuchs, +43/664/7888899
info@defereggen-classic.at
www.defereggen-classic.at

CVW-JUBILÄUMSAUSFAHRT
8. – 11. Juni, Österreich
Organisation: CVW – Club der Veteranenfreunde Wien
+43/676/4754578, office@cvw.at, www.cvw.at

PCCA JAHRESHAUPTVERANSTALTUNG – „VOM FAAKER SEE AUF DEN GROSSGLOCKNER UND MEHR"
8. – 11. Juni, Kärnten
Organisation: Porsche Classic Club/PCCA
www.porsche-classic-club.at

30. INTERNAT. PÄSSEFAHRT
8. – 18. Juni, Österreich/Schweiz/Deutschland
Organisation: Oldtimer Vereinigung Internationaler
Pässefahrer/OVIP
Ing. Walter Kuba, mail@ovip.info, www.ovip.info

MVCA SPRINTSPEKTAKEL
für Motorräder und Gespanne von 1900 bis 1975
8. Juni, Oberösterreich/Gampern
Organisation: MVCA - Motorrad Veteranenclub Attnang-Puchheim
Hans Preuner, +43/676/7230035
mvca.preuner@aon.at, www.mvca.at

ARBÖ CLASSIC 2023
9. – 10. Juni, Obersteiermark/Admont
Organisation: ARBÖ Admont, +43/660/6560003
classic@arboe-rallye.at, www.arboe-rallye.at

AVCA VINTAGE FESTIVAL
9. – 10. Juni, Wien
Organisation Automobil Veteranen Club Austria/AVCA
office@avca.at, www.avca.at

AUTOMOBIL BERGRENNEN
10. – 11. Juni, Steiermark/Pöllauberg
Organisation: MSV Totterfeld
msvtotterfeld@gmx.at, www.bergrennen-poellauberg.at
www.austria-motorsport.at/events/
oester-motorsportkalender

AUSTRIAN CLASSIC 2023
11. – 17. Juni, Oberösterreich, Niederösterreich
Organisation: Oldtimer Urlaubsreisen, Ernst Behrens
info@oldtimer-urlaubsreisen.de
www.oldtimer-urlaubsreisen.de

CABRIO AUSFAHRT
11. Juni, Niederösterreich/Viehdorf
Organisation: ÖAMTC ZV Amstetten
Günther Kurzmann, +43/660/6009900
Raimund Mayr, +43/676/7845931
office@oeamtc-zv-amstetten.at
www.oeamtc-zv-amstetten.at

LUFTGEKÜHLT AM TEICH
11. Juni, Steiermark/Großhart
Organisation: VW-Käfer-Freunde Neudorf
Gerhard Wilfling, +43/664/4135935
gerhard.wilfing@gmx.at

MVC-SO GRAZ MOTORRADAUSFAHRT
11. Juni, Steiermark/Thonberg
Organisation: Motor Veteranen Club Süd-Ost Graz/
MVC-SO Graz
Ing. Wolfgang Zimmer, +43/660/2745988, www.mvc-graz.at

MÜHLVIERTEL CLASSIC 2023
15. – 17. Juni, Oberösterreich/Mühlviertel
Organisation: Mühlviertel Classic
+43/7213/6397, office@muehlviertelhochland.at
www.muehlviertel-classic.at

Mühlviertel Classic 2023

HISTO CUP
16. – 18. Juni, Croatia Historic, Grobnik, Rijeka (HR)
Organisation: Business Consulting Marketing- und
Eventmanagement GmbH
David Steffny, A-5026 Salzburg, Iganz Rieder-Kai 83
+43/660/6656440, info@histocup.com
www.histocup.com

Histo Cup

15. LIONS CHARITY RALLYE
17. – 18. Juni, Steiermark/Schladming
Organisation: Lions Club Schladming
Ing. Andreas Koch, +43/664/8515542
anmeldung@lions-schladming.at, www.lions-schladming.at

NFC-NOSTALGIEFAHRT
17. – 18. Juni, Oberösterreich/Tumeltsham
Organisation: NFC Ried, Erlachner Josef
+43/664/75153175, www.nfc-ried.at

ALMAUSFLUG FÜR GELÄNDEGÄNGIGE FAHRZEUGE
17. Juni, Salzburg/Statzerhaus am Hundstein
Organisation: 1. Pinzgauer Oldtimerclub
+43/670/2001500, info@1pinzgauer-oldtimerclub.at
www.1pinzgauer-oldtimerclub.at

> ### DER OLDTIMER GUIDE AUCH AUF
> ### WWW.OLDTIMER-GUIDE.AT

SAAB-CLUB FRÜHLINGSAUSFAHRT
17. Juni, Niederösterreich
Organisation: Saab-Club Österreich
Erich Malzer, +43/676/7483737
erich.malzer@saab-club.at, www.saab-club.at

8. REB LOUNGE CLASSIC OLDTIMER AUSFAHRT
17. Juni, Niederösterreich/Pfaffstätten
Organisation: Reb Lounge
Ernst Neumann, +43/664/4218795
ernst.neumann@cso.at

TIROL CLASSIC 2023
17. – 25. Juni, Tirol/Maurach/Achensee
Organisation: Sporthotel Alpenrose Wellness Residenz
Wolfgang Kostenzer, +43/5243/52930
info@alpenrose.at, www.alpenrose.at

28. KMVC OLDTIMER-URLAUBS-TOUR PORTOROZ
18. – 25. Juni, Kärnten/Slowenien
Organisation: KMVC, Kärntner Motor Veteranen Club
Gerhard Setschnagg, +43/664/5023429
g.setschnagg@kmvc.at, kmvc.at

OSCT OLD- UND YOUNGTIMERTREFF
18. Juni, Niederösterreich/Hollenburg
Organisation: Oldtimer und Sportwagenclub Tullnerfeld/OSCT
www.osct.at

OLDTIMERCLUB POYSDORF – TRAKTORAUSFAHRT
18. Juni, Niederösterreich/Schloss Loosdorf
Organisation: Oldtimerclub Poysdorf
Daniela Morocutti, +43/664/4876936
www.oldtimerclub-poysdorf.at

MANFREDS OLDIS-WOCHENTAGSAUSFAHRT
22. Juni, Wien
Organisation: ÖGHK –
Österr. Gesellschaft für historisches Kraftfahrwesen
Manfred Greiner, +43/664/2241750
www.austria-motor-veterans.at

ÖTZTALER MOPED TREFFEN 2023
23. – 24. Juni, Tirol/Sölden
Organisation: Ötztaler Moped Verein
xxi.mopedmarathon.at

MOPED RODEO 2023 –
MIT 50 CCM DURCH DIE ALPENREPUBLIK
23. – 26. Juni, Großglockner & Nockalmstraße
Organisation: Back Road Club
Andreas Brodtragen, +43/676/7108290
hello@backroadclub.com, www.backroadclub.com

6. SKGT-NOSTALGIA
24. Juni, Oberösterreich/Bad Goisern am Hallstättersee
Organisation: Nostalgia Motorveteranen Verein
Hannes Scheutz, +43/650/2121410
skgt-nostalgia@gmx.at, www.skgt-nostalgia.at

MGOC PICKNICK – STAMMTISCH WIEN
24. Juni, Wien
Organisation: MG Owners Club Austria
mgoc@mgoc.at, www.mgoc.at
DI Christoph Gudenus, +43/650/8123420

FAHR(T)RAUM VW KÄFER SUMMER TOUR –
AUSFAHRT FÜR ALLE LUFTGEKÜHLTEN VW KÄFER
24. Juni, Salzburg/Mattsee
Organisation: fahr(T)raum –
Die Ferdinand Porsche Erlebniswelten
+43/6217/59232
office@fahrtraum.at, www.fahrtraum.at

19. US-CAR TREFFEN DER POWERLADIES
US CAR FREUNDE TIROL
24. – 25. Juni, Tirol/Aschau im Zillertal
Organisation: Powerladies US Car Freunde Tirol
Evi Buratti, +43/664/3827030, www.powerladies.at

STOF SOMMERAUSFAHRT
25. Juni, Steiermark/Lannach
Organisation: Steirische Oldtimer Freunde/STOF
Mag. Helmut Tippel, +43/650/3606878
Herbert Schinnerl, +43/650/3930224
office@stof.at, www.stof.at

11. KAISERWINKL MOTORRAD CLASSIC
25. Juni, Tirol/Kössen
Organisation: MSC-Kaiserwinkl, Sekt. Oldtimer
Jakob Hintler, +43/5375/6509
oldi2000@gmx.at
www.kaiserwinkl-classic.com

LCÖ – SOMMERAUSFAHRT
25. Juni, Niederösterreich/Wilhelmsburg
Organisation: Lancia Club Österreich/LCÖ
+43/676/5507569, office@lcoe.at
www.lanciaclub-oesterreich.at

STOTZINGER WERTUNGSFAHRT FÜR MOTORRÄDER
25. Juni, Burgenland/Pöttsching
Organisation: Burgenländischer Oldtimer Club/BOC
Nikolaus Horvath, +43/677/63533933, www.bgldoc.at

26. LINDAU KLASSIK 2023
25. Juni, Bodensee/Lindau
Organisation: Scuderia Lindau, Ernst Laufer
www.scuderia-lindau.de

25. Lindau Klassik 2023

JDOST SOMMERAUSFAHRT 2023
26. Juni – 1. Juli, Vorarlberg/Feldkirch
Organisation: JDOST, Wolfgang Schöbel
office@jdost.at, www.jdost.at

19. INT. ROLLS-ROYCE UND BENTLEY TREFFEN
28. Juni – 2. Juli, Kärnten/Velden am Wörthersee
Organisation: Hermann Tratnik, +43/664/8982110
Automobil Veteranen Club Austria/AVCA
www.avca.at

14. ARLBERG CLASSIC CAR RALLYE
29. Juni – 1. Juli, Tirol/Lech am Arlberg
Organisation: Lech Zürs Tourismus GmbH
+43/5583/2161-0, accr@lechzuers.com
www.arlbergclassic-car-rally.at/de

15. ÖLSPUR CLASSIC RALLYE
29. Juni – 2. Juli, Steiermark/Südliche Weststeiermark
Organisation: Verein der Ölspur Classic Rallye
Mag. (FH) Nora Ruhri – Tourismusverband Südsteiermark
+43/3466/43256, +43/664/7619121
ruhri@suedsteiermark.com
office@oelspur-classic.com
www.oelspur-classic.net

15. Ölspur Classic Rallye

HÖLLENTAL CLASSIC
30. Juni – 1. Juli, Niederösterreich/Reichenau an der Rax
Organisation: Jirowsky GbR
Fritz Jirowsky, +43/660/4523534
fritz.jirowsky@e4cc.com
www.e4cc.com

Höllental Classic

JULI

WEIZER OLDTIMER GENUSS-TOUR
1. – 2. Juli, Steiermark
Organisation: Verein Oldtimer Genuss-Tour/OGT
+43/664/1520323, info@oldtimer-genuss-tour.at
www.oldtimer-genuss-tour.at

DIE KLASSIKER-AUSFAHRT
für historische und klassische Motorräder Bj. 1960 – 1985
1. – 2. Juli, Niederösterreich
Organisation: Veteranen Motorrad Club Mödling/VMCM
Wilhelm Paul, +43/664/1525201
info@vmcm.at
www.vmcm.at

25. PUCH MOTORRADTREFFEN
1. Juli, Niederösterreich/Stoitzendorf bei Eggenburg
Organisation: Oldtimerfreunde Stoitzendorf
Anton Zeder, anton.zeder@hotmail.com
oldtimer-stoitzendorf.webador.at
www.ff-stoitzendorf.at

US-CAR UND OLDTIMERTREFFEN
1. Juli, Oberösterreich/Waldneukirchen
Organisation: Willi´s Oldtimer Club aus Steinbach/Steyr
+43/699/11826821, office@wilhelm-stahlbau.at
www.wilhelm-stahlbau.at/us-car--oldies

MVCS VETERANENAUSFAHRT
1. Juli, Salzburg
Organisation: Motor-Veteranen-Club Salzburg/MVCS
Dipl.BW Gerhard Feichtinger MBA, +43/664/3454489
mvcs@mvcs.at, www.mvcs.at

GOLDIE DAYS – OLDTIMER GENUSSWOCHE IM FRÜHSOMMER
1. – 9. Juli, Tirol/Hintertux
Organisation: Familie Kofler, Hintertuxerhof
+43/5287/8530, info@hintertuxerhof.at
www.hintertuxerhof.at
www.goldiedays.at

AUSTRIA HISTORIC 2023
2. – 9. Juli, Südsteiermark/Weinstraße
Organisation: Automobil Veteranen Club Austria/AVCA
Kurt Dichtl, fam.dichtl@aon.at, www.avca.at

SÜDTIROL CLASSIC SCHENNA RALLYE
2. – 9. Juli, Südtirol
Organisation: Südtirol Classic Club
+39/473/945669, info@suedtirolclassic.com,
www.suedtirolclassic.com

Südtirol Classic Schenna Rallye

OLDTIMER-TREFFEN IM ZUGE DER ÖLSPUR-CLASSIC-RALLYE
2. Juli, Steiermark/Eibiswald
Organisation: Tourismusverband Südsteiermark
Mag. (FH) Nora Ruhri, +43/3466/43256, +43/664/7619121
ruhri@suedsteiermark.com
www.oelspur-classic.net

HAUSRUCK-CLASSIC
2. Juli, Oberösterreich/St. Marienkirchen am Hausruck
Organisation: Oldtimer Motor Club St. Marienkirchen/Hausruck
o.vorhauer@gmx.at, www.omc-stm.at

24. TRAKTOR FRÜHSCHOPPEN
2. Juli, Niederösterreich/Stoitzendorf bei Eggenburg
Organisation: Oldtimerfreunde Stoitzendorf
Anton Zeder, anton.zeder@hotmail.com
oldtimer-stoitzendorf.webador.at
www.ff-stoitzendorf.at

QUATTROLEGENDE 2023
5. – 8. Juli, Salzburg/St. Gilgen am Wolfgangsee/Tauplitzalm
Organisation: Club Quattrolegende International e.V.
office@quattrolegende.com, www.quattrolegende.com

Quattrolegende 2023

25. SILVRETTA CLASSIC RALLYE MONTAFON 2023
6. – 8. Juli, Vorarlberg/Tirol
Organisation: RETRO Promotion GmbH
+49/7159/927809, info@retropromotion.de, event.
motorpresse.de/silvretta-classic

MYTHOS SPORTWAGEN
7. – 9. Juli, Salzburg/Saalfelden/Brandlhof/ÖAMTC-Gelände
Organisation: Wolfgang Fousek, +49/151/54641658
www.mythos-sportwagen.de

LIGHTWEIGHT TOUR 2023
für hist. Motorroller, Mopeds und Leichtkrafträder
(max. 125ccm, bis Bj. 1985)
8. Juli, Niederösterreich/Mödling
Organisation: Veteranen Motorrad Club Mödling/VMCM
Wilhelm Paul, +43/664/1525201
info@vmcm.at, www.vmcm.at

PCCA AUSFAHRT
8. Juli, Wien
Organisation: Porsche Classic Club/PCCA Ost
Gerhard Schmid und Wolfgang Nigischer
www.porsche-classic-club.at

KREUZ & QUER – TROPHY 2023
8. Juli, Niederösterreich/Grimmenstein/Bucklige Welt
Organisation: Oldtimer-Club Neusiedlersee/OCN
Dipl. Ing. Philipp Fuchs
+43/680/1214184, +43/664/7888899
info@kreuzundquertrophy.com
www.kreuzundquertrophy.com

NFC MOTORRADAUSFAHRT
8. Juli, Oberösterreich/Tumeltsham
Organisation: NFC Ried, Manfred Eder
+43/699/81939518
www.nfc-ried.at

OLDTIMERTREFFEN PÖTTING
9. Juli, Oberösterreich/Pötting
Organisation: ASKÖ Pötting, Sektion Oldtimerfreunde
Burghard Rathmair, +43/664/73412532
Stefan Wimmer, +43/664/2361464
oldtimerfreunde@askoe-poetting.at
www.askoe-poetting.at/sektionen/sektion-oldtimerfreunde

ZWEI-RAD-SPEKTAKEL
9. Juli, Salzburg/Saalfelden
Organisation: 1. Pinzgauer Oldtimerclub
+43/670/2001500, info@1pinzgauer-oldtimerclub.at
www.1pinzgauer-oldtimerclub.at

7. PÄSSEFAHRT FÜR HISTORISCHE LKW
12. – 19. Juli, Österreich
Organisation: Oldtimer Vereinigung Internationaler
Pässefahrer/OVIP, Ing. Walter Kuba
mail@ovip.info
www.ovip.info

PÄSSE PUR ALPE-ADRIA
12. – 18. Juli, Kärnten/Friaul/Slowenien
Organisation: Classic Event Organisation
Werner Merfels, +49/6432/5058652
ceo@classic-event.organisation.eu
www.classic-event-organisation.eu

FEUER AM ASPHALT 2023 –
SPORTWAGENTREFFEN OSTTIROL
13. – 15. Juli, Osttirol/Nußdorf-Debant bei Lienz
Organisation: Sport & Sportwagen Freunde Osttirol
Obmann Hans Kellner, +43/680/3145599
info@feueramasphalt.com
www.feueramasphalt.com

RALLYE WEIZ – HISTORIC RALLYE CUP DER AMF
13. – 15. Juli, Steiermark/Weiz
Organisation: Rallye Club Steiermark
office@rallye-weiz.at, www.rallye-weiz.at
www.austria-motorsport.at

PCCA 3-TAGES FAHRT
14. – 16. Juli, Österreich
Organisation: Porsche Classic Club/PCCA Ost
www.porsche-classic-club.at

KÄFERTREFFEN IN LENGENFELD
14. – 16. Juli, Niederösterreich/Lengenfeld
Organisation: VW Käferclub Lengenfeld
kaeferclub-lengenfeld.com

PCCA PORSCHE FREUNDSCHAFTSTREFFEN –
PC WITTELSBACH
14. – 15. Juli, Tirol/Bayern
Organisation: Porsche Classic Club/PCCA West
www.porsche-classic-club.at

OLDTIMERCLUB POYSDORF – TRAKTORAUSFAHRT
15. Juli, Niederösterreich/Michelberg
Organisation: Oldtimerclub Poysdorf
Daniela Morocutti +43/664/4876936
www.oldtimerclub-poysdorf.at

MASERATI CLUB AUSTRIA – LANDPARTIE 2023
15. – 16. Juli, Niederösterreich/Wein- und Waldviertel
Organisation: Maserati Owners Club Austria
schriftfuehrer@maserati-club-austria.at
www.maserati-owners-club-austria.at

7. STEYRER RÄTSEL-WERTUNGSFAHRT
16. Juli, Oberösterreich/Steyr
Organisation: I. Motor-Sport-Club-Steyr E.V. 1960
Alfred Michlmayr, +43/676/5533107
msc.steyr@gmail.com, www.msc-steyr.at

MVC-SO GRAZ SOMMERAUSFAHRT
16. Juli, Steiermark/Thonberg (bei Regen 23. Juli)
Organisation: Motor Veteranen Club Süd-Ost Graz/MVC-SO Graz
Ing. Wolfgang Zimmer, +43/660/2745988, www.mvc-graz.at

WADHOLZ CLASSIC
16. Juli, Oberösterreich
Organisation: Wadholz Classic, +43/664/4331366
office@wadholz-classic.at, www.wadholz-classic.at

OSCT OLD- UND YOUNGTIMERTREFF MIT FAHRZEUGPRÄSENTATION
16. Juli, Niederösterreich/Hollenburg
Organisation: Oldtimer und Sportwagenclub Tullnerfeld/OSCT
www.osct.at

ENNSTAL-CLASSIC
19. – 22. Juli, Steiermark/Gröbming
Organisation: Ennstal-Classic GmbH
+43/3685/23270
office@ennstal-classic.at
www.ennstal-classic.at

HISTO CUP
21. – 23. Juli, Gastspiel Italia Part 2, Misano (I)
Organisation: Business Consulting Marketing- und Eventmanagement GmbH
David Steffny, A-5026 Salzburg, Iganz Rieder-Kai 83
+43/660/6656440, info@histocup.com
www.histocup.com

US CAR & JEEP FESTIVAL – FAAKERSEE
21. – 23. Juli, Kärnten/Faak am See
Organisation: US Car & Jeep Festival
office.uscarfestival@gmail.com
www.us-car-faakamsee.com

MOPED AUSFAHRT
22. Juli, Niederösterreich/Amstetten
Organisation: ÖAMTC – ZV Amstetten
Raimund Mayr, +43/676/7845931
office@oeamtc-zv-amstetten.at
www.oeamtc-zv-amstetten.at

SCHLOSSSPIELE KOBERSDORF
23. Juli, Oldtimerfahrt
Mit Wolfgang Böck „on the road"
www.schlossspiele.com

IRON ROAD FOR CHILDREN 2023 – „CHARITY ON WHEELS"
28. – 30. Juli, Steiermark/Leoben
Organisation: Ironroad Events GmbH/IRFC
+43/3842/42492, office@ironroad-events.co
www.irfc.at

Ennstal-Classic

AUGUST

ÖTZTAL CLASSIC
3. – 5. August, Tirol/Ötztal
Organisation: Oldtimer Club Ötztal
Gerhard Holzknecht, +43/664/8214650
oldtimer.claudia@steintec.at
www.oetztal-classic.at

Ötztal Classic

MORGATSCHAK
4. August, Österreich
Organisation: Morgan Sports Car Club of Austria/MSCCA
DI Wolfgang Gusmag
office@morganclub.at
www.morganclub.at

INTERNATIONALES SAAB TREFFEN
4. – 6. August, Großbritannien
Organisation: Saab-Club Österreich
www.saab-club.at
intsaab2023.com

GROSSE PÄSSE TOUR 2023
5. August, Imst/Pitztal/Ötztal/Timmelsjoch
Organisation: Genusstouren für Fahraktive!
Marcus Müller, +49/171/6951594
marcus@mmsd-genusstouren.de
www.mmsd-genusstouren.de

17. GLEMMA OLDTIMER AUSFAHRT
5. August, Salzburg/Saalbach Hinterglemm
Organisation: Tourismusverband Saalbach Hinterglemm
+43/6541/6800-68, Anmeldung: office@hotel-peter.at
www.saalbach.com

MVCS OLDTIMER PICKNICK
5. August, Salzburg
Organisation: Motor-Veteranen-Club Salzburg/MVCS
Dipl. BW Gerhard Feichtinger MBA, +43/664/3454489
mvcs@mvcs.at, www.mvcs.at

KLEINE PÄSSE TOUR 2023
6. August, Imst/Pitztal/Kaunertal/Hahntennjoch
Organisation: Genusstouren für Fahraktive! Marcus Müller
+49/171/6951594, marcus@mmsd-genusstouren.de
www.mmsd-genusstouren.de

INT. OLDTIMERTREFFEN FÜR TRAKTOREN, AUTOS, MOTORRÄDER
6. August, Kirchberg in Tirol/Pferderennbahn
Organisation: Oldtimerfreunde Kirchberg in Tirol
Thomas Lechner, +43/664/5282738
oldtimerfreunde-kirchberg@gmx.at
www.kitzbueheler-alpen.com

8. YOUNG- & OLDTIMERTREFFEN KMVC
6. August, Kärnten
Organisation: KMVC, Kärntner Motor Veteranen Club
Dietmar Wester, +43/650/7605500, kmvc.at

MGOC PICKNICK – STAMMTISCH OÖ
6. August, Oberösterreich/Vöcklabruck
Organisation: MG Owners Club Austria
mgoc@mgoc.at, www.mgoc.at
Adolf Schacherleitner, +43/664/1654449

HISTO CUP
11. – 13. August, Sunset Race Slovakia, Slovakiaring (SK)
Organisation: Business Consulting Marketing- und
Eventmanagement GmbH
David Steffny, A-5026 Salzburg, Iganz Rieder-Kai 83
+43/660/6656440, info@histocup.com, www.histocup.com

GOISERN CLASSIC 2023
12. – 13. August, Oberösterreich/Bad Goisern
Organisation: FF Lasern, +43/6135/6706
office@goisern-classic.at, www.goisern-classic.at

Goisern Classic 2023

LOFERER OLDTIMERTREFFEN -
MARKTFEST MIT TRAKTOR ALM-AUSFAHRT
12. August, Salzburg/Lofer, Organisation: Marktgemeinde Lofer
ff-lofer@lfv-sbg.at, www.lofer.salzburg.at

PCCA AUSFAHRT
12. August, Niederösterreich
Organisation: Porsche Classic Club/PCCA Ost
www.porsche-classic-club.at

13. OLDTIMER PICKNICK
13. August, Niederösterreich/Eggenburg
Organisation: ARBÖ Ortsklub Eggenburg,
+43/664/5815469, arboe.eggenburg@hotmail.com
arboe-eggenburg.webador.at

ST. PÖLTEN CLASSIC 2023
15. August, Niederösterreich/St. Pölten
Organisation: Classic Rallye Club Austria/CRCA
Gerhard Riedl, info@crca.at, crca.at

KALKALPENTOUR
15. August, Kalkalpen
Organisation: 1. Motor-Sport-Club-Steyr E.V. 1960
Alfred Michlmayr, +43/676/5533107
msc.steyr@gmail.com, www.msc-steyr.at

Kalkalpentour

LANDL RALLYE
18. – 20. August, Oberösterreich/Meggenhofen
Organisation: Landl-Rallye Meggenhofen, Josef Mallinger
welcome@landl-rallye.at, www.landl-rallye.at

CADILLAC BIG MEET
19. – 20. August, Oberösterreich/Kremsmünster
Organisation: Cadillac Big Meet Team
+43/699/19696594, www.cadillac-meeting.com

GROSSES OLDTIMERTREFFEN IN ILZ
20. August, Steiermark/Ilz
Organisation: Steirische Oldtimer Freunde/STOF
Herbert Schinnerl, +43/650/3930224
office@stof.at, www.stof.at

LEITHABERG – TROPHY 2023
20. August, Burgenland/Breitenbrunn am Neusiedlersee
Organisation: Oldtimer-Club Neusiedlersee/OCN
office@oldtimer-club-neusiedlersee.at
www.oldtimer-club-neusiedlersee.at

INTERNATIONALER SCHLOSSBERGPREIS
20. August, Burgenland/Pöttsching
Organisation: Burgenländischer Oldtimer Club/BOC
Nikolaus Horvath, +43/677/63533933, www.bgldoc.at

Internationaler Schlossbergpreis

OSCT OLD- UND YOUNGTIMERTREFF
20. August, Niederösterreich/Hollenburg
Organisation: Oldtimer und Sportwagenclub Tullnerfeld/OSCT
www.osct.at

TR WEEKEND
24. – 27. August, Salzburg/Lungau
Organisation: TR-Register Austria
Mag. Wolfgang Freiler, +43/664/2384045
office@tr-register.at, www.tr-register.at

OLDTIMERCLUB POYSDORF – FAHRT MIT AUTOS UND MOTORRÄDERN NACH OELSNITZ

24. – 27. August, Niederösterreich/Poysdorf nach Oelsnitz/ Deutschland, Organisation: Oldtimerclub Poysdorf
Hanni Parisch, +43/664/5622674
www.oldtimerclub-poysdorf.at

19. INT. TRAKTORRENNEN

25. – 27. August, Niederösterreich/Reingers
Organisation: Traktor Oldtimer Club Reingers – Waldviertel
Herbert Scherzer, office@traktorrennen.at
www.traktorrennen.at

7. FERDINAND PORSCHE LANDPARTIE – AUSFAHRT MIT AUTOMOBILEN BIS BJ. 1939

25. – 27. August, Salzburg/Mattsee
Organisation: fahr(T)raum – Die Ferdinand Porsche Erlebniswelten, +43/6217/59232
office@fahrtraum.at
www.fahrtraum.at

WERTUNGSFAHRT FÜR OLDTIMER

26. August, Oberösterreich/Nußdorf am Attersee
Organisation: OMG – Nußdorfer Oldtimer-und Motorsportgemeinschaft
+43/664/7962540
office@omg-nussdorf.at
www.omg-nussdorf.at

RBO TROPHY 2023

26. August, Niederösterreich/Stetten
Organisation: RBO – Ing. Stöckl GmbH
+43/2262/72513
office@rbo.at www.rbo.at

20. Int. Rupert Hollaus Rrennen

20. RUPERT HOLLAUS RENNEN

26. – 27. August, Steiermark/Red Bull Ring
Organisation: IG Formel Classic/IGFC
Wolfgang Stropek, +43/664/2421903, info@igfc, www.igfc.at

VIENNA CLASSIC DAYS

26. – 27. August, Wien
Organisation: Motor Mythos Bromberger BROmotion
+43/1/7137814, +43/676/87557001
motor-mythos@bromberger.at, www.viennaclassicdays.com

Vienna Classic Days

9. INT. AVCA MOTORFAHRER-WERTUNGSFAHRT 2023

27. – 31. August, Kärnten/Velden am Wörthersee
Organisation: Automobil Veteranen Club Austria/AVCA
Hermann Tratnik: +43/664/8982110
tratnik.hermann@a1.net, www.avca.at

CAFÉ KUNSTWERK TROPHY 2023 BY E4CC.COM

27. August, Niederösterreich/St. Veit
Organisation: Café KunstWerk und e4cc
Fritz Jirowsky, +43/660/4523534
www.e4cc.com, www.cafe-kunstwerk.at

MVC-SO GRAZ MOTORRADAUSFAHRT

27. August, Steiermark/Thonberg
Organisation: Motor Veteranen Club Süd-Ost Graz/MVC-SO Graz
Ing. Wolfgang Zimmer, +43/660/2745988, www.mvc-graz.at

ALPEN RODEO – 30 BERGPÄSSE

27. August – 1. September, Österreich
Organisation: Alpen Rodeo, +43/650/5806891
team@alpen-rodeo.com, www.alpen-rodeo.com

MILLE FIORI-CLASSICO – OLDTIMER GENUSSRALLYE

30. August – 2. September, Deutschland/Tirol/Salzburg
Organisation: Oldtimerland Bodensee, DI Hilmar Wörnle
+43/7533/803196, info@oldtimerland-bodensee.de
www.oldtimerland-bodensee.eu

SEPTEMBER

36. OLDTIMERTREFFEN „STRADA DEL PROSECCO"
1. - 3. September, Italien/Treviso
Organisation: KMVC, Kärntner Motor Veteranen Club
Gerhard Setschnagg, +43/664/5023429
g.setschnagg@kmvc.at, kmvc.at

JDOST HERBSTAUSFAHRT
1. – 3. September
Organisation: JDOST, Wolfgang Schöbel
office@jdost.at, www.jdost.at

FLACHGAU CLASSIC 2023
1. – 2. September, Salzburg/Mattsee
Organisation: Classic Rallye Club Austria/CRCA
Michael Stumpf, +43/699/10099746
stumpf@crca.at, crca.at

FERDINAND PORSCHE GEDÄCHTNIS TOURENFAHRT
2. September, Wien
Organisation: Porsche Club Wien, www.porsche-club-wien.at

FESTIVAL GUT GALLMANNSEGG
2. September, Steiermark/Kainach
Organisation: Stefan Schönbacher, +43/664/5441617
event@gallmannsegg.at, www.gallmannsegg.at

OSCT HERBSTAUSFAHRT
2. September, Niederösterreich/Atzenbrugg
Organisation: Oldtimer und Sportwagenclub Tullnerfeld/OSCT
www.osct.at

OLDTIMERTREFFEN AMTC – OLDTIMER CLUB ROTTENBACH
3. September, Oberösterreich/Rottenbach
Organisation: AMTC Oldtimerclub Rottenbach
Obmann Josef Schiller, +43/699/17210248
amtc-om@gmx.at, www.oldtimerclub-rottenbach.at

OLDTIMERBRUNCH 2023
3. September, Vorarlberg/Bodensee
Organisation: Oldtimerland Bodensee
DI Hilmar Wörnle, +43/7533/803196
info@oldtimerland-bodensee.de
www.oldtimerland-bodensee.eu

ADAC EUROPA CLASSIC 2023
3. – 6. September, vom Chiemgau nach Tirol
Organisation: ADAC e.V., Resort Motorsport und Klassik
+49/89/7676-0, motorsport@adac.de
www.adac-motorsport.de

MSCCA HERBSTTREFFEN 2023
7. – 10. September, Steiermark
Organisation: Morgan Sports Car Club of Austria/MSCCA
DI Wolfgang Gusmag, office@morganclub.a
www.morganclub.at

VW KÄFER & BULLI TREFFEN
8. – 9. September, Steiermark/Aich-Assach
Organisation: Käferpower Aich-Assach
Alfred Pichler, +43/664/2144062, vw@kaeferpower.at
www.kaeferpower.at

P´dorf Charity Classic 2023

P´DORF CHARITY CLASSIC 2023
8. – 9. September, Niederösterreich/Perchtoldsdorf
Organisation: Rotary Club Perchtoldsdorf
c/o Kanzlei RA Mag. Sebastian Klackl
+43/1/8900061, office@pdorf-classic.at
www.rotaryperchtoldsdorf.at/rallye

11TH AUSTRIAN VESPA RALLYE
8. – 10. September, Steiermark/Leibnitz
Organisation: Vespa Club Austria, www.vespaclub.at

HOCHSTEIERMARK-CLASSIC
8. – 10. September, Steiermark/Neuberg an der Mürz
Organisation: MIG-Motorsportinteressensgemeinschaft
KAMIKAZE, Werner Ully, +43/664/8558715
info@hochsteiermark-classic.at
www.hochsteiermark-classic.at

MVCS HERBSTAUSFAHRT
8. – 10. September, Salzburg
Organisation: Motor-Veteranen-Club Salzburg/MVCS
Dipl. BW Gerhard Feichtinger MBA, +43/664/3454489
mvcs@mvcs.at, www.mvcs.at

TOUR-GRANDE
9. – 15. September, Tirol/Lienz nach Monaco
Organisation: Gerhard Mischka, +43/699/11283684
info@tourgrande.com, www.tourgrande.com

MGOC HERBSTAUSFAHRT – STAMMTISCH OÖ
9. September, Oberösterreich
Organisation: MG Owners Club Austria
mgoc@mgoc.at, www.mgoc.at
Adolf Schacherleitner, +43/664/1654449

PCCA PRÄSIDENTENFAHRT
9. September, Österreich
Organisation: Porsche Classic Club/PCCA Ost
www.porsche-classic-club.at

NFC MOTORRADAUSFAHRT
9. September, Oberösterreich/Tumeltsham
Organisation: NFC Ried, Manfred Eder
+43/699/81939518, www.nfc-ried.at

VMCM HERBSTAUSFAHRT FÜR HISTORISCHE MOTORRÄDER UND MOTORROLLER
9. – 10. September, Niederösterreich
Organisation: Veteranen Motorrad Club Mödling/VMCM
Wilhelm Paul, +43/664/1525201
info@vmcm.at, www.vmcm.at

BERGPREIS ASPANG – MÖNICHKIRCHEN
10. September, Niederösterreich
Organisation: Burgenländischer Oldtimer Club/BOC
Nikolaus Horvath, +43/677/63533933, www.bgldoc.at

AUSFAHRT IN „MEMORIAM KRÖLL WALTER" MIT MENSCHEN MIT BEHINDERUNG
10. September, Salzburg
Organisation: 1. Pinzgauer Oldtimerclub
+43/670/2001500, info@1pinzgauer-oldtimerclub.at
www.1pinzgauer-oldtimerclub.at

KATSCHTAL CLASSIC 2023
10. September, Steiermark/St. Peter am Kammersberg
Organisation: Verein der Puch-Freunde
katschtal-classic@peterdorf.at
www.katschtal-classic.com

OLDTIMER TRAKTOR WM 2023
14. – 17. September, Salzburg/Bruck/Großglockner
Organisation: Tourismusverband Bruck Fusch/Großglockner
+43/6545/7295, traktorwm@bruck-fusch.at
www.traktorwm.at

HISTO CUP
15. – 17. September, Salzburg Historic, Salzburgring
Organisation: Business Consulting Marketing- und
Eventmanagement GmbH
David Steffny, A-5026 Salzburg, Iganz Rieder-Kai 83
+43/660/6656440, info@histocup.com, www.histocup.com

VOLVO CLUB ÖSTERREICH – HERBSTAUSFAHRT
15. – 17. September, Steiermark/St. Martin am Grimming
Organisation: Volvo Club Österreich
office@volvoclub.at, www.volvoclub.at

ADAC CLASSIC MEETS TRAUNSEE 2023
15. – 17. September, Salzkammergut/Traunsee
Organisation: ADAC e.V., Resort Motorsport und Klassik
+49/89/7676-0, motorsport@adac.de
www.adac-motorsport.de

OLDTIMER GRAND PRIX SCHWANENSTADT
für hist. Sport-und Rennmotorräder Bj. 1920 – 1980
16. – 17. September, Oberösterreich/Schwanenstadt
Organisation: MSV Schwanenstadt
+43/7673/2401, www.msv-schwanenstadt.at

SAAB-CLUB HERBSTAUSFAHRT
16. – 17. September, Österreich
Organisation: Saab-Club Österreich
Erich Malzer, +43/676/7483737, erich.malzer@saab-club.at
www.saab-club.at

OBM BUCKLIGE WELT RALLYE – HISTORIC RALLYE CUP DER AMF
16. – 17. September, Niederösterreich/Krumbach
Organisation: Stengg Motorsport Fanclub, Stengg Wilhelm
www.austria-motorsport.at

SMS-CLASSIC-SPRINT
16. September, Kärnten/Klagenfurt, Ebenthal
Organisation: 1. C.A.R. Team Ferlach
Gustav Mostetschnig, +43/660/4647617
info@carteamferlach.at, www.carteamferlach.at

MGOC HERBSTAUSFAHRT – STAMMTISCH WIEN
17. September, Wien
Organisation: MG Owners Club Austria
mgoc@mgoc.at, www.mgoc.at
DI Christoph Gudenus, +43/650/8123420

MVC-SO GRAZ HERBSTAUSFAHRT
17. September, Steiermark (bei Regen 24. September)
Organisation: Motor Veteranen Club Süd-Ost Graz/MVC-SO Graz
Ing. Wolfgang Zimmer, +43/660/2745988, www.mvc-graz.at

ALT-OPEL-HERBSTAUSFAHRT
17. September, Niederösterreich
Organisation: Alt Opel Fahrer Vereinigung Austria/AOFVA
Gerhard Stambera, +43/699/12450972
alt-opel-fahrer@gmx.at, www.alt-opel-fahrer-vereinigung.at

ARBÖ-OLDTIMER-TREFFEN
17. September, Tirol/Bad Häring
Organisation: Oldtimerfreunde Bad Häring, www.badhaering.at
www.arboe.at/tirol/geschichten-und-aktionen/bad-haering

OSCT OLD- UND YOUNGTIMERTREFF
17. September, Niederösterreich/Hollenburg
Organisation: Oldtimer und Sportwagenclub Tullnerfeld/OSCT
www.osct.at

KÄFERCLUB OBERGRAFENDORF HERBSTAUSFAHRT
17. September, Österreich
Organisation: Käferclub Obergrafendorf
+43/676/6399485, t.braun2@gmx.at
www.vw-kaeferclub.com

PCCA ABSCH(L)USSFAHRT
17. September, Österreich
Organisation: Porsche Classic Club/PCCA-West
www.porsche-classic-club.at

INTERNATIONALES LANCIA CLUB ÖSTERREICH TREFFEN
21. – 24. September, Dachstein
Organisation: Lancia Club Österreich/LCÖ
+43/676/5507569, office@lcoe.at
www.lanciaclub-oesterreich.at

AUSTRIAN RALLYE LEGENDS POWERED BY ARBÖ
21. – 23. September, Steiermark
Organisation: ARBÖ Admont, +43/660/6560003
classic@arboe-rallye.at, www.arboe-rallye.at

DKW CLUB ÖSTERREICH – HERBSTAUSFAHRT
22. – 24. September, Österreich
Organisation: DKW Club Österreich
info@dkw-club.at
www.dkw-club.at

GRUNDLSEE VINTAGE-KLASSIK
Gleichmäßigkeitsbergwertung für wirklich alte Motorräder
23. – 24. September, Steiermark/Grundlsee
Organsiation: Ausseerland Motor Veteranen Club/AMVC
Friedl Stephan, +43/664/2441766
office@zweiradfriedl.a
www.amvc.at

NOBLEND AUTOBERGRENNEN ESTHOFEN – ST. AGATHA
23. – 24. September, Oberösterreich/Esthofen/St. Agatha
Organisation: MSC Rottenegg, Markus Altenstrasse
+43/664/840 77 28, info@bergrennen.at
mscrottenegg@gmx.at
www.bergrennen.at

HMW FUCHSAUSFAHRT
23. September, Oberösterreich/ Attnang-Puchheim
Organisation: MVCA - Motorrad Veteranenclub Attnang-Puchheim
Hans Preuner, +43/676/7230035
mvca.preuner@aon.at
www.mvca.at

US-CAR OLDTIMER – YOUNGTIMER TREFFEN
23. September, Niederösterreich/Viehdorf
Organisation: ÖAMTC ZV Amstetten
Manfred Fichtinger, +43/664/2216117
Günther Kurzmann, +43/660/6009900
office@oeamtc-zv-amstetten.at
www.oeamtc-zv-amstetten.at

DER OLDTIMER GUIDE AUCH AUF WWW.OLDTIMER-GUIDE.AT

GOLDIE DAYS-OLDTIMER GENUSSWOCHE IM HERBST
23. September – 1. Oktober, Tirol/Hintertux
Organisation: Familie Kofler, Hintertuxerhof
+43/5287/8530, info@hintertuxerhof.at
www.hintertuxerhof.at, www.goldiedays.at

CVW-HERBSTAUSFAHRT
23. September, Niederösterreich/Weinviertel
Organisation: CVW – Club der Veteranenfreunde Wien
+43/676/4754578, office@cvw.at, www.cvw.at

1. MOTOR-SPORT-CLUB-STEYR – HERBSTAUSFAHRT
24. September, Oberösterreich/Steyr
Organisation: 1. Motor-Sport-Club-Steyr E.V. 1960
Alfred Michlmayr, +43/676/5533107
msc.steyr@gmail.com, www.msc-steyr.at

STOF HERBSTAUSFAHRT
24. September, Steiermark/Lannach
Organisation: Steirische Oldtimer Freunde/STOF
Willi Walter, +43/676/3269949
Herbert Schinnerl, +43/650/3930224
office@stof.at, www.stof.at

OLDTIMERTREFFEN AUF SCHIENE UND STRASSE
24. September, Niederösterreich/Ernstbrunn
Organisation: ÖBB Personenverkehr AG
www.regiobahn.at

NFC-HERBSTAUSFAHRT
24. September, Oberösterreich/Tumeltsham
Organisation: NFC Ried, Harald Rachbauer
+43/664/2266166, www.nfc-ried.at

SPEZIAL-CABRIO-AUSFAHRT „IN MEMORIAM DIDI MATESCHITZ"
28. September – 1. Oktober, Steiermark/Graz
Organisation: Cabrio-Freunde Seeboden am Millstättersee
Kurt Pflanzer, +43/664/73183677, k.pflanzer@gmx.at
www.cabriotreffen-seeboden.com

JAGUARCLUB AUSTRIA – HERBSTAUSFAHRT REGION SÜD
29. September – 1. Oktober, Südtirol
Organisation: Jaguarclub Austria
www.jaguarclubaustria.at

VENTILSPIEL
30. September, Steiermark/Red Bull Ring
Organisation: Ventilspiel GmbH
Roland David, +43/699/13925910, office@ventilspiel.at
www.ventilspiel.at

PCCA STERNFAHRT ZUM VENTILSPIEL
30. September, Steiermark/Spielberg
Organisation: Porsche Classic Club/PCCA
www.porsche-classic-club.at

4. GERASDORFER OLDTIMER CLASSIC
30. September, Niederösterreich/Gerasdorf
Organisation: Verein Gerasdorfer Sportfreunde
Thomas Hochschorner, +43/676/3400804
info@gerasdof-oldtimer-classic.at
gerasdorf-oldtimer-classic.at

RENNBAHNRALLYE
30. September, Salzburg
Organisation: Motor-Veteranen-Club Salzburg/MVCS
Dipl. BW Gerhard Feichtinger MBA, +43/664/3454489
mvcs@mvcs.at, www.mvcs.at

1. MOTOR-SPORT-CLUB-STEYR - AUSFAHRT
30. September, Oberösterreich/Steyr
Organisation: 1. Motor-Sport-Club-Steyr E.V. 1960
Alfred Michlmayr, +43/676/5533107
msc.steyr@gmail.com, www.msc-steyr.at

OKTOBER

RALLYE HISTORIALE
1. Oktober, Niederösterreich/Brunn am Gebirge
Organisation: Österreichischer Motor Veteranen Club/ÖMVC
Ing. Robert Krickl, +43/676/6004582
rallye-historiale@gmx.at, www.historiale.at

Rallye Historiale

MVC-SO GRAZ MOTORRADAUSFAHRT
1. Oktober, Steiermark/Thonberg
Organisation: Motor Veteranen Club Süd-Ost Graz/MVC-SO Graz
Ing. Wolfgang Zimmer, +43/660/2745988, www.mvc-graz.at

SÜDTIROL CLASSIC GOLDEN EDITION
3. – 8. Oktober, Südtirol
Organisation: Südtirol Classic Club,
+39/473/945669, info@suedtirolclassic.com
www.suedtirolclassic.com

MASERATI CLUB AUSTRIA –
HERBSTAUSFAHRT UND SAISONABSCHLUSS
5. – 8. Oktober, Burgenland
Organisation: Maserati Owners Club Austria
schriftfuehrer@maserati-club-austria.at
www.maserati-owners-club-austria.at

HISTO CUP FINALE
6. – 8. Oktober, Histo Cup Finale/Autodrom Most (CZ)
Organisation: Business Consulting Marketing- und
Eventmanagement GmbH,
David Steffny, A-5026 Salzburg, Iganz Rieder-Kai 83
+43/660/6656440
info@histocup.com
www.histocup.com

INT. PANNONIA-HISTORIC RALLYE
6. – 7. Oktober, Burgenland/Gols
Organisation: Pannonia Classic Car Club und
IDEE Werbeagentur Reichetzeder OG
Hannes Reichetzeder, +43/650/7774556
rallye@pannonia-carnuntum.at
pannonia-carnuntum.at

TAFRENT-CLASSIC-SPRINT
7. Oktober, Kärnten/Villach
Organisation: 1. C.A.R. Team Ferlach
Gustav Mostetschnig, +43/660/4647617
info@carteamferlach.at
www.carteamferlach.at

1. PINZGAUER OLDTIMERCLUB – HERBSTAUSFAHRT
7. Oktober, Salzburg
Organisation: 1. Pinzgauer Oldtimerclub
+43/670/2001500
info@1pinzgauer-oldtimerclub.at
www.1pinzgauer-oldtimerclub.at

LCÖ HERBSTAUSFAHRT – FUCHSJAGD
8. Oktober, Wienerwald
Organisation: Lancia Club Österreich/LCÖ
+43/676/5507569, office@lcoe.at
www.lanciaclub-oesterreich.at

OSCT OLD- UND YOUNGTIMERTREFF
15. Oktober, Niederösterreich/Hollenburg
Organisation: Oldtimer und Sportwagenclub Tullnerfeld/OSCT
www.osct.at

RALLYE SALZ & ÖL 2023
20. – 21. Oktober, Salzburg
Organisation: SRC Salzburg Rallye Club OG
+43/662/216002, info@src.co.at, www.src.co.at

Rallye Salz & Öl 2023

PLANNERALM BERGPREIS
21. Oktober, Steiermark/Donnersbach
Organisation: FF Donnersbach, OLM Johannes Zettler
+43/676/7076073, bergpreis@feuerwehr-donnersbach.at
www.feuerwehr-donnersbach.at/puchrennen

FRANZ-JOSEFS-FAHRT BAD ISCHL FÜR
URALTMOTORRÄDER BIS BAUJAHR 1929
21. – 22. Oktober, Oberösterreich/Bad Ischl
Organisation: MVCA – Motorrad Veteranenclub
Attnang-Puchheim
Hannes Denzel, +43/664/1521264
Hans Preuner, +43/676/7230035
www.benzinradl.at, www.mvca.at

Franz-Josefs-Fahrt Bad Ischl

CLASSIC 1000 – DIE RALLYE DER 1000 KILOMETER
27. – 28. Oktober, Oberösterreich/Steyr
Organisation: HRRC-2020 & TESCO-GbR
classic1000@gmx.at, www.classic1000.at

ÖRC SAISONSCHLUSSFAHRT
28. – 29. Oktober, Österreich
Organisation: Österreichischer Rover Club/ÖRC
office@roverclub.at, www.roverclub.at

NOVEMBER

JDOST MARTINI GANSL-TOUR
4. – 5. November, Niederösterreich/Klingenbach
Organisation: JDOST, Wolfgang Schöbel
+43/676/6408511, office@jdost.at, www.jdost.at

FROSTBEGRÜSSUNGSFAHRT UM DIE FROST-TROPHY 2023
11. November, Niederösterreich/Mariazeller Land
Organisation: Volvo Club Österreich
+43/664/4379565, office@volvoclub.at www.volvoclub.at

Frostbegrüssungsfahrt um die Frost-Trophy 2022

Oldtimerverkauf | Teilemarkt
Oldtimerschau | Clubpräsentationen

OLDTIMER MESSE TULLN

35 Jahre

ÖSTERREICHS GRÖSSTE OLDTIMERVERANSTALTUNG

6.–7. Mai
2023

Oldtimer | Youngtimer
Motorräder | Traktoren

www.oldtimermesse.at

www.facebook.com/oldtimermesse.tulln

MESSEN & TEILE MÄRKTE

RETROMOBILE PARIS
1. – 5. Februar
Paris Expo Porte de Versailles – Gates 1, 2, 3
F-75015 Paris, 1 Place de la Porte de Versailles
www.retromobile.com
Mehr Platz für die Aussteller, mehr Komfort für die Besucher, mehr Gründe zum Kaufen, zum Träumen, zum Informieren und zum Bewundern neuer und alter Produkte an den zahlreichen Ständen. Mehr Künstler, mehr Clubs, mehr Verbände, mehr

Retromobile Paris

Anbieter von Ersatzteilen und maßstabsgetreuen Modellen, mehr Veranstalter, mehr Restauratoren, Karosseriebauer und Autoverkäufer geben ihr Bestes, um die Besucher aus aller Welt zufriedenzustellen. Retromobile ist eine Show für Oldtimer-Liebhaber und -Enthusiasten: Über 1.100 ausgestellte Fahrzeuge, 620 Aussteller, 120 Clubs und 60 Künstler versammeln sich auf 72.000 m² in der weltweit größten temporären „Art Gallery", die auf Automobile und viele exklusive Aktivitäten spezialisiert ist.

RETRO CLASSICS STUTTGART
23. – 26. Februar
Landesmesse Stuttgart GmbH
D-70629 Stuttgart, Messepiazza 1
+49/711/18560-2663
info@messe-stuttgart.de, www.retro-classics.de
Zur 21. RETRO CLASSICS® 2023 vom 23. – 26. Februar dürfen sich Aussteller und Besucher auf neue Highlights freuen. Die Messe für Fahrkultur präsentiert auf 140.000 m² Ausstellungsfläche alles rund um Oldtimer, Youngtimer und Neo Classics. Traumhafte Automobil-Legenden aus allen Ecken der Welt, gepaart mit klassischer Eleganz, erwarten die Liebhaber von schönen Kurven und heißen Motoren. Eine Sonderschau zum Thema „75 Jahre Porsche" und „American way of drive", viele

hochkarätige Oldies sorgen für Highlights auf der diesjährigen Messe. Von der Kinderstube der Mobilität über Vorkriegsklassiker, Old- und Youngtimer bis hin zu exklusiven Neo Classics ist alles dabei, dies gilt genauso für Rollermobile, US-Cars und historische Nutzfahrzeuge. Von „A" wie Abarth über „M" wie Manta bis „Z" wie Zündapp bringt die Retro Classics Stuttgart die internationale Szene zusammen.

MOTIONEXPO 2023
10. – 12. März
Messeplatz 1, 8010 Graz
www.motionexpo.at
Der Zeitraum von 10. – 12. März 2023 steht wieder ganz im Zeichen intelligenter Mobilität und purer Emotion! Nach einer erfolgreichen Premiere geht das Mobilitätsformat MotionExpo in die zweite Runde. Rund 12.000 BesucherInnen konnten bei der Premiere mit über 300 Neufahrzeugen, vier Sonderausstellungen, einer Mobility-Stage mit Live-Stream, einem Fahrtechnikzentrum und vielem mehr begeistert werden. Im Mittelpunkt stehen nicht nur Neuwagen, sondern viele Themenbereiche rund um Mobilität wie Technologie, Bikes, Trikes und Quads, Heritage und Oldtimer, Racing, Camping und Offroad. Mit der Sonderausstellung „75 Jahre Porsche Sportwagen" wird das Programm abgerundet. Des Weiteren gibt es täglich auf der Messebühne spannende Diskussion und Vorträge zu allen Themen, die die Szene bewegen.

OLDTIMER- UND ANTIQUITÄTENMARKT BLINDEN-
MARKT – OLDTIMERHALLE BLINDENMARKT
18. März
Organisation: Oldtimerverein Blindenmarkt (OVB)
A-3372 Blindenmarkt, Vereinsstraße 3
Rudolf Bemmer, +43/650/7962400
office@oldtimerverein.at, www.oldtimerverein.at
Im Veranstaltungszentrum des Oldtimervereins Blindenmarkt – der Oldtimerhalle – findet der traditionelle Oldtimer- und Antiquitätenmarkt statt. Hier kann man suchen und findet vielleicht genau den Teil, der für die Restaurierung noch fehlt, oder auch ein Schnäppchen, das man für zu Hause schon immer besitzen wollte. Auf alle Fälle ist die Veranstaltung einen Besuch wert.

TECHNORAMA KASSEL
25. – 26. März
D-34121 Kassel, Damaschkestraße 55
+49/731/18968-0, info@technorama.de, www.technorama.de
Seit 1985 zieht die Technorama Kassel auf 30.000 m² mit einer gelungenen Mischung aus Tradition und Innovation internationale Aussteller und rund 30.000 Besucher aus aller Herren Länder an. Die erste Technorama zu Jahresbeginn startet in die neue

Technorama Kassel

Saison für Oldtimer und Youngtimer, Automobile und Motorräder, Klassiker und Motorsportler, Ersatzteile und Restaurierung. Motorräder haben in Kassel einen hohen Stellenwert. In den Clubhallen präsentieren sich den Besuchern seltene Originale, faszinierende Technik und kuriose Details. Kompetente Clubpräsentationen mit Zeit für Benzingespräche ergänzen das Angebot.

**DER OLDTIMER GUIDE AUCH AUF
WWW.OLDTIMER-GUIDE.AT**

NUSSDORFER OLDTIMER- UND TEILEMARKT
25. März
Organisation: OMG Nussdorf Oldtimer- und Motorsportgemeinschaft
A-4865 Nußdorf am Attersee, Kapellenweg 26
office@omg-nussdorf.at, www.omg-nussdorf.at
Die Hauptziele der Motorsportgemeinschaft in Nußdorf am Attersee sind – und werden immer sein – Gleichgesinnte und

Nüßdorfer Oldtimer- und Teilemarkt

Gleichinteressierte zusammenzuführen. Es soll ein Erfahrungsaustausch und auch technische Hilfe unter den Mitgliedern und an historischen Fahrzeugen Interessierten stattfinden, wobei das gemütliche Zusammensein und das „Fachsimpeln" nicht zu kurz kommt. Ein ganz wichtiger Teil dafür ist der stattfindende Teilemarkt, der für alle Interessenten und „Suchenden" einen Besuch notwendig macht, denn man findet immer etwas Brauchbares.

OLDTIMER UND TEILEMARKT OBERDORF
25. März
Oberdorf am Hochegg – Festhalle
Organisation: Oldtimer & Sportwagenclub Oberdorf
A-8481 Weinberg, Siebing 48
+43/676/898933915, osco@aon.at, www.osco.at
Seit 1999 gibt es den Teilemarkt, und die Veranstaltungshalle in Oberdorf bietet den richtigen Platz dafür. Dort finden sich alljährlich Gleichgesinnte zu interessanten Gesprächen und das gemeinsame Suchen und Finden des benötigten Teiles wird zum Erfolgserlebnis. Die traditionelle Veranstaltung ist mittlerweile ein fixer Bestandteil des Dorfgeschehens geworden.

ALPE-ADRIA CLASSIC LEGENDS 2023
31. März – 2. April
Messeplatz 1, 9020 Klagenfurt
www.kaerntnermessen.at
Erstmalig haben Fans von Oldtimern aus Österreich, Norditalien, Slowenien und Kroatien die Möglichkeit, am Messegelände von Klagenfurt am Wörthersee in die erlesene Welt des klassischen Automobils einzutauchen. Die neue Messe für klassische Automobile wird während der Freizeitmesse in Klagenfurt vom 31. März bis 2. April 2023 ihre Premiere feiern. Das Scheinwerferlicht richtet sich auf eine tolle Mischung an klassischen Automobilen und Raritäten der letzten Jahrzehnte. Dazu präsentieren Klassik-Händler ihre Highlights. Dienstleister, wie z.B. Lederer und Sattler, sind ebenso dabei, wie auch spezialisierte Restaurations- und Aufbereitungsbetriebe, Teileanbieter, Classic Veranstalter, Automobil Museen, Verlage, Oldtimer Clubs sowie besondere Scheunenfunde. Die Geschichte vom Flugplatzrennen in Zeltweg hin zum Red Bull Ring wird ebenso interessant, wie die Sonderausstellung des VW Bulli T1, dem legendärsten und wohl liebenswertesten Bus der Welt.

APRIL

SALZKAMMERGUT OLDTIMER-TEILE-FAHRZEUG MARKT
1. April

Organisation: Museum Fahrzeug-Technik-Luftfahrt
A-4820 Bad Ischl, Sulzbach 178
+43/6132/26658
fahrzeugmuseum@aon.at, www.fahrzeugmuseum.at
Am Parkplatz des Museums für Fahrzeug-Technik-Luftfahrt findet im Frühling und im Herbst der „Salzkammergut Oldtimer-Teile-Fahrzeug-Markt" statt und lädt alle Interessierten in das

Salzkammergut Oldtimer-Teile-Fahrzeug Markt

wunderschöne Bad Ischl ein, um entweder für das geliebte Fahrzeug fündig zu werden oder auch, um einen Oldtimer zu erstehen und damit zur großen Familie der Oldtimerliebhaber zu gehören. Angeboten werden Autos, Motorräder, Roller und Ersatzteile aller Marken und Gattungen, sodass in dem reichhaltigen Angebot für jeden etwas dabei ist.

VESPISTI VECCHI CANI – ZWEIRAD- UND TEILEMARKT
1. April

Organisation: Vespisti Vecchi Cani Austria
A-4221 Steyregg bei Linz, Stockhalle Steyregg
+43/660/2171007
zweiradflohmarkt@gmx.at, www.vespaclub.at
Der Zweirad- und Teileflohmarkt findet zum 6. Mal statt. Zu finden sind Fahrzeuge, Geräte, Ersatzteile, Werkzeuge, Zubehör ... aller Marken und Hersteller rund um das Thema Zweirad, Old- und Youngtimer.

OLDTIMER TEILEMARKT IN STOITZENDORF
8. April

Organisation: Freiwillige Feuerwehr Stoitzendorf
A-3730 Stoitzendorf, Feuerwehrhaus
+43/664/5525437, stoitzendorf@feuerwehr.gv.at
www.ff-stoitzendorf.at
Es kann gar nicht genug Teilemärkte für Oldies geben, denn immer wieder sind Teile notwendig für die Reparatur oder Restaurierung des geliebten Vehikels – und die Freiwillige Feuerwehr Stoitzendorf engagiert sich dafür alljährlich. Es lohnt sich daher ein Ausflug ins schöne Weinviertel nach Stoitzendorf bei Eggenburg.

TECHNO CLASSICA ESSEN
12. – 16. April

D-45131 Essen, Messe Essen, Norbertstraße 2
+49/2407/17300, info@siha.de, www.siha.de
Rund 360.000 Besucher aus 41 Nationen besuchen in Normaljahren die Weltmesse für Oldtimer, Classic- & Prestige-Automobile, Motorsport, Motorräder, Ersatzteile, Restaurierung und Welt-Clubtreff. Auch 2023 ist die Techno-Classica in Essen wieder auf Durchführungskurs. Ob dann die mehr als 1.000 Ausstel-

Techno Classica Essen

ler aus mehr als 30 Nationen wirklich den Weg nach Essen finden, bleibt dahingestellt. Geplant wird wieder ein umfangreiches Programm in 21 Hallen und 4 Freigeländen mit verschiedenen Veranstaltungs- und Themenschwerpunkten. Das Team der Techno Classica arbeitet mit enormer Motivation, Oldies und Clubs in Szene zu setzen und für reichhaltigen Benzin-Gesprächsstoff zu sorgen.

OLDTIMER- UND ANTIQUITÄTENMARKT BLINDENMARKT – OLDTIMERHALLE BLINDENMARKT
15. April

Organisation: Oldtimerverein Blindenmarkt (OVB)
A-3372 Blindenmarkt, Vereinsstraße 3
Rudolf Bemmer, +43/650/7962400

office@oldtimerverein.at, www.oldtimerverein.at
Im Veranstaltungszentrum des Oldtimervereins Blindenmarkt – der Oldtimerhalle – findet der traditionelle Oldtimer- und Antiquitätenmarkt statt. Hier kann man suchen und findet vielleicht genau den Teil, der für die Restaurierung noch fehlt, oder auch ein Schnäppchen, das man für zu Hause schon immer besitzen wollte. Auf alle Fälle ist die Veranstaltung einen Besuch wert.

DER OLDTIMER GUIDE AUF
FACEBOOK ⬛ **CLICK & LIKE**

OLDTIMERSHOW BUDAPEST
14. – 16. April
H-1142 Budapest, Bahnhistorischer Park, Tatai ut 95
www.oldtimershow.hu
Die Oldtimershow in Budapest zeigt mehr als 100 Jahre mobiler Geschichte, antike Autos und Motorräder, noch nie gesehene Oldtimer Autos, Motorräder, Traktoren, Busse, Lastwagen, Militärfahrzeuge, Dampflokomotiven und Waggons. Das größte Oldtimer Festival in Mittel- und Osteuropa zieht jedes Jahr viele Besucher auf das 10 Hektar große Ausstellungsgebiet. Es werden rund 300 Veteranenfahrzeuge ausgestellt. Die Oldtimershow dauert 3 Tage: Freitag, Samstag und Sonntag. Der Ausstellungsort ist der traditionsreiche, eindrucksvolle ungarische Bahnhistorische Park mitten in Budapest. Für Besucher steht ein Festivalbus zur Verfügung, um die Sehenswürdigkeiten der Stadt zu besichtigen. In der Gastro Straße am Messegelände kann man Wurst, Käse, Craft-Bier, Wein, Schnaps kosten und kaufen. In der „Handwerker Straße" gibt es traditionelle Produkte direkt von den Herstellern. Ein tolles Spektakel und sicher eine Reise wert.

MOTORTECHNA BRNO
15. April
CZ-60200 Brno, Veveri 52
+420/736/210200
lubomir.slavicek@email.cz, www.motortechna.cz
Auf dem Brünner Messegelände findet seit Mitte der Achtzigerjahre zweimal im Jahr – Frühling und Herbst – die Motortechna statt. Damals haben sich Mitglieder des Veterán Auto Moto Clubs entschlossen, ein Zusammentreffen für die Ausstellung, den Eintausch, Kauf und Verkauf von Fahrzeugen und Teilen zu orga-

nisieren. Mittlerweile kommen bis zu 3.400 Besucher aus den unterschiedlichsten europäischen Ländern nach Brünn, um sich auf 1.730 m² unter Dach und auf insgesamt 11.200 m² das vielfältige Angebot anzusehen.

FAHRZEUG-TEILE-MARKT IN ST. MARTIN IM MÜHLKREIS
22. April
A-4113 St. Martin im Mühlkreis - Parkplatz Empire an der B127
Organisation: Puch & Oldtimerclub Rohrbach
Siegfried Engleder +43/664/3670778
siegfried.engleder@aon.at
Fahrzeug-Teilemärkte sind ein wichtiger Bestandteil im Terminkalender für Oldtimer-Besitzer – ob mit zwei oder vier Rädern – um eventuell notwendige oder wünschenswerte Dinge zu finden, zu erwerben oder auch nur, um mit Gleichgesinnten interessante Gespräche zu führen.

TECHNORAMA ULM
22. – 23. April
D-89073 Ulm, Böfinger Straße 50
+49/731/18968-0, info@technorama.de
www.technorama.de
Seit 40 Jahren bietet die Ulmer Technorama den Besuchern alles, was das Oldtimerherz begehrt. Die Technorama in Ulm ist mit knapp 900 Ausstellern Süddeutschlands größter Oldtimer- und Teilemarkt. An diesem Wochenende treffen sich Oldtimerliebhaber, Motorradbegeisterte und Freunde historischer Landtech-

Technorama Ulm

nik aus ganz Europa in Ulm. Ein hochwertiges Angebot an Teilen und Sammlerfahrzeugen, das große Oldtimertreffen, Clubstände und Sonderschauen – das sind nur einige der vielen Anziehungspunkte. Das außergewöhnliche Teileangebot, der schöne Sammlerfahrzeug-Verkauf und der Expertentipp aus erster Hand ziehen die Besucher traditionell nach Ulm.

MAI

KLASSIKWELT BODENSEE

5. – 7. Mai

D-88046 Friedrichshafen, Neue Messe 1

+49/7541/708-405, +49/7541/708-404

info@messe-fn.de, www.motorworld-classics-bodensee.de

In diesen Tagen wird die Motorworld Classics Bodensee drei Tage lang das Handelszentrum für klassische Mobilität, Zubehör und Accessoires. Fachhändler exklusiver Autos, Teilemarkt- oder Zubehör-Anbieter begegnen in Friedrichshafen einem kaufkräftigen und internationalen Fachpublikum auf Augenhöhe. Die Messe für Klassiker zu Lande, zu Wasser und in der Luft – diese dynamische Retro-Show im Herzen Europas ist eine ideale Mischung aus Messe und Event und bietet den Besuchern neben einem breiten Kaufangebot „Goodwood-Feeling" pur. Über 800 Aussteller und Clubs, Teilnehmer aus 14 Ländern und rund 38.000 Besucher beleben die 85.000 m² Ausstellungfläche in 12 Messehallen. Vom Automobil über Motorräder, Boote oder historische Flugzeuge bis hin zu Bekleidung und Zubehör gibt es alles, was das Herz begehrt. Angebote für Oldtimer-Rallyes, Reisen, Hotels und seltene Accessoires runden die Produktwelt der Messe ab. Ergänzt wird das Programm durch Fachvorträge und Demo-Restaurationen.

35. INTERNATIONALE OLDTIMER MESSE TULLN

6. – 7. Mai

Messegelände, Josef-Reither-Straße, 3430 Tulln

H. B. H. Veranstaltungs-GmbH, A-3430 Tulln, Hauptplatz 7

+43/2272/66466

tulln@oldtimermesse.at, www.oldtimermesse.at

In den Anfängen trafen sich Oldie-Enthusiasten, um Erfahrungen und Teile auszutauschen. Über die Jahre – und mit viel Engagement – hat sich die Veranstaltung zu einem Fixpunkt in der Oldtimerszene entwickelt. Mit einem riesigen, fast unüberschaubaren Teilemarkt überwiegt hier das lockere Suchen und Schmökern an den Ständen im Freigelände und in den Hallen. Auf einem Areal von zirka 25.000 m² in 9 Hallen und 60.000 m² Freigelände präsentieren sich rund 750 Aussteller und Spezialhändler aus aller Welt. Auch Clubs und Museen machen immer wieder durch individuelle und fantasievolle Standgestaltungen auf ihre Aktivitäten aufmerksam. Auf der Info-Bühne werden jede Menge spannender Themen aus der Oldtimerei bis hin zum Thema syn-

thetische Kraftstoffe von hochkarätigen Experten diskutiert. An Sonderthemen werden heuer 75 Jahre „ENTE" 2CV, 100 Jahre Puch LM (Leichtmotorrad), 50 Jahre MGB GT V8, 60 Jahre Ford Cortina, Lancia: 90 Jahre Augusta – 60 Jahre Fulvia – 30 Jahre Delta 2 und Golf 3 Youngtimer gezeigt.

35. Internationale Oldtimer Messe Tulln

TECHNORAMA HILDESHEIM

13. – 14. Mai

Flugplatz Hildesheim, Lerchenkamp, D-31137 Hildesheim

+49/731/18968-0, info@technorama.de, www.technorama.de

Jedes Jahr begeistert die Technorama Hildesheim auf einer Gesamtfläche von 500.000 m² die Besucher durch die Verbin-

Technorama Hildesheim

dung von historischem Motorsport und dem großen Oldtimer- und Teilemarkt. Auf dem 2,7 Kilometer langen Rundkurs liefern sich Autos, Motorräder und Gespanne packende Duelle. In der Boxengasse wird geschraubt, an der Technik gefeilt und Erfahrungen ausgetauscht. Sammler und Bastler können auf dem großen Oldtimer-Teilemarkt lang gesuchte Schnäppchen finden. Jedes Jahr finden rund 300 internationale Aussteller und 200 Rennfahrer den Weg nach Hildesheim.

BEAULIEU SPRING AUTOJUMBLE
13. – 14. Mai
UK-SO42 7ZN, New Forest, Hampshire, Beaulieu
+44/1590/612345, +44/1590/614614
events@beaulieu.co.uk, www.beaulieu.co.uk

Beaulieu Spring Autojumble

Europas legendärer Auto- und Teilemarkt, der „Autojumble", lockt wieder tausende Oldtimerfans, Automobilia-Sammler und Schatzsucher aus allen Ecken der Welt nach Südengland. In der Grafschaft Hampshire liegt Beaulieu, der Herrensitz des autobegeisterten Lord Montagu of Beaulieu, der diese Veranstaltung 1967 ins Leben rief. An 1.000 Ständen wird alles zum Verkauf angeboten, was mit Autos seit Beginn des motorisierten Zeitalters in Verbindung steht: Autoteile wie Kühlergrill, Armaturen, Lampen, Reifen, Schrauben, Auto- und Motorsportliteratur sowie Hunderte Old- und Youngtimer. Hier reicht die Palette von der Luxuskarosse bis zum Schrotthaufen. Der Spruch: „Wenn du ein gesuchtes Teil nicht in Beaulieu findest, dann gibt es das wahrscheinlich nirgends", wird sich auch heuer wieder bewahrheiten.

JUNI

OLDTIMER UND TEILEMARKT LIEBENFELS
11. Juni
Organisation: FAM – Freunde alter Motorräder
A-9556 Liebenfels, Otilienkogel 4
Dominik Pacher, +43/664/5296485
mopedn@gmx.net, www.f-a-m.at
Der einzige Kärntner Oldtimer- und Teilemarkt für historische Motorräder wird alljährlich vom Verein „Freunde alter Motorräder" organisiert. Zwischen St. Veit an der Glan und Feldkirchen liegt Liebenfels, ein verträumter kleiner Ort, der an diesem Tag den Sportplatz zum Eldorado für Oldtimerfreunde macht. Schau-

en, suchen, finden – freier An- und Verkauf für jedermann – ist das Motto des Tages. Der Besuch lässt das Herz von Oldtimerbegeisterten höherschlagen.

GOODWOOD FESTIVAL OF SPEED
13. – 16. Juni
GB-Goodwood, Chichester, West Sussex PO18 OPH
+44/1243/216611
ticket.office@goodwood.com, www.goodwood.com
Der Earl of March übernahm 1994 den Vorsitz der Goodwood Group of Companies – ein Jahr, nachdem er das Festival of Speed gegründet hatte. Dieses Festival vereint Rennfahrzeuge, Stars und Enthusiasten. Die Creme de la Creme des Motorsports gibt sich ein Stelldichein. Dies ist sicher weltweit das größte und bekannteste Treffen der Rennszene mit den seltensten Race

Goodwood Festival of Speed

Cars des Planeten. Berühmt ist der Hillclimb, bei dem die Fahrer sich selbst und den edlen Rennern oft das Letzte abverlangen. „Behind the scenes" gibt es die Möglichkeit, hautnah die Berühmtheiten zu sehen, zu treffen und vielleicht sogar ein Foto oder eine Unterschrift zu ergattern.

OLDTIMER- UND ANTIQUITÄTENMARKT BLINDENMARKT – OLDTIMERHALLE BLINDENMARKT
17. Juni
Organisation: Oldtimerverein Blindenmarkt (OVB)
A-3372 Blindenmarkt, Vereinsstraße 3
Rudolf Bemmer, +43/650/7962400
office@oldtimerverein.at, www.oldtimerverein.at
Im Veranstaltungszentrum des Oldtimervereins Blindenmarkt – der Oldtimerhalle – findet der traditionelle Oldtimer- und Antiquitätenmarkt statt. Hier kann man suchen und findet vielleicht genau den Teil, der für die Restaurierung noch fehlt, oder auch ein Schnäppchen, das man für zu Hause schon immer besitzen wollte. Auf alle Fälle ist die Veranstaltung einen Besuch wert.

JULI

OLDTIMER-TEILEMARKT PÖTTING
8. Juli
Pötting/Feuerwehrhaus
Organisation: ASKÖ Pötting, Sektion Oldtimerfreunde
A-4720 Pötting, Oberaschbach 5
Burghard Rathmair, +43/664/73412532
Stefan Wimmer, +43/664/2361464
oldtimerfreunde@askoe-poetting.at
www.askoe-poetting.at/sektionen/sektion-oldtimerfreunde
Als Pflichttermin für Oldtimerfreunde sollte jährlich das zweite
Wochenende im Juli einen fixen Platz finden und ein Ausflug nach
Pötting geplant werden. Am Samstag findet der immer reichlich
bestückte Teilemarkt statt. Am Sonntag findet — verbunden mit
dem Pöttinger Kirtag — das viel besuchte Oldtimertreffen für
Fahrzeuge aller Art und für Jung und Alt statt.

OLDTIMER- UND ANTIQUITÄTENMARKT
BLINDENMARKT — OLDTIMERHALLE BLINDENMARKT
15. Juli
Organisation: Oldtimerverein Blindenmarkt (OVB)
A-3372 Blindenmarkt, Vereinsstraße 3
Rudolf Bemmer, +43/650/7962400
office@oldtimerverein.at, www.oldtimerverein.at
Im Veranstaltungszentrum des Oldtimervereins Blindenmarkt
— der Oldtimerhalle — findet der traditionelle Oldtimer- und
Antiquitätenmarkt statt. Hier kann man suchen und findet vielleicht genau den Teil, der für die Restaurierung noch fehlt, oder
auch ein Schnäppchen, das man für zu Hause schon immer
besitzen wollte. Auf alle Fälle ist die Veranstaltung einen Besuch
wert.

24. TEILEMARKT ALTHEIM
29. Juli
Altheim/Rennbahngelände
Organisation: Kurt Falkenstetter
+43/664/1748155
kurt.falkenstetter@gmx.at
Im oberösterreichischen Altheim findet der bereits 24. Teilemarkt für Oldtimer — egal ob für zwei oder vier Räder — statt.
Meist um die Hundert Aussteller bieten am Rennbahngelände
vom alten Spielzeug bis zu Motorenteilen vieles an, was einem
Oldieliebhaber eventuell noch fehlt. Diese Veranstaltung sollte
man nicht versäumen, wenn man auf der Suche ist.

AUGUST

38. OLDTIMER- UND TEILEMARKT ST. PÖLTEN
5. August
VAZ/ St. Pölten
Organisation: NXP Veranstaltungsbetriebs GmbH
A-3100 St. Pölten, Kelsengasse 9
+43/2742/71400-310, Michael Reibnagel
michael.reibnagel@nxp.a
www.vaz.at, www.nxp.at
Mit zirka 20.000 Besuchern und über 600 Anbietern aus ganz
Europa hat sich dieser Oldtimer- und Teilemarkt zu einer der
größten Veranstaltungen dieser Art in Österreich entwickelt. Zu
den vielfältigen Angeboten zählen Autos, Motorräder, Nutzfahrzeuge, Fahrräder, Teile, Zubehör, Automobilia, Literatur, Bekleidung etc. aus allen Epochen. Die Besucher können an diesem Tag
ihr Glück versuchen und vielleicht das eine oder andere Schnäppchen finden — und das alles bei freiem Eintritt für Besucher!

OLDTIMERTREFFEN MIT TEILEMARKT
13. August
Organisation: Oldtimerfreunde St. Johann i.d. Haide
+43/664/1508568
www.oldtimerfreunde-sankt-johann-in-der-haide.at
Am Sportplatzareal hat man die Möglichkeit, die fahrenden
Klassiker, die sich dort treffen, zu sehen, und man kann auch am
Teilemarkt stöbern. Das Begutachten der Oldies und das Suchen
und eventuelle Finden von notwendigen Teilen oder auch nur von
Dingen, die man schon immer gern sein Eigen nennen wollte,
macht den Tag erfolgreich.

KLASSIKWELT
BODENSEE

5. – 7. MAI 2023
MESSE FRIEDRICHSHAFEN

klassikwelt-bodensee.de

TEILEMARKT ROTTENBACH
2. September
Organisation: AMTC – Oldtimerclub Rottenbach
A-4681 Rottenbach, Rottenbach Nr. 25
+43/699/17210248
amtc-om@gmx.at, www.oldtimerclub-rottenbach.at
Die Ortsdurchfahrt ist für die Dauer der Veranstaltung für den übrigen Verkehr gesperrt, so können sich die Aussteller und Interessenten des Teilemarkts voll entfalten und haben die ungestörte Möglichkeit, von Stand zu Stand zu schlendern und nach Schnäppchen oder schon lange gesuchten Teilen zu schauen. Angeboten wird vom Werkzeug über Ersatzteile für Fahrräder, Mopeds bis zum Auto alles, was ein Oldtimer-Liebhaber vielleicht noch brauchen kann. Tags darauf findet ein Oldtimertreffen für alle Fahrzeugkategorien statt.

INTERNATIONAL AUTOJUMBLE BEAULIEU
2. – 3. September
Beaulieu, New Forest
Hampshire, UK, SO42 7ZN
+44/1590/612345, +44/1590/614614
events@beaulieu.co.uk, www.beaulieu.co.uk
Groß, größer, am größten. Der International Autojumble Beaulieu ist eines der bekanntesten Events seiner Art in der Oldtimerszene, und wie alle Jahre im Herbst für Oldtimerinteressierte, wieder das Ziel, Südengland anzupeilen, um die enorm vielfältigen Ausstellungsobjekte zu begutachten. Die Ausmaße sind einfach gigantisch. Mit fast 40.000 Besuchern und mehr als 2.000 Ausstellern sind die Events auf den Beaulieu Event Fields gigantisch und in zwei Tagen kaum im Detail zu durchforsten. Alles, was mit klassischen Automobilen zu tun hat, ist hier präsent. Die Tickets ermöglichen auch den Eintritt in „The National Motor Museum", „World of Top Gear", „Palace House", „Beaulieu Abbey" und mehr.

GOODWOOD REVIVAL
8. – 10. September
GB-PO18 0PH, Goodwood, Chichester, West Sussex
+44/1243/216611
ticket.office@goodwood.com, www.goodwood.com
Das Besondere am Goodwood Revival ist das Flair, die Rennatmosphäre, das Gelände des Racetracks und des Aerodrome und vor

Goodwood Revival

allem die zeitgemäße Bekleidung der Besucher, die damit wie in einer Zeitmaschine um Jahrzehnte zurückversetzt werden. Das erste Revival wurde am 18. September 1998 eröffnet, als der Earl of March in einem Bristol 400 die erste Runde am Circuit drehte, in exakt demselben Wagen, in dem sein Großvater, der 9th Duke of Richmond, den Track 50 Jahre zuvor einweihte. Der historische Rundkurs besteht unverändert seit damals und ist die Bühne für unvergleichliche Rad-an-Rad-Kämpfe historischer Sportwagen. Heute ist das Goodwood Revival eines der weltweit bekanntesten Szene-Events, das jeder Oldtimer-Enthusiast zumindest einmal im Leben gesehen haben muss.

OLDTIMER- UND ANTIQUITÄTENMARKT BLINDENMARKT – OLDTIMERHALLE BLINDENMARKT
16. September
Organisation: Oldtimerverein Blindenmarkt (OVB)
A-3372 Blindenmarkt, Vereinsstraße 3
Rudolf Bemmer, +43/650/7962400
office@oldtimerverein.at, www.oldtimerverein.at
Im Veranstaltungszentrum des Oldtimervereins Blindenmarkt, der Oldtimerhalle, findet der traditionelle Oldtimer- und Antiquitätenmarkt statt. Hier kann man suchen und findet vielleicht genau den Teil, der für die Restaurierung noch fehlt, oder auch ein Schnäppchen, das man für zu Hause schon immer besitzen wollte. Auf alle Fälle ist die Veranstaltung einen Besuch wert.

SALZKAMMERGUT OLDTIMER-TEILE-FAHRZEUG MARKT
7. Oktober
Organisation: Museum Fahrzeug-Technik-Luftfahrt
A-4820 Bad Ischl, Sulzbach 178
+43/6132/26658
fahrzeugmuseum@aon.at, www.fahrzeugmuseum.at

Am Parkplatz des Museums für Fahrzeug-Technik-Luftfahrt findet im Frühling und im Herbst der „Salzkammergut Oldtimer-Teile-Fahrzeug-Markt" statt und lädt alle Interessierten in das wunderschöne Bad Ischl ein, um entweder für das geliebte Fahrzeug fündig zu werden oder auch, um einen Oldtimer zu erstehen und damit zur großen Familie der Oldtimerliebhaber zu gehören. Angeboten werden Autos, Motorräder, Roller und Ersatzteile aller Marken und Gattungen, sodass in dem reichhaltigen Angebot für jeden etwas dabei ist.

DER OLDTIMER GUIDE AUF FACEBOOK CLICK & LIKE

VETERAMA MANNHEIM
13. – 15. Oktober
D-68766 Hockenheim, Hockenheimring, Am Motodrom
+49/6203/13507, info@veterama.de
www.veterama.de
Die Veterama öffnet die berühmten Boxen, das Boxendach und den Pavillon auf dem Hockenheimring. Das weitläufige Fahrerlager, die Querspange und der Einfahrtsbereich eignen sich perfekt als Freigelände. Der Hockenheimring wird zum riesigen Ersatzteillager. Die Szene der Schrauber startet so in das Saisonende. Schon 1932 dröhnten in Hockenheim auf der legendären Rennstrecke die Motoren. Heute kommen über 2.500 Aussteller, rund 20.000 Besucher und um die 300 Autos zur Komplettfahrzeugbörse. Ein umfangreiches Rahmenprogramm begeistert zudem die Besucher.

CLASSIC EXPO SALZBURG
20. – 22. Oktober
A-5020 Salzburg, Am Messezentrum 1
+43/662/24040, classicexpo@mzs.at
www.classicexpo.at
Schon zum 19. Mal geht 2023 die Classic Expo auf dem Salzburger Messegelände über die Bühne. Die Classic Expo ist ein Szene-Treffpunkt zu Saisonende mit österreichischem Charme und europäischer Strahlkraft. Auf 40.000 m² Ausstellungsfläche zeigen mehr als 400 nationale und internationale Aussteller ihre Exponate, Produkte und Dienstleistungen. Der große Privatverkauf wartet mit unzähligen Fahrzeugen aus privater Hand auf, und Sammler und Bastler auf der Suche nach Ersatzteilen und

Classic Expo Salzburg

Raritäten werden im umfassenden Teilemarkt sicher fündig. Ebenso sind die jährlichen Auktionen des Dorotheums am Samstag des Messewochenendes immer wieder erfolgreich. An Programm.Highlight gibt es Sonderschauen zu „75 Jahre Porsche" und „100 Jahre MG". Wer es kaum mehr erwarten kann, für den gibt es Early bird tickets unter: https://tickets.mzs.at/webshop/43/tickets bis 15. August 2023.

OLDTIMER- UND ANTIQUITÄTENMARKT
BLINDENMARKT – OLDTIMERHALLE BLINDENMARKT
21. Oktober
Organisation: Oldtimerverein Blindenmarkt (OVB)
A-3372 Blindenmarkt, Vereinsstraße 3
Rudolf Bemmer, +43/650/7962400
office@oldtimerverein.at, www.oldtimerverein.at
Im Veranstaltungszentrum des Oldtimervereins Blindenmarkt – der Oldtimerhalle – findet der traditionelle Oldtimer- und Antiquitätenmarkt statt. Hier kann man suchen und findet viel-

leicht genau den Teil, der für die Restaurierung noch fehlt, oder auch ein Schnäppchen, das man für zu Hause schon immer besitzen wollte. Auf alle Fälle ist die Veranstaltung einen Besuch wert.

MOTORTECHNA BRNO
21. Oktober
Veterán Auto Moto Club Brno
www.motortechna.cz
Die MotorTechna im Oktober ermöglicht all jenen, die im Frühjahr keine Zeit hatten, die Brünner Oldieschau nachzuholen. Auch im Herbst gibt es meist starken Besucherzustrom. Man findet hier

Motortechna Brno

Auto e Moto d'Epoca

ebenso viele ausgestellte Autos und Motorräder unter Dach oder auf der großzügigen Freifläche. Das ausgestellte Sortiment ist vielfältig und deckt verschiedene Kategorien für Sammelwütige ab. 430 Verkäufer und über 3.000 Kaufinteressierte tummeln sich am Gelände, um Nachfrage und Angebot zusammenzuführen.

AUTO E MOTO D'EPOCA
22. – 29. Oktober
40128 Bologna (Italy)
www.autoemotodepoca.com
Die Leidenschaft für klassische Fahrzeuge hat die Auto e Moto d'Epoca zur wichtigsten Ausstellung in Italien und zu einer der bekanntesten Messen in Europa gemacht. Hier wird das Automobil als Kulturgut betrachtet. Um die 70.000 Besucher und Liebhaber finden hier die umfangreichste Ausstellung von Komplettfahrzeugen und Ersatzteilen in ganz Italien. Auf über 90.000 m² Ausstellungsfläche präsentieren sich um die 5.000 klassische Fahrzeuge und 500 Motorräder unterschiedlichster Epochen. In Bologna kommen besonders Liebhaber italienischer Marken auf ihre Kosten. Exoten wie Stanguellini, Bizzarini und Iso

stehen neben Sonderkarosserien von Viotti, Bertone und Zagato. In den Hallen findet man neben dem großen Gebrauchtwagenmarkt und den Teilehändlern auch viele Clubs, Automobilia und Accessoires. Abgerundet wird das Programm mit einer köstlichen Genussmeile. 2023 erstmals in Bologna.

NOVEMBER

OLDTIMER- UND ANTIQUITÄTENMARKT BLINDENMARKT – OLDTIMERHALLE BLINDENMARKT
18. November
Organisation: Oldtimerverein Blindenmarkt (OVB)
A-3372 Blindenmarkt, Vereinsstraße 3
Rudolf Bemmer, +43/650/7962400
office@oldtimerverein.at, www.oldtimerverein.at
Im Veranstaltungszentrum des Oldtimervereins Blindenmarkt – der Oldtimerhalle – findet der traditionelle Oldtimer- und Antiquitätenmarkt statt. Hier kann man suchen und findet vielleicht genau den Teil, der für die Restaurierung noch fehlt, oder auch ein Schnäppchen, das man für zu Hause schon immer besitzen wollte. Auf alle Fälle ist die Veranstaltung einen Besuch wert.

DEZEMBER

RBO ADVENTVERKAUF
2. Dezember
Organisation: RBO - Ing. Stöckl GmbH
A-2100 Stetten, Sandstraße 11
+43/2262/72513
office@rbo.at, www.rbo.at
Bei der – alle Jahre wieder – würzigen Gulaschsuppe kann in der
Vorweihnachtszeit die Grundlage für eventuell notwendige oder
auch nur verschönerungstechnische, winterliche Arbeiten am

RBO Adventverkauf

geliebten Vehikel gelegt werden. Ersatzteile, soweit das Auge
reicht, der „Flohmarkt" ist aufgeräumt und übersichtlich – und
so findet man, was gebraucht wird, ganz leicht. Die interessanten
Gespräche unter Insidern und Gleichgesinnten können bei
Punsch so richtig genossen werden.

RETRO CLASSICS BAVARIA
8. – 10. Dezember
D-90471 Nürnberg, Messezentrum
+49/711/18560-2663, info@retro-messen.de
www.retro-classics-bavaria.de
Die Messe RETRO CLASSICS BAVARIA in Nürnberg ist eine Oldti-
mermesse und würdiger Saisonabschluss automobiler Klassiker.
Zahlreiche nationale und internationale Automobilhersteller,
Händler, Sammler sowie Spezialisten für historische Automobil-
raritäten präsentieren in Nürnberg die ganze Welt automobiler

Klassiker. Das Angebot umfasst dabei Oldtimer, Youngtimer,
Liebhaberfahrzeuge sowie Teile und Zubehör. Ein vielfältiges
Rahmenprogramm mit ausgewählten Exponaten und Raritäten,
Informationsforen sowie einer Fahrzeugverkaufsbörse ergänzen

Retro Classics Bavaria

die RETRO CLASSICS Messe Nürnberg 2022 strömten an den drei
Messetagen insgesamt mehr als 20.000 Besucher in die vier
Hallen der NürnbergMesse, wo nicht nur die Freunde analoger
Klassiker auf ihre Kosten kamen, sondern auch die Anhänger des
virtuellen Motorsports: ADAC SimRacing, die Königsdisziplin des
virtuellen Motorsports, begeisterte Jung und Alt.

OLDTIMER- UND ANTIQUITÄTENMARKT
BLINDENMARKT – OLDTIMERHALLE BLINDENMARKT
16. Dezember
Organisation: Oldtimerverein Blindenmarkt (OVB)
A-3372 Blindenmarkt, Vereinsstraße 3
Rudolf Bemmer, +43/650/7962400
office@oldtimerverein.at, www.oldtimerverein.at
Im Veranstaltungszentrum des Oldtimervereins Blindenmarkt
– der Oldtimerhalle – findet der traditionelle Oldtimer- und
Antiquitätenmarkt statt. Hier kann man suchen und findet vielleicht genau den Teil, der für die Restaurierung noch fehlt, oder
auch ein Schnäppchen, das man für zu Hause schon immer
besitzen wollte. Auf alle Fälle ist die Veranstaltung einen Besuch
wert.

RESTAURANT BAR

...Leidenschaft...

CLASSIC DEPOT
www.classic-depot-wien.at

Stachegasse 18 · 1120 Wien
www.v8cht.at

AUKTIONS HÄUSER

ARTCURIAL MOTORCARS AUCTION HOUSE

F-75008 Paris, 7, Rond-Point des Champs-Élysées
Repräsentanz Österreich: A-1010 Wien, Rudolfsplatz 3
+43/1/5350457
wien@artcurial.com, www.artcurial.com
www.artcurial.com/wien

Artcurial ist in vielen Bereichen des Kunstmarktes, Auktionen edler Weine, Uhren, Schmuck oder als Spezialist für Hermès-Taschen international erfolgreich. Die Abteilung der klassischen Automobile hat sich seit 2010 mit einem jungen dynamischen Team zu einem der stärksten Geschäftsbereiche mit starken Wachstumsraten entwickelt. Immer wieder werden Rekorde erzielt, wie 2016, als der Hammer bei 32,1 Mio. Euro für den 1957er Ferrari 335 Sport Scaglietti fiel, oder 2019 mit 16,7 Mio.Euro für einen Alfa Romeo 8C 2900 B Touring Berlinetta. Die Spezialisten aus Paris kommen regelmäßig nach Österreich, um klassische Fahrzeuge zu begutachten.

AUKTIONSTERMINE:
• 1. Juli: Le Mans Classic / Le Mans

BARONS (AUCTIONEERS) LTD. –
CLASSIC & HISTORIC MOTORCAR AUCTIONS

Sandown Park Exhibition Complex, UK-Hythe SO45 6WZ, P.O. Box 243 oder Marchwood Industrial Park, Marchwood, Hants
+44/8454/306060, Local Call Rate
+44/23/80668413, +44/23/80668409
info@barons-auctions.com, www.barons-auctions.com

Barons wurde 1998 von Laurence Sayers-Gillan und Ian Murray gegründet. Die Zielsetzung war, ein Auktionshaus zu etablieren, das Besitzern oder zukünftigen Besitzern klassischer Automobile einen höchst kosteneffizienten Service bietet und das verstaubte Auktionshaus-Image abzulegen. Zahlungsabwicklung innerhalb von 8 Tagen, aktuelle Internet-Informationen, regelmäßige Auktionen von Februar bis Dezember sind Teil des Angebotspakets von Barons.

Barons (Auctioneers) Ltd.

AUKTIONSTERMINE:
• 29. April: April Classic
• 27. Mai: May Classic
• 24. Juni: June Classic
• weitere Termine unter
  www.barons-auctions.com/auctionlist.aspx

BARRETT-JACKSON AUCTIONS COMPANY, LLC

USA-AZ 85251 Scottsdale, 3020 North Scottsdale Road
+1/480/4216694
information@barrett-jackson.com, www.barrett-jackson.com

Seit mehr als 3 Jahrzehnten behauptet sich Barrett-Jackson – gegründet von Tom Barrett und Russ Jackson – im Auktionsgeschäft und zählt in Amerika zu einem der größten Auktionshäuser für Liebhaberfahrzeuge. 1971 war den beiden klar, dass sie ein gewisses „Händchen" für die Präsentation und den Verkauf von extravaganten Fahrzeugen hatten und machten dies zu ihrer Profession. 1980 erzielten sie bereits Rekordpreise, und der Erfolg für Verkäufer und Käufer ist Anziehungspunkt für die stattfindenden Auktionen.

AUKTIONSTERMINE:
• 13. – 15. April: Palm Beach
• 22. Juni – 24. Juni: Las Vegas

BONHAMS

UK-London W1S 1SR, 101 New Bond Street
+44/20/74477447
www.bonhams.com

Das 1793 von Thomas Dodd gegründete Auktionshaus gehört seit über 200 Jahren zu den größten Auktionshäusern Englands. Das Bonhams Motoring Department mit Büros in London, Genf und San Francisco ist bekannt für Auktionen auf höchstem Niveau. Versteigert werden exklusive Oldtimer ebenso wie historische Motorräder und alte Flugzeuge. Mit über 700 Auktionen pro Jahr in 70 unterschiedlichen Kategorien veranstaltet Bonhams mehr Auktionen als die anderen Auktionshäuser. Jede Kategorie verfügt über eine eigene Abteilung, in der die gesamte organisatorische Abwicklung erfolgt. Die umfangreiche, aber übersichtliche Homepage bietet einen guten Überblick über Termine und Abwicklungsdetails.

AUKTIONSTERMINE:
- 16. April: Goodwood Members' Meeting, Chichester, Goodwood
- 22. – 23. April: Spring Stafford Sale – Classic Motorcycles
- 18. – 19. Juni: Bonmont Sales – Collector´s Motor Cars
- 14. – 15. Juli: Goodwood Festival of Speed
- 18. August: Carmel, Quail Lodge & Golf Club
- 2. – 3. September: Beaulieu Sales – Collector´s Motor Cars & Automobilia
- 9. – 10. September: Goodwood Revival – Collector´s Motor Cars & Automobilia
- 29. September: Audrain Concours Auction
- 8. – 9. Oktober: The Zoute Sale
- 3. November: The Golden Age of Motoring
- 8. Dezember: The Bond Street Sales – Important Collector´s Motor Cars & Automobilia

CHEFFINS – CAMBRIDGE
Clifton House, 1 & 2 Clifton Road, Cambridge, Cambrigeshire CB1 7EA, +44/1223/213777
vintage@cheffins.co.uk, www.cheffins.co.uk
Cheffins hat eine lange Tradition im Verkauf von historischen Fahrzeugen – vom Motorrad über den Traktor bis hin zu klassischen Automobilen. Das enthusiastische Expertenteam geht zuversichtlich in jede Auktion und präsentiert die Objekte gekonnt, um den bestmöglichen Preis für die Liebhaberstücke zu erzielen – wofür das Auktionshaus Cheffins weit und breit bekannt ist. Die breite Angebotspalette ist Garant dafür, für alle, die an klassischen Fahrzeugen aller Art interessiert sind, etwas zu bieten.

AUKTIONSTERMINE:
- 2. April: Cambridge Vintage Sale
- 22. April: Cambridge Vintage Sale
- 7. Mai: Cambridge Vintage Sale – Massey Ferguson
- 23. Juli: Cambridge Vintage Sale
- 20. August: Harrogate Vintage Sale
- 22. Oktober: Cambridge Vintage Sale

DOROTHEUM
A-1010 Wien, Dorotheergasse 17
Fahrzeug- und Technikzentrum Wien
A-2331 Vösendorf, Dr. Robert-Firneis-Straße 6
+43/1/6020458, +43/664/88543011
oldtimer@dorotheum.at
www.dorotheum.com
Seit einigen Jahren erfreuen sich die Auktionen des Dorotheums unter Autoliebhabern steigender Beliebtheit, was sich in den meist über 90%igen Verkaufsraten deutlich zeigt. Das Dorotheum ist eines der ältesten Auktionshäuser Europas. Mehr als 70 Experten betreuen die Sammelsparten, die sich von Alten Meistern bis zu Oldtimern und Automobilia erstrecken. Oldtimer sind begehrt - ob Vorkriegswagen aus der Anfangszeit des Automobilbaus, Sportwagen-Ikonen oder die klassischen Zweiräder. Auch seltene Kühlerfiguren und Originalprospekte - all das findet man bei einer Auktion der Sparte Klassische Fahrzeuge und Automobilia. Seit Anfang 2023 ist J. Michael Dolezal-Pokorny für die Leitung der Sparte Klassische Fahrzeuge verantwortlich.

AUKTIONSTERMINE:
- 1. Juli: Dorotheum Standort Vösendorf
- 21. Oktober: Classic Expo in Salzburg

Dorotheum

DOROTHEUM
SEIT 1707

GOODING & COMPANY INC.
US-Santa Monica, CA 90404, 1517 20th Street
+1/310/8991960
www.goodingco.com
Gooding & Company veranstaltet seine Auktionen im Rahmen des Pebble Beach Concours d'Elegance in Kalifornien. Wie das Umfeld schon vermuten lässt, kommen hier wirklich nur Fahr-

Gooding & Company Inc.

zeuge unter den Hammer, die zu den seltensten, begehrenswertesten und damit auch teuersten der Welt zählen. Ferrari, Porsche, Düsenberg und Co. geben sich hier ein Stelldichein. Diese und noch mehr Fahrzeuge von Marken der Superlative lassen die Herzen der Bieter höherschlagen.

AUKTIONSTERMINE:
• 28. März – 4. April: Online Spring Automobilia
• 19. – 29. August: Pebble Beach Auctions
• 3. September: London Auction

H & H CLASSIC AUCTIONS
UK-Cheshire, WA4 4SN, The Motor House, Lyncastle Road
+44/1925/210035, info@handh.co.uk, www.handh.co.uk
H & H Classic Auctions hat sich innerhalb weniger Jahre zum führenden Auktionshaus für Liebhaberfahrzeuge in ganz Europa entwickelt. Ein exklusives Angebot an verschiedenen Fahrzeugen, Motorrädern und Automobilia sowie regelmäßig erzielte Rekordpreise bestätigen den Erfolg der Engländer immer wieder. Simon Hope und Mark Hamilton gründeten 1993 die H & H

H & H Classic Auctions

Classic Auctions Limited. Beide sind in der Oldtimerszene schon seit vielen Jahren ein Begriff.

AUKTIONSTERMINE:
• 29. März: National Motorcycle Museum
• 26. April: Pavilion Gardens, Buxton
• 21. Juni: Imperial War Museum, Duxford
• 12. Juli: National Motorcycle Museum
• 26. Juli: Pavilion Gardens, Buxton
• 20. September: Imperial War Museum, Duxford
• 15. November: National Motorcycle Museum
• 29. November: Pavilion Gardens, Buxton

OLDTIMER GALERIE TOFFEN
CH-3125 Toffen, Gürbestraße 1
+41/31/8196161
info@oldtimergalerie.ch, www.oldtimergalerie.ch
Gegründet wurde die Oldtimer Galerie 1984 von Reinhard Schmidlin. Seit 1991 organisiert die Oldtimer Galerie einige Auktionen pro Jahr. Diese beliebten Events werden von rund 1.500 Personen besucht. Die Verkaufsquote liegt regelmäßig zwischen 65 und 85 Prozent. Zusätzlich zu den regelmäßigen

Oldtimer Galerie Toffen

Auktionen bietet die Galerie auf 3.000 m² eine permanente Verkaufsausstellung mit Fahrzeugen auf zwei und vier Rädern und verschiedenster Preisklassen, Epochen und Provenienz an. Ergänzt wird die Ausstellung durch eine große Juke-Box-Sammlung. Für das leibliche Wohl steht ein Restaurant zur Verfügung – das auch für Clubveranstaltungen, Wanderausflügler oder sonstiges gemütliches Zusammensein hervorragend geeignet ist.

AUKTIONSTERMINE:
• 25. März: Klassische Automobile & Motorräder, Toffen
• 3. Juni: Swiss Classic World, Luzern
• 14. Oktober: Klassische Automobile & Motorräder, Toffen
• 29. Dezember: Classic Car Auction, Gstaad

OSENAT

Maison des Ventes – Auction House
F-77300 Fontainebleau, 5 rue Royale
+33/1/642 22 762, +33/180/819010
contact@osenat.com
www.osenat.com

Osenat ist bekannt für seine Auktionstätigkeit in den Bereichen Juwelen und Schmuck, Möbel und Kunstobjekte sowie klassische Automobile. Seit über 30 Jahren ist Osenat Fontainebleau auf klassische Automobile spezialisiert und immer bemüht, die schönsten Fahrzeuge zu den attraktivsten Preisen anzubieten und dabei ein möglichst großes Publikum anzusprechen.

Osenat

AUKTIONSTERMINE:
• 27. März: Classic Cars, Fontainebleau
• 24. Juni: Classic Cars, Fontainebleau
• 10. Juli: Classic Cars, Versailles
• Oktober: Classic Cars, Fontainebleau
• November: Classic Cars, Osenat, Lyon

RM SOTHEBY'S

Palais Helfert, Parkring 18/2, 1010 Vienna
+43/664/300 4002
sknobloch@rmsothebys.com
www.rmsothebysauctions.com

Der Gründer von RM Auctions wurde von einer Leidenschaft für exotische, antike oder sammelnswerte Autos getrieben. Er startete mit einer Firma, die Autos reparierte, Motoren leistungsgesteigert umbaute und spezielle custom made-Umbauten durchführte. In den Achtzigern begann er, Autos zu kaufen und zu verkaufen. Heute macht RM Auctions mehr als 200 Mio. USD Umsatz und ist eines der renommiertesten Auktionshäuser weltweit. Da der deutschsprachige Raum am Umsatz der europäischen Auktionen ein sehr wichtiger Markt für RM ist, wurde nun 2022 auch in Österreich ein Büro eröffnet. Stephan Knobloch leitet die Österreich-Niederlassung und ist hier der Ansprechpartner und Car Specialist. Er sieht auf eine mehrjährige Erfahrung bei Bonhams und Sotheby's in London zurück und fokussiert sich auf die DACH-Region, verfügt aber auch über ein ausgezeichnetes internationales Netzwerk sowie Kontakt in die USA und die Arabischen Emirate.

AUKTIONSTERMINE:
• 4. März: Amelia Island
• 20 Mai: Villa Erba
• 9. Juni: Le Mans
• Juli: The Carrera Collection
• 18. - 19. August: Monterey
• 15. September: St. Moritz - Iseli Collection
• 4. November: London
• 24. - 25. November: München

RM Sotheby's

DER OLDTIMER GUIDE AUCH AUF WWW.OLDTIMER-GUIDE.AT

Österreichischer Motor-Veteranen-Verband

Vision

Geschichte
erlebbar erhalten

Die Geschichte der Mobilität
muss als rollendes Kulturgut
für zukünftige Generationen
erlebbar bleiben.

Mission

Es gibt keine Zukunft
ohne Geschichte

Wir bekennen uns zu einer
nachhaltigen Entwicklung
der Mobilität und geben dem
historischen Fahrzeug als
schützenswertes Kulturgut eine
Zukunft auf unseren Straßen.

Ziel

Kraft
und Stimme

Mit der Unterstützung und
Kompetenz unserer Mit-
glieder und Förderer sind
wir Kraft und Stimme aller
Besitzerinnen und Besitzer
historischer Kraftfahrzeuge.

CLUBS

KURATORIUM HISTORISCHE MOBILITÄT ÖSTERREICH

A-2345 Brunn am Gebirge, Leopold-Gattringer-Straße 55
+43/664/6201110, office@khmoe.at, www.khmoe.at
Präsident: KR Ing. Robert Krickl (ÖMVV)
Vizepräsident: Ottokar Pessl (AMV)
Generalsekretär: Mag. Christian Schamburek
Die Aufgabe und Zielsetzung des Kuratoriums Historische Mobilität Österreich (KHMÖ) ist, unter Einbeziehung aller relevanten Interessenvertretungen zur einheitlichen Meinungsbildung, die nationale Vertretung der Interessen um historische Fahrzeuge als mobiles Kulturgut auf den Straßen der Zukunft bewegen zu können. Die Gründungsmitglieder, der Österreichische Motor-Veteranen-Verband (ÖMVV) und die Arbeitsgemeinschaft für Motorveteranen (AMV), werden von einem Beirat bestehend aus dem ÖAMTC, ARBÖ, der Bundesinnung für Fahrzeugtechnik, dem Bundesgremium für Fahrzeughandel, Dr. Michael Grubmann (Fachmann für Verkehrs- und Versicherungswesen) und KR Franz R. Steinbacher (Zertifizierter Sachverständiger und Fachexperte für Oldtimer WKO Österreich) und der eFuel Alliance unterstützt. Weiters ist das KHMÖ seit 1.1.2018 für die Führung, Erstellung und Betreuung der Approbierten Liste Historischer Fahrzeuge des Bundesministeriums für Verkehr, Innovation und Technologie („rote Liste") verantwortlich. Die Approbierte Liste des BMVIT ist seit 1996 ein viel benutztes Werkzeug für Sachverständige, Prüfstellen, in Verfahren für Zoll- und Finanzthemen, bei Import und Export historischer Fahrzeuge, bei der Erstellung von Zustands- und Wertgutachten und vor allem im Rahmen der Kfz-Genehmigung erhaltungswürdiger historischer Fahrzeuge. Bestätigungen zum Eintrag von historischen Fahrzeugen in die „rote Liste" und zu deren Erhaltungswürdigkeit für eine allfällige behördliche Vorlage werden ebenfalls vom KHMÖ ausgestellt. Unter www.khmoe.at/approbierte-liste steht seit Jänner 2019 auch die digitale Version zur Verfügung.

ÖSTERREICHISCHER MOTOR-VETERANEN-VERBAND/ÖMVV

A-2345 Brunn am Gebirge, Alexander-Groß-Gasse 42
+43/664/6201110, info@oemvv.at, www.oemvv.at
Präsident: KR Ing. Robert Krickl
Vizepräsident: Mag. Wolfgang Eckel
Vizepräsidentin: Mag. Michaela Riedl
Generalsekretär: Mag. Christian Schamburek
Generalsekretär Stv.: Mag. Christian Gantner
Der Österreichische Motor-Veteranen-Verband (ÖMVV) ist der Dachverband für das historische Fahrzeugwesen in Österreich und als solcher die Interessensvertretung der Oldtimerbesitzer und -besitzerinnen gegenüber dem Gesetzgeber und Serviceorganisation für seine Verbandsmitglieder. Zurzeit gehören dem ÖMVV rund 100 Clubs und Museen sowie ÖAMTC und ARBÖ als außerordentliche Mitglieder an. Der ÖMVV ist die österreichische Vertretung des weltweiten Dachverbandes FIVA (Fédération Internationale des Véhicules Anciens) und auch stimmberechtigtes Mitglied im Beirat für historische Kraftfahrzeuge beim Bundesministerium für Verkehr, Innovation und Technologie (BMVIT). Hauptaufgaben sind die Ausweitung der Dienstleistungen für die österreichischen Oldtimer-Clubs, die Intensivierung der Nachwuchsarbeit, insbesondere die Einbindung der Youngtimer Szene, Ausbildungsinitiativen, die verstärkte Kommunikation auf nationaler und internationaler Ebene sowie die erfolgreiche Weiterführung und Pflege aller Kontakte zu gesetzgebenden Gremien, Behörden und der Öffentlichkeit im Sinne der Interessensvertretung der Besitzer und Besitzerinnen historischer Fahrzeuge.

ARBEITSGEMEINSCHAFT FÜR MOTORVETERANEN/AMV
A-1150 Wien, Hütteldorfer Straße 1
amv@austria-motor-veterans.at
www.austria-motor-veterans.at
Präsident: Heinrich Clostermeyer
Vizepräsident: Ottokar Pessl
Generalsekretär: Hannes G. Unterberger
Die Gründung der Arbeitsgemeinschaft für Motorveteranen/
AMV erfolgte im Jahr 1976. Als Arbeitsgemeinschaft für Motor-
veteranen in Österreich befasst sich die AMV mit Belangen rund
um den Oldtimer, vorwiegend der Pflege der Spezies echter
klassischer Motor-Veteranen mit einem Alter von 50 und mehr
Jahren. Auch ist die AMV stimmberechtigtes Mitglied im Beirat
für historische Fahrzeuge beim Bundesministerium für Verkehr,
Innovation und Technologie (BMVIT) und ist dort im Sinne der
Interessen der Motorveteranen aktiv.

Wir bewegen Tradition

ADLER-MOTOR-VETERANEN-CLUB E.V./AMVC SEKTION ÖSTERREICH
1130 Wien, Schluckergasse 1-13/4/11
+43/1/8697168, +43/699/11124924
austria@adler-veteranen.de, e.krispl@adler-veteranen.de
www.adler-veteranen.de, Ansprechpartner: Ernst Krispl
Gründung 1987.

ALFACLUB ÖSTERREICH
A-1150 Wien, Postfach 36
info@alfaclub.at, www.alfaclub.at
Präsident: Alois Brückler
Gründung 1996. Mitglied beim ÖMVV.

Alfa Club Österreich

ALLRAD WIEN – CLUB DER GELÄNDEWAGENFREUNDE
A-1120 Wien, Kirchbaumgasse 38
+43/676/5402315
vorstand@allradwien.at, www.allradwien.at
Obmann: Ing. Josef Posch. Gründung 1981.

ALPINE CLUB AUSTRIA/ACA
info@alpine-club.com, alpine-club.at
Sektion Sportiv des C.A.R. „Club der Anhänger alter Renault".

ARBÖ BUNDESORGANISATION
A-1020 Wien, Johann-Böhm-Platz 1, +43/1/89121-0
info@arboe.at, www.arboe.at

AUSTRO TATRA / IG AUSTRO TATRA
office@austrotatra.at
Ansprechpartner (Deutsch + Englisch): Stefan Machaczek
machaczek@austrotatra.at
Ansprechpartner (Tschechisch): Karl Prochazka
prochazka@austrotatra.at
www.austrotatra.at

AUTOMOBIL VETERANEN CLUB AUSTRIA/AVCA
A-1011 Wien, Postfach 332
+43/699/17117712, office@avca.at, www.avca.at
Präsident: Michael Böck, president@avca.at
Gründung 1972, Mitglied beim ÖMVV. Beim AVCA ist ein großes
Privatarchiv rund um das österreichische Kraftfahrwesen vor-
handen.

AUTOMOBILSPORTCLUB RRC13 WIEN (RECENT RACING CLUB)
A-1140 Wien, Penzinger Straße 69/10
office@rrc13.at, www.rrc13.at
Präsident: Michael Albert, +43/664/5035500
Clubsekretär: Günther Schätzinger, +43/664/5111409
Gründung 1960.

BMW Veteranen Club Österreich

BMW VETERANEN CLUB ÖSTERREICH
A-1190 Wien, Obkirchergasse 13/6
+43/676/4824122
office@bmw-veteranenclub.at, www.bmw-veteranenclub.at

C.A.R./CLUB D. ANHÄNGER ALTER RENAULT
A-1220 Wien, Aladar-Pecht-Gasse 3
info@renault-club.at, www.renault-club.at
Präsident: Michael Gepperth. Gründung 1994.Mitglied beim ÖMVV.

CITROËN DS CLUB ÖSTERREICH
A-1120 Wien, Hohenbergstraße 48
club@dsclub.at, www.dsclub.at
Jörg Schmickl, +43/664/3072423, joerg@dsclub.at
Joachim Palden, +43/1/7137891, joachim@dsclub.at
Horst Giegl, +43/676/7157911, horst@dsclub.at
Gründung 1990. „Citroëns in Österreich" unter
www.dsclub.at/citroëns-in-österreich
Damit bietet der DS Club ein Club-übergreifendes, österreichweites Register für Citroën Young- und Oldtimer.

Citroën DS Club Österreich

CLASSIC OLDTIMER VETERANEN CLUB/COVC E.V.
A-1220 Wien, Trollblumengasse 21
+43/664/2023820, office@covc.at, www.covc.at
Obmann: Otto Goschenhofer, otto.goschenhofer@covc.at
Gründung 1998, Mitglied beim ÖMVV.
Markenunabhängiger Verein – offen für alle
Oldtimerbesitzer und Interessenten.

CLUB DER HANOMAG FREUNDE ÖSTERREICHS
A-1030 Wien, Wassergasse 27/1
hanomagclub.oe@gmail.com, hanomagclub.weebly.com

CLUB DER VETERANENFREUNDE WIENS/CVW
A-1120 Wien, Schönbrunner Straße 156/Top 4
+43/676/4754578, office@cvw.at, www.cvw.at
Gründung 1987. Erhaltung historischer Fahrzeuge
unabhängig von der Marke, Mitglied des ÖMVV.

> **DER OLDTIMER GUIDE AUCH AUF**
> **WWW.OLDTIMER-GUIDE.AT**

CORVETTE CLUB AUSTRIA/CCA
A-1110 Wien, Kaiser-Ebersdorfer-Straße 90/11/89
+43/664/2647672
hol.corvette@teletronic.at, www.corvetteclub.at
Obfrau: Evelyne Hochgötz
Gründung 1993. Bemüht, der Corvette in Österreich zum
verdienten Stellenwert zu verhelfen.

Corvette Club Austria/CCA

ENGLISH SPORTSCAR CLUB WIEN/ESCC
A-1190 Wien, Görgengasse 26/20
+43/664/75145207, office@escc.at, www.escc.at
Präsidentin: Michaela Riedl, Gründung 1976, Mitglied des ÖMVV.

ERSTER ÖSTERREICHISCHER KLEINWAGENCLUB/EÖKC
A-1210 Wien, Zallingergasse 31
+43/1/4095190
info@seiberer.at, www.eokc.at
Obmann: Dietmar Etzersdorfer, eokc@a1.net
Zweigstelle Krems: DI Gerald Sam, +43/2732/81733
gerald.sam@aon.at, Gründung 1984, Mitglied des ÖMVV.

FERRARI CLUB AUSTRIA

A-1239 Wien, Postfach 250
+43/664/2213337
hbauer@ferrari-club-austria.at, ferrari-club-austria.at
Präsident: Dr. Werner Paulinz
wpaulinz@ferrari-club-oesterreich.at
Clubmanager: Ing. Hannes Bauer
Gründung 2006.

FORD CLASSIC CLUB AUSTRIA/FCCA

+43/650/3709669
club@fordclassicclub.at, www.fordclassicclub.at
Obmann: Ernst Jahner
Gründung 1992.

HALLEINER MOTORENWERKE-VETERANENKLUB WIEN/HMW-KLUB-WIEN

A-1020 Wien, Schüttelstraße 9/4/17
+43/1/7204802
hmw-klub@gmx.at
Ansprechpartner: Walter Langenhagen.

IG CLASSIC FORD

A-1230 Wien, Breitenfurter Straße 561
+43/664/4951331
andreas.preindl@aon.at, www.igclassicford.at
Ansprechpartner: Andreas Preindl.

IG Classic Ford

INTERESSENSGEMEINSCHAFT CITROËN BX

A-1220 Wien, Rugierstraße 26/6/8
+43/677/61414406
rolandbxgti86@hotmail.com
Ansprechpartner: Roland und Sabine Jerson.

KLUB DER FAHRZEUGFREUNDE UND TECHNIKHISTORIKER ÖSTERREICHS/KDFTHÖ

A-1180 Wien, Schulgasse 2/22
+43/699/12114721, information@kdfth.at, www.kdfth.at
Obmann: Gerald Kerschbaum, Gründung 1996. Historische Technik mit Schwerpunkt Österreich, Kraftfahrwesen, Militärgeschichte „Zu Lande, zu Wasser und in der Luft". Mitglied der AMV.

Klub der Fahrzeugfreunde und Technikhistoriker/KDFTHÖ

KLUB DER KÄFERFREUNDE ÖSTERREICH/KDKF

A-1140 Wien, Heinrich-Kneissl-Gasse/Weg E 123
+43/664/3256619
office@kdkf-oesterreich.at, www.kdkf-oesterreich.at
Ansprechpartner: Christian Wolfsberger
Gründung 1990. Mitglied des ÖMVV.

LANCIA CLUB ÖSTERREICH/LCÖ

A-1100 Wien, Hasenöhrlstraße 68/1/4
+43/676/5507569
office@lcoe.at, www.lanciaclub-oesterreich.at
Obmann: Hans-Christian Graf. Gründung 1989.

MERCEDES-BENZ CLASSIC-CLUB ÖSTERREICH/ MBCCÖ

A-1050 Wien, Zentagasse 3/19
+43/664/1806030
w.kreil-ouschan@mbcc.at, mbcc.mercedes-benz-clubs.com
Präsident: Mag. Wolfgang Kreil-Ouschan. Gründung 1989. Der Club für alle Enthusiasten der Marke Mercedes-Benz. Mitglied des ÖMVV.

MERCEDES-BENZ SL-CLUB AUSTRIA/MBSL

A-1013 Wien, Postfach 201
wien@slclub.at, www.slclub.at
Gründung 1981, Mitglied beim ÖMVV.
Präsident: Josef Neuwirth, neuwirth@slclub.at
Schriftführung: Uschi Gradwohl, gradwohl@slclub.at

MG OWNERS CLUB AUSTRIA/MGOC AUSTRIA

A-1030 Wien, Erdbergstraße 48/32
+43/650/8123420, mgoc@mgoc.at, www.mgoc.at
Präsident: DI Christoph Gudenus
Stammtische in Oberösterreich und Tirol.
Gründung 1985. Mitglied des ÖMVV.

ÖAMTC

A-1030 Wien, Baumgasse 129
+43/1/71199 10
oldtimer@oeamtc.at, www.oeamtc.at/thema/oldtimer

ÖGHK SEKTION FÜR SPORTWAGEN, EXKLUSIVE AUTOMOBILE UND HISTORISCHE MILITÄRFAHRZEUGE

A-1190 Wien, Hohe Warte 39
+43/676/6316206
o.pessl@chello.at, www.austria-motor-veterans.at
Repräsentant: Ottokar Pessl.

ÖGHK-WIEN

A-1120 Wien, Zanaschkagasse 14/32/8
+43/664/2241750
manfred.greiner@chello.at, www.austria-motor-veterans.at
Repräsentant: Manfred Greiner.

OLDTIMER-AUTOMOBILCLUB-AUSTRIA/OACA

A-1010 Wien, Rinnböckstraße 60a
+43/1/5868080, +43/664/1010300
office@oldtimertreff.com, www.oldtimertreff.com
Barnea Austria Oldtimertreff – Dr. Jackob Barnea.
Gründung 1987. Österreichweite Oldtimerversicherung und außergewöhnliche Dienstleistungen von A – Z. Mitglied des ÖMVV.

OLDTIMERCLUB FÜR KÜNSTLER UND ENTHUSIASTEN/OTKE

A-1090 Wien, Sechsschimmelgasse 9
+43/676/3166016, info@otke.at, www.otke.at
Präsident: Roland Singer. Gründung 1981.

Oldtimerclub für Künstler und Enthusiasten/OTKE

OPEL MOTOR-SPORT-CLUB WIEN

A-1030 Wien, Untere Viaduktgasse 3/16
+43/699/19460444
opel.msc.wien@aon.at, 79t8i6fthg.heimat.eu
Ansprechpartner: Christian Geischläger.
Gründung 1989.

ORIGINAL WASCHECHTE WEANA ANT´NTREIBER/ OWWAT

A-1030 Wien, Aspangstraße 6/2/9
+43/1/6036887, +43/699/19544638
owwat@oecc.org, www.oecc.at/index.php/klubs/owwat
Ansprechpartner: Verena Oppolzer.
OWWAT ist der Wiener Ortsklub des „Österreichischen Citroën-clubs" (OECC).

ÖSTERREICHISCHE GESELLSCHAFT FÜR HISTORISCHES KRAFTFAHRWESEN/ÖGHK

A-1150 Wien, Hütteldorfer Straße 1/11
oeghk@chello.at, www.austria-motor-veterans.at
Präsident: Wolfgang Dudek, w-dudek.oeghk@hotmail.de
Vizepräsident: Peter Ch. Sailer
Ehrenpräsident: Mag. Heinz Clostermeyer, +43/664/1344748
Ehrenpräsidentin: Lisl Mesicek, +43/699/15126723
Gründung 1976. 2021 wurde das 45-jährige Jubiläum der österreichweiten Organisation im Dienste der Erhaltung historischer Fahrzeuge gefeiert – mehr dazu auf der Website.

Österr. Gesellschaft f. Hist. Kraftfahrzeugwesen/ÖGHK

ÖSTERREICHISCHER VEREIN FÜR KRAFTFAHRZEUGTECHNIK/ÖVK

A-1010 Wien, Elisabethstraße 26/24
+43/1/5852741-0, info@oevk.at, oevk.at
Vorsitzender: Univ.-Prof. Dr. B. Geringer. Gründung 1985.

PORSCHE CLASSIC CLUB AUSTRIA

A-1230 Wien, KLG Rosenhügel Weg 6, Parz. 210
office@porsche-classic-club.at, www.porsche-classic-club.at
Generalsekretariat: Michael Meyerhofer, +43/676/4234960
Präsident: Dipl.-Ing. (FH) Paul Danzinger, +43/681/84240080
praesident@porsche-classic-club.at
Gründung 1999. Mitglied beim ÖMVV.
Leitung Club-Sport: Ing. Reinhard Decker, +43/676/7371700
sport@porsche-classic-club.at
Mit regionalen Vertretungen im ganzen Bundesgebiet tätig.
Region Ost: office@porsche-classic-club.at
Region NordWest: Regionalleiter Reinhold Baumschlager
+43/676/5063074, nwest@porsche-classic-club.at
Region Süd/Südost: sost@porsche-classic-club.at
Region West: Regionalleiter Michael Bensch, +43/699/19119119
west@porsche-classic-club.at

PORSCHE CLUB WIEN/PC

A-1210 Wien, Gerasdorferstraße 55/95/2
+43/699/10090000
office@porscheclub.at, www.porsche-club-wien.at
Präsident: Fritz Mladek, f.mladek@porscheclub.at. Sehr enger Kontakt zum Generalimporteur von Porsche Österreich und zu der Clubbetreuung des Werks.

Porsche Club Wien/PC

ROLLS-ROYCE ENTHUSIASTS' CLUB FOR ROLLS-ROYCE AND BENTLEY ENTHUSIASTS AUSTRIAN SECTION/RREC

A-1060 Wien, Millergasse 11/5
+43/699/10815300, info@rrec.at, www.rrec.at
Präsident: Johann Vondra, johann.vondra@gerichts-sv.at
Gründung 2002.

SAAB FREUNDE WIEN

A-1220 Wien, Rugierstraße 26/6/8
+43/677/61414406
rolandbxgti86@hotmail.com
Ansprechpartner: Roland und Sabine Jerson.

SPITFIRE AUTOCLUB AUSTRIA/SACA

A-1110 Wien, Hakelgasse 5/7
saca@spitfire.at, www.spitfire.at
Präsident: Ing. Thomas Schmidt. Gründung 1985.
Mitglied beim ÖMVV.

TR-REGISTER AUSTRIA – DER KLUB FÜR TRIUMPH ENTHUSIASTEN

A-1140 Wien, Heinrich-Collin-Straße 31/3/3
+43/664/2384045
office@tr-register.at, www.tr-register.at
Präsident: Mag. Wolfgang Freiler. Gründung 1994.
Mitglied beim ÖMVV.

US-POWER CLUB VIENNA/USPCV
A-1100 Wien, Holbeingasse 9/15
+43/1/6040558, +43/664/3765814
office@uspcv.at, www.uspcv.at
Präsidentin: Karoline Plessl
Erfassung, Pflege und Erhaltung historischer amerikanischer
Fahrzeuge. Gründung 1995.

VELOSOLEX REGISTER AUSTRIA/VRA
A-1160 Wien, Seitenberggasse 64/20
+43/699/19529872
2cv4x4@gmx.at
Ansprechpartner: Karl Prochazka.

Velosolex Register Austria/VRA

VEREIN ZUR FÖRDERUNG DER HISTORISCHEN FAHRZEUGE DER ÖSTERREICHISCHEN AUTOMOBILFABRIKEN
A-1230 Wien, Brunner Straße 44-50
+43/699/11335835, sr@boehm.co.at
www.historische-fahrzeuge.eu
Obmann: Stefan Reitgruber, Archiv: DI Thomas Maderbacher.
Gründung 1999. Zahlreiches Archivmaterial eigener Marken und
ehemaliger Wiener Fahrzeugfirmen, vierteljährlich erscheint
die Klubzeitung „Meilensteine".

VESPA CLUB WIEN
A-1140 Wien, Gurkgasse 46/33
info@vcw.at, www.vespaclub.wien
Präsident: Wolfgang Vorst, vorst.w@vcw.at
Gründung 1953.

Vespa Club Wien

VESPACLUB AUSTRIA
A-1220 Wien, Wagramer Straße 48
info@vespaclub.at, www.vespaclub.at
Präsidentin: Barbara Schieder. Mitglied beim ÖMVV.

VOLVO CLUB ÖSTERREICH
A-1217 Wien, Postfach 27
+43/664/4379565, office@volvoclub.at, www.volvoclub.at
Präsident: Hannes G. Unterberger. Gründung 1984.

BURGENLAND

BURGENLÄNDISCHER OLDTIMER CLUB/BOC
A-7035 Steinbrunn, Fliedergasse 32
+43/677/63533933, +43/676/6577851
n.horvath911@gmail.com, www.bgldoc.at
Präsident: Nikolaus Horvath. Gründung 1987.
Mitglied beim ÖMVV.

CITRONEN SCHÜTZEN!
A-7081 Schützen am Gebirge, Hauptstraße 30
+43/676/3227900
citronen_schuetzen@gmx.at
www.oecc.at/index.php/klubs/citronen-schuetzen
Ansprechpartner: Hannes Häusler, OHase@gmx.net
Peter Rotter, citronen@blubb.at

INTERESSENSVERBAND DER FREUNDE EHEMALIGER MILITÄRFAHRZEUGE/IFEM

A-7000 Eisenstadt, Esterházystraße 36
office@ifem.at, www.ifem.at
Obmann: Dr. Josef Nemeth. Gründung 1991.
Schwerpunkt auf der Erhaltung und dem Betrieb von historischen Militärfahrzeugen.

JAGUARCLUB AUSTRIA

A-7091 Breitenbrunn am Neusiedlersee, Franz Schellstraße 92
vorstand@jaguarclubaustria.at, www.jaguarclubaustria.at
Obmann: Mag. Christian Mitterdorfer
Bundesweiter Markenclub mit ca. 200 Mitgliedern
Mitglied beim ÖMVV und offizielle Repräsentanz des englischen E-Type Clubs des Jaguar Enthusiats' Clubs sowie des XK Clubs in Österreich

ÖGHK-BURGENLAND

A-7000 Eisenstadt, Josef-Joachim-Straße 11
+43/699/10403866
hans.kolar@eghk.at, www.austria-motor-veterans.at
Repräsentant: Hans Günther Kolar.

OLDTIMER CLUB DEUTSCHKREUTZ/OCD

A-7301 Deutschkreutz, Hauptstraße 39
+43/676/9666282
oldtimer.club.lc@googlemail.com
www.deutschkreutz.at/vereine
p.A. Manfred Glöckl.

OLDTIMER CLUB NEUSIEDLERSEE/OCN

A-7091 Breitenbrunn am Neusiedlersee
Eisenstädterstraße 55

office@oldtimer-club-neusiedlersee.at
www.oldtimer-club-neusiedlersee.at
Obmann: Michael Kozeluh
kozeluh@oldtimer-club-neusiedlersee.at

1. OLDTIMERCLUB PINKAFELD/1. OCP

A-7423 Pinkafeld, Wehrwinkel 2
+43/664/5439931
office@1-ocp.at, www.1-ocp.at
Obmann: Benedek Molnar, ow12ne@yahoo.de
Gründung 1998.

PANNONIA CLASSIC CAR CLUB/PCCC

A-7132 Frauenkirchen, Schäferhof 5
+43/650/7774556
office@pccc.at, www.pccc.at
Präsident: Hans Reichetzeder. Mitglied des ÖMVV.

PANNONIA VESPA CLUB

A-7111 Parndorf, Batthyany-Gasse 28
pannonia.vespa@gmx.at
Obfrau: Petra Pichler.

1. VW-KÄFERCLUB BURGENLAND

A-7121 Weiden am See, Franz Lisztgasse 1
+43/664/4321143, Obfrau: Heidi Riepl.

DER OLDTIMER GUIDE AUF FACEBOOK  **CLICK & LIKE**

KÄRNTEN

1. C.A.R. TEAM FERLACH

A-9020 Klagenfurt am Wörthersee, Maderspergerstraße 18
+43/660/4647617
info@carteamferlach.at, www.carteamferlach.at
Obmann: Gustav Mostetschnig, Mitglied beim ÖMVV.
Sektion Karawanken-Classic
A-9170 Ferlach, Görtschach 105
+43/4227/3252, +43/680/3048151
c.a.r.team.ferlach@aon.at

B.U.L.L.I. CLUB/VW BULLI
A-9161 Maria Rain, bulliclub@gmx.at, bulliclub.at
Ansprechpartner: Roman Steindl. Weltweiter, internationaler
Kontakt zu anderen VW-Bus-Vereinen und allen Bullifans.

FREUNDE ALTER MOTORRÄDER/FAM
A-9556 Liebenfels, Ottilienkogel 4
+43/664/5296485
mopedn@gmx.net, freunde-alter-motorraeder.jimdofree.com
Präsident: Dominik Pacher. Gründung 1998. Mitglied beim ÖMVV.

KÄRNTNER MOTOR VETERANEN CLUB/KMVC
A-9020 Klagenfurt, Gabelsbergerstraße 9
+43/664/5023429, g.setschnagg@kmvc.at, kmvc.at
Gründung 1974. 49 Jahre Erfahrung mit Marken ungebundener
Erhaltung, Restaurierung und Pflege historischer Fahrzeuge.
Sehr aktiver Club mit monatlichen Veranstaltungen. Mitglied
beim ÖMVV. Veranstalter des internationalen Oldtimertreffen
„Rose vom Wörthersee", welches nur alle zwei Jahre stattfindet.

Kärntner Motor Veteranen Club/KMVC

1. KÄRNTNER VW-KÄFERCLUB/1. KKC
A-9312 Meiselding, Drasenberg 17
+43/660/3277094, 1.kaerntnervwkaeferclub@gmx.at
vw-kaeferclub-kaernten.at
Präsidentin: Monika Eberlien, Gründung 1991.
Mitglied beim ÖMVV.

OLDTIMER CLUB VILLACH/OCV
A-9523 Villach, Neherweg 20
+43/650/9071439
ocv.villach@gmx.at
www.ocv-villach.at
Präsident: Thomas Billicsich. Gründung 1978, Motto des Clubs:
Technik von Gestern – Heute unterwegs.
Mitglied beim ÖMVV.

1. PUCH UND OLDIE CLUB ST. PAUL
A-9470 St. Paul im Lavanttal, Schützenhöhe 3
info@1-puchundoldieclub-stpaul.at
www.1-puchundoldieclub-stpaul.at
Obmann: Peter Mairitsch.

STEYR PUCH CLUB AUSTRIA/SPA
A-9020 Klagenfurt am Wörthersee, Opalgasse 6
office@steyr-puch.at, www.steyr-puch.at
Präsident: Ing. Albert Knes.

STEYR-PUCH-FREUNDE OBERKÄRNTEN
A-9873 Döbriach, Römerstraße 24
steyrpuch@aon.at
www.steyrpuch.at
Präsident: Hubert Moll.

Steyr-Puch-Freunde Oberkärnten

1.VESPA CLUB WOLFSBERG
A-9421 Eitweg, Hartelsberg 55
obmann@vespaclubwolfsberg.at
www.vespaclubwolfsberg.at
Obmann: Thomas Kienleitner;
Gründung 1993.

NIEDERÖSTERREICH

AERO CAR CLUB AUSTRIA/ACCA
A-3434 Tulbing, Mitterbergweg 7
porsche-356@gmx.net, www.voz.co.at/ACCA/acca.html
Gründung 1999. Pflege und Erhaltung der in Österreich vorhandenen Aero, Jawa und Z-Pkw. Mitglied des ÖMVV.

ALT OPEL FAHRER VEREINIGUNG AUSTRIA/AOFVA
A-2020 Hollabrunn, Eduard-Müller-Gasse 11
+43/699/12450972
alt-opel-fahrer@gmx.at, www.alt-opel-fahrer-vereinigung.at
Obmann: Gerhard Stambera. Gründung 1988. Erhalt und Pflege aller klassischen Opel-Wagen, Oldtimer und Youngtimer. Mitglied des ÖMVV.

Alt Opel Fahrer Vereinigung Austria/AOFVA

AMERICAN HOT WHEELS – AUSTRIA „WEINVIERTEL"
A-2245 Velm-Götzendorf, Landstraße 107 / Top 8
thomas@americanhotwheels.at, www.americanhotwheels.at
Obmann: Thomas Makoschitz. Gründung 2013.

AMICALE PEUGEOT AUTRICHE/APA, VEREIN DER PEUGEOT-FREUNDE ÖSTERREICHS
A-2345 Brunn am Gebirge, Postfach 27
+43/664/3568403, +43/2236/36162
amicale.peugeot@aon.at, amicale-peugeot.at
Obmann: Michael Spina, michael.spina@aon.at
Gründung 1991. Mitglied beim ÖMVV.

AUDI URQUATTRO CLUB ÖSTERREICH
A-2183 Neusiedl an der Zaya, Dobermannsdorfer Straße 3
Obmann: Harald Springer, +43/699/17017707
Obmann-Stv.: M. Neugebauer, +43/664/3802939
info@urquattro.at, www.urquattro.at
Gründung 1998 von begeisterten Fans und Fahrern des Audi Urquattro.

BMW 02 CLUB AUSTRIA
A-2201 Gerasdorf, Waldgasse 10-16 E13
+43/664/2008856
info@bmw-02-club.at, bmw-02-club.at
Obmann: Reinhard Handler, Mitglied beim ÖMVV.

BUGATTI CLUB AUSTRIA/BCA
A-3430 Tulln, Kirschenallee 11
di.gradisch@live.at, www.bugatti-club-austria.at
Präsident: Werner Gradisch. Gründung 1991.

Bugatti Club Austria/BCA

CABRIOCLUB ROADSTERFREUNDE AUSTRIA
A-3100 St. Pölten, Makartstraße 6
info@roadsterfreunde.at
www.roadsterfreunde.at
Obmann: Ing. Eduard Kranabetter. Gründung 2008.

CIVILIAN AND MILITARY OLDTIMER CAR AND BIKE CLUB RANNERSDORF-AUSTRIA/CMO
A-2320 Rannersdorf, Oberfeldweg 11
+43/688/8163354
cmo.club@drei.at, w.taferl@gmail.com
www.cmo-oldtimerclub.at
Präsident: Wolfgang Taferner.
Pflege und Erhaltung technischen Kulturgutes (Fahrzeuge ...).

CLUB ALLER RARITÄTEN UND OLDTIMER/CARO
A-2103 Langenzersdorf, Chimanigasse 44
+43/664/9814668
walter.hermann@aon.at
www.caro-automobil.club
Obmann: Walter Herrmann.
Gründung 1991. Erhaltung und Pflege historischer Fahrzeuge aller Marken, aber auch Sonderfahrzeuge und Dreiräder. Mitglied beim ÖMVV.

CUSTOM CRUISERS – HISTORICAL AMERICAN AUTO CLUB
Verein für historische US-Automobile, Autoklassiker und Sonderkraftfahrzeuge
A-2353 Guntramsdorf, Oldtimerweg 1
office@custom-cruisers.com, www.custom-cruisers.com
Präsidentin: Carola Steurer.
Sämtliche Auskünfte zu amerikanischen Autos.
Mitglied beim ÖMVV.

Custom Cruisers – Historical American Auto Club/CCC

2CV CLUB WACHAU
A-3680 Persenbeug, Hagsdorf 16
+43/664/73670750, hede.bauer@utanet.at
www.oecc.at/index.php/home/kontaktadressen
Ansprechpartner: Hans Bauer.

2CV.I.P. SCHAUKEL ST. PÖLTEN
A-3511 Meidling im Tal, Kremserstraße 2
+43/664/1813561
www.oecc.at/index.php/home/kontaktadressen
Ansprechpartner: Manfred Schuch.

DINO CLUB OF AUSTRIA
A-2483 Weigelsdorf, Hofmühlgasse 6
dinoclub@aon.at
Ansprechpartner: Michael Winger.
Gründung 1990. Die Freunde der Fiat- und Ferrari-Dino.

DKW CLUB ÖSTERREICH
A-2116 Nodendorf, Laaerstraße 6
+43/676/9017442
info@dkw-club.at, dkw-club.at
Obfrau: Elisabeth Graf. Mitglied beim ÖMVV.

DODGE CLUB AUSTRIA/DCA
office@dcaustria.at, www.dcaustria.at
Gründung 1974. Der älteste Geländewagenclub Österreichs, der allradgetriebene historische Militärfahrzeuge sammelt.

ELEF-ANTEN
A-3160 Traisen, Dr. Richerstraße 5
+43/664/9470587, +43/2762/62995
akdy26@aon.at
www.oecc.at/index.php/home/kontaktadressen
Präsidentin: Christine Weissenböck.

Elef-Anten.

FARA-HIETZ CLASSIC RALLYE TEAM PUCHBERG
ski.motorsport@gmx.at, www.farahietzcrt.wg.vu
Team-Chef: Wolfgang Hietz.

FREUNDE HISTORISCHER FAHRZEUGE WEINVIERTEL
A-2033 Kammersdorf, Kammersdorf 79
freunde-historischer-fahrzeuge@gmx.at, www.fhfw.at
Obmann: Franz Mayer.

INTERESSENSGEMEINSCHAFT FORMEL CLASSIC/IGFC
A-4441 Behamberg, Voralpenstraße 16
+43/664/2421903, info@igfc.at, www.igfc.at
Ansprechpartner: Wolfgang Stropek
Gründung 2003. Clubabende, Clubzeitung, Einnahmen werden teilweise gespendet.

ITALIAN CARS CLUB/ICC
A-3001 Mauerbach, Hauptstraße 99a/2
Zustelladresse: A-3003 Gablitz, Linzerstraße 177/14
+43/699/10434454, info@club-fiat.at
Obmann: Hermann Hobbinger, h.hobbinger@gmx.at
Gründung 2002.

Italian Cars Club/ICC

JAGUAR DAIMLER OWNERS SPORTS & TOURING CAR CLUB/JDOST
A-2201 Gerasdorf, Stammersdorferstraße 318
office@jdost.at, www.jdost.at
Obmann: Wolfgang Schöbel, obmann@jdost.at
Gründung 2012. Mitglied beim ÖMVV, repräsentiert den einzigen englischen XJS Club in Österreich.

JEEP CLUB AUSTRIA/JCA
A-2405 Bad Deutsch-Altenburg, Probusgasse 3
+43/676/9454699
jeep@jeepclubaustria.at, www.jeepclubaustria.at
Präsidentin: Olivia Höferl-Marhold, olivia.hoeferl@gmx.at

KA-RO CLUB ÖSTERREICH/KARO, KABINEN-, AUTO- UND ROLLER-CLUB ÖSTERREICH
A-2191 Gaweinstal, Hauptplatz 21
karoclub@gmx.at, www.karoclub.at
Obmann: Jürgen Splet
Gründung 1960. Erhaltung von Klein- und Kleinstfahrzeugen mit zwei, drei oder vier Rädern. Mitglied beim ÖMVV.

KÄFER-CLUB OBERGRAFENDORF
A-3107 St. Pölten, Johannesplatz 6
+43/676/6399485, t.braun2@gmx.at
www.vw-kaeferclub.com
Obmann: Thomas Braun, Obmann Stv.: Helmut Fischer.
Gründung 1991.

VW-Käferfreunde Obergrafendorf

KÄFER-FREUNDE ERLAUFTAL
A-3264 Gresten-Land, Schadneramt 80
+43/7487/2392, luftwirt@utanet.at, Familie Scheiblauer.

KÄFERFREUNDE KREMSTAL
A-4563 Micheldorf, Unterer Wienerweg 3
+43/664/1442351
g.russmann@a1.net, www.käferfreunde-kremstal.at
Obmann: Gerald Russmann, Gründung 2003.

KARMANN GHIA CLUB AUSTRIA/KGCA
A-2620 Neunkirchen, Schießstättgasse 10
+43/699/10091009
peter.brier@karmannghia.at, www.karmannghia.at
Präsident: Peter Brier. Gründung 1986.

KURATORIUM HISTORISCHE MOBILITÄT ÖSTERREICH (KHMÖ)
A-2345 Brunn am Gebirge, Leopold-Gattringer-Straße 55
+43/664/6201110, office@khmoe.at, www.khmoe.at
Präsident: KR Ing. Robert Krickl (ÖMVV)
Vizepräsident: Ottokar Pessl (AMV)
Generalsekretär: Mag. Christian Schamburek
Die Aufgabe und Zielsetzung des Kuratoriums Historische Mobilität Österreich (KHMÖ) ist, unter Einbeziehung aller relevanten Interessenvertretungen zur einheitlichen Meinungsbildung, die nationale Vertretung der Interessen um historische Fahrzeuge als mobiles Kulturgut auf den Straßen der Zukunft bewegen zu können.

KHMÖ
Kuratorium Historische Mobilität Österreich

KOKSI HISTORIC RACING TEAM
A-2630 Ternitz, Schöpfwerkstraße 97
gerald.kokesch@khrt.org, www.khrt.org
Obmann: Ing. Gerald Kokesch.

KREMSER ANTN JAUKA GES.M.B.H.
+43/676/7044589
www.oecc.at/index.php/home/kontaktadressen
Ansprechpartnerin: Elisabeth Weinhofer.
Alle Citroën-Driver sind willkommen.

**DER OLDTIMER GUIDE AUCH AUF
WWW.OLDTIMER-GUIDE.AT**

LES AMIS DE CITROËN D'AUTRICHE
A-3321 Kollmitzberg, Tiefenbach 5
Zustellanschrift: A-3910 Zwettl, Statzenberggasse 15
+43/680/3069879
stelzeneder.manfred@gmx.at, www.lesamisdecitroen.at
Obmann: Edward Romski, e.romski@gmx.at
Mitglied beim ÖMVV.

MAILÄNDER SPORTWAGEN CLUB/MSC
A-2000 Stockerau, Schaumanngasse 1/3/3
club@mailaender.at, www.mailaender.at
Obmann: Norbert Schuster, norbert.schuster@kabsi.at
Gründung 1985. In diesem Club ist viel Liebe und Interesse an
allen italienischen Sportfahrzeugen mit Schwerpunkt auf der
Marke Alfa Romeo.

1. MARCHFELDER VW-KÄFERCLUB
A-2304 Orth/Donau, Hans-Kudlich-Straße 27
+43/664/8320502
podhy1975@aon.at, www.vw-kaeferclub-marchfeld.com
Ansprechpartner: Norbert Podhadsky. Gründung 2006.

MUSTANG CLUB OF AUSTRIA/MCA
A-2490 Ebenfurth, Annagasse 1
+43/676/3565247
office@mustangs.at, vorstand@mustangs.at
www.mustangs.at
Obmann: Johann Bacik. Gründung 2003.

Mustang Club of Austria/MCA

NEUNKIRCHNER ENTENNEST
A-2624 Breitenau, Untere Waldgasse 130
+43/676/6523491
eva_und_gottfried@entennest.org, www.entennest.org
Ansprechpartner: Eva und Gottfried Haas.

ÖAMTC ZWEIGVEREIN HORN
A-3580 Horn, Raabser Straße 34
oeamtc.zvhorn@gmail.com, oeamtc-zv-horn.at
Obmann: Hans Hohenegger.

ÖAMTC ZWEIGVEREIN SCHEIBBS
A-3270 Scheibbs, Weidenweg 1
+43/676/6919300
office@oeamtc-zv-scheibbs.at, www.oeamtc-zv-scheibbs.at
Obmann: Walter Reiter.

ÖGHK-NIEDERÖSTERREICH NORD
A-2231 Strasshof, Dr. Figl-Straße 3
+43/664/5933674
b-theuermann@gmx.at, www.austria-motor-veterans.at
Repräsentant: Bernhard Theuermann.

ÖGHK-NIEDERÖSTERREICH SÜD
A-2620 Ternitz, Steinbruch 3
+43/699/10473512
franz.traindt@gmail.com, www.austria-motor-veterans.at
Repräsentant: Franz Traindt.

OLDTIMER CLUB NIEDERÖSTERREICH UND TATRA SAMMLUNG/OCNT
A-2604 Theresienfeld, Beethovenstraße 9
+43/664/73473857, +43/699/11351556
www.ocnt.at
Obmann: Ing. Walter Steiner, Stv. Oskar Pitsch. Gründung 1993.

OLDTIMER CLUB TRAISKIRCHEN
A-2514 Traiskirchen, ÖLW-Gasse 3
www.oldtimerclub-traiskirchen.at
Clubobmann Wolfgang Kern.
Gründung 2005. Historische Fahrzeuge: Pkw, Motorräder und Traktoren.

OLDTIMER CLUB WEINVIERTEL/OCW
A-2020 Hollabrunn, Wiener Straße 7e
+43/676/6653705, ocw@gmx.at, www.ocw.at.tt
Obmann: Andreas Hartl
Sektion Waldviertel/Waidhofen/Thaya: Leo Hieß.
Gründung 1990. Mitglied beim ÖMVV.

OLDTIMER VEREINIGUNG INTERNATIONALER PÄSSEFAHRER/OVIP
A-3411 Klosterneuburg-Weidling, Löblichgasse 11
mail@ovip.info, www.ovip.at
Präsident: Ing. Walter Kuba, kubawalter@a1.net
Gründung April 2000. Sind offen für alle Oldtimer und organisieren Veranstaltungen ohne Stoppuhren. Mitglied beim ÖMVV.

OLDTIMER- UND SPORTWAGENCLUB TULLNERFELD/OSCT
A-3100 St. Pölten, Schießstattring 5/3/13
+43/650/9930372, office@osct.at, www.osct.at
Präsident: Manfred Schiemer.
Gründung 1985. Mitglied beim ÖMVV.

OLDTIMER- UND SPORTWAGENFREUNDE GLOGGNITZ-SEMMERING/OSFGS
A-2640 Gloggnitz, Harterring 84
+43/2662/44832, www.oldtimerclub-gloggnitz.com
Ansprechperson: Helmut Breuner.

Oldtimer und Sportwagenfreunde Gloggnitz-Semmering /OSFGS

OLDTIMERCLUB & MUSEUM POYSDORF
A-2170 Poysdorf, Liechtensteinstraße 27
+43/2552/2316, +43/664/5622674
parisch@oldtimerclub-poysdorf.at
www.oldtimerclub-poysdorf.at
Obmann: Manfred Parisch.

OLDTIMERCLUB BERNDORF/OCB
A-2360 Berndorf, Leobersdorferstraße 129-131
+43/2672/84788, robert_rudolf@gmx.at
Obmann: Robert Rudolf.

OLDTIMERCLUB ERLAUFTAL
A-3251 Purgstall, Othmar-Burker-Straße 4
+43/664/8571708, oldtimerclub.erlauftal@gmx.at
www.oldtimerclub-erlauftal.at
Obmann: Martin Hochauer. Gründung 2004.

1. OLDTIMERCLUB HENNERSDORF/1.OCH
A-2332 Hennersdorf, Josef Postl-Gasse 11
1.och@oc-hennersdorf.at, www.oc-hennersdorf.at
Obmann: Edgar Varga, Gründung 2008.

OLDTIMERCLUB KORNEUBURG/OCK
A-2100 Korneuburg, Probst-Bernhard-Straße 8
+43/664/3260926
oldtimer-korneuburg@aon.at
www.oldtimerclub-korneuburg.at
Obmann: Günter Schöller. Gründung 2006.

Oldtimerclub Korneuburg/OCK

OLDTIMERCLUB MARTINSBERG/OCM
A-3664 Martinsberg, Martinsberg 120
+43/664/3436888
d.ableitinger@a1.net
www.ocm.co.at
Obmann: Dieter Ableitinger. Gründung 1999.

OLDTIMERCLUB POTTENSTEIN/OCP

A-2563 Pottenstein, Friedenssiedlung 2
oldtimerclub-pottenstein@outlook.com
www.pottenstein.at/Oldtimerclub_Pottenstein
Obmann: Thomas Fischbacher.
Obmann Stv.: Erich Marker.

OLDTIMERFREUNDE NIEDERÖSTERREICHS/OFN

A-2486 Pottendorf, Marktplatz 10
+43/676/3372161
ofn-info@aon.at, www.ofn.at
Ansprechpartner: Ing. Karl Eder.
Gründung 1985. Offen für alle Besitzer historischer
Fahrzeuge – vom Fahrrad bis zum Autobus.
Mitglied beim ÖMVV.

OLDTIMERKLUB HAINFELD

A-3170 Hainfeld, Kirchenbergstraße 4
+43/680/1185244
oldieschrauber@gmail.com, www.otkh.at, Gründung 2006.

OLDTIMERVEREIN BLINDENMARKT/OVBL

A-3372 Blindenmarkt, Vereinsstraße 3
+43/650/7962400
office@oldtimerverein.at, www.oldtimerverein.at
Obmann: Rudolf Bemmer, Gründung 1994.

OLDTIMERWELT

A-2320 Schwechat, Alois-Kellner-Straße 28
+43/699/12016798
office@oldtimerwelt.at, www.oldtimerwelt.at
Vorstand: Heike Keusch.

ÖSTERREICHISCHER MOTOR VETERANEN CLUB/ÖMVC

A-2345 Brunn/Gebirge, Alexander Groß-Gasse 42
+43/676/6004582
club@oemvc.at, www.oemvc.at
Obmann: KR Ing. Robert Krickl. Gründung 1962. ÖMVC ist der
älteste Motorveteranen Club Österreichs mit weitreichenden
internationalen Verbindungen. Mitglied bei der FIVA und beim
ÖMVV.

ÖSTERREICHISCHER MOTOR-VETERANEN-VERBAND/ÖMVV

A-2345 Brunn am Gebirge, Alexander-Groß-Gasse 42
+43/664/6201110
info@oemvv.at, www.oemvv.at
Präsident: KR Ing. Robert Krickl
Vizepräsident: Mag. Wolfgang Eckel
Vizepräsidentin: Mag. Michaela Riedl
Generalsekretär: Mag. Christian Schamburek
Generalsekretär Stv.: Mag. Christian Gantner.

Österr. Motor Veteranen Club/ÖMVV

RARA VIENNA – RALLYE AND RACING ASSOCIATION VIENNA

A-2123 Schleinbach, Bahnstraße 11
+43/664/3259269
office@rara-vienna.com, www.rara-vienna.com
Präsident: Wolfgang „Dani" Chylik.
Vizepräsident: Heinz-Peter Fahrbach.

SAAB-CLUB ÖSTERREICH

A-2483 Ebreichsdorf, Unterfeldzeile 18
+43/676/7483737, info@saab-club.at, www.saab-club.at
c/o Erich Malzer, erich.malzer@saab-club.at
Markenclub für alle Saab-Fahrer und -liebhaber. Pflege und
Erhaltung aller Saab-Fahrzeuge, von Old-/Youngtimern bis zu
den letztgebauten Modellgenerationen 9-3 und 9-5.

Saab-Club Österreich

Tatra-Freunde International E.V./T.F.I.

SEKTION AUSTRO DAIMLER/SAD, VEREIN ZUR PFLEGE UND ERHALTUNG ÖSTERREICHISCHER DAIMLER FAHRZEUGE

A-2700 Wr. Neustadt, Leithamühlgasse 18
+43/664/2123204
austrodaimler@gmx.at, www.austrodaimler.at
Vorstand: Gerhard Weinzettl.

SKODA VETERANEN CLUB AUSTRIA

A-3443 Elsbach, Rechte Bachgasse 1
+43/664/73846589
office@skoda-oldtimer.at, www.skoda-oldtimer.at
Ansprechpartner: Mag. Johannes Graf, Msc.
Gründung 2003. Hauptsächlich Erhaltung und Pflege der Fahrzeuge von Laurent & Clement sowie von der Automarke Skoda. Mitglied beim ÖMVV.

STEYR-PUCH-CLUB/STPC

A-2232 Aderklaa, Nr. 18, +43/650/3009072
steyrpuchclub@gmx.at, www.steyr-puch-club.com
Präsident: Johannes Husar, Gründung 1984.
Mitglied beim ÖMVV.

Steyr-Puch-Club/STPC

TATRA-FREUNDE INTERNATIONAL/T.F.I.

A-2345 Brunn/Gebirge, Otto-Mauer-Gasse 6/5
+43/699/19113109, office@tatraclub.at, www.tatraclub.at
Präsident: Jerome Colloredo-Mannsfeld.
Gründung 1981. Erfassung, Pflege und Erhalt von
Tatra-Fahrzeugen jeglicher Art. Mitglied beim ÖMVV.

TRAKTOR- UND OLDTIMERFREUNDE KAMMERSDORF UND UMGEBUNG

A-2020 Aspersdorf, Dorfstraße 147
obmann@traktorfreunde-kammersdorf.at
www.traktorfreunde-kammersdorf.at
Obmann: Gerhard Kupfer. Mitglied beim ÖMVV.

US CAR CLUB CRAZY EAGLES

A-3370 Ybbs an der Donau
www.crazy-eagles.at
Obmann: Franz Hinterndorfer. Gründung 2004.

US Car Club Crazy Eagles

US CAR-CLUB (USCC) WILD THING

A-3950 Gmünd, Prof.-Krejci-Graf-Straße 2
+43/650/2300990
uscc.wild.thing@aon.at, www.uscc-wild-thing.at
Obmann: Jochen Wegsada. Gründung 1996.

US-CARS OF AUSTRIA

A-2483 Weigelsdorf, Hofmühlgasse 6, uscars@aon.at
Obmann: Michael Winger. Gründung 1991. Pflege und Erhaltung amerikanischer Fahrzeuge.

VEREIN ZUR AUSRICHTUNG VON OLDTIMERVERANSTALTUNGEN

A-3652 Leiben, Lehen-Hauptstraße 4
Obfrau: Margareta Trümmel.
+43/676/6159926, margareta.t@gmx.at

VETERANEN MOTORRAD CLUB MÖDLING/VMCM
A-2603 Felixdorf, Arbeitergasse 3/20
c/o Johann Kordik, Schriftführer
+43/664/1525201, info@vmcm.at, www.vmcm.at
Gründung 1981. Mitglied beim ÖMVV.

Veteranen Motorrad Club Mödling/VMCM

VITISER OLDTIMERVEREIN/VITISER OV
A-3902 Vitis, Kaltenbach 45
+43/660/7618369
oldtimervitis@gmail.com
www.vitiser-oldtimerverein.at
Obmann: Achim Nigischer. Gründung 2000. Mitglied beim ÖMVV.

VW-KÄFER- UND BULLI LIEBHABERCLUB LAXENBURG
A-2361 Laxenburg
Zustellanschrift: A-1100 Wien,
Ludwig-von-Höhnel-Gasse 9/58
+43/676/3693209
office@kaeferclub-laxenburg.at
www.kaeferclub-laxenburg.at
Ansprechpartner: Andreas Franek.

VW-KÄFERCLUB LENGENFELD
A-3552 Lengenfeld, Kremser Straße 21a
kaeferclub@gmx.net
www.kaeferclub-lengenfeld.com
Obmann: Markus Berner.

WEINVIERTLER CITROËN CLUB/WCC
A-2033 Dürnleis, Dürnleis 34
+43/676/82514370, g.flemming@gmx.at
www.oecc.at/index.php/home/kontaktadressen
Ansprechpartner: Gerti Flemming-Hagn.

Weinviertler Citroën Club/WCC

WOIDANT'N
A-3712 Maissau, Kremserstraße 18
+43/650/4850042, +43/2982/2883
brunnermax@gmx.a
www.oecc.at/index.php/home/kontaktadressen
Ansprechpartner: Max Brunner.

OBERÖSTERREICH

ALT OPEL IG VON 1972 E.V. SEKTION ÖSTERREICH
A-4972 Utzenaich, Wiesenweg 9
+43/664/9453007
oesterreich@alt-opel.eu
www.alt-opel.eu
Ansprechpartner: Gerhard Wintersteiger,
wintersteiger@alt-opel.eu
Mitglied beim ÖMVV.

AMTC - OLDTIMERCLUB ROTTENBACH
A-4681 Rottenbach 25, Rottenbach 25
+43/699/17210248
amtc-om@gmx.at
www.oldtimerclub-rottenbach.at
Obmann: Josef Schiller.

AUSTIN HEALEY CLUB GMUNDEN
A-4840 Vöcklabruck, Schererstraße 28
+43/664/5715975
dfgr@asak.at
www.ahc-gmunden.at
Präsident: Dr. Franz G. Reissig.
Gründung 1987. Mitglied beim ÖMVV.

Austin Healey Club Gmunden

BMW CLUB PEUERBACH
A-4722 Peuerbach, Hauptstraße 4
+43/7276/2181, info@bmwclub-peuerbach.net
www.bmwclub-peuerbach.net
Präsident: Erich Wiesenberger.

BORGWARD CLUB AUSTRIA
A-4840 Vöcklabruck
Zustellanschrift: A-8570 Voitsberg, Finkenweg 3/2
+43/680/2120338
borgward@drei.at, borgward.at
Präsident: Gerald Maftievici.
Gründung 1982. Erhaltung und Pflege der Fahrzeuge der
Borgwardgruppe.

2CV CLUB DDKNH
A-4521 Schiedlberg, Droissendorf 10
+43/7251/440
www.oecc.at/index.php/home/kontaktadressen
Ansprechpartner: Erich Weiss.

2CV CLUB SALZKAMMERGUT
A-4830 Hallstatt, Gosaumühlstraße 71
2cv@kieneswenger.at
www.oecc.at/index.php/home/kontaktadressen
Ansprechpartner: Günter Kieneswenger.

DINO – REGISTER ÖSTERREICH
A-4840 Vöcklabruck, Unterpilsbach 21
Ansprechpartner Helmut Pichler.
+43/680/1416774
grafik@online.co.at

DS CLUB OBERÖSTERREICH
A-4292 Kefermarkt, Lehen 64
+43/7229/64451, +43/664/4558996
info@dsclubooe.at, www.dsclubooe.at
Obmann: Harald Steinmaurer.

ENGLISCHER SPORTWAGENCLUB AURACH/ESC
A-4860 Lenzing, Am Waldfeld 18
+43/664/4446967
esc-aurach@gmx.at, www.esc-aurach.at
Obmann: Horst Fackler, Schriftführer: Günter Andorfer.
Weitere Kontaktadressen: winfried.jungmaier@gmx.at,
marktplatz@esc-aurach.at
Mitglied beim ÖMVV.

Englischer Sportwagenclub Aurach/ESC

GRENZLAND-OLDTIMERCLUB-ST.PANTALEON/GLOC
A-5120 St. Pantaleon, Reith 41
+43/6626/42666, +43/680/1180187
oldtimerclubstpantaleon@aon.at
www.oldtimerclubstpantaleon.at
Obmann: Ernst Steiner, lisi.steiner@drei.at
Schriftführer: DI Erich Vejvar.
+43/664/4432579, +43/6277/6520, e.vejvar@geotec-zt.at
Gründung 2000.

HAFLINGERFREUNDE SALZKAMMERGUT
A-4822 Bad Goisern, Bundesstraße 67
myhaflinger.com
Ansprechpartner: Ernst Stieger.

Haflingerfreunde Salzkammergut

1. INNVIERTLER MOTOR VETERANEN CLUB/IMVC
A-5233 Pischelsdorf, Landerting 15
+43/664/4422259
gottfried.reichinger@gmail.com, imvc.at
Obmann: Gottfried Reichinger.
Schriftführer Josef Reichinger, +43/664/4925292
josef-reichinger@aon.at, Gründung 1977.

INNVIERTLER VESPA CLUB/IVC
A-4952 Weng im Innkreis, Sonnenweg 18
i-v-c@aon.at, vc-innviertel.com
Obmann: DI (FH) Markus Niederseer.
Schriftführer: Johannes Schneider-Brandstetter.

INTERESSENGEMEINSCHAFT MERCEDES OLDTIMER/IGMO
A-4030 Linz, Kleinwört 35
+43/664/73919274, igmo@gmx.at
Ansprechpartner: Manfred Hawlicek,
manfred.hawliczek@aon.at

JAGUAR VINTAGE CAR CLUB GMUNDEN
A-4810 Gmunden, Karl-Josef-von-Frey-Gasse 28
office@jvcc-gmunden.at, www.jvcc-gmunden.at
Präsident: Helmut Hütthaler. Gründung 1993.

13ER-KAMERADSCHAFT
A-4910 Ried im Innkreis, Kasernstraße 10
+43/699/11113876
info@13-kameradschaft.at
www.13-kameradschaft.at
Präsident: Günther Kitzmüller.
Arbeitsgemeinschaft zur Pflege historischer Militärfahrzeuge.

1. KREMSTALER MOTORVETERANENVEREIN IN OÖ/1. KMV OÖ
A-4563 Micheldorf, Wilhelm-Kienzl-Weg 1
+43/664/8196467, +43/660/2011393
helmut.wagner@maba.at
www.micheldorf.at/1_Kremstaler_Motorveteranenverein_in_0_0e_
Obmann: Helmut Wagner. Gründung 1984.

MAURERBOCKFREUNDE VÖCKLABRUCK
A-4890 Frankenmarkt, Gstocket 16
+43/676/3325963
helmut@kaltenleitner.at
www.maurerbock.com
Obmann: Helmut Kaltenleitner. Gründung 2006.

MG-OWNERS CLUB AUSTRIA/MGOC – STAMMTISCH OÖ
A-4812 Pinsdorf, Steinbichlstraße 3
+43/664/1654449
a.schacherleitner@sema.at
www.mgoc.at/stammtische.html
Ansprechpartner: Adolf Schacherleitner.
Gründung 1985. Regelmäßige Treffen: 7 Mal im Jahr am ersten Mittwoch im Monat, ab 19.00 Uhr. Der MG-Owners Club Austria – MGOC – hat den Ruf, als sehr aktiver Club ein aktives Clubleben zu pflegen und auch für alle aktuellen MG-Fahrzeuge offen zu stehen.

MG-Owners Club Austria/MGOC — Sttammtisch OÖ

MOTOR-SPORT-CLUB WELS/MSC-WELS
A-4611 Buchkirchen, Radgrabenstraße 4
+43/676/3373199
msc-wels@aon.at, dyane@gmx.at
Ansprechpartner: Arne Komposch.

1. MOTORSPORT-CLUB STEYR/1. MSC-STEYR
A-4400 Steyr, Schönauerstraße 7
+43/676/5533107, msc.steyr@gmail.com, www.msc-steyr.at
Postanschrift: Motorsport-Club Steyr, z.Hd. Alfred Michlmayr
Kopernikusstraße 16/4, 4400 Steyr
Gründung 1960. Förderung des allgemeinen Oldtimer- und
Classic-Gedankens.

MOTORSPORTVEREINIGUNG SCHWANENSTADT/MSV
A-4690 Oberndorf bei Schwanenstadt, Niederholzhamerstraße 15
+43/7673/2401
office@msv-schwanenstadt.at, www.msv-schwanenstadt.at
Präsident: Peter Aicher, p.aicher@aon.at
Gründung 1969.

MOTOR-VETERANEN-CLUB ALTHEIM/MVC-ALTHEIM
A-4950 Altheim, Schulgasse
+43/676/9430328, mvc.altheim@gmx.at
Präsident: Alfred Gerner.

MOTOR VETERANEN CLUB ATTNANG-PUCHHEIM/ MVCA
A-4800 Attnang-Puchheim, Mühlweg 13
+43/676/7230035, mvca.preuner@aon.at, www.mvca.at
Obmann: Hans Preuner. Mitglied beim ÖMVV.

NOSTALGIE-FAHRZEUGE-CLUB RIED IM INNKREIS/NFC RIED
A-4910 Ried im Innkreis, Wildfellnerstraße 22
+43/664/75153175
blanco-314@aon.at, www.nfc-ried.at
Präsident: Josef Erlacher jun.
Gründung 1983. Mitglied beim ÖMVV.

Nostalgie-Fahrzeuge-Club Ried im Innkreis/NFC Ried

Oberösterreichischer Motor Veteranen Club/OÖMVC

OBERÖSTERREICHISCHER MOTOR VETERANEN CLUB/OÖMVC
A-4030 Linz, Biberweg 22
+43/660/2686793
office@ooemvc.at, www.ooemvc.at
Präsident: Günter Peisl, praesident@ooemvc.at
Gründung 1967. Offen für alle Marken. Mitglied beim ÖMVV.

ÖGHK-OBERÖSTERREICH
A-4221 Steyreck, Dörfl 4
+43/676/7909297
kurt.mo@gmx.at, www.austria-motor-veterans.at
Repräsentant: Kurt Moschnick.

OLDTIMERCLUB MONDSEELAND
A-5310 Mondsee, Schafbergstraße 5a
info@oldtimerclub-mondseeland.at
www.oldtimerclub-mondseeland.at
Obmann: Fritz Wendtner. Gründung 2001.

OLDTIMERCLUB PUCKING
A-4055 Pucking, Pfirsichweg 1
+43/676/3151000
oldtimerclub-pucking@a1.net
office@oldtimerclub-pucking.at
Präsident: Paul Gröger. Gründung 2007.

OLDTIMER FAHRZEUG KLUB ARBÖ WOLFSEGG/OFKW
A-4673 Hub, Hub 4
+43/676/9330477
hartmannhanspeter@aon.at
Obmann: Hans-Peter Hartmann. Mitglied beim ÖMVV.

OLDTIMERFREUNDE STEINHAUS
A-4641 Steinhaus, Oberschauersbergstraße 10
office@david-hoffmann.at
www.steinhauser-oldtimerfreunde.at
Obmann: David Hoffman. Gründung 2004.

Oldtimerfreunde Steinhaus

OLDTIMER INTERESSENSGEMEINSCHAFT PERG
A-4222 St. Georgen bei Grieskirchen, Buchenstraße 6
+43/7237/65792
oig-perg@gmx.at, www.perg.at/vereine_/
Ansprechpartner: Christian Wagner.

OLDTIMER-MOTORRADCLUB WACKERSBERG-EFERDING/OCWE
A-4722 Peuerbach, Hagerstraße 25
ocwe@gmx.at, www.ocwe.at
Clubpräsident: Michael Kriegner. Gründung 2007.

OLDTIMER MOTORRADCLUB WELS
A-4600 Wels, Zellerstraße 51
+43/677/62441959, obmann@oldtimermotorradclubwels.at
www.oldtimermotorradclubwels.at
Obmann: Johann Kranzlmüller. Gründung 1994.

OLDTIMER- UND MOTORSPORTGEMEINSCHAFT NUSSDORF/OMG NUSSDORF
A-4865 Nußdorf am Attersee, Kapellenweg 26
+43/664/7962540
info@omg-nussdorf.at, www.omg-nussdorf.at
Präsident: Klaus Zopf. Gründung 1999. Mitglied beim ÖMVV.

OLDTIMER VEREIN MÖNCHDORF/OVM
A-4225 Luftenberg, Tulpenstraße 3
+43/664/2058301, ovm@gmx.at, www.ovm-moenchdorf.at
Obmann: Andreas Brandstetter.

OÖ OLDTIMERCLUB LEONDING/OCL
A-4050 Traun, Landstraße 9
+43/660/7035040
info@oldtimerclub-leonding.at, www.oldtimerclub-leonding.at
Ansprechpartner: Gerhold Zautner. Gründung 1999.

OPEL GT CLUB AUSTRIA
A-4864 Attersee, Abtsdorf 83
Opelgtclub.at@gmail.com, www.opelgtclub.at
Obmann: Heimo Sickinger.
Gründung 1982. Schwerpunkt der Clubaktivitäten bilden die laufend organisierten GT-Treffen. Für die Mitglieder bedeuten sie eine Steigerung des Zusammengehörigkeitsgefühls unter Gleichgesinnten.

ÖSTERREICHISCHER CITROËN CLUB/OECC
A-4291 Lasberg, Kronau 6
+43/7945/20021, +43/664/73727832
info@oecc.org, www.oecc.at
Ansprechpartner: Manfred Buchgeher. Gründung 1971.
Dachverband einer Vielzahl österreichischer Citroën-Clubs. Mitglied beim ÖMVV.

Öster. Citroën Club/OECC

1. ÖSTERREICHISCHER US-CAR CLUB
A-4063 Hörsching, Flughafenstraße 22
+43/650/7776344
uscar.club@gmx.at, www.us-carclub.com
Obmann: Stefan Röhrl. Gründung 1991. Pflege und Erhaltung aller amerikanischen Fahrzeugtypen.

PACKARD CLUB AUSTRIA
A-4020 Linz, Pummererstraße 12
+43/699/17779800, s.barbaric@packard.at, packard.at
Präsident: Stefan Barbaric.

PUCH MOPEDFREUNDE VORCHDORF
A-4655 Vorchdorf, Lindacherstraße 17b
puchfreunde@gmx.at, puchfreunde.npage.at
Obmann: Klaus Reiter; Obmann Stv.: Roland Kronberger,
Schriftführer: Hans Georg Schlossgangl.

STEYRER DUCKANTN
A-4501 Neuhofen a.d. Krems, Hanningerweg 8
+43/7227/5464, +43/664/1420401
klaus@eiber.at
www.oecc.at/index.php/home/kontaktadressen
Ansprechpartner: Klaus Eiber.

STEYR PUCH UND OLDIES CLUB SPATTENDORF IN DER RIEDMARK
A-4040 Linz, Schumpeterstraße 15
+43/677/61181868
info@oldtimerclub-spattendorf.at
www.oldtimerclub-spattendorf.at
Obmann: Oliver Bartenstein. Gründung: 1990.

STRUDENGAUER VW-KÄFERFREUNDE
A-4360 Grein a.d. Donau, Oberbergen 15
+43/699/11873446
aichi68@gmx.at
Obmann: Johann Aichinger. Gründung 1996.

Strudengauer VW-Käferfreunde

TRAUNSEE ANTN FAMILIE
A-4020 Linz, Robert-Stolz-Straße 21/32
+43/732/65561
axel.polanschuetz@liwest.at
www.oecc.at/index.php/home/kontaktadressen
Ansprechpartner: Axel Polanschütz.

US-Car Friends Oberösterreich

US-CAR FRIENDS OBERÖSTERREICH
A-4770 Andorf, Seifriedsedt 2a
uscarfriends@gmx.at
www.uscar-friends.at
Obmann: Gerald Reisinger. Gründung 2003. Das Ziel ist es, Interessenten und Besitzer amerikanischer Fahrzeuge zu vereinen bzw. diverse notwendige Hilfestellung bei Ersatzteilen usw. zu gewährleisten.

VESPA CLUB GALLI'ER GALLNEUKIRCHEN
A-4223 Katsdorf, Lindenweg 3
info@vcgallier.at
vcgallier.jimdo.com
Präsident: Christof Neunteufel.
Gründung 1993.

VESPA UND LAMBRETTAFREUNDE BRAUNAU AM INN/VLFB
A-4963 Ofen, Ofen 31
Obmann: Franco Furlan.

VW KÄFER CLUB BRAUNAU AM INN
A-5121 Ostermiething, Mukenham 4
+43/664/3431404
www.braunau.at/VW_-_Kaefer_Club_Braunau
Obmann: Gerhard Ehrschwendtner.

WOLFSBURGER VW KÄFER-FAMILIE
A-4910 Ried im Innkreis, Riedauer Straße 20
+43/664/1740852
mail@wolfsburger.at
www.wolfsburger.at
Obfrau: Gisela Stumpf. Gründung 1999.

WÜDANTN LINZ
A-4291 Lasberg, Kronau 6
+43/7945/20021, +43/664/73727832
manfred@oecc.at
www.oecc.at/index.php/home/kontaktadressen
Ansprechpartner: Manfred Buchgeher.

SALZBURG

Mercedes-Benz SL-Club Austria

AMERICAN DRIVERS PINZGAU E.V.
A-5700 Zell am See, Salzachuferstraße 39
office@americandrivers.at
www.americandrivers.at
Präsident: Günter Schwarz.

American Drivers Pinzgau e.V.

2CV CLUB SALZBURG
A-5020 Salzburg, Franz-Wallacker-Straße 19/27
+43/664/6432233, bigalex@aon.at
www.oecc.at/index.php/home/kontaktadressen
Ansprechpartner: Alex Gasteiger „Big Alex".

HISTORISCHE FORMEL VAU EUROPA E.V.
Sprecher des Vorstandes: Thomas Cramer,
sprecher@formel-vau.eu
Technik, Vorstand und Kontakt in Österreich: Robert Waschak
Claus-von-Gagernweg 7, 5340 St. Gilgen
technik@formel-vau.eu, +43/664/2506661
formel-vau.eu

MERCEDES-BENZ SL-CLUB AUSTRIA –
REGION SALZBURG/WESTÖSTERREICH
A-5751 Maishofen, Zellerstraße 10
salzburg@slclub.at, info@slclub.at, www.slclub.at
Clubleitung Westösterreich: Max Prem, max.prem@slclub.at
Gründung 1981.

MORGAN SPORTS CAR CLUB OF AUSTRIA/MSCCA
A-5201 Seekirchen, Möwenstraße 26
office@morganclub.at, www.morganclub.at
Präsident: Dipl.-Ing. Wolfgang Gusmag.
Gründung 1977. Mitglied beim ÖMVV.

MOTOR VETERANEN CLUB SALZBURG/MVCS
A-5020 Salzburg, Elsenheimstraße 20
+43/664/3454489
mvcs@mvcs.at, mvcs.at
Präsident: Dipl. BW Gerhard Feichtinger MBA.
Gründung 1967. Mitglied beim ÖMVV.

ÖGHK SALZBURG
A-5023 Salzburg, Lerchenstraße 69
+43/660/1818185
salzburg@oeghk.at
www.austria-motor-veterans.at, www.oeghk.at
Repräsentant: Martin Zehentner.

ÖGHK-WEST-ÖSTERREICH
A-5023 Salzburg, Gällegasse 10
+43/664/5003564
ktmhistoric@yahoo.de, www.austria-motor-veterans.at
Repräsentant: Peter Frohnwieser.

1. PINZGAUER OLDTIMERCLUB/1. POC
A-5760 Saalfelden, Pfaffing 19
+43/670/2001500
info@1pinzgauer-oldtimerclub.at
www.1pinzgauer-oldtimerclub.at
Obmann: Josef Geisler.
Gründung 1995. Mitglied beim ÖMVV.

S.R.C. SALZBURG-RALLYE-CLUB
A-5020 Salzburg, Friedensstraße 11
+43/662/216002, info@src.co.at, www.src.co.at
Präsident: Dr. Gert Pierer, +43/664/3003070, gert@pierer.org
Vizepräsident: Thomas Matzelberger,
+43/664/4236190, matzelberger@tmvb.at
Gründung 2002. Veranstaltung von Rallyes,
Bergrennen und anderen Events.

SCUDERIA AUTOSTORICHE SALISBURGO
Club automobiler Raritäten und Sportwagen-Salzburg
A-5020 Salzburg, Nonntaler Hauptstraße 1a
info@scuderia.co.at, www.scuderia.co.at
Präsident: Dr. Otmar Wacek. Mitglied beim ÖMVV.

Scuderia Autostoriche Salisburgo/SAS

STEYR PUCH CLUB SALZBURG/SPCS
A-5026 Salzburg, Geroldgasse 5
kontakt@steyrpuchclub.at, www.steyrpuchclub.at
Obmann: Viktor Allnoch, v.allnoch@aon.at
Gründung 1983. Große Sammlung von Prospekten von Puch-Fahrzeugen. Mitglied beim ÖMVV.

TRACTIONCLUB SALZBURG
A-5020 Salzburg, Kühbergstraße 31
+43/664/3427761
info@tractionclub-salzburg.com
www.tractionclub-salzburg.com
Obmann: Dr. Bernd Hofrichter. Gründung 1991.

VESPA CLUB FLACHGAU
A-5020 Salzburg, Süßmayerstraße 19/39
info@vespaclub-flachgau.com, www.vespaclub-flachgau.com
Obmann: Alexander Münch. Gründung 2004.

VESPA CLUB SALZBURG
A-5020 Salzburg, Stephan-Ludwig-Roth-Straße 18
vcsalzburg@vespaclub.at, www.vespaclub-salzburg.at
Obmann: Ing. Gerald Kocher. Gründung: 1996.

DER OLDTIMER GUIDE AUCH AUF WWW.OLDTIMER–GUIDE.AT

STEIERMARK

AMERICAN CAR CLUB GRAZ/ACCG
A-8045 Graz, Ursprungweg 70
info@accg.at, www.accg.at
Obmann: Stephan Friedl. Gründung 1990. Erhaltung klassischer US-Fahrzeuge, insbesondere von Muscle-Cars. Mitglied beim ÖMVV.

AUSSEERLAND MOTOR VETERANEN CLUB/AMVC
A-8990 Bad Aussee, Meranplatz 38
+43/664/4411956
christian.laubichler@gmx.at, www.amvc.at
Obmann: Günter Seebacher. Schriftführer: Christian Laubichler.
Gründung 1987. Mitglied beim ÖMVV.

CLASSIC-RALLYE-CLUB E.U.
A-8010 Graz, Körblergasse 65
+43/664/7947802
office@classic-rallye-club.at, www.classic-rallye-club.at
Ansprechpartner: Josef Prein.

CLUB LOTUS AUSTRIA – LOTUSFREUNDE AUSSEERLAND
A-8990 Bad Aussee, Pötschenstraße 11
+43/664/2144824, office@clublotus.at, www.clublotus.at
Präsident: Josef Loitzl. Gründung 1989, seit 2006 Sitz in Bad Aussee. Der Verein fördert ausschließlich die Pflege und Erhaltung von Fahrzeugen der Marke LOTUS.

DIE KURVENSCHNEIDERBANDE – OLDTIMERCLUB
A-8724 Spielberg, An der Ingering 28
club@vw-kaefergarage.at, www.vw-kaefergarage.at
Obmann: Clemens Reumüller.

DREILÄNDERECK OLDTIMERCLUB PINGGAU/D.O.C.P.
A-8243 Pinggau, Wiesenhöf 25a
+43/3339/23837, office@docp.at
www.pinggau.gv.at/Dreilaendereck-Oldtimerclub-Pinggau
Obmann: Herbert Stögerer. Gründung 1985.

ENDURO SENIOREN ÖSTERREICH/ESA
A-8822 Mühlen, +43/650/2750151
alfred@endurosenioren.at, www.endurosenioren.at
Präsident: Alfred Steinwidder.
ESA steht für klassischen Endurosport mit möglichst original-
getreuen Motorrädern.

ENNSTALER ZWOAZYLINDER
A-8940 Liezen, Hauptstraße 17a
+43/3612/25582
www.oecc.at/index.php/home/kontaktadressen
Ansprechpartner: Siegfried Brandmüller.

FREUNDE VOM OLDTIMERSTALL B 72 FEISTRITZTAL KOGLHOF E.V.
A-8191 Birkfeld, Weizer Straße 38
+43/664/1297619
office@oldtimer-b72.at, oldtimer-b72.at
Obmann: Bernhard Ebner. Gründung 1999.

GRAZER GELÄNDEWAGEN CLUB/GGWC
A-8054 Graz, Harterstraße 76
+43/664/9147885
office@ggwc.eu, www.ggwc.eu
Obmann: Hubert Ruff. Gründung 1981.

HATZENDORFER ENTENCLUB
A-8330 Gniebing 19, Gniebing 19
+43/664/3689132
www.oecc.at/index.php/home/kontaktadressen
Ansprechpartner: Heinz Neumann.

HISTORISCHER FAHRZEUG CLUB-ROTTENMANN/ HFC -ROTTENMANN
A-8786 Rottenmann
+43/699/18705433
michael.heiligenbrunner@rhi-ag.com, www.hfc-rottenmann.at
Obmann: Ing. Michael Heiligenbrunner.
Stellvertreter: DI Herbert Zraunig, h.zraunig@aon.at
Ehrenpräsident: Hanspeter Ploder, plo.historic@gmx.at
Gründung 1995. Offen für alle Oldtimerbesitzer.

KÄFERCLUB FÜRSTENFELD/KCF
A-8230 Fürstenfeld, Altenmarkt 21
+43/664/3346887
j.gotthard@vw-kaefer.at, vw-kaefer.at
Obmann: Johann Gotthard. Alle 2 Jahre internationale Veranstaltung. Jährlich 10 Stammtische, 3 Sonntagsausfahrten und
eine Pässefahrt zu Fronleichnam.

KÄFERFREUNDE LASSNITZHÖHE
A-8321 St. Marein bei Graz, Kocheregg 3
www.kfl.at.tt, Obmann: Franz Josef Brunnader.

KÄFERFREUNDE WEIZ
A-8160 Weiz, Kornweg 34
+43/664/4209224
blacky@kaeferfreunde-weiz.at, www.kaeferfreunde-weiz.at
Obmann: Reinhard Schwarz.

Die schönsten
Seiten des Autos

Dazu alle Klassiker-Preise: Markt-Notierungen von Alfa bis VW
148 Seiten! Im gut sortierten Zeitschriften-Handel!

Oder einfach ONLINE bestellen (€ 7,90 zzgl. Versand) auf:
www.shop.allesauto.at

Käferpower Aich-Assach

KÄFERPOWER AICH-ASSACH
A-8966 Aich-Assach, Mölltal 222
+43/664/2144062
vw@kaeferpower.at, www.kaeferpower.at
Obmann: Alfred Pichler.

KATSCHTAL-CLASSIC – VEREIN DER PUCH-FREUNDE
A-8842 St. Peter am Kammersberg, Peterdorf 11
katschtal-classic@peterdorf.at
www.katschtal-classic.com
Obmann: Heinz Lindbichler.

LEIBNITZER OLDTIMERCLUB/LOC
A-8434 Tillmitsch, Gruberweg 3
+43/677/61436334, +43/664/1844141
leibnitzer.oldtimerclub@gmail.com, www.loc.at.tt
Obmann: Heimo Aldrian, Obmann Stv.: Horst Videcnik
Gründung 1990, Mitglied beim ÖMVV.

Leibnitzer Oldtimerclub/LOC

MASERATI CLUB AUSTRIA
A-8680 Mürzzuschlag, Brahmsgasse 1
+43/664/4429017
praesident@maserati-club-austria.at
www.maserati-owners-club-austria.at
Präsident: DI Karl Deininger. Gründung 1985. Anfragen Club-
Veranstaltungen: schriftfuehrer@maserati-club-austria.at

MOTOR VETERANEN CLUB SÜD-OST GRAZ/MVCSO
A-8051 Graz, Wienerstraße 229/1/3
+43/660/2745988
info@mvc-graz.at, mvc-graz.at
Präsident: Ing. Wolfgang Zimmer, praesident@mvc-graz.at
Gründung 1970, Mitglied beim ÖMVV.

MOTORVETERANENCLUB MARIAZELL/ VMVC-MARIAZELL
A-8630 Mariazell, Ottokar Kernstock-Gasse 6
herwig@gmx.at
Obmann: Herwig Lehner. Gründung 1984.
Mitglied beim ÖMVV.

ÖGHK-STEIERMARK-OST
A-8200 Wünschendorf Nr. 190
+43/3112/6173
office@solar-cafe.at, www.austria-motor-veterans.at
Repräsentant: Gottfried Lagler, c/o Stammtisch Figaro.

OLDTIMER & CREATIV CAR CLUB LEOBEN/OCCCL
A-8753 Fohnsdorf, Kernstockgasse 24
info@occcl.at, www.occcl.at
Schriftführer: Alexander Maier. Gründung 1986. Kein Marken-
zwang, Schwerpunkt Nutzfahrzeuge, Veranstaltung von
Lkw-Treffen. Mitglied beim ÖMVV.

OLDTIMER & SPORTWAGEN CLUB OBERDORF/OSCO
A-8481 Weinberg, Siebing 48
+43/676/898933915
osco@aon.at, www.osco.at
Obmann: Thomas Gaube. Gründung 1998.

OLDTIMER CLUB HÜGELLAND
A-8323 St. Marein bei Graz, Krumegg 94
+43/664/3556887
info@huegellandclassic.at
www.huegellandclassic.at
Präsident: Ing. Franz Knauhs.
Präsident Stellvertreter: Helmut Knapp,
+43/664/2618188.

OLDTIMERCLUB WARTBERG/OC WARTBERG
A-8661 Wartberg im Mürztal, Berghaussiedlung 20
+43/699/16008960
mi.hartl@aon.at, www.oldtimerclub-wartberg.at
Obmann: Michael Hartl. Gründung 1997. Mitglied beim ÖMVV.

OLDTIMERCLUB WEIZKLAMM
A-8160 Weiz, Krottendorfer Hauptstraße 22
+43/664/2422272
erwin.piber@utanet.at, www.oldtimer-weiz.at
Obmann: Erwin Piber, pibererw@utanet.at
Gründung 1999. Fahrzeuge von A – Z (Autos bis Zeppelin)
werden aufgenommen.

OLDTIMERFAHRER STUBENBERG AM SEE
(OLDIEFOHRA STUBENBERG AM SEE)
A-8223 Freienberg, Freienberg 29
+43/3176/8553
office@oldi-stubenbergsee.at
www.oldiefohra-stubenbergsee.at
Obmann: Johann Greisdorfer.

OLDTIMERFREUNDE AUS DEM ALMENLAND
A-8163 Fladnitz an der Teichalm
Zustellanschrift: A-8162 Hohenau an der Raab, Hohenau 5
+43/3179/23373
Obmann: Johann Fröhlich. Gründung 2000.

OLDTIMERFREUNDE ST. JOHANN I.D. HAIDE/OFSTJ
A-8230 Hartberg, Unterlungitz 7
+43/664/1508568
obmann@oldtimerfreunde-sankt-johann-in-der-haide.at
www.oldtimerfreunde-sankt-johann-in-der-haide.at
Obmann: Helmut Haidwagner. Gründung 1999.

ÖSTERREICHISCHER ROVER CLUB/ÖRC
A-8280 Fürstenfeld, Kommendegasse 5
office@roverclub.at
www.roverclub.at
Obmann: DI Thomas Paradeiser, praesident@roverclub.at
Obmann Stv.: Andreas Geldner, vizepraesident@roverclub.at
Erfassung, Pflege und Erhaltung von Fahrzeugen der Marke
Rover. Mitglied beim ÖMVV.

PRUMI-OLDIECLUB
A-8965 Michaelerberg-Pruggern, Pruggererberg 172
+43/681/10502109
obmann@prumi-oldieclub.at
www.prumi-oldieclub.at
Obmann: Harald Gruber. Gründung 2012.

Prumi-Oldieclub

SCHRAUBERSCHUPPEN FEISTRITZ/SSF
A-8715 Feistritz, Hadlerweg 1
+43/664/4353254
+43/3512/71998
hawall@utanet.at, Mag. Harald Wallenko.
Gründung 1998. Offen für alle und alles im Zusammenhang mit
historischen Fahrzeugen.

STEIRISCHER OLDTIMER- UND
GELÄNDEWAGENCLUB/STOGC
A-8073 Feldkirchen, Triester Straße 162
+43/316/295260
+43/699/10302759
werner.zeschko@gmx.at
www.stogc.at
Obmann: Werner Zeschko.
Gründung 1980. Mitglied beim ÖMVV.

TROFAIACHER WUSCHLANTN
A-8793 Trofaiach, Sonnleiten 2
+43/664/1838557, hallo@entfaltedich.com
www.oecc.at/index.php/home/kontaktadressen
Kontaktpersonen: Sue und Michi Horner. Gründung 1988.

VEREIN STEIRISCHER OLDTIMER-FREUNDE/STOF
A-8045 Graz, Schleppbahngasse 2
+43/650/3930224, office@stof.at, www.stof.at
Präsident: Herbert Schinnerl.
Zustelladresse: c/o A-8072 Fernitz, Robert-Stolz-Straße 8
Mitglied beim ÖMVV.

VESPA-CLUB GRAZ-UMGEBUNG/VCGU
A-8046 Stattegg, Birkenweg 5
office@vc-gu.at, www.vc-gu.at
Obmann: Gert Pichelbauer. Gründung 2002.

VW KÄFERCLUB GAAL
A-8731 Gaal, Ingering II/4
+43/3513/8822
kaeferclub@gmx.at
www.kaefermuseum.at
Obmann: Arnold Kravanja.
info@kaefermuseum.at, www.gaalerhof.at

WESTSTEIRISCHER OLDTIMER-CLUB/WOC
A-8541 Schwanberg, Kalkgrub 146
+43/650/3209056
office@woc.or.at, www.woc.or.at
Obmann: Martin Kollmann, Schriftführung: Anneliese Pühringer.
Gründung 1989. Ziel ist die Erhaltung der historischen Fahrzeuge in straßentauglichem Zustand.

TIROL

1. ALFA ROMEO CLUB TIROL/ARCT
A-6130 Schwaz, Lergetporerstraße 2
+43/660/2346958,
nfo@alfaclub-tirol.at
Obmann: Elmar Schmied, xjr1@gmx.at

ARLBERGER MOTOR-VETERANEN-CLUB
A-6580 St. Anton am Arlberg, Dorfstraße 11
+43/5446/2553-0
st.anton@hotel-alte-post.at
www.hotel-alte-post.at

AUSTIN HEALEY CLUB AUSTRIA/AHCA
A-6235 Reith im Alpbachtal, Dorf 3
+43/664/3002782
club@ahca.at
www.ahca.at
Präsident: Hans Rieser. Gründung 1977.
Clubbeauftragte Bundesländer:
• Wien & Umgebung: Gerhard Janik +43/664/3846218,
  Spezialist in technischen Fragen: Ingo Jurjevec
  +43/664/4026114
• Steiermark: DI Helmuth Schoklitsch +43/664/3942313,
  Ing. Horst Guggemos +43/664/5217721
• Vorarlberg: Fritz Schenk +43/664/2203467
• Kärnten: Peter Herzog +43/676/6152354
• Oberösterreich & Salzburg: Peter Rieser +43/664/3002782
Kümmern sich um die Pflege und Erhaltung der Marke Austin Healey und pflegen aktiv Kontakte und Kooperationen mit sämtlichen Healey-Clubs auf der ganzen Welt.
Mitglied beim ÖMVV.

CARLO ABARTH FOUNDATION
A-6370 Reith bei Kitzbühel, Hallerndorf 7
+39/3499/472956
club@abarth-online.com, www.carlo-abarth-foundation.com
Präsidentin: Anneliese Abarth.

KÄFERTRETER OBERGRICHT – VEREIN FÜR GESELLIGKEIT, SPORT UND INTERESSENS-AUSTAUSCH DER VW-KÄFER-LIEBHABER
A-6541 Tösens, Übersachsen 126
+43/650/5731303, +43/664/2021719
kto@telering.at, www.kaefertreter.com
Ansprechpartner: Egon Zegg, Manfred Zegg.

Käfertreter Obergricht

MG OWNERS CLUB AUSTRIA/MGOC – STAMMTISCH TIROL
Leitung: Gabi Huber-Hruschka,
+43/699/10329566
huber.hruschka@gmail.com, www.mgoc.at/stammtische.html
Stammtischtreffen nach Vereinbarung – ab 19:00 Uhr.
Gründung 1985. Der MG-Owners Club Austria – MGOC – hat den Ruf als sehr aktiver Club ein reges Clubleben zu pflegen und auch für alle aktuellen MG-Fahrzeuge offen zu sein.

MSC WIPPTAL
A-6143 Pfons/Matrei, Pfons 3
www.msc-wipptal.at
Ansprechpartner: Roman Kettner. Gründung 1975.

OLDTIMER & CABRIO CLUB KUFSTEIN/OCCK
A-6330 Kufstein, Alois-Hasenkopfstraße 14
+43/660/7865937
www.kufstein.gv.at/Oldtimer_Cabrio_Club_Kufstein
Obmann: Robert Stolzer. Gründung 1990. Mitglied beim ÖMVV.

OLDTIMER CLUB ÖTZTAL/OCÖ
A-6441 Umhausen, Gewerbegebiet Vorderes Ötztal 2
+43/664/8214650
Oldtimer.gerhard@steintec.at
www.oetztal-classic.at
Präsident: Gerhard Holzknecht
Schriftführerin: Claudia Holzknecht
oldtimer.claudia@steintec.at
Mitglied beim ÖMVV.

OLDTIMERCLUB INNSBRUCK/OCI
A-6020 Innsbruck, Egger-Lienz-Straße 2
+43/512/585666
office@oldtimerclub.at
www.oldtimerclub.at
Obmann: Erich Pedit. Mitglied beim ÖMVV.

Oldtimerclub Innsbruck/OCI

OLDTIMERCLUB INZING
A-6401 Inzing, Kohlstatt 36
info@oldtimerclub-inzing.at
www.oldtimerclub-inzing.at
Obmann: Fabian Schatz.

OLDTIMERCLUB ÖAMTC TIROL
A-6020 Innsbruck, Andechsstraße 81
+43/664/8260016, info@ocot.at, www.ocot.at
Obmann: Christoph Schlenck. Mitglied beim ÖMVV.

OLDTIMERCLUB ZILLERTAL/TIROL/OCZ
A-6232 Münster, Zaussach 250
+46/664/5956195
admin@oldtimerclub-zillertal.at
www.oldtimerclub-zillertal.at
Obmann: Otto Hirner, ohirner@yahoo.de. Gründung 1988.

OSCHTIROLER DÖSCHIFOARA
A-9900 Lienz, Kreuzgasse 6
+43/676/5285590, michael.gassler@gmx.net
www.oecc.at/index.php/home/kontaktadressen
Obmann: Michael Gassler. Gründung 1988.

POWERLADIES – US-CAR FREUNDE TIROL
A-6020 Innsbruck, Schneeburggasse 9
+43/664/3827030, +43/676/4641014
office@powerladies.at, www.powerladies.at
1. Obfrau: Evi Buratti, evi@powerladies.at
2. Obfrau: Sonja Buratti, sonja@powerladies.at

Powerladies – US-Car Freunde Tirol

VESPA CLUB AUSSERFERN – „DIE ROLLER"
A-6600 Reutte, Kaiser-Lothar-Straße 35
www.dieroller.com
Obmann: Anton Pfanner. Gründung 2004.

ZWOAH ZEH VAU CLUB LONDEGG
A-6500 Landeck, Urtelweg 2a
+43/5442/63829, +43/664/8321431
www.oecc.at/index.php/home/kontaktadressen
Ansprechpartner: Franz-Josef Gufler.

BURNING WHEELS US-CAR CLUB AUSTRIA – DIVISION WEST
A-6972 Fußach, Teichweg 14 (Club-Haus)
+43/664/2727945
info.burningwheels@gmail.com, burning-wheels.eu
Obmann: Helmut Bernhard. Gründung 1997.

FEUERWEHR-OLDTIMER-VEREIN HARD
A-6971 Hard, Bommenweg 1
+43/664/4521570
wilfried.mager@tmt.at, www.feuerwehr-oldtimer-hard.at
Obmann: Wilfried Mager, Obmann Stv.: Wolfgang Kinz.
Vereinscredo: Wir retten die Vergangenheit in die Zukunft!
RETTEN – vor dem Verfall, BERGEN – aus der Vergangenheit,
SCHÜTZEN – für die Zukunft.

MG DRIVERS CLUB VORARLBERG/MGDCV
A-6850 Dornbirn, Stiglingen 5
vorstand@mgdcv.at, www.mgdcv.at
Obmann: Herbert Fohgrub.

MOTORSPORT MAD MINIS VORARLBERG
A-6844 Altach, Schäflestraße 2
office@madminis.at, www.madminis.at
Obmann: Silvano Berthold. Gründung 1999.

MOTORSPORTCLUB WEILER
A-6837 Weiler, Haldenstraße 22
club@msc-weiler.at, msc-weiler.at
Obmann: Rainer Bickel.
Spaß am Motorradfahren mit Oldtimern, Cross, Enduros,
Harleys – Hauptsache zwei Räder.

Motorsportclub Weiler

OLDIE SCHEUNE DORNBIRN
A-6850 Dornbirn, Gutenbergstraße 10
+43/664/4413531
burkhard.fussenegger@aon.at, www.oldiescheune.at
Ansprechpartner: Burkhard Fussenegger-von der Thannen.
Gründung 1995. Veranstaltungen und Ausfahrten, Interessen-
gemeinschaft für die schönsten Oldieveranstaltungen der
Region, die Oldtimer-Begeisterten zur Verfügung stehen.

Oldie-Scheune Dornbirn

OLDTIMER & RARITÄTEN CLUB VORARLBERG
A-6923 Lauterach, Achsiedlung 11
+43/676/83036501, orcv@aon.at
www.orcv.at
Obmann: Andreas Schwei, Obmann Stv.: Tizian Karl Ballweber.

OLDTIMERCLUB LUSTENAU
A-6890 Lustenau, Rasis Bünd 5
+43/650/7788046
oldtimerclub-lustenau@gmx.at
www.oldtimerclub-lustenau.at
Obmann: Herbert Kremmel.

PUCHFREUNDE-BREGENZ
A-6900 Bregenz
gaby.nuck@gmx.at, www.puchfreunde-bregenz.com
Ansprechperson: Jochen Nuck.
Adresse Clublokal: Michis Café
6923 Lauterach, Alte Landstraße 1.

S'LÄNDLE ÄNTLE
A-6840 Götzis, Hans Berchtold Straße 24a
+43/664/3405562
thomasklas@gmx.at, slaendle-aentle.webador.at
Ansprechpartner: Thomas Klas.

TEAM V8
A-6812 Meiningen, Schweizerstraße 10H
www.team-v8.at

US-CAR FRIENDS RHEINTAL
A-6824 Schlins, Walgaustraße 24-26/5
+43/664/3460861, info@us-car-friends-rheintal.at
Obmann: Adrian Holzer, adrian.holzer@vol.at

VESPA & LAMBRETTA CLUB VORARLBERG
A-6840 Götzis, Marktstraße 6 (c/o Firma Baldauf)
info@vespa-lambretta.org, vespa-lambretta.org
Obmann: Michael „Mike" Barbisch. Gründung 2005.

VOLVO CAR CLUB BODENSEE
A-6850 Dornbirn, Primelweg 4
+43/664/88343795
office@volvoclub-bodensee.org, www.volvoclub-bodensee.org
Präsident: Thomas Niedermair, info@volvoclub-bodensee.org
Gründung: 1999.

VORARLBERGER MOTOR-VETERANEN CLUB/VMVC
A-6800 Feldkirch, Alter Kirchweg 21a
+43/664/1825813, info@vmvc.at, www.vmvc.at
Obmann: Wolfgang Juri; Schriftführerin: Gabi Mayer,
office@vmvc.at; Mitglied beim ÖMVV.

Vorarlberger Motor Veteranen Club/V

VW-KÄFER CLUB VORARLBERG
A-6845 Hohenems, Herrenriedsiedlung 9
+43/222/6033766, +43/5576/78916
Ansprechpartner: M. Aberer.

VW-MANIA VORARLBERG
A-6934 Thal bei Sulzberg, Hagen 61
office@vw-mania.at, www.vw-mania.at
Ansprechpartner: Wolfgang Kresser. Gründung 2002.

TECHNIK MACHT FREUDE

SCHENKEN SIE EIN STÜCK TECHNIKGESCHICHTE!
Die Objektpatenschaft bietet exklusive Vorteile und hilft, Kulturerbe zu bewahren.

SCHENKEN SIE EIN JAHR VOLLER AHA-ERLEBNISSE MIT EINEM PERSÖNLICHEN GUTSCHEIN.
Die Jahreskarte ermöglicht Ihnen spannende Erkundungen auf rund 22.000 m^2.

www.technischesmuseum.at/technik_schenken

MOTORRAD MUSEEN

MUSEEN

WIEN

FEUERWEHRMUSEUM

A-1010 Wien, Merkleinsches Haus, Am Hof 7
+43/1/53199-51507
wien.gv.at/menschen/sicherheit/feuerwehr/museum
Im vom Architekten Hildebrandt geplanten Merkleinschen Haus, das sich vom Tiefen Graben bis zum Platz am Hof erstreckt, befindet sich das Feuerwehrmuseum Wien. Die mehr als drei Jahrhunderte alte Geschichte der Berufsfeuerwehr der Stadt Wien wird in acht Schauräumen gezeigt. Historische Uniformen, Geräte, Fotos, Gemälde und Dokumente stellen die Entwicklung von den mittelalterlichen Futterknechten mit ihren Holzkastenspritzen bis zum heutigen Einsatzpersonal mit moderner Schutzausrüstung und Hightech-Equipment dar. Ebenfalls beleuchtet werden auch die tragischen Ereignisse aus der Geschichte der Wiener Feuerwehr, wie zum Beispiel der Brand des Ringtheaters, der Brand der Rotunde oder des Justizpalastes. Das Schaudepot der historischen Fahrzeuge befindet sich in der Hauptfeuerwache Floridsdorf und der Bestand reicht vom Pferdewagen über das erste automobile Löschfahrzeug von 1903 bis zu Fahrzeugen der 1970er-Jahre. Für eine Besichtigung ist eine telefonische Terminvereinbarung notwendig.

HEERESGESCHICHTLICHES MUSEUM
MILITÄRHISTORISCHES INSTITUT

A-1030 Wien, Ghegastraße, Arsenal, Objekt 1
+43/5020110-60 301
contact@hgm.at, www.hgm.at
Im ältesten Museumsbau der Stadt Wien wird Österreichs vielseitige Militär- und Marinegeschichte gezeigt. Viele interessante Ausstellungsobjekte machen den Besuch zu einer Reise durch die

Heeresgeschichtliches Museum

Zeit – vom Ende des 16. Jahrhunderts bis zum Schicksal Österreichs 1945. Das Original-Automobil Gräf & Stift, in dem der Thronfolger Erzherzog Franz Ferdinand in Sarajevo erschossen

wurde, gehört zu den Highlights der ausgestellten Exponate. Jedes Jahr gibt es Sonderausstellungen, sodass auch mehrmalige Besuche interessant sind.

KAISERLICHE WAGENBURG WIEN
SCHLOSS SCHÖNBRUNN

A-1130 Wien, Schloss Schönbrunn
+43/1/52524-4702
info.wb@khm.at, www.kaiserliche-wagenburg.at
In der Wagenburg in Schönbrunn, die zum Kunsthistorischen Museum gehört, sind die Fahrzeuge und Kutschen der österreichischen Kaiser ausgestellt – es ist der Kernbestand des einstigen Fuhrparks des Wiener Hofes. Auch Fahrzeuge ehemaliger

Kaiserliche Wagenburg Schloss Schönbrunn

Adelsfamilien, die das Privileg besaßen, in der Hofburg vorzufahren, sind vorhanden. Unter anderem gibt es den „Sisi-Pfad", der den Lebensweg der berühmten Kaiserin Elisabeth anhand ihrer Fahrzeuge von der Hochzeit bis zum Tod zeigt. Geschichte ist allgegenwärtig in der Wagenburg Schloss Schönbrunn.

MOTORROLLDIE –
PRIVATES MOTORRADMUSEUM

A-1120 Wien, Erlgasse 35
+43/664/3256619, +43/664/4300609
office@motorrolldie.at, www.motorrolldie.at
Alexander und Christian Wolfsberger haben im Jahr 2000 begonnen, an einem Motorrad zu schrauben und es zu restaurieren – von sammeln war noch keine Rede. Einige Motorräder wurden vor

Motorrolldie – Privates Motorradmuseum

dem Verschrotten bewahrt, und so begann die Sammlerleidenschaft der beiden. Somit wurde 2006 die kleine, aber feine Ausstellung gegründet und Motorrolldie zeigt Motorräder von 1932 bis 1978 der Marken Adler, Puch, HMW, Lohner, Vespa und weiterer Marken. Vieles, was das Herz eines Liebhabers von Oldies auf zwei Rädern höherschlagen lässt, ist hier zu sehen.

PRIVATE BORGWARD SAMMLUNG WÜRNSCHIMMEL WIEN ING. GERHARD WÜRNSCHIMMEL

A-1140 Wien, Penzingerstraße 17
+43/1/8692270, +43/664/4118893
wuernschimmel@borgward.org, www.borgward.org
Wenn man Raritäten von Borgward, Goliath, Hansa und Lloyd sucht – hier in der Privatsammlung von Ingenieur Würnschimmel ist man richtig. Auf der Homepage gibt es zum Beispiel wahre Schätze von technischen Informationen dieser Marken: Schaltpläne, Schmierpläne und auch diverse Fehlersuch-Infos sind zu finden. Auch ein Verleih der Fahrzeuge für Film, Werbung oder private Zwecke wie Hochzeit oder Jubiläum ist möglich.

TECHNISCHES MUSEUM WIEN MIT ÖSTERREICHISCHER MEDIATHEK

A-1140 Wien, Mariahilfer Straße 212
Tel.: +43/1/899 98-0
museumsbox@tmw.at, information@tmw.at
www.technischesmuseum.at
Das Technische Museum Wien bietet rasante Einblicke in die Welt der Technik. Einzigartige historische Exponate, aktuelle Innovationen und viele interaktive Stationen machen Technikgeschichte erlebbar. Die Mobilitätsabteilung des Museums vermittelt anhand von Originalen und Modellen einen Einblick in die Schiff- und Luftfahrt sowie in die Entwicklung von Eisenbahn und Straßenfahrzeugen. Zu den Highlights zählen die Dampflok 12.10, der Hofsalonwagen der Kaiserin Elisabeth, der Pferdeeisenbahnwagen Hannibal oder die Etrich-Taube. Der Schwerpunkt im Bereich Straßenfahrzeuge liegt auf Automobilen und Motorräder österreichischer Herkunft – ausgestellt sind Raritäten wie der Lohner-Porsche mit Elektroantrieb aus dem Jahr 1900, der originale Marcuswagen sowie der Mercedes W 196 „Silberpfeil". Der Wagen mit der auffälligen Stromlinienkarosserie erreichte eine Höchstgeschwindigkeit von 280 km/h. Stirling Moss siegte mit diesem Wagen beim Großen Preis von England 1955.

AUTOMUSEUM TAF-TIMER

A-9500 Villach, Udine Straße 43
+43/664/7806600
gerald.taferner@speed.at, info@automuseum-villach.at
www.automuseum-villach.at
Im Automuseum TAF-TIMER in Villach können auf über 4.000 m² mehr als 250 historische, limitierte und aktuelle Fahrzeuge bewundert werden – vom Mercedes Evo2 zum Chevrolet C10 bis hin zu seltenen Oldtimern. Es stellt ein ideales Ausflugsziel für alle Technik- und Autofans dar. Auch das neu gestaltete Motorradmuseum auf 2 Etagen mit zahlreichen Exponaten lädt zu einem Besuch ein.

GERHARD PORSCHE AUTOMUSEUM

A-9361 St. Salvator bei Friesach, Marktplatz 6
+43/4268/20100
info@das-salvator.at
www.das-salvator.at/automuseum
Ein Gasthof – ein hochwertiges Landhotel – ein Museum – ein Genuss! Das Herzstück des Automuseums ist eine Privatsammlung von Gerhard Porsche, wo PS-Leckerbissen auf den Besucher warten – Automobile aus den Jahren 1900 bis 1970, wie zum Beispiel Rolls Royce, Porsche und Bentley. Auch eine einzigartige

Gerhard Porsche Automuseum

Vespa- und Motorradsammlung und der Prototyp des letzten flugtauglichen D3-Flugzeugs Albatros sind zu bewundern. Seit 2016 gibt es einen neuen Gebäudetrakt mit viel Platz für zeitgenössische PS-Schönheiten, wo auch der originale Rennporsche 906 von Jochen Rindt seinen Platz gefunden hat. Auf alle Fälle ist eine Besichtigung empfehlenswert.

MOTORRAD- & BAUERNKRAMMUSEUM
BAD EISENKAPPEL

A-9135 Bad Eisenkappel, Ebriach 82
+43/4238/543, +43/664/1838666
office@zum-florian.at

Nach vorheriger Anmeldung werden in den einstigen Stallungen der ehemaligen Buschenschenke „Zum Florian" die Herzen von Motorrad-Liebhaber höherschlagen. Es gibt Nostalgie zum Anfassen: Die beinahe 100 Jahre alten Motorräder, die voll funktionsfähig sind, haben in den alten Stallungen einen Ehrenplatz gefunden. Neben den Motorrädern von 1910 – 1945 wie z. B.: Max Borges Beiwagen, Harley Davidson aus 1947, Puch 250 T 1929, Horex SB 35 1939 wird man auch zurückversetzt in den Alltag vor 100 Jahren in und um Bad Eisenkappel. Somit eindeutig ein Museum für die ganze Familie.

PORSCHE AUTOMUSEUM HELMUT PFEIFHOFER

A-9853 Gmünd, Riesertratte 4a
+43/4732/2471
info@auto-museum.at, www.auto-museum.at

Ferdinand Porsche war genialer Geist und Wegbereiter der Marke Porsche vom Beginn des 2. Weltkriegs bis heute. Dieses Museum ist das einzige private Porschemuseum in Europa. Hier wird man

Porsche Automuseum Helmut Pfeifhofer

in die Welt von Porsche über die ersten Konstruktionen, Austro-Daimler, Steyr und Volkswagen bis hin zu Porsche als Seriensieger auf allen Rennstrecken und Straßen dieser Welt eingeführt.

Der ganze Stolz der Sammlung ist ein Porsche aus der allerersten „Gmündner Serie" mit handgehämmerter Alukarosserie. In Sonderausstellungen gibt es immer wieder Exponate aus dem Porsche Werksmuseum in Stuttgart zu sehen. Im Jahr 2001 hat Sohn Christoph diese einmalige Privatsammlung übernommen und erweitert diese mit seltenen Rennwagen – die auch bei historischen Rennen eingesetzt werden.

TECHNIKMUSEUM HISTORAMA FERLACH

A-9170 Ferlach, Auengasse 27
+43/664/5301933
office@nostalgiebahn.at, www.nostalgiebahn.at

Kärnten ist in Sachen Nostalgie ein sehr reger Flecken in Österreich. Von bescheidenen Anfängen mit 300 m² im Jahr 1993 auf mittlerweile 4.700 m² angewachsen, wurde das zweitgrößte österreichische Technikmuseum geschaffen. Man taucht in die

Technikmuseum Historama Ferlach

Welt des Verkehrs von anno dazumal ein! Die „Nostalgiebahnen in Kärnten" bieten ein umfassendes Programm an: Museumsbahnen, Nostalgieschifffahrten am Wörthersee, Oldtimerbusflotten etc. Schwerpunkt sind neben einer Sammlung von Feuerwehrfahrzeugen, Fahrrädern und Eisenbahnen auch Motorräder und Automobile. Unter anderem steht hier das älteste Fahrzeug Kärntens, ein „Bohrer" Baujahr 1901.

NIEDERÖSTERREICH

AUTOMOBIL- UND MOTORRADMUSEUM AUSTRIA,
DR. JACKOB BARNEA

A-2440 Gramatneusiedl, Heinrich-Löri-Gasse 1
+43/664/1010300
museum@oldtimertreff.com, office@oldtimertreff.com
www.oldtimertreff.com/museum

Auf 12.000 m² können Automobilbesonderheiten bewundert

Automobil- und Motorradmuseum Austria, Dr. Jackob Barnea

werden. Von Sport- und Exklusivmodellen, z. B. Cadillac Modell 1908 und 1907, von Kleinwagen bis hin zu Rollern und Dreirädern ist fast alles vertreten. Auch der älteste Steyr Typ II hat hier eine Heimat gefunden. Eine kleine Militaria Ausstellung, eine Autowerkstatt anno 1946 und ein Oldtimer-Archiv runden das Angebot ab. Es besteht auch die Möglichkeit, sowohl exklusive ältere Hochzeitslimousinen, Oldtimer und Sportwagen anzumieten als auch VIP Events, Geburtstags- oder Hochzeitsservice zu buchen.

AUTOMOBILMUSEUM ASPANG
DR. PETER DIRNBACHER
A-2870 Aspang Markt, Marienplatz 3a
+43/676/7654715, +43/2642/5230317
office@automobilmuseum.at, www.automobilmuseum.at
Auf einer Fläche von 2.500 m² sind Fahrzeuge der Jahre 1888 bis 1972 ausgestellt, die von der Automobilgeschichte erzählen. Mit

Automobilmuseum Aspang Dr. Peter Dirnbacher

120 Automobilen ist es zahlenmäßig gesehen die zweitgrößte öffentlich zugängliche Sammlung von Oldtimern in Österreich. Im Museum stehen edle Morgans, Bentleys, Karossen von Gräf & Stift, auch Marken wie Jaguar und Porsche gehören natürlich zum Repertoire. Einige echte „Kultautos" sind ebenso zu bestau-

nen – wie etwa der Austro Kaimann Formel Super V und noch einiges mehr. Ein 120 Seiten umfassender, wunderschön bebildeter Katalog zeigt vortrefflich die „Bestandsaufnahme" der Ausstellung.

CHRISTINE & RUPERT'S
BIKE-OLDTIMER-MUSEUM

A-2002 Großmugl, Steinabrunn 30 und 37
+43/2268/6429, +43/664/5920462
rc-museum.jimdofree.com
Dieses private Motorradmuseum zeigt Motorräder ab 1928 bis in die Jetztzeit unter dem Motto des Gründers Rupert Pissecker „von alt bis neu". Derzeit sind ungefähr vierzig restaurierte Maschinen zu sehen, und zirka 15 noch zu restaurierende Schaustücke sind vorhanden. Highlights sind eine JAWA Rumpal 1930 sowie Triumph und Puch Motorräder aus dieser Epoche und auch seltene Beiwagenmaschinen sind zu bewundern. Auch das Generations-Schätze-Museum – das viel Allerlei aus vergangener Zeit zeigt, ist sehenswert.

CLASSIC IN MOTION BMW-GLAS-TATRA-STEYR,
SCHAUSAMMLUNG KURT SEIDLER
A-2512 Oeynhausen, Richard Redlinger Straße 53
+43/664/3300186
kurt.seidler@sefra.at, www.classicinmotion.at
Diese umfangreiche Schausammlung von Kurt Seidler ist für alle an der Entwicklung und den Fortschritt in der Fahrzeugtechnik Interessierten ein echtes „Muss", um den eigenen Wissensdurst zu befriedigen. Das Motto: 1, 2, 4, 6, 8, 12 Zylinder aus 8 Jahrzehnten für 2, 4 und 6 Räder. Nach telefonischer Vereinbarung können

Classic in Motion BMW-Glas-Tatra-Steyr, Schausammlung Kurt Seidler

die reichhaltigen BMW-Reihen und vieles mehr besichtigt werden, und die Geschichten rund um das Suchen und Finden der Fahrzeuge geben sicher interessante Einblicke in das Lebenswerk von Kurt Seidler.

DAMPFMASCHINEN MUSEUM

A-2285 Breitstetten, Leopoldsdorferstraße 18
+43/664/9185192
balkandampf@hotmail.com
www.dampfmaschinen-museum.at
Von Günter Prazda werden Dampfmaschinen aller Art restauriert, gepflegt, gesammelt und im Museum und vor allem auch auf dem Freigelände ausgestellt. Die Hofmeister Kleindampfmaschine aus dem Jahr 1900, aus dem Jahr 1897 die Altmann Berlin Kleindampfmaschine und noch vieles mehr dieser alten Technologien können hier bestaunt werden.

ERSTES ÖSTERREICHISCHES MOTORRADMUSEUM – SAMMLUNG EHN

A-3751 Sigmundsherberg, Kleinmeiseldorferstraße 8
+43/676/9605602
motorradmuseum@gmx.at, www.motorradmuseum.at
Dieses Motorradmuseum war das erste Museum dieser Art in Österreich. Es hatte bis zu seiner Gründung im Jahr 1980 nichts Vergleichbares gegeben. Es schuf der Kultur des Motorrades eine würdige Heimstätte. Die vielfältigen Arten der Motorräder und seiner nächsten Verwandten, vom Fahrrad übers Moped bis zum Rollermobil, werden in ihrer zeitgeschichtlichen Bedeutung dargestellt, von der Technik bis zum gesellschaftlichen und sozialen

Erstes Österreichisches Motorradmuseum – Sammlung Ehn

Umfeld. Die Ausstellung zeichnet den Weg des Motorrades als Freund und Weggefährte des Menschen von Anbeginn bis zur Jetztzeit nach. Den Grundstein der Sammlung legte Friedrich Ehn, ein gebürtiger Wiener, der seit dem Jahr 1962 Motorräder sammelte. Es war dies jene Zeit, als Motorräder aus dem Verkehrsbild der Zeit verschwanden und damit ein Stück Nachkriegsgeschichte zu Ende ging. Dieses einzigartige Museum ist

ein Ort der Begegnung von Vergangenheit, Gegenwart und Zukunft. Ziel des Museums ist es, den endlichen Dingen, zu denen natürlich auch Motorräder gehören, einen Hauch von Zeitlosigkeit zu geben und der Nachwelt zu erhalten. Museumsbesuch ausschließlich nach Voranmeldung.

FAMILIE FEHRS OLDTIMER MUSEUM

A-2700 Wiener Neustadt, Stadionstraße 36a
+43/2622 / 28411, www.fehrsclassiccars.at
Wiener Neustadt ist um eine Attraktion reicher. Das neue Oldtimermuseum von Friedrich und Ronald Fehr, die seit 30 Jahren Oldtimer sammeln, lässt die Herzen von Classic Cars Liebhabern höherschlagen. Hier zeigen sich auf zwei Etagen hochkarätige Klassiker. Oldtimer, die Lust auf eine Landpartie machen: Extra-

Familie Fehrs Oldtimer Museum

vagante Unikate und ästhetische Technik harmonieren im neuen Oldtimermuseum in einzigartiger Weise. Gäste, die sich bei einer kühlen Erfrischung, einem genussvollen Kaffee oder einem saftigen Steak nach Schweizer Art von der Magie der Roadstars überzeugen möchten, haben die Gelegenheit, es vom Restaurant aus zu tun. Aus dieser Perspektive kommen die eleganten Old-Boys besonders gut zur Geltung, denn sie werden gekonnt ins rechte Licht gesetzt. Restaurant und Ausstellungsraum sind durch eine Glasscheibe getrennt, sodass die Besucher den besten Blick auf die edlen, mondän beleuchteten Fahrzeuge haben.

FEUERWEHRMUSEUM GARS

A-3571 Gars am Kamp, Schillerstraße 520
+43/664/5961487, anton.mueck@gmx.at
www.feuerwehrmuseum.gars.at
Das Feuerwehrmuseum Gars brennt für die Idee, historische Feuerwehrausrüstung vor dem Verfall zu retten. Kernstücke des Museums sind die alten restaurierten Kraftfahrzeuge, darunter

ein Mercedes L 1500S aus dem Jahre 1941, das TLF Mercedes 1113 aus 1968 und auch das TLF Opel Blitz der Stadtfeuerwehr Poysdorf aus dem Jahr 1942. Neben einigen Raritäten bietet das Museum auch laufend Sonderausstellungen.

GOLFSRUDEL-MUSEUM

A-2000 Stockerau, Wiesenerstraße 3
+43/664/2424507
juza.josef@golfsrudel.at, golfsrudel.at
Der älteste VW Golf, der VW Golf mit 1.000.000 Kilometern am Buckel – über 80 Fahrzeuge, 2.000 Modellautos und rund 10.000 Artikel über VW und den VW Golf findet man auf ca. 1.300 Quadratmetern im Golfsrudel Museum. Josef Juza hat sehr viel Zeit und Mühe in das Museum gesteckt und für alle Golfbegeisterte wird der Besuch zum Erlebnis.

Golfsrudel-Museum

HISTORISCHE KRAFTFAHRZEUGE –
HAUSBERGER MUSEUM

A-2734 Puchberg am Schneeberg, Vierlehengasse 4
+43/699/10520218
der170er@aon.at, www.historische-kfz.at
Inhaber: Leonhard Hausberger
Die Familie Hausberger ist Fan der Marke Mercedes, daher liegt

Historische Kraftfahrzeuge – Hausberger Museum

auch das Hauptaugenmerk im eigenen Museum auf dieser Edelmarke mit Tradition. Die Ausstellungsfläche umfasst ungefähr 300 m², und das älteste Fahrzeug stammt aus dem Jahre 1924. Das Museum beherbergt mittlerweile die weltgrößte Mercedes 170er Sammlung, aber auch andere seltene Fahrzeuge von Daimler Benz. Besichtigung nach telefonischer Vereinbarung. Das Museum ist vorwiegend dem Mercedes Typ 170 gewidmet. Vom 1938-er Heckmotorwagen bis zum Mercedes 170 S aus 1953 sind alle Modelle und auch Sondermodelle ausgestellt. Der Hausherr hat mit seinen handwerklichen Fähigkeiten, seinem umfangreichen Fachwissen und Netzwerk in der Branche schon einige Wunderwerke der Ingenieurskunst wieder auferstehen lassen.

KOLLER OLDTIMERMUSEUM –
AUSSTELLUNGSZENTRUM HELDENBERG

A-3704 Kleinwetzdorf, Wimpffen-Gasse 5
+43/2956/81240
oldtimer@rudolf-koller.com, museum.rkoller.com
In der großzügig und liebevoll gestalteten Ausstellungshalle Heldenberg werden über 135 Jahre Automobilgeschichte präsentiert. Anhand exquisiter Oldtimer erlebt man die Geschichte der mobilen Fortbewegung hautnah, und es kann die Entwicklung der Fahrzeuge, von der Kutsche bis zum modernen Sportwagen, verfolgt werden. Ein Erlebnis für die ganze Familie bietet auch das Angebot der zahlreichen Attraktionen im Ausstellungszentrum Heldenberg. Zum Beispiel ist der Besuch des Englischen Gartens in der Eintrittskarte des Museums inkludiert.

Koller Oldtimermuseum – Ausstellungszentrum Heldenberg

KRAFTFAHRZEUGMUSEUM SIGMUNDSHERBERG – CLASSIC SPORTSCARS & THE AMERICAN WAY OF DRIVE

A-3751 Sigmundsherberg, Lagerhausplatz 6
+43/676/842737201, +43/676/6316206
o.pessl@chello.at, www.kraftfahrzeugmuseum.at
Inhaber: Ottokar Pessl

Legenden der Automobilgeschichte sehen und erleben! Das ist das Motto dieser größten Fahrzeugsammlung in Mitteleuropa, und diese hat in Sigmundsherberg einen würdigen Platz gefunden. Hier kann man die Raritäten und Liebhaberfahrzeuge – allesamt Legenden der Automobilgeschichte – von Ottokar Pessl bewundern. Der Schwerpunkt der Ausstellung liegt bei Sport-, Luxus- und US-Fahrzeugen. Es gibt zum Beispiel alle Maserati – DeTomaso-Iso Rivolta Modelle und vieles mehr zu besichtigen. Beachtlich sind auch die Fahrzeuge von prominenten ehemaligen Besitzern wie der Jaguar E-Type von Dean Martin, der Thunderbird von Grace Kelly und der Lincoln Continental von Ronald Reagan.

Kraftfahrzeugmuseum Sigmundsherberg

KRAFTFAHRZEUG
MUSEUM
SIGMUNDSHERBERG

MILITÄRMUSEUM SONNTAGBERG

A-3332 Sonntagberg, Aichöd 5
+43/664/3552306
info@militaermuseum.com, www.militaermuseum.com
Inhaber: Harald Werner

Das Militärmuseum liegt am Fuße des Sonntagbergs mit Basilika und herrlichem Ausblick ins Mostviertel. Das Museum bietet einen Überblick von 1914 über 1945 bis 2014. Die Exponate umfassen die Zeit der Weltkriege und die Zwischenkriegszeit, Nach-

Militärmuseum Sonntagberg Harald Werner

kriegszeit und das österreichische Bundesheer. Amerikanische Kettenfahrzeuge, russische Kampfpanzer, NSU Kettenrad, Steyr Allrad, Opel Blitz, eine Motorradsammlung und vieles mehr, was an Kriegsgeräten gefahren wurde, zeigt diese Ausstellung. Wer an der militärischen Zeitgeschichte Österreichs interessiert ist, findet hier jede Menge an Informationen.

MOTORRAD MUSEUM KREMS-EGELSEE – PRIVATE SAMMLUNG FAMILIE KIRCHMAYER

A-3500 Krems, Ziegelofengasse 1
+43/664/8296143, +43/650/4325157
motorrad-museum@aon.at, www.motorrad-museum.at

Motorrad Museum Krems-Egelsee – Familie Kirchmayer

Das Museum mit dem besonderen Flair – denn in dieser privaten Sammlung historischer Fahrzeuge erlebt man 100 Jahre Motorradgeschichte, es ist eine einzigartige Schau. Diese vielfältige und umfangreiche Sammlung stellt historische Motorräder, Motoren und viele andere Dinge rund ums Motorrad aus. Über 170 Motorräder und 200 Motoren sowie artverwandte Fahrzeuge ab

OLDTIMERMUSEUM AMBROS

Ein Muss für alle Oldtimerfreunde und Automobilbegeisterteist das 2016 neu errichtete italienische Oldtimermuseum von Alois Ambros.

Seit 40 Jahren sammelt und restauriert der Gründer der Autohaus Ambros GmbH mit viel Leidenschaft und handwerklichem Geschick italienische Oldtimer.

Auf 5000 m² Ausstellungsfläche mit 250 Automobilen – das älteste stammt aus dem Jahr 1927, sowie Vespas, Motorräder, Mopeds und Fahrräder, können die Besucher nicht nur ein Stück Zeitgeschichte erleben, sondern auch echte Schätze entdecken.

Selbstverständlich führen wir auch Teil- oder Komplettrestaurierungen Ihres italienischen Oldtimers kompetent durch.

Öffnungszeiten:

Mo – Do 8:00 – 17:00 Uhr, Fr: 8:00 – 15:30 Uhr
Samstag, Sonn- u. Feiertage: 9:00 – 16:00 Uhr

15. Okt. – 1. April:
Samstag Nachmittag, Sonn- u. Feiertage geschlossen
BESICHTIGUNG NACH RÜCKSPRACHE MÖGLICH

Autohaus Ambros GmbH/ 4363 Pabneukirchen
inkl. Oldtimermuseum
+43 664 18 024 85

dem Baujahr 1903 bis zur Jetztzeit erfreuen die Besucher durch ihre Vielfalt. Ein besonderer Höhepunkt ist die umfangreiche Sammlung von österreichischen Erzeugnissen. Aber auch viele Raritäten und Unikate ausländischer Marken sind vertreten.

MOTORRAD MUSEUM NEUNKIRCHEN

A-2620 Neunkirchen, Pernersdorferstraße 6
+43/2635/62364
w.schuh@aon.at

Die Neunkirchner Allee galt, lange bevor es Autobahnen gab, als eine der schnellsten Straßen. Nur dort war es schnurgerade und der Wald weit genug weg. In dieser Allee wurden in den 1920er-Jahren zahlreiche Kilometerrennen und Geschwindigkeitsrekorde – vor allem mit Motorrädern – gefahren. An diese Pioniere

Motorrad Museum Neunkirchen

erinnert das privat geführte Motorradmuseum Neunkirchen. Aus der Zeit von 1900 bis 1975 gibt es verschiedenste Fahrzeuge: Fast 60 Motorräder und Roller sowie eine umfangreiche Spezialsammlung aus dem Zweiradbereich wie Fotos, Werbung usw. sind ausgestellt. Für Bewunderer ein interessantes Ausflugsziel.

OLDTIMERCLUB & MUSEUM POYSDORF

A-2170 Poysdorf, Liechtensteinstraße 68
+43/2552/2316, +43/664/5622674
parisch@oldtimerclub-poysdorf.at
www.oldtimerclub-poysdorf.at

Eine tolle Initiative des regionalen Oldtimerclubs. Hier zeigt sich, was man mit Enthusiasmus und Engagement auf die Räder stellen kann. Zahlreiche Ausstellungsstücke zum Thema Auto, Motorrad, Traktor, Standmotor bis hin zu einem in der Region entwickelten Tragschrauber, und im 1. Stock eine Radio- und Fernsehnostalgieausstellung sowie ein Fahrschulsimulator. Beliebt und gern besucht sind auch die Angebote von Mai – Oktober rund um das Thema „Traktorwandern". Viele Details und eine gemütliche Atmosphäre lassen den Besuch zum Erlebnis werden.

PUCH WIESER MOTORRADMUSEUM

A-3304 St. Georgen/Ybbsfeld, Dorfstraße 11
+43/7473/6113
office@puch-wieser.at
www.puch-wieser.at/de/wir-ueber-uns#museum

Auf insgesamt 100 m² Ausstellungsfläche sind mehr als 70 Motorräder und Mopeds der Marke Puch, aber auch von einigen

Puch Wieser Motorradmuseum

anderen Marken wie z.B. BMW, Sachs, NSU … aus den Baujahren 1923 bis 1983 vertreten – wobei auch einige seltene Schmankerl dabei sind. Fast vollständig sind die Exponate der Puch Nachkriegsmodelle, aber auch mehrere seltene Vorkriegsmodelle sind vorhanden. Ein Besuch lohnt sich!

RBO – ING. STÖCKL GMBH

A-2100 Stetten, Sandstraße 11
+43/2262/72513
office@rbo.at, www.rbo.at

Dieses Firmenmuseum beschäftigt sich vor allem mit Fahrzeugen, für die RBO den Restaurierungsbedarf liefert – also Puch Motorräder, Mopeds und Roller. Es werden aber auch Lohner Fahrzeuge und etliche interessante BMW Motorräder gezeigt. Die RBO Veranstaltungen zählen alle Jahre wieder zu den Höhepunkten für Zweiradenthusiasten jeglichen Alters.

SIEGFRIED MARCUS – AUTOMOBIL-MUSEUM STOCKERAU

A-2000 Stockerau, Siegfried-Marcus-Platz 1
+43/676/3582719
info@siegfried-marcus.at
www.siegfried-marcus.at

Siegfried Marcus: Er ist der Erfinder des Automobils. Ihm und seinen Ideen ist es zu verdanken, dass Männer wie Ferdinand Porsche, Enzo Ferrari, Henry Ford, Daimler und Benz ihre fantastischen Automobile konstruieren und produzieren konnten. In einem schönen historischen Ambiente sind einige Exponate untergebracht, die Zeugnis vom Erfindergeist Siegfried Marcus' geben. Neben der Sammlung von historischen und klassischen Automobilen aus österreichischer, deutscher und englischer Produktion ist auch eine Motorradsammlung der Marke PUCH zu sehen. Sonderausstellungen, Auktionen, Sternfahrten sowie Festivitäten aller Art runden das vielseitige Programm des Museums ab.

Siegfried Marcus – Automobil-Museum Stockerau

TATRA- UND OLDTIMER-CLUBMUSEUM
A-2751 Steinabrückl, Leopold Lehner-Straße 5
+43/2622/43298, +43/664/73473857, +43/699/11351556
www.ocnt.at/main
Alle Tatra-Freunde aufgepasst! Ein einzigartiger Fundus an Know-how eröffnet sich im Tatra- und Oldtimer-Clubmuseum – und das auf einer Fläche von 400 m² in der Halle und 300 m² im Freigelände. Nicht nur die vielfältige Typenpalette wird hier gezeigt, es stehen auch Clubmitglieder gerne mit Rat und Tat zur Verfügung. Am besten meldet man sich telefonisch an, und wenn Oskar Pitsch oder sein Sohn Ossi gerade Zeit haben, gibt es eine Privatführung, in der die beiden eine Menge interessanter Geschichten erzählen.

ERSTES EUROPÄISCHES MOTORRAD TRIAL MUSEUM

A-4694 Ohlsdorf, Weinbergstraße 66
+43/699/12905198, trialgarten@tsl.at, www.trialgarten.at
Dieses Museum im Salzkammergut bei Gmunden entstand auf Betreiben des Trial-Enthusiasten Hartwig Kamarad, der in seinem über 30 Motorräder umfassenden Museum – davon 20 verschiedene Marken – der hohen Kunst des Balancierens und Überwindens größter Hürden auf zwei Rädern ein Denkmal gesetzt hat. Sein Lieblingsstück ist eine „Bultaco Sherpa T Sammy Miller", die 1964 als erste serienmäßige Trialmaschine gebaut wurde. Eine weitere Attraktion ist der Trialgarten, wo man unter professioneller Anleitung seine Fahrkünste auf zwei Rädern verbessern kann. Museum und Trialgarten sind ein Erlebnis der besonderen Art für alle Zweirad-Fans.

KTM MOTOHALL

A-5230 Mattighofen, KTM Platz 1
+43/7742/60001953
info.motohall@ktm.com, ktm-motohall.com
Will man die KTM-Geschichte informativ und spannend erleben, dann ist ein Besuch in der KTM Motohall ein echtes Muss. Vorbei an vergangenen, aktuellen und zukünftigen KTM-Modellen gibt es hier aktionsgeladene Einblicke in die Welt von KTM. Der Besuch der rund 10.000 m² KTM Motohall ist ein ultimatives Erlebnis und ein interaktives Abenteuer für Jung und Alt.

MOTORRADMUSEUM VORCHDORF

A-4655 Vorchdorf, Peintal 31
+43/664/5514082
office@motorradmuseum-vorchdorf.at
motorradmuseum-vorchdorf.at

Motorradmuseum Vorchdorf

Direkt an der Autobahn, am Tor zum Salzkammergut, liegt das Motorradmuseum Vorchdorf, das ein Highlight für viele Ausflüge ist. Jahrzehntelange Sammlerleidenschaft und tausende Stunden an Restaurierungen haben es möglich gemacht, dass man hauptsächlich BMW-Motorräder aus fast 100 Jahren lückenlos bis zur Neuzeit bewundern kann. Bereichert wird die Sammlung noch mit Sondermodellen und Prototypen sowie Behörden- und Armeefahrzeugen. Eine besondere Attraktion ist die alte Motorradwerkstatt mit von Wasserkraft betriebenen Werkstattmaschinen.

MUSEUM FAHRZEUG-TECHNIK-LUFTFAHRT
A-4820 Bad Ischl, Sulzbach 178
+43/6132/26658
fahrzeugmuseum@aon.at
www.fahrzeugmuseum.at
In einer geräumigen Halle sowie auf einem großen Freigelände wird in diesem Museum ein Überblick über technische Fahrzeugentwicklungen der letzten Jahrzehnte auf zivilem, landwirtschaftlichem und militärischem Gebiet geboten. Die Palette reicht vom Zweirad übers Auto bis zum modernen Düsenjet. Besonders der Bereich der Luftfahrt bildet einen beachtens-

Museum Fahrzeug-Technik-Luftfahrt

werten Schwerpunkt der Sammlungen. Zweimal jährlich, jeweils am 1. Samstag im April und im Oktober, findet ein Oldtimer-, Teile- und Fahrzeugmarkt statt. Im Museums-Stüberl im gemütlichen Salzkammergut-Stil werden die Besucher mit Speis und Trank verwöhnt.

OLDTIMERMUSEUM AMBROS
A-4363 Pabneukirchen, Neudorf 36
+43/7265/20999, +43/664/1802485
pabneukirchen@autohaus-ambros.at
www.autohaus-ambros.at/oldtimermuseum
Das neu errichtete Oldtimermuseum für italienische Fahrzeuge ist ein attraktives Tourismusziel. Auf über 5.000 m² Ausstellungsfläche kann die Fahrzeugentwicklung über Jahrzehnte bestaunt und der Erfindergeist der italienischen Fahrzeugbauer bewundert werden. Alfa Romeo, Fiat, Lancia — von diesen Marken sind eine Menge „Gustostückerln" ausgestellt und lassen das Herz von Italo-Fans sicher höherschlagen. Pabneukirchen ist einen Ausflug wert.

Oldtimermuseum Ambros – Alois Ambros

inkl. Oldtimermuseum
+43/664/1802485
office@autohaus-ambros.at

OLDTIMERMUSEUM TOLLETERAU
A-4710 St. Georgen bei Grieskirchen, Maximilian 5
+43/664/2129310, +43/664/4945808, +43/664/3567166
office@oldtimerfreunde-tolleterau.eu
oldtimerfreunde-tolleterau.eu
Gegenüber dem Feuerwehrhaus wurden die Räumlichkeiten der früheren Stallungen vom „Schatzlwirt" liebevoll restauriert und der Besuch ist ein Highlight für viele Ausflüge. Die Ausstellung ist das Ergebnis jahrzehntelanger Sammlerleidenschaft und tau-

fahr(T)raum

DIE FERDINAND PORSCHE ERLEBNISWELTEN

Österreichische Automobilgeschichte auf über 3.500 m²
Täglich geöffnet von 10:00 - 17:00 Uhr

DIE FAHR(T)RAUM OLDTIMER-AUSFAHRTEN 2023

2. VW Bulli Summer-Tour
Luftgekühlte Ausfahrt
Samstag, 6. Mai 2023

3. VW Käfer Summer-Tour
Luftgekühlte Ausfahrt
Samstag, 24. Juni 2023

7. Ferdinand Porsche Landpartie
25. – 27. August 2023

Die Ferdinand Porsche Erlebniswelten fahr(T)raum

Passauer Strasse 30 | 5163 Mattsee bei Salzburg
+43 (0)6217 592 32 | office@fahrtraum.at | www.fahrtraum.at

Oldtimermuseum Tolleterau

sender Stunden für die Restaurierung der Vor- und Nachkriegsmotorräder sowie Puch-Mopeds. Besonders interessant: In der alten Motorradwerkstatt sieht man in Arbeit befindliche Restaurationsobjekte. Jede Generation wird Erinnerungen an die eigene Jugend vorfinden.

ZÜNDAPP MOTORRADMUSEUM

A-4273 St. Georgen am Walde, Linden 9
+43/688/8676631
fragnermayr@ecsnet.at, www.st.georgen.at/Motorradmuseum
Sammler, Restaurator und Museumsbesitzer Erich Fragner führt persönlich durch das Motorradmuseum und bei Interesse auch durch die Werkstatt und das „Archiv". Wie der Name schon sagt, handelt es sich um eine umfassende Sammlung der Nürnberger Motorrad-, Roller- und Mopedmarke Zündapp. Die Geschichte der Firma Zündapp wird hier vom enthusiastischen Sammler Erich Fragner in umfassender Form dargestellt. Er musste Ersatzteile in ganz Europa suchen, um die Fahrzeuge wieder in funktionstüchtigen Zustand zu versetzen.

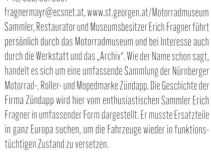

SALZBURG

FERDINAND PORSCHE ERLEBNISWELTEN
FAHR(T)RAUM

A-5163 Mattsee, Passauerstraße 30
+43/6217/59232, office@fahrtraum.at, www.fahrtraum.at
Historische Rennwagen bilden das Herzstück der technischen Erlebniswelt, einige der Wichtigsten sind hier zu sehen — Meisterleistungen des genialen Konstrukteurs Ferdinand Porsche oder auch der Austro Daimler „Prinz Heinrich". Es erwartet die Besucher aber mehr als nur eine Sammlung historischer Fahrzeuge. Das Gelände einer ehemaligen Schuhfabrik wurde zu einem Platz für Technik zum Angreifen gemacht, der Alt und Jung begeistert. Die Ausstellungsräume sind mit zahlreichen interaktiven Möglichkeiten ausgestattet. Zum Abschluss des Besuches kann man dann noch auf der größten Carrera Rennbahn des Landes oder auch am Rennsimulator sein „fahrerisches" Können unter Beweis stellen.

Ferdinand Porsche Erlebniswelten Fahr(t)raum

fahr(T)raum
DIE FERDINAND PORSCHE ERLEBNISWELTEN

HANS-PETER PORSCHE TRAUMWERK

D-83454 Anger/Deutschland, Zum Traumwerk 1
+49/8656/98950-0, info@traumwerk.de, www.traumwerk.de
Nur 10 Minuten von Salzburg entfernt, befindet sich das Hans-Peter Porsche Traumwerk – ein Ort zum Staunen. Um Verwechslungen gleich auszuschließen – hier steht nicht der weltbekannte Sportwagenhersteller mit seiner großartigen Werksgeschichte im Mittelpunkt. Mit dem Traumwerk hat der Porsche-Erbe seinen langgehegten Traum verwirklicht, für seine Exponate eine moderne, außergewöhnliche Welt zu schaffen. Die Sammlung besteht aus der weltweit exklusivsten und größten öffentlich zugänglichen Kollektion von historischem Blechspielzeug. Die Besucher können zahlreiche, zum Teil weltweit einmalige Raritäten bestaunen. Während des Rundgangs durch das Haus trifft man auf historische, klassische und auch exklusive neue Fahrzeuge aus der Privatsammlung des Hausherrn, bis man schließlich in die einzigartige Modellbahnanlage gelangt. Die kleine Welt ist immer in Bewegung. Weltweit einzigartig ist eine aufwendige Lichtshow aus 30 Projektoren. Auch außerhalb der Ausstellungsräume gibt es viele Möglichkeiten, den Besuch abwechslungsreich zu gestalten – ob bei einer Fahrt mit der Parkeisenbahn durch die Gartenanlage, beim Stöbern im Shop oder Genießen im Restaurant – für diesen öffentlichen Bereiche ist kein Eintrittsticket erforderlich.

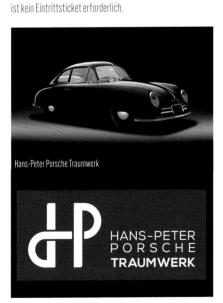

Hans-Peter Porsche Traumwerk

MANRO-CLASSIC AUTO & MUSIK MUSEUM

Gewerbepark Habach 1
A-5321 Koppl bei Salzburg
+43/6221/20015, +43/664/3572525
rotschne@manro.at
www.manro-classic.at
Am Weg von Salzburg in das Seengebiet liegt das Manro Classic Museum – der Weg ist einfach zu finden: beim Düsenjet abbiegen und in eine andere Zeit eintauchen! Der Schwerpunkt liegt bei klassischen Fahrzeugen, die in geringer Stückzahl produziert worden sind: Fiat, Ferrari, Mercedes, Maserati, BMW, Jaguar, Triumph, um nur einige aufzuzählen. Auch Zweiradfans und Liebhaber von Automobilia kommen auf ihre Kosten. Bei Jukebox-Klängen kann man in alten Zeiten schwelgen und einen Kaffee bei der Kaminbar genießen. Wir freuen uns auf Ihren Besuch!

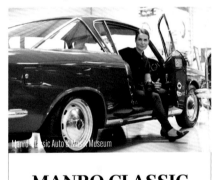

Manro Classic Auto & Musik Museum

VÖTTER'S FAHRZEUGMUSEUM KAPRUN – FAM. VÖTTER

A-5710 Kaprun, Schloßstraße 32
+43/6547/71340
info@oldtimer-museum.at, www.oldtimer-museum.at
Auf ca. 1.400 m² werden ca. 200 Ausstellungstücke präsentiert und ins rechte Licht gerückt. Die Ausstellung zeigt die Anfänge der Motorisierung, die sich auch der „kleine Mann" leisten konn-

Vötter's Fahrzeugmuseum Kaprun – Fam. Vötter

te, mit Messerschmitt Kabinenroller, BMW Isetta und weiteren Motorrädern und Automobilen. Die 50er- bis 70er-Jahre erleben hier Auferstehung. Die Jugend staunt, mit welchen Fahrzeugen sich Großeltern und Urgroßeltern fortbewegt haben. Besonderer Leckerbissen: der „Gletscherdrachen", die erste unterirdische Gletscherschienenbahn. Rund 65 Motorräder werden im Ambiente der Sport-Kristallwelt Kaprun ausgestellt. Dabei sind vom Volksmoped aus den 50er-Jahren bis zu den großen Marken des Wirtschaftswunders Puch, BMW, NSU und DKW so ziemlich alle Highlights, die einst unsere Väter und Großväter fuhren. Kommen Sie mit auf eine Entdeckungsreise zu verschiedensten Autotypen, Motorrädern, Traktoren und Raritäten!

STEIERMARK

BURG STRECHAU – STEYR-PKW-MUSEUM
A-8903 Lassing, Burgfried 14
+43/650/2348461
shop@burg-strechau.at
www.burg-strechau.at

Oldtimermuseum Burg Strechau

Ein Stück österreichische Automobilgeschichte kann man im lebenden Steyr-Pkw-Museum genießen! Die Privatstiftung von Dr. Wolfgang Boesch präsentiert eine nahezu komplette Produktion der Pkw-Marke Steyr (1920 – 1941). Die ausgestellten Exponate sind alle fahrbereit und werden mehrfach im Jahr genutzt. Die historischen Fahrzeuge können auch für Burggrundfahrten, Hochzeiten oder andere Anlässe gebucht werden.

JOHANN PUCH MUSEUM
A-8020 Graz, Puchstraße 85-119, +43/664/4203640
johann.puch@aon.at, www.johannpuchmuseum.at
Verein Johann Puch-Museum Graz
Vom Beginn des großen steirischen Fahrzeug-Pioniers Johann Puch bis zu Frank Stronach, der in der Steiermark geboren wurde, führt ein Rundgang durch das Museum. Die ehemalige Werkshalle auf dem Terrain des historischen Einser-Werkes von Johann Puch ist die Heimstätte der Fahrräder, Mopeds, Motorräder und Autos aus über 100 Jahren geworden. Alle sind liebevoll bewahrt und wiederhergestellt worden. Sie bezeugen die österreichische Automobilgeschichte in beeindruckender Art und Weise. Das umfangreiche Archiv bietet Einblicke in alte Werksunterlagen, Pläne, Kataloge und vieles mehr.

LOTUSMUSEUM BAD AUSSEE
A-8990 Bad Aussee, Pötschenstraße 11
+43/664/2144824, office@clublotus.at, www.clublotus.at
Club Lotus Austria / Lotusfreunde Ausseerland
Das Lotusmuseum erstreckt sich über eine Fläche von ca. 2.000 m², es können verschiedene Lotus Modelle besichtigt werden und ein Club Lotus Austria Bus ist ebenfalls Teil der tollen

Lotusmuseum Bad Aussee Club Lotus Freunde Austria

Sammlung. Es stehen je nach Saison ca. 15-20 Lotus im Museum. Lotus Europa, Elise, Exel, Eclat, Super 7, Esprit usw. sowie ein Formel 1 Showcar und Formel Autos. Daneben gibt es im Museum noch zahlreiche andere Dinge, wie etwa ca. 1.200 Modellautos, eine Jochen-Rindt-Sammlung, Videos, Zeitschriften und Bücher und eine Slotcarbahn aus dem Jahr 1960er-Jahren.

NOSTALGIE AUF RÄDERN
A-8452 Großklein, Nestelberg 94, +43/660/7575278
info.nostalgie@gmx.at, www.nostalgie-auf-raedern.at
Inhaberin: Michaela Jos
Das Oldtimermuseum liegt mitten im „Naturpark Südsteirisches

Nostalgie auf Rädern

OLDTIMER MOTORRAD TECHNIK MUSEUM LEGENSTEIN
A-8354 Sankt Anna am Aigen, Jamm 94
+43/664/1767143, +43/3158/2296
alexanderlegenstein@gmx.net, www.urlaub-der-sinne.at
Der Sammler Sepp Legenstein hat zeitlebens alte Motorräder und alle Dinge, die mit dem Motorrad zu tun haben, zusammengetragen und seit dem Jahr 2002 in einer beachtlichen Schau der Öffentlichkeit zugänglich gemacht. Durch das Bestaunen von 100 Jahren Motorradgeschichte wird man in die Vergangenheit zurückversetzt. Die Puch-Palette ist nahezu komplett, vom Baujahr 1903 bis zur SG aus dem Jahr 1955. Auch ausgefallene Marken wie Horex, Harley Davidson und Zündapp sind zu sehen.

Weinland". Viele Fahrzeuge, wie aus einem alten Bilderbuch, entführen Sie in die „guten, alten Zeiten"! Auf einer Ausstellungsfläche von rund 1.700 m² gibt es eine beachtliche Sammlung von etwa 100 historischen Automobilen, Motorrädern, Mopeds und jede Menge an Dingen, beispielsweise Hupen, Motoren, Standmotoren usw. Der Besuch dieses Museums ist wie eine Reise voller Nostalgie und Erinnerungen. Zum Abschluss des Besuches kann man sich in dem zum Museum gehörenden „Nostalgie Stüberl" stärken und all das Gesehene Revue passieren lassen.

Oldtimer Motorrad Technik Museum Legenstein

PECHMANN'S ALTE ÖLMÜHLE FAM. SCHOBER

A-8483 Deutsch Goritz, Ratschendorf 188
+43/664/3914483, office@pechmanns-alte-oelmuehle.at
www.pechmanns-alte-oelmuehle.at
Zu Recht können die Betreiber stolz sein auf das schöne Museum. Wunderwerke vergangener Technik, gepflegte Oldtimer, Traktoren und sogar ein alter Holzsegel-Kutter aus dem Jahr 1959 ver-

Pechmann's alte Ölmühle Fam. Schober

setzen den Besucher in vergangene Zeiten. Braucht man nach der Besichtigungstour des Museums eine Erfrischung, lädt die alte Mostschenke mit dem Gewölbe aus dem Jahr 1879 zum Verweilen ein. Das „schwarze Gold" der Steiermark wird nach alter Tradition in der an die Mostschenke angeschlossenen Ölmühle erzeugt.

PUCH MUSEUM JUDENBURG

A-8750 Judenburg, Murtaler Platz 1
+43/3572/47127, office@puchmusem.at, puchmuseum.at
Dieses von vielen enthusiastischen Mitgliedern getragene Museum im Stadtzentrum von Judenburg setzt der innovativen und reichhaltigen Geschichte des legendären Johann Puch und der Produkte der ehemaligen Puch-Werke in Graz ein Denkmal. Es

Puchmuseum Judenburg

werden drei Themenbereiche gezeigt: Johann Puch und die Puch Werke, Vierräder von Puch und Zweiräder von Puch. Gustostückerl wie der Puch 500, von Kennern liebevoll „Pucherl" genannt, Haflinger und Pinzgauer sind hier ebenso zu finden wie zahlreiche Vorkriegsmotorräder und alte „Waffenräder". Laufend wechselnde Ausstellungsstücke sowie jährliche Sonderausstellungen machen jeden Besuch zum Erlebnis!

TRAKTORMUSEUM STAINZ – RE(N)NT A TRAKTOR

A-8510 Stainz, Brombeerweg 4
+43/664/5854124, +43/699/19133658
traktormuseum@gmx.at, www.traktormuseum.at
Besuche sind nach Vereinbarung möglich. Gäste können einen der 40 liebevoll restaurierten alten Oldtimertraktoren für eine Halbtagesfahrt oder Tagesfahrt durch das Schilcherland mieten. In Summe können ungefähr 130 Landmaschinen bestaunt werden. Die Traktoren sind im Originalzustand, das heißt, ohne Dach, sodass man immer vom Wetter abhängig ist. Voraussetzung für eine Ausfahrt ist ein gültiger Pkw-Führerschein sowie die Befolgung der Anweisungen des Begleiters. Im Genuss der Langsamkeit können Sie die Weststeiermark mit dem Traktor bewandern

Traktormuseum Ren(n)t-a-Traktor

und die Kulinarik genießen. Seit Mai 2017 ist im Traktormuseum auch eine Modellautoausstellung (Modelle von Traktoren und Autos, ca. 1.300 Stück in Vitrinen) zu besichtigen.

VW-KÄFERMUSEUM GAAL

A-8731 Gaal, Ingering II/4, +43/3513/8822
info@kaefermuseum.at, www.kaefermuseum.at
Der VW-Käfer – ein Name, ein Auto, ein Renner! Das erste österreichische Käfermuseum in Gaal ist für Käferfreunde ein Erlebnis. Es können nicht nur die unterschiedlichsten Käfer-Raritäten aus der Nähe bewundert werden, sondern es gibt auch die Möglichkeit, sein Können auf Rennsimulatoren unter Beweis zu stellen. Exponate aus der Formel V-Zeit, die Markenformel, die in den 60er- und 70er-Jahren ihre Blütezeit hatte, Schwimmwagen, Kübelwagen und Cabrios bis Baujahr 1973 bis hin zu Sonderkarosserien — wie das zweisitzige Hebmüller Cabriolet — all das gibt es zu bestaunen.

VW-Käfermuseum Gaal

MOTORRAD-MUSEUM MOTORBÄR

A-6130 Schwaz, Hermine-Berghofer-Straße 44
+43/5242/63830, CEO Thomas Holzmann
verkauf@motorbaer.com, www.motorbaer.com
Dieses Museum umfasst eine Sammlung historischer Motorräder, Roller, Fahrräder, Motoren, Ersatzteile und viele andere Dinge rund um das Thema Zweirad. 120 Jahre Zweiradgeschichte und Scheunenfunde aus aller Welt – mehr als 200 Raritäten und Sammlerstücke warten auf den an Technik und Historie interessierten Besucher.

TOP MOUNTAIN MOTORCYCLE MUSEUM

A-6456 Hochgurgl, Timmelsjochstraße 8
+43/5256/62111, info@crosspoint.tirol, www.crosspoint.tirol
Europas höchstgelegenes Motorradmuseum wurde am 15. April 2016 im Ötztal eröffnet. Nach einer schrecklichen Brandkatastrophe im Jänner 2021 wurde sofort mit dem Wiederaufbau begonnen und das Museum konnte in der Wintersaison 21/22 wiedereröffnet werden. Die Gäste erwartet eine beeindruckende Sammlung historischer Motorräder und Oldtimer – größer und spektakulärer als zuvor! An der Timmelsjoch Hochalpenstraße befindet sich der multifunktionale Komplex Top Mountain Crosspoint, der die Mautstation, ein modernes Bedienungsrestaurant, die Talstation der neuen Kirchenkar-Gondelbahn und auf

Top Mountain Crosspoint

2.600 m² ein Motorradmusem der Superlative beherbergt. Kostbarkeiten von Motorguzzi, MV Agusta, Ducati, BMW, NSU, Norton, Indian, Harley Davidson und noch viele mehr sind zu bestaunen. Von den großen Motorradmarken ist jedes historische Jahrzehnt repräsentiert. Die Timmelsjochstraße ist eine beliebte Strecke bei Motorradfahrern und wird jetzt sicher bei der Mautstation zu einer längeren Rast einladen.

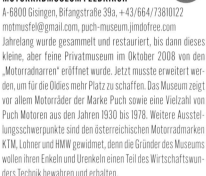

MOTORRADMUSEUM FELDKIRCH

A-6800 Gisingen, Bifangstraße 39a, +43/664/73810122
motmusfel@gmail.com, puch-museum.jimdofree.com
Jahrelang wurde gesammelt und restauriert, bis dann dieses kleine, aber feine Privatmuseum im Oktober 2008 von den „Motorradnarren" eröffnet wurde. Jetzt musste erweitert werden, um für die Oldies mehr Platz zu schaffen. Das Museum zeigt vor allem Motorräder der Marke Puch sowie eine Vielzahl von Puch Motoren aus den Jahren 1930 bis 1978. Weitere Ausstellungsschwerpunkte sind den österreichischen Motorradmarken KTM, Lohner und HMW gewidmet, denn die Gründer des Museums wollen ihren Enkeln und Urenkeln einen Teil des Wirtschaftswunders Technik bewahren und erhalten.

ROLLS-ROYCE MUSEUM

A-6850 Dornbirn, Gütle 10, +43/5572/52652
contact@rolls-royce-museum.at, www.rolls-royce-museum.at
Geschäftsführer: Mag. (FH) Johannes Vonier,
Dipl.-Ing. (FH) Bernhard Vonier
Die besondere Atmosphäre der historischen Textilfabrik bietet dem Besucher die weltweit bedeutendste Sammlung dieser mobilen Preziosen. Hier erfährt man alles zur Geschichte der Marke Rolls-Royce. Besonderheiten sind vor allem die Fahrzeuge, die unter direktem Einfluss von Frederick Henry Royce konstruiert und gebaut wurden. Den Besuch abrunden kann man im Tea Room im zweiten Obergeschoß. Möbel aus feinstem Rosenholz, seltene Motorräder, Vitrinen mit edlem Tafelgeschirr und vieles mehr geben ein Gefühl für den Lifestyle der 20er- und 30er-Jahre.

Rolls-Royce Museum

SACHVER STÄNDIGE

Die Datenbank der Gerichtssachverständigen und Gerichtsdolmetscher des Bundesministeriums für Verfassung, Reformen, Deregulierung und Justiz, gemäß § 3b Abs. 1 SDG, wird betrieben in Zusammenarbeit mit der Bundesrechenzentrum GmbH.

BUNDESMINISTERIUM FÜR JUSTIZ
A-1070 Wien, Museumstraße 7
+43/800/999999
justizonline.gv.at, www.bmj.gv.at

WIEN

HAUPTVERBAND DER ALLGEMEIN BEEIDETEN UND GERICHTLICH ZERTIFIZIERTEN SACHVERSTÄNDIGEN ÖSTERREICHS
A-1010 Wien, Doblhoffgasse 3-5
+43/1/4054546, +43/1/4063267
hauptverband@gerichts-sv.org, www.gerichts-sv.at

LANDESVERBAND WIEN, NIEDERÖSTERREICH UND BURGENLAND
A-1010 Wien, Doblhoffgasse 3-5
+43/1/4054546
office@gerichts-sv.org, wien.gerichts-sv.at

CLOSTERMEYER HEINRICH
A-1150 Wien, Hütteldorferstraße 1/11
+43/664/1344748
oeghk@chello.at

Wir bewegen Tradition

FESSL WERNER, KR ING.
A-1020 Wien, Praterstraße 43
+43/664/3556100
werner@fessl.net
werner.fessl.net
Bewertung und Handel mit historischen Fahrzeugen.

FREITAG MARTIN, ING.
A-1220 Wien, Spargelfeldstraße 125/24
+43/680/3026586
martin.freitag@kfzsv.at, www.kfzsv.at
Bewertung und Handel mit historischen Fahrzeugen.

GROSS MICHAEL, DI
A-1140 Wien, Sonnenweg 115
+43/1/9794091, +43/664/1339009
office@michaelgross.at, www.michaelgross.at
Bewertung und Handel mit historischen Fahrzeugen.

GRUBER HERBERT, DIR.
A-1220 Wien, Greinzgasse 27
+43/664/1621882, +43/664/608821300
herbert.gruber@gerichts-sv.at

HUMER WOLFGANG, MAG.
A-1010 Wien, Herrengasse 6-8/8/24
+43/650/7262524
wolfgang.humer@gmail.com

MEINDL FRITZ
A-1220 Wien, Portheimgasse 16
+43/664/2003020, +43/2249/31346
fritz.meindl@aon.at
Nach Terminvereinbarung: Sachverständigen-Schätzstelle
Oberhausen, Oberhausnerstraße 12-14, 2301 Groß-Enzersdorf.
Restaurierung und Bewertung (nur für Automobilkarosserien);
Spezialisierung: alte europäische und amerikanische Pkw ab
1945; Fahrzeugdatenblätter für Fahrzeugtypisierung; Fahr-
zeug-Wertschätzungen für Zoll, NOVA und Versicherungen;
Phonmessungen.

PESSL OTTOKAR
A-1190 Wien, Hohe Warte 39
+43/676/6316206
o.pessl@chello.at
Historische US-, Sport- und Luxus-Fahrzeuge, Militärfahrzeuge,
speziell gepanzerte Fahrzeuge.

PETRUJ HERBERT
A-1020 Wien , KGV Wasserwiese 7, Parz. 14
+43/699/11106664
herbert.petruj@gerichts-sv.at
herbert@petruj.at
www.sachverstaendiger.petruj.at
Kfz-Reparaturen, Havarieschäden (inkl. Bewertungen) FG-Nr.
17.11 und Historische Fahrzeuge (Oldtimer), Restaurierung und
Bewertungen FG-Nr. 17.47.

PROBST JOHANN, ING.
A-1120 Wien, Schönbrunner Allee 28
+43/1/8107071
sv.probst@aon.at

WERGINZ HERIBERT, ING.
A-1230 Wien, Eduard Kittenbergergasse 56, Obj. 9
+43/664/3551428
werginz-motorsport@chello.at
www.werginz-motorsport.com
Allgemein gerichtlich beeideter und zertifizierter Sachverständiger für Kfz-Technik, Sachverständiger für FIA Recht und
Reglements, moderne und historische Sport- und Rennfahrzeuge. Vorsitzender der Kfz Lehrabschluss- und Meisterprü-
fungskommission.

BURGENLAND

LANDESVERBAND WIEN, NIEDERÖSTERREICH UND BURGENLAND
A-1010 Wien, Doblhoffgasse 3-5
+43/1/4054546
office@gerichts-sv.org, wien.gerichts-sv.at

CSMARITS HERMANN
A-7011 Siegendorf, Gartengasse 18
A-7000 Eisenstadt, Robert Graf-Platz 1
+43/676/7846332, +43/676/7808536
sv-buero@csmarits.at, www.csmarits.at/oldtimer
Bewertung und Handel mit historischen Fahrzeugen.

EISSNER CHRISTIAN, ING. DI (FH)
A-7063 Oggau, Blumengasse 35/7
+43/676/6125782, +43/1/22787126
office@sv-eissner.com, www.sv-oldtimer.com
Sämtliche Dienstleistungen für alle Oldtimer wie Zustands- und
Wertgutachten, Erfahrung mit dem Import von Oldtimern, Kauf-
beratung sowie begleitende Restauration, Erstellung von Gutachten zur Typisierung, Gutachten zur Messung des Nahfeld-
pegels, Ingenieurbüro für Kfz-Technik.

WIENER JOSEF ERNST, KR
A-7562 Eltendorf, Siedlungsstraße 18
+43/664/3403347, +43/3325/2385
info@historischefahrzeuge.at, office@auto-wiener.at
www.historischefahrzeuge.at, www.auto-wiener.at
Bewertung und Handel mit historischen Fahrzeugen.

LANDESVERBAND STEIERMARK UND KÄRNTEN
A-8020 Graz, Griesgasse 10
+43/316/711018, office@sachverstaendige.at
www.sv.co.at

BISCHOF RAPHAEL, ING. DDIPL.-ING. (FH)
A-9020 Klagenfurt am Wörthersee, Sterneckstraße 19
+43/676/9723910, rb@ibbz.at, www.ibbz.at
09.40 Technisches Unfallwesen, Arbeitsschutz, 17.11 Kfz-
Reparaturen, Havarieschäden, Bewertung, 17.47 Historische
Fahrzeuge (Oldtimer), Restaurierung, Bewertung, 60.71
Straßenfahrzeuge, 60.96 Maschinenprüfungswesen

HECHER KARL W., DI
A-9020 Klagenfurt, Tarviserstraße 154
+43/463/21183, +43/650/4647330
svhecher@aon.at, Klassische und historische Kfz, Verbren-
nungskraftmaschinen, Lärmmessung.

KÖCK JUSTIN
A-9020 Klagenfurt, Lindengasse 3
+43/463/24122, +43/676/82598833
justin.koeck@gmx.at

ORTNER HARALD MARIO
A-9220 Velden, Am Sonnberg 37
+43/664/3904004, office@sv-ortner.at, www.sv-ortner.at

PUFF WOLFGANG
A-9020 Klagenfurt, Langitzgasse 4
+43/676/842996600, wolfgang.puff@gmx.at

SATTLEGGER WOLFGANG
A-9556 Liebenfels, St. Leonhard 26
+43/664/3115907
w.sattlegger@sv-expertise.at, www.oldtimer-expertise.at

STIETKA WALTHER, DI
A-9020 Klagenfurt, Koschatstraße 60
+43/463/509998, +43/664/3252174
distietka@aon.at, Pkw und Motorräder.

LANDESVERBAND WIEN, NIEDERÖSTERREICH UND BURGENLAND
A-1010 Wien, Doblhoffgasse 3-5
+43/1/4054546
office@gerichts-sv.org, wien.gerichts-sv.at

ASCH ANDREAS
A-3074 Michelbach, Dorf 7
+43/664/1320242
office@sv-asch.at, www.oldtimer-gutachter.at
Old- und Youngtimer-Wertgutachten und Schadengutachten, Kraftfahrtechnische Gutachten (Datenblätter) mit Nahfeldpegelmessungen und Originalitätsbestätigungen zur Einzelgenehmigung, Beweissicherungen, Feststellungen zur Zolltarif-Nr.9705, Berechnungen der Normverbrauchsabgabe bei Fahrzeugimporten.

BAIER CHRISTIAN
A-2380 Perchtoldsdorf, Jakob-Alt-Straße 2
A-1020 Wien, Engerthstraße 200/2
+43/664/5206631, c.baier@kabsi.at, www.begutachten.at
Bewertung und Handel mit historischen Fahrzeugen.

ECKER KONRAD, ING.
A-3542 Gföhl, Jaidhof 118
+43/664/1414379
konrad.ecker@gerichts-sv.at

EDER KARL, ING.
A-2486 Pottendorf, Marktplatz 10
+43/676/3372161
eder.pottendorf@aon.at, www.oldtimer-eder.at
Datenblätter für Typisierung, Lärmmessungen, Veranstaltungen für historische Fahrzeuge.

FOJTIK ANDREAS
A-2102 Bisamberg, Klein-Engersdorfer-Straße 62
+43/2262/62958, +43/664/2018246
sv@fojtik-motors.com, office@fojtik-motors.com
www.autowerft.at

FORMANEK WOLFGANG, BED
A-2326 Maria Lanzendorf, Wienerstraße 9/2
+43/676/7553739, wolfgang.formanek@kabsi.at
Bewertung und Handel mit historischen Fahrzeugen.

HUBER ROBERT, ING.
A-2440 Moosbrunn, Hans Kolm-Gasse 14
+43/2234/73642, +43/650/5480066
robert.huber@huber-kfz.at, www.huber-kfz.at

KLETZER CHRISTIAN, KR ING.
A-2102 Bisamberg, Hauptstraße 43
+43/664/3806120
christian@kletzer.co.at, kletzer.co.at
Bewertung und Handel mit historischen Fahrzeugen.

LINDNER HERBERT
A-2544 Leobersdorf, Aumühlweg 15/Halle G14
+43/676/4778176, +43/664/4193500
office@kfz-lindner.at, www.kfz-lindner.at

NAGL FRIEDRICH, KR
A-3400 Klosterneuburg, Dr. Vogl-Gasse 37
+43/676/6660011, +43/676/4005133
friedrich.nagl@gerichts-sv.at, friedrich@nagl.name

PECHOUSEK BERND
A-2100 Stetten, Leopoldgasse 30
+43/676/3227926
bernd.pechousek@gerichts-sv.at
bernd.pechousek@gmail.com
bernd-pechousek.business.site
17.11 Kfz-Reparaturen, Havarieschäden, Bewertung, 17.15 Kfz-Elektronik, 17.47 Historische Fahrzeuge, Restaurierung, Bewertung (Spezialisierung: Motorroller und Motorräder), 19.01 Spielwaren (Modelleisenbahnen).

PLATSCHKA ROLAND, HOFRAT ING. MAG. BSC
A-2123 Traunfeld, Hauptstraße 50
+43/660/4976700, platschka_msgt@hotmail.com
Fahrzeuge mit Kriegsmaterialeigenschaften.

RESCH WERNER
A-3251 Purgstall an der Erlauf, Binderweg 7
+43/664/8092572100, +43/7489/8669
office@wernerresch-sv.at, werner.resch@aon.at

SETZER KURT
A-2401 Fischamend, Smolekstraße 12
+43/2232/76163, +43/676/9164495
kurt.setzer@gerichts-sv.at, www.sv-setzer.at
Fachgebiete: 17.11 Kfz-Reparaturen, Havarieschäden, Bewertung, Spezialisierung – Elektrofachkraft für Hochvoltsysteme in Kraftfahrzeugen, 17.47 Historische Fahrzeuge (Oldtimer), Restaurierung, Bewertung.

SPRINGER HARALD, KFZ-MEISTER
A-2183 Neusiedl an der Zaya, Dobermannsdorferstraße 3
+43/699/17017707, +43/676/5193044
harald.springer@oldtimer-sv.at
Allgemein beeid. u. gerichtl. zertifizierter Sachverständiger für Verkehr und Fahrzeugtechnik. Historische Fahrzeuge, insbesondere für Audi, Maserati, Ferrari, Lamborghini.

STEINBACHER FRANZ R., KR
A-2120 Wolkersdorf, Kaiser Josef-Straße 45
+43/664/2068220, +43/2245/24465
oldtimer@steinbacher.eu, www.steinbacher.eu
Allg. beeideter und gerichtlich zertifizierter Sachverständiger für das Kraftfahrwesen, Spezialist für Oldtimer, Klassiker und

Exoten, Oldtimer-Zustands- und Wertgutachten, Erstattung von Expertisen über hist. Fahrzeuge auf nationaler und internationaler Ebene, Fachexperte für Oldtimer der Wirtschaftskammer Österreich. Mitglied der „Commissione Tecnica Registro ABARTH"-Torino.

KR Franz R. Steinbacher

SZABO STEFAN, ING.
A-3441 Judenau, Bahnhofstraße 9
+43/2274/70657, +43/676/4480906
stefan.szabo@gerichts-sv.at, office@sz-classic.at
www.sz-classic.at

WURSTBAUER MARIO
A-2231 Strasshof an der Nordbahn, Sillerstraße 48a/3
+43/650/8055088
mario.wurstbauer@gmail.com

OBERÖSTERREICH

LANDESVERBAND FÜR OBERÖSTERREICH UND SALZBURG
A-4020 Linz, Robert-Stolz-Straße 12
+43/732/662219, office@svv.at, www.svv.at

BARTH ANDREAS, DI (FH) DR. TECHN.
A-4675 Weibern, Hauptstraße 10
+43/680/1302511, abarth3000@gmail.com

BERGER HELMUT, DIPL. ING.
A-4600 Wels, Kreuzpointstraße 9
+43/7242/910994
office@projekte-sicherheit.at
www.projekte-sicherheit.at

BREITECK PETER, MST. ING.
A-4221 Steyregg, Graben 15a
+43/732/641265
+43/676/7514601
office@die-techniker.at
Fachgebiete: 17.11 Kfz-Reparaturen, Havarieschäden, Bewertung, 17.47 Historische Fahrzeuge (Oldtimer), Restaurierung, Bewertung (nur für Fahrzeuge nach 1945). Erstellung von Datenblättern für Typisierung inkl. Lärmmessungen, Wertgutachten, Kfz-Technik und Karosseriebau Meisterbetrieb, Ingenieurbüro für Kfz-Technik, Sachverständigenbüro, Begutachtungsstelle gem. § 57a KFG.

KALTENMESSER KARL
A-4600 Wels, Kamerlweg 56
+43/7242/25547, +43/664/5162025
sv.kaltenmesser@liwest.at

KERSCHBAUMER RUDOLF KARL
A-4600 Wels, Dragonerstraße 22
+43/7242/47650, +43/664/9278636
rudy@asp-austria.at, www.asp-austria.at

SACHVERSTÄNDIGENBÜRO
FÜR HISTORISCHE FAHRZEUGE
Ing. Karl Eder

Gutachten für:
• Verzollung, NoVA-Berechnung
• Einzelgenehmigung („Typisierung")
• Wertgutachten

Beratung bei:
• Kaufabwicklung
• Reparaturarbeiten
• Behördenwegen

2486 Pottendorf, Marktplatz 10, Tel.: +43 (0) 676/337 21 61, E-Mail: eder.pottendorf@aon.at

SEITLINGER THOMAS

A-4209 Engerwitzdorf, Schweinbacherstraße 19
+43/7235/66069, +43/676/841427100
office@seitlinger-sv.at, www.seitlinger-sv.at
Privatgutachten und Kfz-Bewertungen, gerichtliche
Gutachten, Neutypisierungen / Datenbankeintragungen
(§ 31/§ 34), Typisierungen von Fahrzeugumbauten, technische
Datenblätter „Datasheets", Abwicklung von Kfz-Briefen (§ 21)
für DE/EU, Abwicklung von ziviltechnischen Gutachten –
Zertifizierungen (TÜV), Schadenlogistik (Motorräder),
Beratung (An- und Verkauf, Kfz-Vermittlung), spezialisiert auf
amerikanische Motorräder/Harley Davidson®.

STEIERMARK

LANDESVERBAND STEIERMARK UND KÄRNTEN

A-8020 Graz, Griesgasse 10
+43/316/711018
office@sachverstaendige.at, www.sv.co.at

DIER GERHARD, ING.

A-8756 St. Georgen/Judenburg, Pichlhofen 38
+43/664/4228228, typisieren@gmail.com

GABERSCIK GERALD, HOFRAT PROF. DI DR. TECHN.

A-8020 Graz, Fabriksgasse 17
+43/664/3969086, gerald.gaberscik@gmx.at

GAUGL JOSEF, ING.

A-8250 Vorau, Barbara Sichartergasse 472/2
+43/3337/2965, +43/664/2809246
technik@gaugl.at, www.gaugl.at
Pkw, Zweirad, Lkw und Zugmaschinen.

HÖSCH HEINZ, DR.

A-8330 Feldbach, Unterweißenbach 174
+43/664/99577170, office@heinzhoesch.at
17.47 Historische Fahrzeuge (Oldtimer), Restaurierung,
Bewertung.

LEDERHILGER GÜNTHER, ING.

A-8062 Kumberg, Eggersdorferstraße 3
+43/664/2321542
office@tb-lederhilger.at, www.tb-lederhilger.at
Autos, Motorräder, Traktoren und Lkw, Autos und Motorräder,
auch Vorkrieg, speziell englische, deutsche und italienische.

PRESSLER HELMUT

A-8720 Knittelfeld, Finkenweg 3
+43/664/1663568, hpressler@aon.at
Bewertung und Handel mit historischen Fahrzeugen.

SALZBURG

LANDESVERBAND FÜR OBERÖSTERREICH UND SALZBURG

A-4020 Linz, Robert-Stolz-Straße 12
+43/732/662219, office@svv.at, www.svv.at

OTTMANN HORST, DIPL.-ING. DR.

A- 5082 Grödig, Neue Heimatstraße 31
+43/664/1355163, +43/664/2619296
office@techcons.at, www.techcons.at
17.01 Verkehrsunfall Straßenverkehr, Unfallanalyse, 17.47
Historische Fahrzeuge (Oldtimer), Restaurierung, Bewertung.

WEISSENBÄCK FRANZ, ING.

A-5411 Oberalm, Zenzlmühlstraße 10
+43/664/2219090, sv@weissenbaeck.at
17.01 Verkehrsunfall Straßenverkehr, Unfallanalyse – nur für:
Spuren, Untersuchung und Überprüfung von Fahrzeugen. 17.11
Kfz-Reparaturen, Havarieschäden, Bewertung. 17.15 Kfz-
Elektrik. 17.47 Historische Fahrzeuge (Oldtimer),
Restaurierung, Bewertungen.

VYSKOCIL PETER CHRISTIAN, ING.
A-8054 Graz-Hitzendorf, Mantscha 112
+43/316/712591, +43/664/4236001
office@sv-vyskocil.at
www.sv-vyskocil.at
Pkw, Zweirad, Lkw, historische Motorsportfahrzeuge, Wertgutachten, Reparatur- und Restaurationsbegleitung.

WEISZ GÜNTER
A-8642 St. Lorenzen i.M., Festwiesenweg 10
+43/699/18017333
office@kfz-experte.at

WULTSCH BJÖRN, DIPL.-ING., BSC
A-8041 Graz, Neufeldweg 136
+43/664/1374998
office@klassiker-gutachten.at
www.klassiker-gutachten.at
17.47 Historische Fahrzeuge (Oldtimer), Restaurierung, Bewertung.

TIROL

LANDESVERBAND TIROL UND VORARLBERG
A-6020 Innsbruck, Purtschellerstraße 6
+43/512/346551
office@gerichtssachverstaendige.at
www.gerichtssachverstaendige.at

ERLER THOMAS ALEXANDER
A-6365 Kirchberg, Rafflweg 16
+43/5357/35060, +43/676/3108420, erler.thomas@gmx.at

GWERCHER LUDWIG
A-6300 Wörgl, Peter-Rosegger Straße 3/1
+43/664/8201883
sv.gwercher@groupwest.at, www.groupwest.at
Beweissicherungen, Bewertungen, Gerichtsgutachten, Zollgutachten, Schätzungen und Bewertungen von Pkw, Lkw, Bussen und Oldtimer. Spezialisierung: historische Fahrzeuge, Restaurierung, Bewertung, Fahrzeugbrände, Lkw, Busse, Anhänger.

Gwercher
Ludwig
Allgemein beeideter und gerichtlich zertifizierter Sachverständiger

SV Ludwig Gwercher

A-6300 Wörgl, Peter-Rosegger-Str. 3/1
+43/664/8201883
sv.gwercher@groupwest.at
www.groupwest.at

Beweissicherungen, Bewertungen, Gerichtsgutachten, Zollgutachten, Schätzungen und Bewertungen von Pkw, Lkw, Bussen und Oldtimer. Spezialisierung: historische Fahrzeuge, Restaurierung, Bewertung, Fahrzeugbrände, Lkw, Busse, Anhänger.

KNABL HERMANN, KR
A-6020 Innsbruck, Klappholzstraße 3a
+43/512/268840, +43/664/3411000
knabl@sv-kom.at

KRONTHALER ANDREAS, MST. ING. M.ENG.
A-6343 Erl, Dorf 26
+43/676/4546430
info@ing-kronthaler.com, www.ing-kronthaler.com

LERCH HARALD, ING. DI (FH)
A-6020 Innsbruck, Völser Straße 13
+43/664/4451799, +43/512/562441
h.lerch@ingconsult.at, office@ingconsult.at
www.typisierung.com

SIMMER STEPHAN, ING.
A-6330 Kufstein, Pienzenauerstraße 1b
+43/699/19561015
info@simmer-ing.com

**DER OLDTIMER GUIDE AUCH AUF
WWW.OLDTIMER-GUIDE.AT**

VORARLBERG

LANDESVERBAND TIROL UND VORARLBERG
A-6020 Innsbruck, Purtschellerstraße 6
+43/512/346551
office@gerichtssachverstaendige.at
www.gerichtssachverstaendige.at

ENTNER GERALD
A-6830 Rankweil, Römergrund 4
+43/5522/24741, +43/699/10046685
gerald.entner@svtechnik-center.at
www.svtechnik-center.at

LANG KLAUS, ING.
A-6867 Schwarzenberg, Freien 658
+43/664/9265920, +43/5512/29951
office@svlang.at, www.svlang.at

NACHBAUR GERMAN
A-6830 Rankweil, Römergrund 4
+43/5522/24741, +43/699/10646685
german.nachbaur@svtechnik-center.at
www.svtechnik-center.at

TÜRTSCHER ALOIS, ING.
A-6830 Rankweil, Bundesstraße 27
+43/5522/72214, +43/650/4238672
alois.tuertscher@gerichts-sv.at, www.tuertscher-sv.at

Wien isst jetzt so!

Die berühmte Wiener Küche wie Tafelspitz, Zwiebelrostbraten, Back-hendl & Co modern interpretiert! Mit unseren stylischen Foodtrailern im Retro-Look kochen wir bei Klein- und Großevents, Firmenfeiern und auch gerne exklusiv bei privaten Anlässen. Unvergessliche kulinarische Eindrücke der beliebten Klassiker sind garantiert!

Ihr I Eat Vienna Team

Marktführer bei der Bewertung klassischer Fahrzeuge.

Classic Data ist der Marktführer bei der Bewertung klassischer Fahrzeuge in Deutschland. Seit über 30 Jahren wird eigenständig, unabhängig und neutral als Wermittler für Oldtimer, Youngtimer und Klassiker gearbeitet. Die Datenbank mit den Ergebnissen von über 300.000 Fahrzeugen enthält rund 15.000 Fahrzeugmodelle von über 200 Marken aus 125 Jahren Automobilgeschichte.

In der Auktionsdatenbank mit den wichtigsten internationalen Auktionen von 1992 bis heute sind über 800.000 Einträge von angebotenen Fahrzeugen - einschließlich ihrer Zustandsnoten - gelistet. Classic Classic Data Bewertungspartner haben Zugriff auf alle Informationen dieser umfangreichen Datensammlung wie Marktwerte, Bewertungen, Fotomaterial, digitalen Support bei der Erstellung von Wertgutachten und vieles mehr.

Classic Data Bewertungspartner in Österreich:

**Classic Data Austria
Mag. Christian Schamburek**
Leopold Gattringer Straße 55
2345 Brunn am Gebirge
+43 /664 /620 11 10,
c.schamburek@classic-data.at
www.oldtimer-guide.at

**ClassicCarExpertises,
Ing. Milan J. Sikora**
Peterfeld 34
4963 St. Peter am Hart
+43/660/450 79 23
sikora.gutachter@a1.net
www.Oldtimermagazin.cz

**Classic Data Bewertungspartner
Ing. Stefan Fiala**
Kirchenviertel 178
A-8673 Ratten (Stmk.)
+43/660 911 3 911
s.fiala@oldtimer-gutachten.at
www.oldtimer-gutachten.at

2022 | 2023

MARKTSPIEGEL

MARKTBEOBACHTUNG
für klassische Automobile
und Motorräder

classic-data.de

**Die 24. überarbeitete Auflage des
Classic Data Marktspiegel ist bestellbar
unter c.schamburek@classic-data.at**

Die neue Ausgabe wurde auch innen umfangreich runderneuert und um 800 Modelle erweitert. Auf über 750 Seiten werden mehr als 40.000 Wertnotierungen von 240 Automobil- und Motorradmarken mit über 8.000 Modellen inklusive rund 2.700 Fotos präsentiert.

Preis: **58,00** Euro inkl. Ust
und Versand innerhalb Österreichs

Wir erweitern unser Classic Data Bewertungspartner Netzwerk in Österreich – bei Interesse
Email an c.schamburek@classic-data.at

VER SICHER UNGEN

CASCAR –
CLASSIC AND SPORTS CAR ASSEKURADEUR GMBH
A-1030 Wien, Beatrixgasse 1/12
+43/1/8904160
office@cascar.at, www.cascar.at

CASCAR ist spezialisierter Assekuradeur für Oldtimer, Youngtimer und Sportwagen. Das bietet die Möglichkeit, mit mehreren Partnern und speziell verfeinert abgestimmten Versicherungsbedingungen individuelle und optimierte Deckungslösungen umzusetzen. Heinz Swoboda und Werner Widauer sind Experten am österreichischen Markt für versicherungstechnische Lösungen für Classics, Hypercars und Sammlungen im High-End-Bereich. Gemeinsam mit dem Kunden wird die passende Versicherungs-lösung erarbeitet. Als Risikoträger fungieren primär die Hiscox SA Deutschland und die VAV Versicherung mit der Württembergische Versicherung AG. Darüber hinaus arbeitet CASCAR bei der Schadenabwicklung ausschließlich mit gerichtlich beeideten Sachverständigen für historische Kraftfahrzeuge zusammen.

BELMOT AUSTRIA MANNHEIMER VERSICHERUNG AG
D-68165 Mannheim, Augustaanlage 66
+49/621/4571904
info@belmot.at, www.belmot.at

BELMOT® AUSTRIA ist eine echte Allgefahren-Deckung für Oldtimer, Youngtimer und Liebhaberfahrzeuge. Im Gegensatz zu anderen Anbietern bietet BELMOT mehr als herkömmliche Teil- und Vollkaskoversicherung an. Mit der umfassenden Grunddeckung oder einer Allgefahrendeckung erhält der Kunde Individuallösungen, statt Versicherungen von der Stange. Allgefahren-Deckung – die Premium-Variante von BELMOT ist leistungsstärker als eine Vollkaskoversicherung! Sie schützt bei nahezu allen Gefahren – auch bei Schäden, die nicht durch einen Unfall entstehen, wie Motorschaden, Bruchschaden und Getriebeschaden. Zu den BELMOT Highlights zählen unter anderem 30 % Vorsorgeversicherung bei Wertsteigerungen, keine Rückstufung im Schadenfall, Kollision mit Tieren aller Art sowie Tierbissschäden und Ungezieferfraß. Für Sammler von Klassikern bietet BELMOT® AUSTRIA eine spezielle Fuhrparkregelung mit Sonderkonditionen an, die bereits ab dem 2. Fahrzeug gelten.

Cascar – Classic and Sports Car Assekuradeur

CLASSIC AND SPORTS CARS ASSEKURADEUR

GARANTA VERSICHERUNGS-AG ÖSTERREICH

A-5020 Salzburg, Moserstraße 33
+43/662/2426-868, topklassik@garanta.at, www.garanta.at
Die Garanta ist seit vielen Jahren in der Klassik-Szene engagiert. Diese Nähe ermöglicht es dem Versicherer, auf die besonderen Wünsche und Anliegen der Oldtimer-Besitzer einzugehen. Top-Klassik, so die Tarifbezeichnung, bietet attraktive Prämien sowohl in der Haftpflicht als auch in der Kaskoversicherung. Die Teilnahme an diversen Oldtimerrallyes ist gedeckt und allfällige Wertsteigerungen des Klassikers werden ebenfalls versicherungstechnisch berücksichtigt, damit es gegebenenfalls nicht zu einer Unterversicherung kommt. Die Voraussetzungen sind der Besitz eines Young- bzw. Oldtimers sowie ein Gutachten eines Sachverständigen, bis 20.000 Euro Fahrzeugwert ist auch eine Selbst-bewertung möglich.

HISCOX SA

D-80636 München, Arnulfstraße 31
+49/89/545801-700
Besondere Autoklassiker — individuell versichert: ob Oldtimer, Youngtimer oder Sammlungen, ob Teil-, Vollkasko- oder Allgefah-

ren-Schutz: Die Spezial-Polizzen von Hiscox zeichnen sich durch kurze und klar verständliche Bedingungen und viele Extras aus, wie eine automatische Mitversicherung von Ersatzteilen zu den Fahrzeugen und Zubehör von jeweils bis 5.000 Euro. Auch Wertsteigerungen eines Fahrzeugs werden durch die standardmäßige Vorsorge von bis zu 25 % automatisch berücksichtigt. Auf Wunsch können Fahrzeuge in Höhe des Markt-, Wiederbeschaffungs- oder Wiederherstellungswerts versichert werden. Auch können Sammlungen und wertvolle Einzelfahrzeuge mit hohen Versicherungssummen versichert werden. Der Fahrzeugbesitzer investiert viel Zeit, Geld und Leidenschaft in sein Fahrzeug, ein Schadenfall ist sehr ärgerlich. So unterstützt Hiscox zum Beispiel dabei, schwer erhältliche Ersatzteile zur Instandsetzung eines beschädigten Fahrzeugs zu beschaffen oder den optimalen Restaurator für ein besonderes Fahrzeug zu finden. Darum legt Hiscox großen Wert auf schnelle und faire Schadenregulierung gelegt - die im Jahr 2022 mit 4,6 von 5 Sternen von Versicherungsnehmern weiterempfohlen wurde. Der Beitrag für die Hiscox-Oldtimerversicherung lässt sich bis zu einer Versicherungssumme auch einfach online berechnen. Die Polizze ist dort direkt abschließbar. Auch ist ein Abschluss über Vertriebspartner in Österreich möglich.

Hiscox SA

HISCOX
WISSEN VERSICHERT.

OCC Assekuranzkontor GmbH

OCC ASSEKURANZKONTOR GMBH

1010 Wien, Schottenring 16/2
+43/1/2366258, austria@occ.eu, www.occ.eu/at

OCC ist seit mehr als 36 Jahren der führende Anbieter für die Versicherung historischer und moderner Liebhaberfahrzeuge im deutschsprachigen Raum. Über 100 Mitarbeiter arbeiten in Österreich, Deutschland und der Schweiz mit Leidenschaft und Kompetenz an der Entwicklung maßgeschneiderter Versicherungskonzepte, die den besonderen Bedürfnissen klassischer Liebhaberfahrzeuge und ihrer Besitzer gerecht werden. Unabhängig von Wert und Alter des Fahrzeugs können Sie bei OCC neben Oldtimern auch Youngtimer, Newtimer, exklusive Sportwagen, Motorrad-Klassiker, Repliken sowie historische Fahrzeugsammlungen versichern. Der Online-Tarifrechner auf www.occ.eu/at bietet Ihnen dabei die Möglichkeit, vorab selbst mit nur wenigen Klicks eine sofortige Prämienschätzung für Ihren Klassiker zu berechnen und zu beantragen. Als Sponsoringpartner beliebter Oldtimerveranstaltungen, wie der Kitzbüheler Alpenrallye oder der Südsteiermark Classic, ist OCC gut in der Szene verankert und richtet zudem eine eigene Oldtimerrallye in Deutschland aus. Die OCC-Küstentrophy feiert dieses Jahr bereits ihr 13. Jubiläum und lässt vom 11. bis 14. Mai 2023 zahlreiche oldtimerbegeisterte Teams in Heiligenhafen/Ostsee zusammenkommen, um die schönsten Strecken entlang der deutschen Küsten zu erkunden. Mehr Informationen zur „Rallye am Meer" finden Sie unter www.kuestentrophy.de. Versicherungslösungen und Services von OCC Assekuradeur sind mehrfach preisgekrönt. So wurde das Unternehmen 2022 Gesamtsieger im großen Versicherungsvergleich von Classic Cars und gewann 2023 zum dritten Mal in Folge den TOP100 Award der 100 innovativsten mittelständischen Unternehmen in Deutschland.

Wir versichern Klassiker.

OLASKO

D-86833 Ettringen an der Wertach, Augsburger Straße 3
+49/8249/962941-0, service@olasko.de, www.olasko.de

Nach über 20 Jahren ist OLASKO einer der erfahrensten, auf Oldtimer- und artverwandte Versicherungen spezialisierter Anbieter Deutschlands und durch die unabhängige Maklertätigkeit immer an der Seite der Kunden. Ob bei der vertraglichen Abwicklung oder im Schadenfall – die persönliche Unterstützung durch das Team um Peter H. Sauer – mit über 40 Jahren Erfahrung in der Oldtimerszene – steht immer im Vordergrund. OLASKO mit Sitz im Allgäu/Bayern ist seit jeher Spezialist für die All-Gefahren-Versicherung von Oldtimern. Über die in Hamburg ansässige Muttergesellschaft verfügt OLASKO über eine IHK-Zulassung auch in Österreich sowie über besondere Gestaltungsmöglichkeiten, mehrere Anbieter und Tarife. Dies ist gerade bei der Unterstützung im Schadenfall besonders wichtig. Bei großen Fahrzeugsammlungen bringt OLASKO jahrelange Erfahrung in Sachen Risikomanagement mit.

DER OLDTIMER GUIDE AUF FACEBOOK 📘 **CLICK & LIKE**

dass ihnen vom Versicherer etwas vorgeschrieben wird. Sollte die Deckung einmal doch nicht passen oder sich die Lebensumstände ändern, sind die Verträge täglich, ohne Angabe von Gründen, kündbar und eine bereits bezahlte Prämie wird rückerstattet.

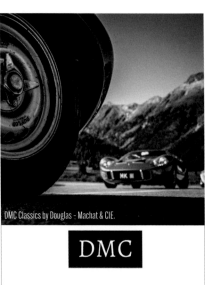

DMC Classics by Douglas - Machat & CIE.

DMC CLASSICS BY DOUGLAS – MACHAT & CIE.

A-1010 Wien, Parkring 18/2
+43/664/88730446
philipmachat@dmc.insure
www.dmc.insure

Concours und Competition Cover von DMC Classics ist eine Spezialversicherung für Fahrzeugsammlungen (Veteranen, Oldtimer, Prototypen, Youngtimer, Supercars und Rennfahrzeuge aller Epochen). DMC Classics versichert Fahrzeuge im Rahmen maßgeschneiderter Sammlungspolizzen. Einige der bedeutendsten Sammlungen Europas und Amerikas vertrauen auf die Expertise von DMC Classics. Stand- und Bewegungsrisiko sind genauso versicherbar wie On-Track Veranstaltungen, z. B. Trackdays und Rennen. DMC Classics erstellt individuelle Lösungen für Sammlungen, aber auch Museen. Maßgeschneiderte Allgefahren-Deckung inklusive Deckung für Bedienungsfehler, kurze und klare Versicherungsbedingungen, weltweiter Versicherungsschutz sowie die Möglichkeit, ganze Sammlungen im Rahmen eines einzigen Vertrages zu versichern, macht DMC Classics zu einer umfassenden und problemlosen Deckung am Markt. Sogar während historischen Rennveranstaltungen auf Rennstrecken bietet DMC Classics eine All-Gefahren-Deckung. Wertzuwächse auf Basis des Wiederbeschaffungs-, und nicht etwa des Anschaffungspreises, sind bis zu 20 % der Gesamtversicherungssumme versichert. Kunden können im Schadenfall ihre eigenen Sachverständigen und Restauratoren beiziehen, ohne

DMC CLASSICS
Concour and Competition Cover

VAV VERSICHERUNGS-AG

A-1030 Wien, Münzgasse 6
+43/1/71607-244
classic@vav.at
www.vav.at/classic

Sehr oft ist es das Wort „Leidenschaft", das mit der Freude am Fahren eines Klassikers assoziiert wird. Klassische Fahrzeuge stellen besondere Werte dar – und sollten deshalb entsprechend versichert sein. Das „Classic Service Center" der VAV steht dafür nicht nur mit maßgeschneiderten Produkten und mit einem Höchstmaß an persönlicher Beratung zur Verfügung, sondern teilt auch die Leidenschaft seiner Kund*innen. Neben attraktiven Prämien und flexibler Produktgestaltung für Oldtimer (ab 30 Jahre), Youngtimer (ab 20 Jahre), moderne Liebhaber-Fahrzeuge (unter 20 Jahre), Replica (ab 20 Jahre), Buggys (ab 30 Jahre), Hot Rod (ab 30 Jahre), Lkw bis 3,5 t Gesamtgewicht (ab 30 Jahre) sowie klassische Motorräder (ab 30 Jahre) und Traktoren (ab 30 Jahre) profitieren VAV Kund*innen unter anderem von günstigen Selbstbehaltsvarianten beim Teil- und Vollkaskoschutz. Wahlweise kann der Marktwert, der Wiederbeschaffungswert oder der Wiederaufbauwert versichert werden. ÖAMTC-Mitglieder erhalten 10 % Prämiennachlass und Benzingutscheine im Wert von 30 Euro für neu abgeschlossene Verträge. Der Classic-Tarif kann einfach und reibungslos auch online über www.vav.at/classic abgeschlossen werden. Die Versicherungsprodukte der VAV, die in Österreich seit mehr als 40 Jahren etabliert ist, wurden bereits mehrfach von unabhängigen Institutionen ausgezeichnet.

VAV Versicherungs-AG

RECHTS ANWÄLTE BEHÖR DEN UND RECHT

WIEN

DR. KLAUS MALESCHITZ

A-1130 Wien, Auhofstraße 4/1
+43/1/8765444
maleschitz@mnlaw.at

Dr. Klaus Maleschitz ist eigentlich ein erfahrener Wirtschaftsanwalt. Besucht man ihn in seiner Kanzlei in der Auhofstraße im 13. Wiener Gemeindebezirk, sieht und erkennt man sofort, für welche Leidenschaft sein Herz schlägt – klassische Automobile. Daher ergibt sich logisch auch die berufliche Nähe und das Interesse im Zusammenhang mit Rechtsfragen zu diesem Thema. Dr. Klaus Maleschitz hat in einer Vielzahl von Fällen verschiedenste Streitigkeiten vertraglicher Natur, Bewertungsfragen, Haftungsthemen etc. erfolgreich verhandelt. Mit diesem reichhaltigen Erfahrungsschatz und seiner mentalen Nähe zum Thema „Oldtimer" ist er auch ein Fixstern für Oldiefahrer, wenn einmal eine profunde Rechtsvertretung vonnöten ist.

Dr. Klaus Maleschitz

OBERÖSTERREICH

MAG. HARALD MÜHLLEITNER

A-4490 St. Florian/Linz, Leopold-Kotzmann-Straße 10
+43/7224/4005
office@florianer-anwaelte.at
www.florianer-anwaelte.at

Mag. Harald Mühlleitner beschäftigt sich seit Jahrzehnten zuerst als Leiter der Schadenabteilung eines großen Versicherungsunternehmens und anschließend seit 1997 als selbstständiger Rechtsanwalt schwerpunktmäßig mit Themen aus den Bereichen Vertragserrichtung, Schadenersatz, Gewährleistung, Versicherungsrecht und Transportrecht, wobei all diese Rechtsgebiete ein starkes Naheverhältnis zur Beschäftigung mit Oldtimern, Youngtimern und klassischen Sportwagen aufweisen. Weiters war Mag. Mühlleitner neben seinem Hauptberuf auch jahrelang mit einem Geschäftspartner selbst nebenbei im Bereich des Fahrzeughandels, Schwerpunkt Oldtimer und Sportwagen, tätig. Er kennt daher die Problemstellungen zum Thema „klassische Automobile" in all ihren Facetten und kann sich demgemäß auch in die unterschiedlichen Sichtweisen, etwa des privaten Käufers, des Händlers, aber auch des beteiligten Versicherungsunternehmens hervorragend hineinversetzen. Er ist daher in rechtlicher Hinsicht Ansprechpartner nicht nur für Privatpersonen, sondern auch für Versicherungen, Werkstätten, Restaurierungsbetriebe und Fahrzeughändler, wobei er mit seiner rechtlichen Expertise allen „Betroffenen" gerne zur Verfügung steht.

DER OLDTIMER GUIDE AUCH AUF WWW.OLDTIMER-GUIDE.AT

SALZBURG

DR. PHILIPP E. LETTOWSKY
A-5020 Salzburg, Getreidegasse 50
+43/662/848448
lawoffice@lettowsky.at, www.lettowsky.at
Die Rechtsanwaltskanzlei Dr. Lettowsky mit ihrer Lage in der Getreidegasse – dem Herzen der Salzburger Altstadt – lässt schon vermuten, dass hier altes und edles Blech hochgeschätzt wird. Nach verschiedenen anderen Marken sind es nun (auch) britische Klassiker, die liebevoll gehegt und gepflegt werden. Durch den Erwerb von historischen Fahrzeugen im Ausland (z.B. Dänemark), aber nicht nur dadurch, hat Dr. Lettowsky mannigfaltige Erfahrung mit Oldtimern bei Schadenersatzabwicklungen, Gewährleistung, Kauf und Verkauf, aber auch sonstigen Haftungsthemen aufzuweisen. So kann die Kanzlei schon namhafte Erfolge bei Rechtsstreitigkeiten vorweisen und unter Beweis stellen, dass die Hinzuziehung eines einschlägig erfahrenen Rechtsexperten schneller und eindeutig zur Klärung von Streitigkeiten führt. Fachliche Schwerpunkte der Kanzlei sind weiters Wirtschaftsrecht, Unternehmensrecht, Baurecht, Gesellschaftsrecht und Arbeitsrecht. Klassische Automobile zu fahren hat sowohl viel mit Emotionalität als auch mit sachlicher Kompetenz zu tun – so gestaltet Dr. Lettowsky auch sein tägliches Herangehen an die Vertretung und Lösung der Interessen seiner Mandanten.

STEIERMARK

RA MAG. DR. GÜNTER LIPPITSCH
A-8010 Graz, Wastiangasse 7
+43/316/84 64 00
recht@anwalt-graz.at, www.anwalt-graz.at
Dr. Günter Lippitsch hat eine große Leidenschaft – Oldtimer. Er pflegt dieses Hobby auch im privaten Bereich und verbindet sein Wissen im Umgang mit klassischen Fahrzeugen und den Themen aus rechtlichen Belangen zu seiner besonderen Expertise als Oldtimer-Anwalt. Als Rechtsanwalt ist er sich der besonderen Problembereiche und Fallstricke im Verkehrs-, Veranstaltungs-, Gewährleistungs- und Schadenersatzrecht nach Unfällen oder Fehlkäufen bewusst. Mit umfassendem Fachwissen und Erfahrung begleitet er österreichweit seine Klienten unter Einbeziehung seiner Kontakte zu Sachbearbeitern von Versicherungen und Sachverständigen in Oldtimerfragen. Damit bietet er eine breite Plattform für jedwede rechtliche Oldtimer-Rechtsthematik, die er auch in Fachvorträgen einem interessierten Publikum näherbringt.

RA Mag. Dr. Günter Lippitsch

OLDTIMER ANWALT LIPPITSCH

Informationen zur Einzelgenehmigung bzw. Zulassung von „historisch erhaltungswürdigen Fahrzeugen" finden Sie auch unter www.khmoe.at

ARBÖ – AUTO-, MOTOR- UND RADFAHRERBUND ÖSTERREICHS, BUNDESORGANISATION
A-1020 Wien, Johann-Böhm-Platz 1
+43/1/89121-0
info@arboe.at, www.arboe.at

BUNDESMINISTERIUM FÜR KLIMASCHUTZ, UMWELT, ENERGIE, MOBILITÄT, INNOVATION UND TECHNOLOGIE
Abteilung IV/ST 5 – Technisches Kraftfahrwesen
A-1030 Wien, Radetzkystraße 2
+43/1/71162-650
typengenehmigung@bmk.gv.at
st5@bmk.gv.at, www.bmk.gv.at

ÖAMTC OLDTIMER
A-1030 Wien, Baumgasse 129
+43/1/7119910-300
oldtimer@oeamtc.at
www.oeamtc.at/thema/oldtimer

FAHRZEUGPRÜFSTELLEN

AMT DER WIENER LANDESREGIERUNG, WIENER LANDESFAHRZEUGPRÜFSTELLE
A-1110 Wien, 7. Haidequerstraße 5
+43/1/95559
landesfahrzeugpruefstelle@ma46.wien.gv.at
www.wien.gv.at/verkehr/kfz/pruefstelle/index.html

DER OLDTIMER GUIDE AUF FACEBOOK ⏹ CLICK & LIKE

AMT DER BURGENLÄNDISCHEN LANDESREGIERUNG, REFERAT KRAFTFAHRWESEN
A-7000 Eisenstadt, Ruster Straße 135
+43/57600/6200
post.a5-kfz@bgld.gv.at
www.burgenland.at

AMT DER KÄRNTNER LANDESREGIERUNG, ABTEILUNG 9-STRASSEN UND BRÜCKEN

Unterabteilung TKW-Technisches Kraftfahrwesen
A-9020 Klagenfurt, Heizhausgasse 37
+43/50536-19112
abt9.kfz@ktn.gv.at, www.ktn.gv.at

AMT DER NÖ LANDESREGIERUNG, ABT. TECHN. KRAFTFAHRZEUGANGELEGENHEITEN (WST8)

A-3109 St. Pölten, Landhausplatz 1, Haus 7
+43/2742/9005-9020
post.wst8@noel.gv.at
www.noel.gv.at/noe/Kontakt-Landesverwaltung/Abteilung_
Technische-Kraftfahrzeugangelegenheiten.html

AMT DER OBERÖSTERREICHISCHEN LANDESREGIE-RUNG, ABTEILUNG VERKEHR – LANDESPRÜFSTELLE

A-4021 Linz, Goethestraße 86
+43/732/7720-13575
verk.post@ooe.gv.at
www.land-oberoesterreich.gv.at/landespruefstelle.htm

AMT DER STEIERMÄRKISCHEN LANDESREGIERUNG, KFZ-LANDESPRÜFSTELLE

A-8041 Graz, Petrifelderstraße 102
+43/316/877-2161
kfzpruefstelle@stmk.gv.at
www.technik.steiermark.at
abteilung15@stmk.gv.at
www.verwaltung.steiermark.at

AMT DER TIROLER LANDESREGIERUNG, ABTEILUNG VERKEHRS- UND SEILBAHNRECHT

A-6020 Innsbruck, Heiliggeiststraße 7
+43/512/508-2452
verkehr@tirol.gv.at
www.tirol.gv.at/verkehr/verkehrsrecht

AMT DER VORARLBERGER LANDESREGIERUNG, VERKEHRSRECHT

A-6900 Bregenz, Römerstraße 22
+43/5574/511-21205
verkehrsrecht@vorarlberg.at
vorarlberg.at/mobilitaet-verkehr

AMT DER SALZBURGER LANDESREGIERUNG, KFZ-PRÜFSTELLE

A-5020 Salzburg, Karolingerstraße 34
+43/662/8042-5353
pruefstelle@salzburg.gv.at
www.salzburg.gv.at/themen/verkehr/strasse-auto/
kfz-ueberpruefung

BURG BERNSTEIN –
EINE ZEITREISE FÜR INDIVIDUALISTEN

Burg Bernstein sieht auf eine lange und bewegte Geschichte zurück. Heute ist der Stammsitz der Familie Almásy - Laszlo Almásys bewegtem Leben wurde im Film der englische Patient ein Denkmal gesetzt - ein Refugium für Individualisten, abseits von Massentourismus und Trubel. Jedes der zehn authentischen Zimmer, der Renaissance Rittersaal, der traumhafte Innenhof, die liebevoll gepflegte Tradition lassen den Atem der Jahrhunderte spüren.

Ladislaus E. Almásy war Pilot, Rennfahrer, Schrift-steller und Afrikaforscher. Er wurde Abu Ramla - Vater des Sandes - genannt. Sein Leben folgte keinen ausgetretenen Pfaden und ebendies ist auch das Ziel der Geschwister Erasmus und Anna Almásy, den Gästen der Burg eine außergewöhnliche Zeit in den geschichtsträchtigen Mauern zu bieten.

Für Freunde klassischer Automobile eröffnet sich rund um Burg Bernstein eine Vielfalt an entdeckungswürdigen Orten und versteckten, verträumten Strassen der weithin bekannten Region der Schlösserstraße. Die pannonische Tiefebene und die Alpen sind von Burg Bernstein gleichweit weg - für abwechslungsreiche Touren ist gesorgt. Erasmus und Anna Almásy geben gerne Tipps um die herrliche Landschaft und die Sehenswürdigkeiten der Umgebung zu erkunden.

Burg Bernstein ist ein einzigartiger Ort, für eine ganz besondere und außergewöhnliche Zeit.

HOTEL BURG BERNSTEIN | Erasmus & Anna Almásy
A-7434 Bernstein, Schlossweg 1 | +43 (0) 3354/ 6382
kanzlei@burgbernstein.at | www.burgbernstein.at

OLDTIMER FREUND LICHE HOTELS

KÄRNTEN

DAS SALVATOR IRIS PORSCHE LANDHOTEL

A-9361 St. Salvator bei Friesach, Marktplatz 6
+43/4268/20100
info@das-salvator.at, www.das-salvator.at/automuseum
Eine der genussreichsten und ursprünglichsten Regionen Kärntens ist die Kulisse dieses traditionsreichen Hauses. Wo Geschichte auf Moderne trifft, besinnt man sich auf die eigenen

Das Salvator Iris Porsche Landhotel

Wurzeln. Leben in und mit der Natur, die Verwendung heimischer Produkte vom Nachbarn und große Sorgsamkeit im Umgang mit Ressourcen wird an den Tag gelegt. Egal wie lange man bleibt, an diese schöne Zeit erinnert man sich noch lange.
WICHTIG FÜR OLDTIMER-REISENDE:
Kostenloser Parkplatz, Carport Stellplatz auf Anfrage, Roadbook, Spezialpakete „Spritztour.Deluxe"-Package auf Anfrage, individuelle Gruppenangebote mit Touren & Grillabenden.

SCHLOSSHOTEL SEE-VILLA ★★★★

A-9872 Millstatt in Kärnten, Seestraße 68
+43/4766/2102, kontakt@see-villa.at, www.see-villa.at
Ideal im Herzen Kärntens, an den Gestaden des Millstätter Sees gelegen, ist die See-Villa ein beliebtes Ziel für Oldtimerclubs, Autoenthusiasten und Motorradfans. Ob als Zwischenstopp in einer Tour durch die atemberaubend malerische Szenerie der

Schlosshotel See-Villa ★★★★

Region Goldeck – Panoramastraße, Nockalmstraße, Großglockner Hochalpenstraße – oder als Treffpunkt, um gemeinsam Interessen, Infos und den einen oder anderen Blick auf wunderschöne Fahrzeuge auszutauschen. Qualitätsvolle Kulinarik und ein atemberaubender Blick auf den Millstätter See erwarten die Gäste im traditionsreichen Haus, die von Familie Tacoli und dem Team aufmerksam verwöhnt werden.
WICHTIG FÜR OLDTIMER-REISENDE:
Abstellplätze, Tourenempfehlungen, Lunchpaket, Spezialangebote.

> ### DER OLDTIMER GUIDE AUCH AUF
> ### WWW.OLDTIMER-GUIDE.AT

VITALHOTEL MARIENHOF ★★★★

A-9220 Velden am Wörthersee, Marienhofweg 1
+43/4274/2652
info@vitalhotel-marienhof.at, www.vitalhotel-marienhof.at
Wohlfühlen, erholen und entdecken – so lautet hier das Motto. Die hoteleigene Wellnessoase verführt zum sorgenfreien Nichtstun. Ein weiteres Schmuckstück des Hauses ist der großzügige Romantikgarten mit Außenpool, wo sich die Gäste an der Natur und am Bergblick erfreuen können. Die Köstlichkeiten aus der Küche in der Vitalhotel-Halbpension komplettieren den Aufent-

Vitalhotel Marienhof

halt im 4-Sterne Hotel am Wörthersee. Der Gastgeber Franz Tandl ist Oldtimerliebhaber aus Passion und hilft in allen Belangen gerne weiter. Ein besonderes Highlight sind Ausfahrten im Oldtimer aus der Garage des Chefs in die wunderschöne Seeregion Kärntens. Für Oldtimerfreunde gibt es spezielle Paketangebote.
WICHTIG FÜR OLDTIMER-REISENDE:
Garage, Schrauberecke, Tourenempfehlungen, Ausfahrten, Spezialpakete.

Schloss Lerchenhof ★★★★

SCHLOSS LERCHENHOF ★★★★

A-9620 Hermagor, Untermöschach 8

+43 /4282/2100, info@lerchenhof.at, www.lerchenhof.at

Der Lerchenhof ist ein kleines, feines Schlosshotel mit Geschichte und feinen romantischen Flecken zum Verweilen im Herzen der Kärntner Bergwelt. Von hier aus touren die Oldtimer-Reisenden auf den schönsten Cabrio- und Oldtimerstrecken in Kärnten – Friaul – Slowenien. Unterwegs auf den Spuren der ältesten Rallye der Welt kann man auf den schönsten und bekanntesten Alpenpässen cruisen, imposante Bergwelten entdecken und die zauberhafte Vielfalt der drei Kulturen erleben. Der Hausherr fährt selbst einen Morgan 4/4 und weiß, was sich Oldtimerfahrerlnnen wünschen.

WICHTIG FÜR OLDTIMER-REISENDE:

Carport, Schrauberecke, Tourenkarten, Picknickkorb, Waschplatz, Tourenangebote.

NIEDERÖSTERREICH

BURG BERNSTEIN

A-7434 Bernstein, Schlossweg 1, +43/3354/6382

urlaub@burgbernstein.at, www.burgbernstein.at

Burg Bernstein sieht auf eine lange und bewegte Geschichte zurück. Heute ist der Stammsitz der Familie Almásy – Laszlo Almásys bewegtem Leben wurde im Film „Der englische Patient" ein Denkmal gesetzt – ein Refugium für Individualisten, abseits von Massentourismus. Oldtimer-Reisende sind herzlich willkom-

Burg Bernstein

Hier wird Ihre SEENsucht gestillt!

Im 4*-Hotel nächtigen Sie in den Zimmern Puch, Mercedes, Excalibur und Rolls Royce und entspannen im großzügigen Romantikgarten mit Außenpool und bei den Massagen. Kulinarisch umsorgt werden Sie mit einem herzhaften Frühstücksbuffet, 4-Gänge-Menü mit internationalen Klassikern. Eine E-Auto-Ladestation steht für Sie beim Hotel bereit. Das Highlight: Ausfahrten mit einem der zeitlos eleganten Oldtimer aus Hotelchef Franz Tandls Sammlung in einer der einladensten Seeregionen Österreichs.

Geöffnet von Mitte April bis November. Oldtimer- und Motorradfreunde erhalten **-10%** auf unsere Übernächtigungspreise.

Marienhof GmbH · Familie Tandl

A-9220 Velden/Wörthersee · Tel. +43 4274 2652

www.vitalhotel-marienhof.at

men und finden im Gastgeber Alexander Berger-Almásy einen Motorrad-Abenteurer, der viele Geschichten von seinen monatelangen Touren erzählen kann. Burg Bernstein ist ein perfekter Ausgangspunkt für Fahrten in die Steiermark oder die Ebenen des Burgenlandes bis nach Ungarn.
WICHTIG FÜR OLDTIMER-REISENDE:
Versperrbarer Parkplatz, Tourenempfehlungen.

SALZBURG

GRAND HOTEL ZELL AM SEE ****S
A-5700 Zell am See, Esplanade 4-6
+43/6542/788-0
info@grandhotel-zellamsee.at, www.grandhotel-zellamsee.at
Direkt am Zeller See thront das Grand Hotel unübersehbar eingerahmt vom traumhaften Panorama der Hohen Tauern. Speziell für Gäste, die in ihren klassischen Fahrzeugen anreisen, ist das

Grand Hotel Zell am See ****S

Grand Hotel der ideale Ausgangspunkt für herrliche Touren ins Salzburger Land mit jeder Menge Ausflugsziele und Sehenswürdigkeiten, Kulinarik und kurvenreichen Straßen. Nach einer erlebnisreichen Tour bietet das Hotel ein umfangreiches SPA-Angebot zur Entspannung und Erholung.
WICHTIG FÜR OLDTIMER-REISENDE:
Garagenstellplätze, Tourenempfehlungen, Clubangebote.

HOTEL MOZART ***
A-5640 Bad Gastein, Kaiser-Franz-Josef-Straße 25
+43/6434/2686, office@hotelmozart.at, www.hotelmozart.at
Oldtimer und Bad Gastein passen wunderbar zusammen. In Bad Gastein spürt man das mondäne Flair früherer Zeit, die Jugendstilhäuser bilden einen perfekten Rahmen für mobile Schmuckstücke. Auf der Terrasse des Hotel Mozart hat man seine Old-

oder Youngtimer immer im Blick, führt interessante Benzingespräche. Hausherr Florian Krenn ist selbst begeisterter Ford-Granada-Fahrer. Der kleine Bruder des Granada, der Ford Taunus, stand Pate für die gleichnamige Bar im Hotel. Im Frühjahr 2023 hat sich auch Ford Classic Club Austria zur Frühlingsausfahrt wieder angesagt.
WICHTIG FÜR OLDTIMER-REISENDE:
Parkplätze, Routenempfehlungen, Angebotspakete.

VÖTTER'S SPORTKRISTALL VERWÖHNHOTEL MIT OLDTIMERMUSEUM
A5710 Kaprun, Schloßstraße 32
+43/6547/7134, hotel@sport-kristall.at, www.sport-kristall.at
Das Vötter's Sportkristall wartet mit einer einmaligen Besonderheit für Oldtimer-Reisende auf: ein eigenes Oldtimermuseum. Der

Vötter`s Sportkristall

Chef persönlich führt gerne durch die Ausstellungsfläche mit rund 200 Exponaten. Wer sich schon vorab ein Bild machen möchte, geht einfach auf die Museums-Homepage (www.oldtimer-museum.at). Das Verwöhnhotel bietet natürlich alles, was das Urlauberherz sonst noch begehrt – Kulinarik vom Feinsten, Verwöhnoasen im Wellnessbereich und gemütliche Zimmer.
WICHTIG FÜR OLDTIMER-REISENDE:
Parkplatz, Schrauberecke, Tourenempfehlungen, Roadbook, Waschplatz, Oldtimermuseum, Paketangebote.

LUXUS LODGE „ZEIT ZUM LEBEN" CHRISTINE SCHWAIGHOFER
A-5524 Annaberg im Lammertal, Steuer 88
+43/664/4232662, info@luxuslodge.at, www.luxuslodge.at
Im Oldtimer über die schönsten Alpenstraßen kurven und die kulinarischen Highlights des Salzkammergutes genießen klingt wie ein Traum, lässt sich aber schnell verwirklichen. Für die Gäste der Luxuslodge „Zeit zum Leben" im Salzburger Annaberg

Luxuslodge „Zeit zum Leben" Christine Schwaighofer

gibt es unvergessliche Oldtimer-Touren durch die idyllische Region, entweder für Gäste, die mit dem eigenen Oldie anreisen, oder stilgemäß im Chevrolet Baujahr 1932 mit Chauffeur. Über imposante Naturschönheiten zu Haubenlokalen, urigen Almhütten oder in traditionelle Kaffeehäuser führen die herrlichen Routen. Für Romantiker gibt es auf Wunsch am Ende der Fahrt noch ein Picknick im Grünen. Die komplette Ausflugsplanung vom Picknickkorb bis zum Chauffeur, von Tipps für die sehenswertesten Plätze bis zur Tischreservierung in einem Restaurant unterwegs übernimmt das Team der Luxuslodge „Zeit zum Leben". Das wäre doch auch was für die Flitterwochen, den Heiratsantrag oder den Hochzeitstag!

WICHTIG FÜR OLDTIMER-REISENDE:
Abstellplatz, Tourenempfehlungen.

SCHLOSS FUSCHL A LUXURY COLLECTION RESORT & SPA, FUSCHLSEE-SALZBURG *****S

A-5322 Hof bei Salzburg, Schloss Straße 19
+43/6229/2253-0
info@schlossfuschl.com
www.schlossfuschlsalzburg.com

Mit Liebe zum Detail wurde das 1450 erstmals geschichtlich erwähnte Schloss Fuschl in den Jahren 2004 bis 2006 restauriert und modernisiert. Entstanden ist eine gelungene Symbiose aus historischer und moderner Architektur. Eine nostalgische

Schloss Fuschl, Fuschlsee-Salzburg *****S

Ausfahrt, zum Beispiel in einem historischen Rolls-Royce, organisiert das Schloss Fuschl mit den hoteleigenen historischen Automobilen. Mit Chauffeur geht es zu einer romantischen Reise durch das Salzkammergut oder zu einem Besuch der Mozartstadt Salzburg. Selbstverständlich stehen auch moderne Limousinen zur Verfügung. Das malerische Salzkammergut bietet eine Vielzahl an herrlichen, versteckten Straßen, Aussichtsplätzen und Sehenswürdigkeiten. Das kulturelle Angebot der nur 20 km entfernten Mozartstadt Salzburg rundet das großzügige Angebot des Hotels ab.

WICHTIG FÜR OLDTIMER-REISENDE:
Garagenstellplätze, Hilfestellung bei der Tourenplanung, Picknickpaket.

HOTEL PANORAMA ****S FAMILIE STORCH

A-5562 Obertauern, Brettsteinstraße 1
+43/6456 /7432
info@panorama.at, www.panorama-obertauern.at

Das Lifestyle- & Genusshotel Panorama befindet sich im Zentrum von Obertauern, mitten in der atemberaubenden Salzburger Bergwelt. Die Lage im Ortszentrum ist ruhig und bietet sowohl im Winter als auch im Sommer jede Form von Wellness und Erholung. Der Einstieg in den Skizirkus „Tauernrunde" oder zu zahllosen Wander- und Ausflugsmöglichkeiten im Sommer ist die ideale Basis für den Aktivurlaub in jeder Jahreszeit. Beeindruckende Touren für Motorrad und Cabrio lassen das Herz „motoraffiner" Menschen höherschlagen. Obertauern gilt als der ideale Ausgangspunkt für unzählige Aus- und Rundfahrten. Umgeben von der beeindruckenden Bergkulisse der Radstädter Tauern gibt es täglich neue Ausflüge in alle Himmelsrichtungen. Die Rundfahrten führen vom berühmten Salzkammergut über den Großglockner in die unverwechselbaren Nockberge und zu den unzähligen Seen Kärntens bis hin zu den Gebirgspässen und ursprünglichen Almböden der Region. Zum gemütlichen Tagesausklang verwöhnt Familie Storch die Gäste im ausgezeichneten À-la-carte-Restaurant.

WICHTIG FÜR OLDTIMER-REISENDE:
Garage, Tourenempfehlungen, Wochenendpakete.

JAGDSCHLOSS VILLA FALKENHOF

A-8952 Falkenburg, Falkenhofstraße 23
+43/664/4106046, +43/664/73794049
info@jagdschloss-falkenhof.at, www.jagdschloss-falkenhof.at
Das Jagdschloss liegt inmitten des von der Ennstal-Classic her
europaweit bekannten Ennstals, eingerahmt von den Gipfeln der
Zentralalpen. Das kleine, feine familiengeführte Luxushotel ist

Jagdschloss Villa Falkenhof

ein hervorragender Ausgangspunkt für Touren über die schönsten Alpenstraßen und -pässe. Der Inhaber ist selbst ein Oldtimer-
Enthusiast und fährt unter anderem einen Abarth 1000 TC, und
wenn er es gemütlicher angeht, einen Porsche-Traktor. Er
begleitet auch gerne Oldtimer-Reisende auf Gourmet- und Kul-
turtouren im Umland. Danach gibt es Entspannung in der Sauna
oder im Dampfbad.
WICHTIG FÜR OLDTIMER-REISENDE:
Parkplatz, Schrauberecke mit Mechanikerunterstützung,
Routenempfehlungen, Waschservice, Picknickkorb, Spezialangebote.

GOLDEN HILL COUNTRY CHALETS & SUITES
MMAG. DR. BARBARA & ANDREAS REINISCH

A-8505 St. Nikolai im Sausal, Steinfuchsweg 2 / Waldschach
Barbara: +43/650/3505936, Andreas: +43/664/1327915
welcome@golden-hill.at, www.golden-hill.at
Ein Goldstück unter den Hideaway Hotels in den malerischen
Hügeln der Genuss- und Weinregion Sausal-Südsteiermark, das
verspricht das Golden Hill. Wer romantische Stunden mit Priva-
tissimum pur sucht und mit dem Oldtimer durch die Landschaft
cruisen möchte, ist in diesem kleinen, aber feinen Paradies gut
aufgehoben. Verbunden mit kulinarischen Höhepunkten und
erlesenen Weinen ist das Golden Hill ein perfekter Anlaufpunkt.

Golden Hill Country Chalets & Suites

Freuen Sie sich auf fünf exklusive Country-Chalets und ein Pre-
mium Chalet. Ein atemberaubendes Loft. Private SPAs.
Schwimmteiche. Infinity-Pools. Und Gastgeber, die Oldtimer und
das gute Leben genau so lieben wie Sie.
WICHTIG FÜR OLDTIMER-REISENDE:
Überdachte Parkplätze, Tourenempfehlungen,
Genuss-Picknick.

DER KIRCHENWIRT ****S

A-6235 Reith im Alpbachtal, Dorf 3
+43/5337/62648
info@kirchenwirt-tirol.at, www.kirchenwirt-tirol.at
Alle Mitglieder der Familie Rieser, Inhaber des Kirchenwirts, sind
Oldtimer-Enthusiasten par excellence. Jeder hat seinen Austin
Healey, Hans Rieser ist Präsident des Austin Healey Club Österreich und organisiert regelmäßig Ausfahrten und Treffen. Das

★★★★S

HOTEL ALTE POST
in St. Anton am Arlberg

Der Kirchenwirt ★★★★S

Haus in Reith ist Treffpunkt für Oldtimer-Freunde und Clubs, bietet unvergessliche Oldtimer-Tage mit spektakulären Ausfahrten und „oldiemäßiger" Livemusik aus den 50ern, 60ern und 70ern für Tanzfeeling pur. Wer es gemütlicher will, dem steht ein ausgedehnter Wellnessbereich zur Verfügung und eine gemütliche Bar für Benzingespräche.

WICHTIG FÜR OLDTIMER-REISENDE:
Parkplatz, Tourenempfehlungen, Spezialangebote.

WELLNESS & BEAUTY HOTEL ALTE POST
FAMILIE TANDL ★★★★S
A-6580 St. Anton am Arlberg, Dorfstraße 11
+43/5446/2553-0
st.anton@hotel-alte-post.at, www.hotel-alte-post.at
Das Hotel Alte Post steht seit vielen Jahrzehnten mitten im Ortskern von St. Anton. Von hier aus sind die schönsten Straßen Tirols, Vorarlbergs und Südtirols im Handumdrehen zu erreichen. Für die oldtimerbegeisterten Gäste sind viele tolle Routenpläne mit Empfehlungen für Sehenswürdigkeiten und Kulinarik vorbereitet. Von Juni bis Oktober gibt es auch für Oldtimer-Reisende einige Sommer-Specials im Angebot. In der 1.000 m² großen Wellnessoase kommt auch die Erholung nicht zu kurz.

WICHTIG FÜR OLDTIMER-REISENDE:
Tiefgarage, Schrauberecke, Routenempfehlungen, Waschservice, Clubangebote.

Herrliche Momente
im Wellnesshotel Alte Post

Das Hotel Alte Post in St. Anton ist seit 1991 im Besitz der Familie Tandl und zählt zu den renommiertesten Häusern am Arlberg. Eine Oase der Ruhe und Erholung eröffnet sich Ihnen im schönen Wellnessbereich auf 1.000 m² und in den Zimmern und Suiten (bis 220 m²). Kulinarisch erwartet Sie eine ¾-Gourmetpension, ein hoteleigener Weinkeller sowie das 1-Hauben-à-la-Carte-Restaurant (im Winter). Ein Highlight ist das internationale Oldtimer-Weekend im August. Gerne zeigt Ihnen der Hausherr Franz Tandl die malerische Landschaft bei herrlichen Ausfahrten in einem seiner Oldtimer.

Wellness & Beauty Hotel Alte Post ★★★★S

Hotel Alte Post★★★★S · Familie Tandl
A-6580 St. Anton/Arlberg · Tel. +43 5446 25530
www.hotel-alte-post.at

DER OLDTIMER GUIDE AUCH AUF
WWW.OLDTIMER-GUIDE.AT

BUCHTITEL	**OLDTIMER GUIDE 2023**
HERAUSGEBER	Christian Schamburek, Germanos Athanasiadis
ASSISTENTIN DES HERAUSGEBERS	Victoria Wölfel
AUTOR	Christian Schamburek
PROJEKTLEITER	Thomas Parger
MITARBEIT REDAKTION/RECHERCHE	Rita Povolny
GRAFISCHE PRODUKTION	Lilo Werbach, werbach.at
COVERFOTO	Angelo Poletto
FOTOS	Fritz Berger, Angelo Poletto (S. 12-20, 52-53, 57, 101, 108, 112, 115, 116, 126, 143, 156, 161, 176, 178-179, 186, 193, 224-225, 242-243, 250-251, 286-287, 308-309, 322-323, 326, 327, 328, 330, 332-333, 336, 337, 340-341), Foto Gretter (S. 22), Steering Media (S. 24-25, 27, 28, 30-31, 188), OCC (S. 34-39), Faber/Vespa (S. 42-49), Kurt Keinrath (S. 50), pixabay (S. 57, 64, 74, 88, 90, 98, 104, 110, 117, 121, 134, 141, 142, 151, 158, 213, 238, 240, 276, 338, 339, 348), unsplash (S. 92, 137, 197, 204, 211, 230, 234, 258, 265, 280, 339), Foto Greiter (S. 114, 124), Histo Cup (S. 182, 196, 202, 207), Albin Ritsch (S. 184), Dr. Robert Krickl (S. 194), Raimo Rumpler/raimo.at (S. 247), beigestellt.
MEDIENKOOPERATION PRINT, EVENT & ONLINE	Christian Schamburek, Thomas Parger
VERLAGSLEITUNG GUIDES	Michael Stein
MARKETING & VERTRIEB	Alexandra Otto
MEDIENINHABER	MN Anzeigenservice GmbH, 1110 Wien, Brehmstraße 10/4. OG
	Tel.: +43/1/919 20-0, www.medianet.at
DRUCK & BUCHBINDER	Bösmüller Print Management GesmbH & Co. KG, 2000 Stockerau
VERTRIEB	Medienlogistik Pichler-ÖBZ GmbH & Co KG, IZ-NÖ Süd, Straße 1, Obj. 34, 2355 Wr. Neudorf
BESTELLUNG	www.medianet.at/guides oder www.oldtimer-guide.at oder office@medianet.at

 Oldtimer Guide